스마트폰을 위한 BUILD MOBILE
모바일 웹&앱 개발하기

Earle Castledine | Myles Eftos | Max Wheeler

남정현 옮김

Build Mobile Websites and Apps for Smart Devices

by Earle Castledine, Myles Eftos, and Max Wheeler

Copyright © Info-Tech Corea. 2012

Authorized translation from the English edition of Build Mobile Wesites and Apps for Smart Devices ISBN 9780987090843 © 2011 SitePoint Pty. Ltd.

This Translation is published and sold by permission of O'Reilly Media, Inc., the owner of all rights to publish and sell the same.

이 책의 한국어판 저작권은 에이전시 원을 통해 저작권자와의 독점 계약으로 ITC 출판사에 있습니다. 신 저작권법에 의해 한국 내에서 보호를 받는 저작물이므로 무단전재와 무단복제를 금합니다.

Earle Castledine에 대하여

정보 기술 석사를 취득하고, 웹 업계에서 고난을 거쳐 일생을 보내면서, Earle Castledine은 컴퓨터 분야에 관련된 모든 것에 관심을 두게 되었다. 8비트 아키텍처의 가정용 컴퓨터로 처음 시작하여, 90년대 중반에 인터넷에 발을 담근 이후로 지금껏 인터넷 업계의 일을 하고 있다.

그는 현재 자바스크립트 세계 정복 계획이라는 프로젝트를 위하여 공헌하고 있으며, 모바일 웹 애플리케이션을 만들고, 세련된 프레임워크를 개발하며, 종종 프랑스 파리에 위치한 Zenexity에서 일하는 유능한 친구들과 함께 뱅 루즈(적 포도주)를 마시며 일을 즐긴다.

클라이언트 중심의 프로젝트인 TurnTubelist(http://www.turntubelist.com/)의 공동 창업자이기도 한 그는 수많은 웹 기반의 실험으로 인터넷이 사회를 변화시켜줄 윤활유는 아니지만, 따분한 ECMAScript 기반의 물건들을 재미있게 만들고, 지루한 시간을 보내는 데 활용하고 있다.

Myles Eftos에 대하여

Myles Eftos는 퍼스 출신의 웹 개발자로 INNER JOINS를 CSS 선택 구문으로 사용하는 것에 편안함을 느끼는 개발자이다. 그는 주요 웹 언어들에 대한 경험들을 가지고 있으며, 그의 주 무기는 루비 온 레일즈지만, 자바스크립트, HTML, CSS와 같은 좀 더 직접적인 프론트 엔드 영역에서도 그의 족적을 많이 찾을 수 있다.

MadPilot Productions(http://www.madpilot.com.au)의 이름으로, 그는 수 많은 웹 앱에 대해서 일해왔으며 그 중에는 88 Miles(http://www.88miles.net)와 같은 것도 있다. 또한 여기에는 PhoneGap을 사용해서 만든 iPhone과 iPad 앱도 있는데, Counter Culture(http://www.countercultureapp.com)와 같은 유명한 앱도 있다.

그는 자바스크립트가 마침내 진중하고 비중 있는 언어로서 인정 받을 만하다는 점에 흥분을 느끼고 있다.

Max Wheeler에 대하여

상호 작용 분야의 디자이너로서, Max Wheeler는 인터랙티브 미디어가 아름다운 모습을 갖추어야 한다고 생각한다. 현재 그는 오스트레일리아 캔버라에 거주하고 있으며, 미디어 불가지론 주의를 기반으로 하는 디자인 에이전시 회사인 Icelab(http://icelab.com.au/)에서 일하고 있다. 이 회사는 카페인에 중독된, 그렇지만 멋진 사람들로 가득하다. 고객들과의 작업과는 별개로, Icelab의 프로젝트에는 커뮤니티 지향적인 일도 포함되어 있는데, Decaf Sucks 그리고 RentMonkey와 같은 부동산 스타트 업도 포함되어있다.

그는 쉬는 시간에, 사진을 찍거나, 세계 여행을 하거나, 원반 던지기 게임을 즐기거나, 에스프레소를 하루에 두 번 정도 마시는 편이다. 그리고 가끔, Web Directions South에 모바일 웹 앱을 만드는 것에 관한 이야기를 하러 출몰하는 것으로 알려져 있다.

감수자에 대하여

Peter-Paul Koch는 네덜란드 암스테르담에 거주하며 모바일 플랫폼 전략가, 컨설턴트 그리고 트레이너로서 활동하고 있으며 웹 상에서 널리 알려진 그의 필명인 ppk라는 이름으로 HTML, CSS, 자바스크립트 그리고 브라우저 호환성에 관한 이야기를 많이 하고 있다. 그는 그의 브라우저 호환성 관련 연구와 http://www.quirksmode.org/blog에 관련된 출판물을 지속적으로 게시하면서 이 분야에서의 전 세계적인 명성을 얻고 있다. 컨퍼런스에 자주 참여하는 발표자이기도 한 Peter-Paul Koch는, 네덜란드에서 활동하는 프론트 엔드 전문가 집단인 Fronteers를 설립하여, 웹 표준에 대한 구현에 대한 브라우저 제조사들에의 조언을 담당하고 있다. 2009년에 그는 데스크톱 브라우저와 웹 사이트에서 모바일 웹에 대한 주제로 화제를 전환하여, 모바일 장치들이 데스크톱 환경에 대비하여 더 많은 설명이 필요함을 알게 되었고, 스스로 일을 정하여 이 분야를 개척해 나가고 있는 중이다.

SitePoint에 대하여

SitePoint에서는 웹 전문가들에게 재미있고, 실용적이며, 이해하기 쉬운 주제를 기반으로 책을 출판하는 데 특화된 전문 출판사이다. http://www.sitepoint.com/에서 블로그, 도서 정보, 뉴스레터, 강좌, 커뮤니티 포럼 등을 확인할 수 있다.

Amy를 위하여
― Earle

Giovanna를 위하여
― Myles

Lexi와 Frank를 위하여
― Max

차례

서론 ·· xiii
    누가 이 책을 읽어야 하는가 ··· xiv
    이 책에서 다루는 내용 ·· xiv
    책에 대한 도움말 얻기 ·· xvi
        SitePoint 포럼 ·· xvii
        책의 웹 사이트 ·· xvii
    SitePoint 뉴스 레터 ··· xviii
    SitePoint 팟캐스트 ·· xviii
    여러분의 피드백 ·· xviii
    감사의 인사 ·· xix
        Earle Castledine ··· xix
        Myles Eftos ·· xix
        Max Wheeler ·· xix
    이 책에서 사용되는 표기 ··· xx
        코드 예제 ··· xx
        팁, 노트, 그리고 주의 사항 ··· xxii

Chapter 1 모바일 웹 디자인 소개 ·· 1
모바일 웹 디자인은 무엇을 의미하는가? ··· 2
왜 이러한 고려 사항들이 중요한가? ·· 3
네이티브의 유동성 ·· 3
    네이티브 앱을 만드는 것이 어려운 이유 ··· 5
출발점에 서기 ··· 8
앱 만으로는 충분하지 않다 ··· 9
    첫 번째 선택: 아무것도 하지 않기 ·· 9
    두 번째 선택: 변신하기 ·· 11
    세 번째 선택: 독립된 모바일 웹의 구축 ·· 13
프레임워크에 대한 이야기 ··· 14

지금까지 한 이야기들 정리하기 ·· 16

Chapter2 모바일을 위한 디자인 ·· 17

더 나은 마우스 만들기 ·· 18
    호버링 ·· 20
    작은 화면 ·· 21
    인지에 들이는 노력 ·· 22

높은 곳에서 내려다보기 ·· 23
    캐러셀 ·· 24
    탭 바 ·· 26
    리스트 ·· 27
    요약 ·· 29

실전에 적용하기 ·· 29
    넓게 생각하기 ·· 29
    사용자 프로필 ·· 30
    핵심 기능 집합 정의하기 ·· 31

스케치 하기 ·· 32
    연필과 종이 ·· 33
    연예인이 나타난 위치로 찾기 ·· 35
    개요와 상세 ·· 39
    연예인 별로 나타났던 상황 찾기 ·· 40
    연예인 발견 정보 추가하기 ·· 43
    한 데 모으기 ·· 43
    문제점으로부터 벗어나기 ·· 45
    홈 스크린 ·· 45

스타일 반영하기 ·· 47
    터치 가능한 인터페이스 ·· 48
    인터페이스 아이콘 ·· 51
    타이포그래피 ·· 53
    성능 고려 사항 ·· 54

디자인 테스트 하기 ·· 57
디자인 검토하기 ·· 58

앱 아이콘 ··· 62
매력을 뽐낼 시간 ·· 65

Chapter3 모바일을 위한 마크업 ···································· 67

본질 위의 스타일 ·· 69
　　탭 바 ·· 71
　　줄, 줄 그리고 줄 ··· 76
　　이미지와 추상 요소 ·· 83
뷰 포트에 대한 이해 ·· 89
(리소스에 대한) 제약 사항을 아는 것 ································· 93
점진적으로 나아가기 ··· 95
　　우리를 구원해줄 Modernizr ·· 95
　　가볍게 만들기 ·· 98
확대 가능한 이미지 ··· 107
　　완벽한 픽셀 그리기 ··· 109
멀티미디어 다루기 ··· 110
단독 실행 모드 ··· 112
　　사용자들에게 알리기 ··· 115
앱의 아이콘 ··· 117
그 외에 더 고려할 사항들 ··· 122
　　줄임표를 사용해서 긴 텍스트를 줄여 표시하기 ······· 122
　　텍스트 크기 조절 ··· 125
　　터치를 위한 강조 색상 ·· 126
　　터치 부가 기능 ·· 126
　　사용자 지정 선택 ··· 127
성능상의 고려 사항들 ·· 127
더 나아가기 ··· 128

Chapter4 모바일 웹 앱 ·· 129

터전 만들기 ··· 129
　　프레임워크와 라이브러리 ·· 130
　　모바일 자바스크립트 디버깅하기 ······························· 131

이벤트	133
간단한 터치 이벤트	136
기능 감지하기	137
빠른 구현	139
유용한 링크	139
폼 필드 속성	142
페이지 불러오기	145
페이지 바꾸기	146
WebKit의 애니메이션 효과 사용하기	149
슬라이딩	157
뒤로 돌아가기	160
Ajax	172
HTML 받아오기	173
Ajax 스타일로 링크 만들기	175
템플릿	178
템플릿을 이용한 트위터 통합	182
우리만의 앱을 만들다	186

Chapter5　웹 앱에서 장치의 기능 사용하기 … 187

위치 정보	188
오류 처리하기	198
가속도 센서: 장치의 방향	202
가속도 센서	203
흔들기 제스처	205
터치 제스처	207
포토 갤러리 넘기기	209
핀치와 확대	214
오프라인으로 이동하기	218
캐시 매니페스트	218
캐시 매니페스트 이벤트	223
NETWORK 섹션과 FALLBACK 섹션	226
유용한 장	228

Chapter6 웹 앱을 더 빛나게 만들기 ... 229
- 웹 앱의 트릭 ... 229
  - 고정된 메뉴 ... 230
  - 빠르게 클릭하기 ... 235
  - 라이브러리 로딩하기 ... 237
  - 기능 점검하기 ... 238
- 위젯 ... 240
  - 대화 상자 ... 241
  - 스피너 ... 245
- 클라이언트에 데이터 저장하기 ... 247
  - 로컬 스토리지 ... 247
  - 웹 SQL 데이터베이스 ... 251
- 모든 것을 한데 묶기 ... 256
  - 모듈 ... 256
  - 커스텀 이벤트 ... 261
- 다른 프레임워크들 ... 263
- 결론 ... 264

Chapter7 PhoneGap 소개 ... 267
- 네이티브 앱에 웹 페이지를 끼워넣기 ... 268
- PhoneGap ... 270
- 고려 사항 ... 271
  - 콜백에 친숙해질 것 ... 271
  - 디버깅의 어려움 ... 272
  - 언캐니 밸리 ... 273
  - 앱 마켓플레이스의 복잡성 ... 274
- 대안 ... 274
- SDK 설치하기 ... 275
  - Xcode(OS X) ... 277
  - MacPorts(OS X) ... 277
  - Git ... 278

자바 개발 킷 ··· 279
이클립스 ··· 280
Apache Ant ··· 281
Apple iOS SDK ··· 282
안드로이드 SDK ··· 282
블랙베리 SDK ··· 287
WebOS SDK ··· 287
PhoneGap 설치하기 ··· 288
Xcode ·· 288
안드로이드 ··· 290
블랙베리 ··· 293
webOS ··· 294
리뷰 ··· 295

Chapter8 웹 앱을 네이티브 앱으로 만들기 ·· 297

PhoneGap 앱 해부하기 ··· 297
아이콘, 스플래시 스크린 그리고 이름 ·· 299
iOS ··· 300
안드로이드 ··· 304
블랙베리 ·· 306
WebOS ··· 307
이제 가다듬을 시간 ··· 307
PhoneGap 자바스크립트 도우미 ··· 308
준비되었는지 확인하기 ··· 308
경고 창 ··· 309
네트워크 상태 확인 ··· 310
지리 위치, 저장소, 그리고 장치의 방향 ·· 312
하드웨어 버튼 ··· 313
카메라 기능 사용하기 ··· 315
실제로 구동하기 ··· 319
iOS ··· 320
안드로이드 ··· 322

블랙베리	323
WebOS	323
앱 판매하기	324
Apple 앱 스토어	324
안드로이드 마켓	327
블랙베리 앱 월드	329
팜 앱 카탈로그	330
축제의 시간	332
부록 A 테스트를 위한 서버 구축하기	**335**
파이썬을 이용하여 구축하기	336
루비를 이용하여 구축하기	336
내장된 서버 사용하기	337
Windows 환경에서 IIS로 서버 구축하기	337
리눅스에서 아파치로 서버 구축하기	338
찾아보기	**339**

서론

대강 15년 전 즈음의 기억을 더듬어보자. 여러분은 당시의 최신 사양을 뽐내던 486 기종 컴퓨터에 E-MAIL 메시지를 다운로드 하기 위하여 기다리던 때가 있었다. 수백 메가바이트의 저장 공간, 16메가바이트 정도의 메모리, 그리고 256색의 찬란한 스크린이 떠오를 것이다. 그러던 어느 날, 갑자기 방 한구석에서 미래로부터 타임머신을 타고 찾아온 것만 같이 불빛이 반짝이기 시작했고, 손에 들고 다닐 수 있는 장치를 여러분의 삶 속에 조용히 등장시킨다. 여기에 고해상도의 디스플레이 패널을 본 순간 여러분은 감탄사를 연발했다. **이것**이 지금의 인터넷의 모습으로, 항상 켜져 있고 언제나 여러분의 곁에 있다. 높은 대역폭, 부드러운 애니메이션, 화려한 시각적 효과를 보여주었고, `<BLINK>` 태그를 역사의 뒤안길로 보내버렸다.

웹은(적어도, 우리의 경험으로 보았을 때) 지난 세기 후반에 처음으로 큰 조류를 세상에 가져다준 이후로 느리지만 꾸준히 진화하고 발전해 나아가고 있다. 그러나, 지난 몇 년 동안은 우리가 정보를 얻거나 생산하는 방법을 모바일 웹이라는 것을 통해서 획기적으로 바꾸어놓았다. 이는 좀 더 '작은' 휴대용 웹으로 불리며, 사람들 사이에 의사소통 하는 방법을 바꾸고 여러분의 제품을 사용하는 방법에 변화를 가져다 주었다. 웹의 개방성과 광범위하게 결합한 모바일 장치는 소비자와 발명가 모두에게 상상력의 불을 지폈다.

모바일 웹 이전의 웹에 대한 이점은 아직도 유용하다. 티켓을 구입하거나, 비용을 지불하는 것을 달리는 열차 안에서나 욕실에서 처리할 수 있다. 그러나 더욱 새롭고 흥미로운 가능성이 우리에게 열렸다. 우리가 오늘날의 하드웨어 위에 재미난 HTML5 API와 몇 가지 기존 웹에서의 경험을 결합시키게 될 때, 우리의 실생활과 인터넷을 서로 엮을 수 있게 되고, 이를 통해서 적절한 시점에 꼭 필요한 정보를 손바닥 위에 올려놓는다거나, 응답과 피드백을 기다리지 않고 즉석에서 보낼 수 있게 되는 등의 일이 가능해질 것이다.

이 책을 통해서, 예전에 만들어진 웹 사이트를 멋지고 세련된 모바일 웹 사이트로 전환시킬 수 있는지에 대해서 살펴볼 것이다. 그 다음, 여러분의 웹 사이트를 HTML5를 통해서 우리에게 제공될 API들(가령 위치 정보, 로컬 저장소, 가속 센서 등)을 이용하여 **App 처럼 꾸미는 방법**을 살펴보면서 마치 모바일 애플리케이션처럼 작동하는 모바일 웹 사이트도 만들 것이다. 그리고 이렇게 만들어진 모바일 웹 사이트가 개방된 웹 표준과 보통의 App이 보여주는 미려한 디자인이라는 두 마리 토끼를 잡을 수 있도록 도울 것이며 어쩌면 이를 통해 수익성이 뛰어난 웹 사이트를 만들 수 있을 것이다.

이 책을 읽고 나면, 여러분은 단순히 모바일 웹 앱을 제작할 수 있는 능력만을 가진 것이 아니라, 역사상, 그리고 인터넷 세계에서 가장 흥미롭고 중요한 컴퓨팅 기술이라고 할 수 있는 모바일 웹에서 중요한 역할을 맡을 수 있게 될 것이다. 미래 지향적인 성향을 가진 위치 기반 App과 자이로센서를 사용하는 가젯(gadget)이 나날이 발전하고 있는 지금 이 순간에도 최고의 아이디어와 혁신적인 앱들에 대한 요구는 끝나지 않는다. 이를 발굴할 수 있는가는 전적으로 여러분의 몫이다.

누가 이 책을 읽어야 하는가

이 책은 스마트폰이나 태블릿 PC와 같은 최신 모바일 장치의 기능을 이용하는 웹 사이트나 App을 개발하기 원하는 웹 개발자들을 위하여 맞추어져 있다. 독자 여러분은 적어도 HTML, CSS 그리고 자바스크립트와 같은 기술에 대해 중급 이상의 기술을 가지고 있어야 하며 이 책에서 이러한 기술들의 기본 내용은 다루지 않을 것이다. 대신, 모바일 분야에서 이러한 기술들이 적용될 수 있는 내용을 주로 다룬다. 여기에는 HTML5, CSS3와 같은 최신 표준을 일부 포함하나, 이러한 최신 표준에 대해서 익숙하지 않더라도, 가능한 자세히 설명할 수 있도록 책을 저술하였으므로 큰 걱정은 하지 않아도 된다.

이 책에서 다루는 내용

이 책은 총 8개의 장으로 구성되어 있고 1개의 부록을 수록하고 있다. 각 장은 순차적으로 읽을 수 있도록 구성되어 있으나, 특정한 주제만 따로 읽어보고 싶다면 임의로 특정 장을 따로 참조할 수도 있다.

1장: 모바일 웹 디자인에 대한 소개

모바일 장치를 위한 디자인이라는 것이 어떤 내용인지 살펴보는 것으로 이 책을 시작한다. 모바일 환경에서 사용할 수 있는 웹 사이트를 설계하고 디자인 하기 위하여 고려해야 할 사항들을 단계별로 살펴보게 될 것이다. 비록 여기서는 주로 스마트폰을 위한 내용을 다루게 될 것이지만 언급하는 모든 조언들은 다양한 형태의 모바일 장치에서 널리 통용할 수 있는 내용들이다.

2장: 모바일을 위한 디자인

당연한 이야기이지만, 고객들에게 항상 최상의 콘텐츠를 제공할 수 있도록 노력하는 것이 우리의 목표이다. 그러나, 어떤 부분에 역점을 두어 고객들이 이러한 정보를 쉽게 찾을 수 있도록 **맥락**을 구성해야 하는지에 대한 것이 문제가 될 수 있다. 이 장에서는 웹 개발자와 웹 디자이너로서 할 수 있는 일과, 그러한 일들을 통해서 어떤 영향을 줄 수 있는지에 대한 이야기를 해보고자 한다.

3장: 모바일을 위한 마크업

이번 장에서는 표준을 준수하는 웹 개발 기술을 사용하는 모바일 웹 애플리케이션을 만들기 위해서 HTML 5와 CSS 3의 기능들을 살펴보고자 한다. 정확하게 작성한 HTML 페이지와 잘 정돈된 마크업을 사용하면 데스크톱이나 모바일 등에 관계없이 모든 장치에서 자유자재로 디스플레이가 가능한 웹 페이지를 작성할 수 있다.

4장: 모바일 웹 앱

이 장에서는 우리가 작성하려는 모바일 웹 사이트를 모바일 마켓플레이스에 내다팔 수 있도록 좀 더 사용자 친화적인 형태의 모바일 애플리케이션으로 바꾸는 방법을 살펴보고자 한다. 기술의 한계점과 우리가 활용할 수 있는 기술의 범위를 정확히 판정하면서도, 웹 방식으로 네이티브 앱만의 고유한 기능들을 구현하여 우리가 작성하려는 모바일 웹 사이트를 마치 네이티브 앱과 같이 변화시켜 재미있게 사용할 수 있도록 하는 방법을 알아볼 것이다.

5장: 웹 앱에서 장치의 기능 사용하기

스마트폰 사용량의 증가에 따라 네이티브 앱에서만 사용할 수 있을 것이라 생각했던 고급 기능들이 구현되기 시작하였다. 다행히, 최근에 개발중인 표준들을 지원하는 모바일 웹 브라우저들의 발 빠른 지원 덕택에 웹 앱에서도 이러한 기능을 특별한 노력 없이 쉽게 사용할 수 있게 되었다. 이 장에서는 새 하드웨어가 제공하는 이벤트 기반의 API를 어떻게 사용할 수 있는지 그 방법을 살펴볼 것이다.

6장: 웹 앱을 더 빛나게 만들기

이제 기본적인 작업을 마쳤다면, 우리들이 만든 앱을 꾸며서 광택을 낼 차례이다.

이 장에서는 웹과 네이티브 앱 사이에 존재하는 불연속성 혹은 부자연스러움을 어떻게 관리할 수 있는지 그 방법을 살펴보고 마켓플레이스에 내놓을 수 있을 만큼 재치 있는 앱을 만들어볼 것이다.

7장: PhoneGap 소개

이 장에서는 우리가 만든 웹 앱을 PhoneGap 프레임워크를 이용하여 여러 플랫폼에서 원활하게 실행되는 네이티브 앱으로 어떻게 변환할 수 있는지에 대해 초점을 맞추고자 한다. iOS, Android, BlackBerry, webOS, 그리고 PhoneGap을 사용하기 위해서 필요한 소프트웨어들을 설치하는 과정 역시 살펴볼 것이다.

8장: 웹 앱을 네이티브 앱으로 만들기

마지막으로, 우리들이 만든 웹 앱을 네이티브 환경에서 실행되는 네이티브 앱으로 만드는 것을 해보려고 한다. 각각의 플랫폼에 맞게 커스터마이징된 앱에서 어떤 기술이 활용되었는지 살펴보고, 또한 마켓플레이스 등재 심사에 영향을 줄 수 있는 비효율성이나 부자연스러움을 제거하는 과정도 살펴보려고 한다. 그리고 이 장의 마지막에서는 시뮬레이터를 통하여 모든 중요한 테스트를 진행하는 과정을 살펴보고자 한다.

부록 A: 테스트를 위한 서버 구축하기

모바일 장치에서 웹 사이트를 테스트 하는 것은 보통의 데스크톱 웹 사이트를 테스트 하는 것보다는 조금 더 복잡하다. 이 장에서는 여러분이 구축한 개발자 컴퓨터로부터 휴대 전화로 웹 페이지를 전송할 수 있는 간단한 웹 서버들 몇 종류를 살펴볼 것이다.

책에 대한 도움말 얻기

SitePoint에는 웹 디자이너와 웹 개발자들이 만들어가는 왕성한 커뮤니티가 있고, 이 커뮤니티에서는 언제든 여러분이 문제에 봉착했을 때 여러분에게 도움을 줄 수 있을 것이다. 또한 이 책이 출간된 이후로 발견된 문제점들을 수정한 정오표가 여러분에게 최신 정보를 제공해줄 것이다.

SitePoint 포럼

SitePoint 포럼은 토론식 포럼(http://www.sitepoint.com/forums)으로 여러분이 포럼에 웹 개발과 관련한 질문을 남기면, 아마 특별한 경우가 아니라고 한다면 답을 얻을 수 있는 곳이다. 다른 모든 포럼 사이트들처럼, 몇몇 사람들이 질문을 올리고, 이에 대해 몇몇 사람들이 답변을 기재하며, 그 외 모든 사람들이 이런 과정을 반복하는 곳이다. 여러분의 지식을 공유하면 다른 이들에게 도움이 될 뿐 아니라 포럼을 더 강력하게 만들 것이다. 웹에 대한 관심을 가지고 있고 전문적인 활동을 하는 수많은 웹 디자이너와 웹 개발자들이 포럼을 자주 방문한다. 새로운 것을 배우고 싶다면 이들에게 자주 질문을 하는 것이 좋으며, 그렇게 하다 보면 여러분 스스로 새로운 재미를 찾을 수 있을 것이다.

책의 웹 사이트

책의 홈페이지(http://www.sitepoint.com/books/mobile1/)에 방문하여 이 책에 연관된 다음의 리소스를 추가적으로 얻을 수 있다.

코드 아카이브

이 책을 따라 가다 보면, 수 많은 코드들을 따라서 타이핑하거나 메모하게 될 것이다. 코드 아카이브는 다운로드할 수 있는 ZIP 형식의 압축 파일로 제공되며, 이 책에 인쇄되어있는 모든 예제 코드들을 제공하고 있다. 코드 아카이브로 속전속결을 보고 싶거나, 손목 터널 증후군이 우려된다면, 코드 아카이브 웹 사이트(http://www.sitepoint.com/books/mobile1/code.php)에 방문하여 ZIP 파일을 다운로드 할 것을 권한다(ITC 홈페이지에서도 다운로드 가능, http://www.itcpub.co.kr).

업데이트 및 정오표

세상에 완벽한 책은 없으며, 세심한 독자들이라면 이 책을 다 읽을 무렵엔 적어도 한 두 가지 이상의 문제점을 찾을 수도 있을 것이라 생각한다. 이 책의 웹 사이트를 통하여 제공되는 정오표 페이지(http://www.sitepoint.com/books/mobile1/errata.php)에서는 책의 오타나 코드 상의 오류를 바로 잡는 최신 정보들을 찾아볼 수 있다.

SitePoint 뉴스 레터

이 책과 더불어서 SitePoint에서는 무료 전자 메일 뉴스 레터를 발행하고 있는데, **SitePoint Tech Times, SitePoint Tribune,** 그리고 **SitePoint Design View** 등 꽤 많은 종류의 뉴스 레터들이 있다. 이들 뉴스 레터들을 통해서 최근 소식, 신제품 정보, 기술 동향, 팁 그리고 웹 개발의 모든 영역에서 활용 가능한 기술 정보들을 얻을 수 있을 것이다. 이들 뉴스 레터를 구독하기 원한다면 SitePoint 뉴스 레터 서비스(http://www.sitepoint.com/newsletter) 페이지를 방문할 것을 권한다.

SitePoint 팟캐스트

SitePoint 팟캐스트를 구독하면, 뉴스, 인터뷰, 오피니언 그리고 웹 개발자와 웹 디자이너들의 다양하고 새로운 아이디어를 들어볼 수 있다. 웹 업계에서 회자되는 최근의 이야기들을 논의하며, 다양한 초대 손님들을 만날 수 있고, 업계에서 유명한 사람들의 인터뷰도 들어볼 수 있다. http://www.sitepoint.com/podcast 웹 페이지를 통하여 지난 팟캐스트부터 최근 팟캐스트까지 살펴볼 수 있고, iTunes를 통해서 구독 신청할 수도 있다.

여러분의 피드백

만약 포럼을 통하여 여러분이 얻고자 하는 답변을 얻지 못했거나, 직접 저자들에게 연락을 취해야 할 일이 있다면, books@sitepoint.com에 메일을 보내면 된다. 여러분의 요청 사항을 놓치지 않도록 잘 구현된 전자 메일 시스템을 사용 중이며, 도서 지원 담당 부서 직원이 답을 해줄 수 없는 경우 우리 저자들에게 연락을 해줄 것이다. 개선할 점이나 다른 여러 교정 사항 및 문제점들을 알려주기 위함이라면 더욱 환영한다.

감사의 인사

Earle Castledine

Max와 Lily에게(두 사람 모두 멀리 떨어져서 지내고 있지만 정말 많은 도움을 주었다) 감사의 인사를 전하고자 하며, 같이 고생해준 Amelia Carlin, 그리고 HTML5와 CSS3에 대한 여러 가지 미묘한 정보들을 알려준 Maxime Dantec, 그리고 SitePoint의 열정적인 사람들에게 감사를 표한다.

Douglas Crockford는 우리들에게 JavaScript가 매우 환상적인 언어라는 것을 가르쳐주었고, Brendan Eich는 우리가 계속 일을 지속해 나갈 수 있도록 도움을 주었다.

Myles Eftos

Earle에게 감사의 인사를 전하며, 나의 버킷리스트에서 책을 쓰도록 채찍질을 열심히 해준 SitePoint의 멋진 두 사람(Louis와 Lisa!)에게 감사를 전한다. Web Directions의 John과 Maxine에게도 감사를 표하며, 이들은 나에게 PhoneGap이 자그마한 HTML 기반의 앱이라는 사실을 알려주며 이 엄청난 모험을 시작할 수 있도록 해주었다.

또한 나에게 영감과 도전 과제, 그리고 가르침을 전해준 재미만을 추구하는 컴퓨터 광들에게도 감사의 인사를 표한다. 이들이 없었다면 지금 내가 알고 있는 것만큼 웹이 재미있다는 사실을 깨닫지 못했을 것이다.

그리고 마지막으로, 늦은 밤과 이른 아침, 그리고 나의 온갖 난잡한 생각들까지 참고 견뎌준 나의 아름다운 여자 친구 덕에 지금의 결실을 얻을 수 있었다. 그녀의 바다 같이 넓은 이해심과 지원이 없었다면 난 아무것도 하지 못했을 것이다.

Max Wheeler

SitePoint에서 일하는 훌륭한 분들과 나에게 책을 쓸 수 있도록, 그리고 잘 나아갈 수 있도록 기회를 준 모든 사람들에게 감사의 인사를 전한다. 그리고 특별히, 정말 오랜 시간 동안 함께 고생해준 기술 부문 편집장인 Louis Simoneau, 그리고 내가 꾸준히 자리를 지킬 수 있도록 도와준 프로그램 기획자인 Lisa Lang에게도 감사를 전한다. 그리고 각 장마다 꼼꼼하게 내용을 검토해주느라 시간과 두 눈을 기꺼이 할애해준 Peter-Paul Koch 에게도 감사를 전한다. 나의 다른 공동 저자들에게도 정말 깊은 감사를 느끼고 있으며, 이들이 없었다면 책은 아마 지금보다 더 재미없고 따분했을 것이라고 확신한다. Tim Lucas의 무서운 독촉에도 경의를 표하는 바이며, 이 두꺼운 책을 쓸 수 있도록 해준 Icelab에 근무하는 나의 직장 동료들에게도 감사를 전한다. 그리고 셀 수 없이 많은 디자이너와 개발자들이 기꺼이 그들의 경험과 코드를 다른 사람들이 배울 수 있도록 공유해준 것에도 무한한 감사를 표한다. 이러한 종류의 출판물은 결코 이 분야를 체득하기 위하여 많은 시간에 걸쳐 연대기를 형성한 이들의 공헌 없이는 절대 나올 수 없는 것이었다.

나에게 격려를 아끼지 않은 나의 가족들에게도 감사를 전하며, 특히 Lexi는 내가 기운을 낼 수 있도록 해주었고, 가끔은 어지럽기까지 한 이 과정을 잘 헤쳐 나갈 수 있도록 해주었다. 그녀는 나의 수면 부족 상태의 몹쓸 건강을 챙겨줌과 동시에 나를 무너뜨릴 수 있는 충동을 여러 번이나 막아주었기에 이 공로를 누구보다도 제일 먼저 나누고픈 사람이다.

이 책에서 사용되는 표기

이 책에서 사용되는 특정 서체나 레이아웃 스타일이 다른 부분과 확연히 차이가 나는 부분이 있을 것이다. 이는 중요한 정보나 다른 정보를 보여주기 위함으로 다음의 몇 가지 종류가 있다.

코드 예제

책에 서술되어있는 코드들은 고정폭으로 표시되며 다음과 같이 기재될 것이다.

```html
<h1>A Perfect Summer's Day</h1>
<p>It was a lovely day for a walk in the park. The birds
were singing and the kids were all back at school.</p>
```

이 책과 함께 제공되는 코드 아카이브에도 수록된 코드 예제인 경우, 상단에 파일의 디름도 아래와 같이 기재할 것이다.

example.css
```css
.footer {
  background-color: #CCC;
  border-top: 1px solid #333;
}
```

만약 파일의 특정 부분만 인용한 경우 파일 이름 옆에 부분 '인용'으로 표기할 것이다.

example.css(인용)
```css
  border-top: 1px solid #333;
```

만약 기존의 예제 코드에 새로 삽입되어야 할 부분이 있다면, 새 코드는 아래와 같이 굵게 표시할 것이다.

```javascript
function animate() {
  new_variable = "Hello";
}
```

문맥상 필요하지 않은 다른 코드를 생략하고 특정한 부분만 짚고 넘어가야 할 경우, 생략 기호로 표시하고 나머지 내용을 생략할 것이다.

```javascript
function animate() {
    ⋮
  return new_variable;
}
```

어떤 코드들은 한 줄로 써야 하지만 인쇄 매체의 제약 상 여러 번 Enter키를 눌러서 입력한 것처럼 보여질 수 있다. 이로 인하여 잘못 타이핑하는 것을 막기 위해, 워드 랩 처리된 코드 라인의 경우 라인의 시작에서 ➡기호를 사용하여 이를 알릴 것이다. 물론 이 기호는 실제 코드 입력 시에는 생략하고 책에 서술된 대로 계속 이어서 입력해야 한다.

```
URL.open("http://www.sitepoint.com/blogs/2007/05/28/user-style-she
➥ets-come-of-age/");
```

팁, 노트, 그리고 주의 사항

간단한 팁
유용한 정보를 알려주고자 할 때 사용한다.

도움이 되는 정보
치명적으로 작용하는 것은 아니나, 알아두었을 때 주제를 좀 더 쉽게 접근하는 데 도움을 줄 수 있는 정보를 소개할 때 사용한다.

중요한 정보
집중해서 검토해야 할 정보를 이야기할 때 사용한다.

주의 사항
놓치기 쉬운 부분이나 간과하였을 때 문제가 되는 부분을 언급할 때 사용한다.

옮긴이의 글

'프로 SQL 애저 입문' 책을 내면서 동시에 제안받았던, 개인적으로는 모바일 웹 기술에 대한 시선을 다시 고칠 수 있었던 멋지고 실용적인 책의 번역을 또 한번 끝내게 되어 개인적으로는 매우 기쁘다.

한 여름에 시작하여 번역을 끝내고보니 어느새 크리스마스를 지나 새해가 왔다. 그 동안 웹 기술에는 많은 변화가 있었으며 이 책이 다루지는 않지만 HTML5, CSS3를 지원하는 주류 플랫폼에 드디어 PC 운영체제들도 합류하기 시작하였다. 이 책이 여러분에게 가져다 줄 의미는 더 클 수밖에 없고, 나 또한 매우 큰 보람을 느낀다.

웹 브라우저의 기술이 날이 갈수록 빠르게 진보하고 있다는 사실을 모르는 사람들은 아무도 없다. 그러나 최근 그 동향이 심상치 않다는 것도 부정할 수 없을 것이다.

HTML5를 필두로 네이티브 환경에서만 가능하다고 여겨졌던 여러가지 새로운 기술 스택이 날이 갈수록 불어나고 있으며 재미 있는 사실은 이러한 기술들을 상용 소프트웨어 개발 업체이든 오픈 소스 프로젝트이든 어디서나 경쟁적으로 먼저 수용하려고 최대한 노력을 기울이고 있다는 사실이다.

그리고 이제는 컴퓨터를 이용하여 사람들이 좀 더 일상적이고 생활에 도움이 되는 일을 하기 원한다는 트렌드와 맞물려 콘텐츠의 중요성 또한 날이 갈수록 증대되고 있다.

이러한 모든 현상들을 결집하여 하나의 완전한 마스터피스를 만들고 싶다면 여러분이 이 책을 고른 것은 매우 탁월한 선택일 것이라고 본다. 이 책에는 여러분의 이러한 고민을 쉽게 풀어줄 수 있는 멋진 솔루션들이 가득 담겨 있기 때문이다. 또한 이 책은 SITEPOINT의 실용적인 철학을 가득히 담고 있다.

이 책을 읽게 될 웹 개발자와 웹 디자이너 모두 모바일 웹 개발에 대한 막연함을 버리고 자신감을 얻을 수 있기를 바란다.

Chapter 1

모바일 웹 디자인 소개

이제 웹 디자인의 다음 무대로 나아갈 준비가 되었는가? **스마트 디바이스를 위한 모바일 웹 사이트와 앱을 만드는 것**은, 이름에서도 알 수 있듯이, 모바일 디바이스를 위한 설계 그 자체이다. 이는 미래를 디자인 하는 것과도 같은 것이다. 이 책은 여러분을 모바일 웹 앱을 디자인과 구축하는 과정을 별다른 사전 지식이 필요 없이 안내할 것이다. 우리가 만들 모바일 앱의 기본에서부터 웹 표준을 준수하기 위해서 모바일 관점에서 고려해야 할 사항들도 둘러볼 것이다. 그리고 마지막으로는 우리가 만들 앱이 마켓플레이스에서 내려 받을 수 있게 하기 위하여 네이티브 래퍼에서 실행될 수 있도록 할 것이다. 이 책에서는 스마트폰에 맞추어진 모바일 앱을 만드는 것을 주된 내용으로 하고 있지만, 다루어질 많은 기술과 콘셉트들은 다른 모바일 디바이스에서도 통용되는 개념들이기 때문에 이 책의 내용들은 태블릿 PC나 노트북 등에서도 적용할 수 있다.

기술적인 관점에서 보면, 이 책에서 이야기하려고 하는 것은 우리가 이미 기존에 사용하고 있던 기술들, 즉 HTML, CSS 및 자바스크립트 그리고 그 외 우리가 이미 친숙하게 활용해오던 기술들에 대한 이야기가 될 것이다. 그러므로 지금 나열한 기술들에 대한 기본적인 지식을 독자 여러분들이 어느 정도는 숙지하고 있어야 한다.

모바일 웹 디자인은 무엇을 의미하는가?

일단, 우리가 어떤 페이지 하나 위에 있다고 가정해보자. 아마 여러분은 '**모바일**이라는 것이 무엇을 뜻하는 것이냐.'고 궁금해 할 것이다. 이에 대한 답은 매우 다양하다. 그냥 외견상으로 보았을 때에는, 모바일 웹을 만든다는 것이 기존의 웹 앱을 만들거나 웹 사이트를 만드는 것과는 큰 차이가 없어 보이고, 그저 모바일 디바이스에 최적화된 뷰와 성능을 보여줄 수 있도록 만드는 것이 고작일 것이다. 그러나 좀 더 깊이 들어가본다면 단순히 이러한 문제만이 중요한 것이 아니라는 것을 알게 될 것이다.

모바일 웹에 대하여 이야기하는 것은 각종 모바일 장치들과 그 각각의 장치들, 예를 들어 가장 근래에 출시된 애플의 iPhone이나 Android 플랫폼을 사용하는 각종 다양한 스마트폰, 혹은 webOS 플랫폼과 같이 그 장치들의 기능성에 대한 이야기를 하기 위한 방향으로 흐르는 경향이 있다. 이들이 빠른 속도로 업계의 지형을 바꿔나가고 있으며 심지어 웹 개발에 대해서도 영향을 끼치고 있기에 웹 개발에 이들 장치들을 반영하여 모바일 장치에 필요한 기술적 요구 사항과 솔루션을 반영하여 더 재미있는 것을 시도해볼 수도 있을 것이다. 그렇지만 이러한 접근은 한 가지 중대한 오점을 가지는데, 왜냐하면 궁극적으로 사람들을 향한 것이지 장치들을 위한 것은 아니기에 그렇다. Barbara Ballard가 그녀의 책, [Designing the Mobile User Experience][1]에서 정확히 지적해주고 있다.

> *근본적으로, '모바일'은 사용자를 지칭하는 것으로, 장치나 응용프로그램을 뜻하는 것이 아니다.*

그렇다. 사람들을 위한 것이지 물질을 위한 것이 아니다. 이동성이라는 것은 우리들의 책상에 매여있던 것으로부터 자유로움을 주는 것 그 이상이다. 이는 다른 맥락이며, 새로운 사용자 경험이다. 신기하게도, 사람들은 이동 중에 모바일 앱을 사용하고, 이러한 모바일 앱들이 사람들에게 가져다 주는 언제 어디서나 사용 가능하다는 특성을 바탕으로 그들 스스로를 믿을 수 없을 만큼 유용하게 보이도록 만들지만, 한편으로는 여전히 이러한 앱을 만드는 것은 매우 어려운 작업이다. 모바일 앱을 만들 때에는 이 앱을 사용할 사람들이 언제 이 앱을 찾을 것이며, 또한 사람들이 원하는 것이 무엇인지를 신중하게 결정해야 한다. 우리들이 맞추고자 하는 초점은 이러한 방면에 있어서 모바일 앱을 더욱 멋들어지게 만들어줄 것이다. 그리고 이 책에서 다루는 많은 내용들에서는

---

[1] Hoboken: Wiley, 2007

Ballard의 정의를 하나의 중요한 원칙으로 새기면서 기술적인 구현 방안에 대해서 집중할 것이다.

왜 이러한 고려 사항들이 중요한가?

2013년까지 스마트폰이나 웹 브라우징 기능을 탑재하는 다양한 모바일 폰들의 수는 약 1억8천여 대에 이를 것이며, 이는 일반 개인용 컴퓨터가 1억7천여 대 이르는 것에 대비하여 더 많은 수치이다.[2] 모바일 브라우저들의 사용량에 대한 신뢰할 수 있는 통계를 찾는 것은 상당히 어려운 일이나, 누가 무엇을 언급했든지 간에 이는 분명한 추세이다. StarCounter에 따르면, 웹 브라우징에서 모바일 브라우징이 차지하는 비율은 4.36% 정도의 비율로, 얼핏 보기에는 작은 비율이지만, 지난 2년간의 성장률은 무려 430%에 달한다. 그리고 이는 모바일 브라우징이 아직 초창기라는 점을 감안하면 단지 시작에 불과한 것이다. 이에 따라, 폰과 모바일 디바이스를 위해서 사람들이 더 많은 시간을 소비하게 될 것이고, 자연스레 더 강력한 모바일 디바이스들이 등장하고, 언제 어디서나 인터넷 접근을 하는 생활 패턴이 일상적으로 자리잡을 것이다. 그리고 이러한 상황 속에서 사용되는 디바이스들은 더욱 빠르게 변화할 것이다. 모바일 디바이스를 사용하는 잠재적인 고객들은 더욱 더 늘어날 것이다. 이러한 추세를 고려하지 않는 것은 그래서 현명하지 못한 것이다.

네이티브의 유동성

모바일 영역에서 무언가를 디자인 하기로 결정하였을 때 부딪히는 불가피한 선택 사항이 하나 있는데, 바로 **네이티브 앱**(native application)으로 만들 것인지 아니면 **웹 앱**(web application)으로 만들 것인지를 선택하는 것이다. 양쪽의 용어에 대해서 우선 정의를 알아보도록 하자. 웹 앱이란 장치에 내장된 웹 브라우저를 이용하여 웹을 통해 실행할 수 있는, 웹 사이트이지만 마치 앱과 같은 기능을 제공하는 형태의 앱을 말하는 것이다. 반면 네이티브 앱은 특정 플랫폼에 최적화된 앱으로, 예를 들어 Android 플랫폼이나 iOS

---

[2] 가트너 자료 인용, http://www.gartner.com/it/page.jsp?id=1278413 참조

에 맞추어진 앱을 말하며, 마치 데스크톱에서 실행되는 프로그램과 같이 장치에 설치될 수 있는 형태로 되어 있다. 각 플랫폼에 한정된 마켓플레이스를 통하여 이러한 앱들을 소비자들이 이용할 수 있다. 이러한 마켓플레이스로 보통 유명한 것은 애플 앱스토어로 iPhone과 iPad를 위한 모바일 앱을 제공하는 마켓플레이스이다.

그러면 네이티브 앱과 웹 앱 사이의 장단점을 한번 비교해보도록 하자. 일반적으로, 네이티브 앱은 웹 앱에 비해서 월등히 나은 사용자 경험을 제공하며, 장치의 성능이 좋지 않은 경우 이러한 차이점은 더욱 두드러지게 나타나는 경향이 있다. 네이티브 앱은 대상이 되는 장치와 플랫폼을 기준으로 제작되고, 최적화 되어있으며, 기계어 형태로 미리 컴파일 되어있다. 이는 iOS의 경우 Objective-C 프로그래밍 언어를 사용하도록 되어있음을 뜻하며, Android 플랫폼의 경우 Java 언어를 사용하도록 되어있음을 뜻한다. 반면, 웹 앱의 경우 맞추어지는 것이 아니라 중간에 해석되어 실행되는 인터프리터 실행 방식으로, 모바일 브라우저와 내장된 자바스크립트 엔진에 의하여 웹 앱의 콘텐츠를 읽고 그 즉시 해석하여 보여주는 방식이다. iOS, Android, BlackBerry, 심비안, 그리고 webOS에 이르기까지 대다수의 모바일 플랫폼에서는 오픈 소스 프로젝트인 WebKit 프로젝트를 이를 위해 채택하였으며, WebKit은 사파리와 크롬 브라우저에서도 사용되는 엔진이다. Windows Phone 7의 경우는 2011년 하반기부터 탑재되거나 업그레이드 예정인 OS 버전 7.1을 기점으로 엔진이 구분된다. 7.1 이전 버전의 경우 Internet Explorer 7의 엔진을 사용하고, OS 버전 7.1부터는 Internet Explorer 9의 엔진을 사용한다. 이러한 추가적인 계층으로 인하여 우리는 웹 앱을 통하여 네이티브 앱과 같은 경험을 구현하는 데 제한이 있으며, 이는 웹 앱을 통해서는 고해상도의 3D 그래픽이나 고속 연산을 수행하기에는 부적합함을 뜻한다. 그러나, 일상적이면서도 단순한 앱을 만드는 데에 있어서는, 웹 앱이 더 나은 선택이 될 것이다. 성능 차이는 존재하지만, 이러한 성능 차이에 관계없는 좋은 사용자 경험을 제공할 수 있기 때문이다.

웹 앱이 인터프리터 방식으로 수행되기 때문에 뒤따르는 또 다른 문제점은, 엔진의 기능 제한에도 웹 앱이 영향을 받게 된다는 점이다. 네이티브 앱이 운영체제가 제공하는 모든 종류의 API를 활용할 수 있는 것에 비하여, 웹 앱은 브라우저 엔진이 제공하는 기능에 한하여 운영체제와 소통할 수 있다는 문제점이 있다. iOS의 경우, 예를 들어 네이티브 앱은 모바일 사파리에서 지원하지 않는 기능까지 다양한 기능을 이용할 수 있는데, 예를 들어 푸시 알림이나 카메라, 마이크 녹음, 연락처 정보 이용 등과 같은 기능들이 있다. 웹 앱으로는 절대 플리커(Flickr)와 페이스북(Facebook)에 사진을 업로드 하는 기능을 제공하는 앱을 만들 수 없음을 뜻한다. 그렇긴 하지만, 웹 브라우저를 통해서 제공되는 장치의 다양한 기능들이 또한 존재하는데, 예를 들어 사용자가 동의했다는 전제 아래에서 위치 API를 이용하거나 장치 방향 API를 사용하여 자이로스코프나 가속기 센서의 데이터를 얻을 수 있고, 웹 스토리지 API를 이용하여 브라우저 세션 중간에 수시로 데이터를 저장하거나 불러올 수 있다. 덤으로 HTML5가 일반화됨에 따라서 오디오와 비디오 기능과 브라우저의 터치 이벤트를 응용한 제스처 기능, CSS 전환과 변환 기능, 그리고 웹GL을 이용한 3D 그래픽 등을 이용할 수 있으므로 기능 차이가 비교적 좁다는 것을 알 수 있다. 그러나 여전히 최신식의 멋지고 훌륭한 기능들을 즉시 이용할 수 없다는 단점은 남게 된다.

그래서 네이티브 앱이 훌륭하다는 결론이 나온 셈이지만, 왜 웹 앱을 만드는 것을 가지고 계속 이야기를 해야 하는 것일까?

네이티브 앱을 만드는 것이 어려운 이유

네이티브 앱을 만든다는 것이 어려운 이유는 마켓 분단화 때문이다. 네이티브 앱이 플랫폼에 종속되기 때문에, 어떤 플랫폼을 대상으로 앱을 개발해야 하는지에 대해 선택해야 하기 때문이다. 애플의 앱 스토어에 먼저 애플리케이션을 출시해야 할지, 아니면 Android의 마켓플레이스에 앱을 먼저 출시해야 할지 선택의 기로에 놓일 수 있다. 그러면 BlackBerry나 Windows Phone 7으로는 어떻게 해야 할지 고민에 빠지게 된다. 각각의 플랫폼을 지원할 수 있도록 하려면 반드시 각각의 플랫폼에 맞는 기술을 사용하여 매번 새로 작성해야만 한다. 우리는 네이티브 앱을 모든 플랫폼과 장치에서 사용할 수 있도록 만드는 것을 바라지만, 현실적으로 우리가 사용할 수 있는 시간과 비용에는 한계가 따르기에 어떤 플랫폼, 더 정확히 표현하면 어떤 사용자 층을 택해야 할 것인지를 종용 받게 되어있다. 웹 앱을 만드는 것은 이와는 정 반대로 모바일 웹 브라우저들이 탑재된 장치에 한해서라면 단일 프로그래밍 코드를 이용하여 한 번만 웹 앱을 만들기만 한다면 모든 플랫폼, 그리고 더 많은 미래의 플랫폼들까지 지원할 수 있다. 웹 앱의 경우 분단화 현상은 웹 브라우저에 영향을 주게 되고, 이런 이유로 웹 앱에 대해서도 마찬가지 이슈가 발생하지만, 이는 웹 디자이너들에게는 친숙한 문제이고 이러한 차이점들은 보통 큰 문제가 되지 않는다.

또 다른 문제는 개발 속도에 있다. 우리들은 웹 전문가 집단으로서, 웹 앱을 구축하고 관리하면서 습득한 매우 다양하고 풍부한 경험들이 있다. 새로운 개발 도구 전반에 대해서 배우거나, 이러한 기술을 가진 사람들을 고용하거나, 시간을 소비하거나, 노력을

들이거나, 비용 투자를 한다. 우리가 가지고 있는 기술을 이용하기보다, 이러한 번거로운 일과 비용 지출들을 정당화하기 위한 이유가 필요하다. 이에 대한 반론으로 이러한 이유들을 단정하기 위하여 사용자를 위하여 최선이 무엇인지를 고르기보다는 비즈니스를 위해 최선이 무엇인지를 고르는 것이 될 수 있으며, 이는 동일한 관점이다. 이는 매우 연약한 균형 잡기이다. 사용자 경험을 친숙도, 개발 속도 그리고 플랫폼 유연성과 서로 맞바꾸는 일을 늘 직면하게 된다. 물론, 사용자들이 선호하는 플랫폼에 맞춘 가장 최적의 앱을 만드는 것을 바라지만, 매우 뛰어난 사용자 경험을 제공하는 앱을 만드는 것은 결코 쉬운 일이 아니며 때로 불가능함을 깨닫게 될 때도 있다.

최근에는, 몇몇 뚜렷한 입장을 가지는 회사들이 하나의 식을 만들어 웹의 이면에 대해 쏟는 노력을 계량화하였다. Basecamp, Highrise와 같은 다양한 웹 기반 생산성 앱을 만드는 소프트웨어 공급자인 37signals에서는 Basecamp 모바일을 만들면서 네이티브 앱으로 만드는 것을 피했다.

> "필연적으로 우리 팀은 웹 앱을 잘 만들 수 있다는 사실에 매여야만 했다. 우리 팀은 기술을 잘 알고 있고, 뛰어난 개발 환경과 작업 절차를 익힌 상태이며, 출시 주기를 조절할 수도 있고, 37signals에 속한 모든 사람들이 이렇게 일할 수 있다는 것을 잘 알고 있다."

> "… 우리 팀은 HTML, CSS, 자바스크립트를 매일같이 수년간 사용해 왔었다. 데스크톱을 위해서 만들어왔던 것을 모바일 환경으로 가져갈 수도 있고, 또한 모바일 환경을 위해서 만들었던 것을 다시 데스크톱 환경으로 가져갈 수도 있다고 본다. 이것이 우리에게 적합한 방식이다." [3]

37signals와 같은 팀에서는, 비용과 재화를 투자하는 것이 큰 문제가 되지 않는다. 그들은 단순히 더 많은 사용자들에게 더 뛰어난 사용자 경험을 제공할 수 있는 웹 앱을 만들 것을 결정하고, 그들이 응용프로그램 개발 환경 전반을 좌지우지할 수 있을 만큼 그들 스스로에게 친숙한 기술들을 사용하여 그러한 웹 앱을 만들었다. Netflix사의 경우에도 비슷한 문제가 있었다. PlayStation 3를 위한 앱의 모든 부분을 웹 기술을 사용하여 만들면서, 개발자들이 쉽게 앱을 테스트 하고 지속적으로 유지할 수 있도록 하게 함으로써, 사용자들에게 최상의 결과를 가져다 줄 수 있었다.

---

[3] Jason Fried의 **Signal vs. Noise**에서 인용, 2001년 2월 1일자 블로그 글(http://37signals.com/svn/posts/2761-launch-basecamp-mobile)

> 우리들에게 주어진 핵심적인 임무는 가차없이 기능, 기술, 그리고 경험들을 시험하여 우리 팀원들에게 전수하는 것이다. 매번 새로운 아이디어를 테스트 하여, 우리 고객들에게 얼마나 영향을 줄 수 있는지를 가늠해볼 수 있었다.

> HTML5가 우리의 시야에 들어오게 된 것도 이 무렵이다. 여러분이 우리가 만든 웹 앱을 매번 실행할 때마다 Netflix 서버로부터 우리의 기술들이 배포되었다. 이는 우리 팀이 지속적으로 업데이트와 테스트를 수행할 수 있으며, 우리가 사용자 경험의 향상을 제안하고 반영 할 수 있음을 의미한다. 우리는 이미 PlayStation 3를 통하여 몇 가지 실험을 수행하였으며, 지금 내가 여기서 이야기하는 것보다 훨씬 더 바쁘게 일하고 있다. 우리 서비스를 이용하는 고객들은 새로운 소프트웨어를 사용할 때마다 수동으로 설치하는 과정을 거치지 않으며 매번 우리가 변화를 이끈다. 즉, '단지 바뀌어있을 뿐'이다. 4

심지어 페이스북까지도, 아주 조금 더 엔지니어링 자원을 가지고 있을 뿐(**지금껏 iPhone 에서 가장 인기 있는 앱을 만들기는 하였지만**) 플랫폼의 분산화를 관리하기 어려운 회사에서도, 웹 표준을 장려하여 그들의 모바일 전략을 확장하려고 하고 있다.5

모바일 웹 앱은 네이티브 앱을 넘어서는 몇 가지 장점들을 제공하면서도, 디자인 상의, 개발 과정상의, 혹은 배포 과정상의 도전 과제를 던지기도 하지만, 확장 가능성이 뛰어나고 수용할 수 있는 강력한 크로스 플랫폼 솔루션이라고 할 수 있다.

 도움이 되는 정보

37signals의 결정이 네이티브 앱 개발을 내부적으로 지양하고자 했던 것임에도 불구하고, 현재 애플 앱 스토어에서 판매 중인 Basecamp 웹 앱을 위한 네이티브 클라이언트는 대략 열 종류 안팎이 된다. 폭넓은 API를 제공한다는 것은, 써드파티 개발자들이 Basecamp를 네이티브 앱 위에서 활용할 수 있도록 하는 것이며, 37signals가 여전히 사용자들의 데이터를 가지고 상호작용할 수 있는 수준을 제어할 수 있음을 뜻한다. 잘 만들어진 API는 여러분들을 위하여 사용자들이 앱을 만들 수 있음을 뜻하며, 여러분들이 미처 기대하지 못했던 것을 가능하게 해줄 수도 있음을 뜻한다.

---

[4] John Giancutti의 The Netflix 'Tech' Blog에서 인용, 2010년 12월 3일자 블로그 글(http://techblog.netflix.com/2010/12/why-we-choose-html5-for-user.html)

[5] http://networkeffect.allthingsd.com/20110125/facebook-sets-mobile-sights-on-html5/

출발점에 서기

"우리는 iPhone 앱을 만들어야 하는데요." 물론 그럴 것이다. 그러나 여러 플랫폼을 지원하는 네이티브 앱을 만드는 것은 이 맥락에서 중요한 것도 아니고 종착역도 아니다. 다른 사람들이 고려하는 한 가지보다 더 많은 고려 사항들이 우리의 결정을 뒷받침해야 한다. 우리는 어떤 기술을 사용하든지 간에 모바일 앱을 만드는 것이 우리들과 사용자들을 위해서 옳은 결정인지 아닌지를 판단해야 한다. 만약 여러분이 전 세계에 걸쳐 약 1000여 개에 달하는 커피 체인점을 운영하고 있다고 가정해보자. 아마 여러분의 고객들을 위해서 근처에 여러분이 운영하는 매장이 있는지 안내하는 앱을 만든다면 참 좋을 것이다. 그러나 만약 여러분이 이것저것 다 파는 이웃의 만물상을 알리고자 한다면, 차라리 더 간단하고 직접적인 홍보 수단을 활용하는 편이 나을 것이다.

사람들은 우리가 제공하려고 하는 것을 원할까? 왜 사람들이 우리들의 앱을 모바일에서 사용하기를 원하는 것일까? 어디에 쓰고자 하는 것일까? 비즈니스 상에 어떤 형태로 이득을 가져다 줄 수 있을 것인가?

이러한 질문들에 대해서 완벽한 답을 얻기를 원한다면, 지금 여러분이 사용할 수 있는 정보들을 분석하는 것이 답이다. 여러분이 지금 운영하고 있는 웹 사이트의 통계 정보에서, 얼마나 많은 수의 사용자들이 모바일을 통해서 여러분의 웹 사이트를 보거나 방문하는지, 어떤 장치를 사용하는지, 그리고 어떤 내용을 찾는지를 살펴보자. 이러한 데이터들을 통해서 여러분은 모바일 관점에서 사람들이 찾고자 하는 것이 무엇인지 정확히 알 수 있게 될 것이다. 물론, 이러한 데이터들은 여러분의 웹 사이트의 기술적인 제약에 따라 얼마든지 영향을 받을 수 있으니, 이러한 데이터를 보고 얻는 결론들은 여러분의 의사결정에 있어서 일부분에 불과할 것이다.

만약 이러한 정보가 없다면 어떻게 할까? 여러분의 고객들이나 사용자들에게 지속적으로 의견을 물을 수 있고, 물어본다고 불평 불만을 하거나 할 사람은 없다. 단순하게 생각해서, 여러분이 무엇을 팔고 있는지에 따라 이러한 답은 더욱 구체적으로 정해질 것이다. 만약 여러분이 꽃을 파는 사람이라면 고객들은 당연히 꽃을 원하며, 카페를 운영하고 있다면 당연히 커피를 원할 것이므로, 여러분이 어떤 서비스나 제품을 제공한다면, 고객들이 원하는 요구 사항에 맞추어 앱을 만들 수 있고, 이를 통해 여러분들의 사용자에게 큰 기쁨을 줄 수 있으며, 고객들은 여러분을 위해 기꺼이 지갑을 열어줄 것이다.

> **앱스토어 효과**
>
> 애플의 앱스토어가 거둔 큰 성공은 가벼이 볼 것이 결코 아니다. 여기에는 부정하기 어려운 마케팅 상의 이점이 있는데, 여러분만의 인기 있는 포럼에 앱이 등장하고, 북마크로는 제공할 수 없는 사용자의 스마트폰 초기 화면 전면부에 등장하는 여러분만의 아이콘을 표시할 수 있다는 점이다. 뿐만 아니라, 수익을 가져다 주는 방법 역시 매우 명확한데, 많은 애플리케이션 마켓플레이스들이 사용자들에게 앱을 제공하고, 이에 대한 대가로 사용자들이 돈을 지불하기 때문이다. 이 책에서는 모바일 웹 앱을 만들 것이지만, 이것이 지금 이야기한 굉장한 기회를 잃어버리는 것을 의미하는 게 아니다. 웹의 기술을 능숙하게 다루는 하이브리드 앱을 만들 수 있기 때문이다. 그러나 지금은 우리 스스로를 앞질러야 할 때이다. 이 모든 내용들은 7장에서 다루게 될 것이다.

앱 만으로는 충분하지 않다

웹 기술을 이용하여 모바일 앱을 만들 때 가장 큰 논쟁점이 되는 것은 어떤 방식으로든 돌아가기만 하면 되는 것을 만들어야 할 때다. 사용자들은 마땅히 그들의 모바일 장치에서 구동되는, 이미 우리가 보유한 웹 사이트를 기대할 것이다. 사용자들의 장치나 그 장치의 기능에 대한 가정은 하지 말아야 하는데, 이러한 가정들이 들어맞을 확률은 거의 없기 때문이다. 네이티브 앱은 이러한 문제에 대한 적절한 해결책이 아니다

이전에 살펴본 대로 모바일 디자인은 문맥적인 것이지만, 또한 속도에 관한 문제도 있다. 우리는 사용자들이 원하는 내용을 가능한 한 빠른 속도로 제공하는 것을 목표로 하고 있다. 환상적인 네이티브 앱은 어디까지나 미리 설치되어있을 때에 비로소 그러한 경험을 제공한다. 사용자들에게 마켓플레이스에 가서 별도의 덩치가 크고 무거운 앱을 다운로드 할 것을 요구하는 것은 모바일 인터넷 요금제에 별도로 가입하지 않은 사용자들에게는 너무 지나친 기대이다. 그래서 모바일 사용자들을 위한 우리 웹 사이트의 새 버전을 만드는 것은 우리가 네이티브 앱을 만들었든 만들지 않았든 중요한 시도이다. 그럼 이제 무엇을 해야 할까?

첫 번째 선택: 아무것도 하지 않기

아무것도 하지 않아도 된다는 것은 들리는 말과는 달리 반드시 짚고 넘어가야 할 선택

사항이다. 새로운 종류의 스마트폰들로 인하여 크고 복잡한 페이지들을 탐색하는 일이 급속도로 쉬워지고 있다. **뉴욕타임즈** 홈페이지를 예로 들자면, 엄청난 수의 정보들이 다양한 주제들에 걸쳐 담겨있다. 좀 더 구체적으로 살펴보면, 이와 같이 규모의 정보를 볼 수 있다는 것은 비용으로 직결되는데, http://nytimes.com/ 웹 페이지를 다운로드 받기 위하여 사용하는 약 1MB 정도의 데이터이고, 이는 그림 1.1에서 Chrome 브라우저의 Web Inspector 도구를 통하여 살펴볼 수 있다.

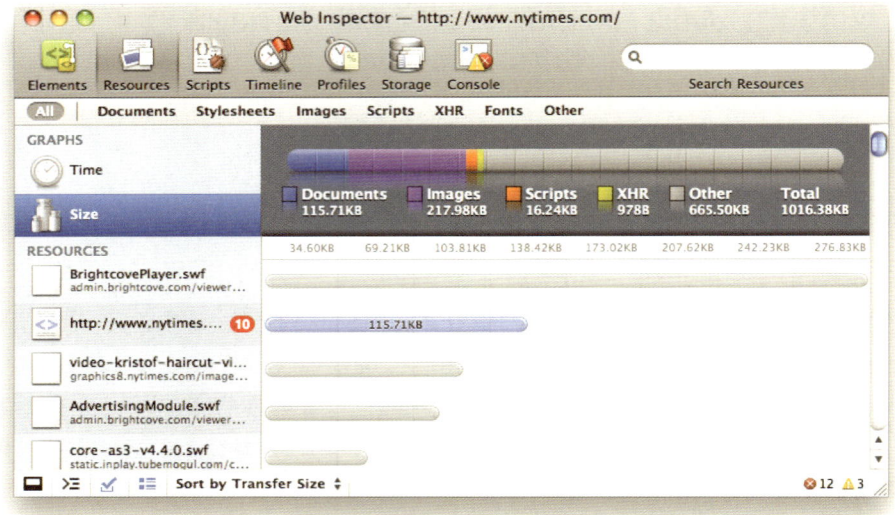

그림 1.1. Chrome 브라우저의 Web Inspector 도구로 살펴본 전체 버전의 웹 페이지의 다운로드 크기

당연히, 3G 요금제가 요즘은 일반적이다. 그러나 사용자들이 사이트를 이용하기 위하여 이 정도 규모의 데이터를 내려 받기 위하여 4-5분 정도 걸리는 시간을 기다리게 해도 좋은 것일까 의문스럽다. 이는 그다지 모바일이나 사용자 친화적인 관점에서 치명적이지는 않다. 가능한 적은 도전을 받는 길로 가기로 결정한다면, 반드시 잘 짜인 구조를 가지고 있고 정확하고 의미 있는 마크업을 사용하여 웹 사이트를 만들어야 할 필요가 있다. 데스크톱 환경에서의 웹 디자인들의 표준을 충실히 잘 지킬 수 있다면, 모바일 환경에서도 당연히 더 좋은 결실을 얻을 수 있다. 가볍고, CSS 기반의 레이아웃을 사용하며, 콘텐츠로부터 독립된 디자인을 중시하고, 웹 접근성과 사용성을 향상시킬 수 있는 방향으로 잘 구성한다면 화면의 크기나 집중도, 대역폭이 제한된 환경일지라도 전혀 영향을 받지 않게 할 수 있다.

두 번째 선택: 변신하기

재빨리 반응하는 디자인을 통해 구원받을 수도 있다. 만약 여러분이 Ethan Marcotte이 이 주제에 관하여 쓴 중요한 글을 아직 읽어보지 못했다면 http://www.alistapart.com/articles/responsive-web-design/에서 시간을 내어 꼭 읽어보기 바란다. '**반응형 웹 디자인**'이라는 용어는 CSS 미디어 쿼리를 사용하여 이루어낸 몇 가지 기법을 말하는 것으로, 유동적인 그리드 레이아웃이나 유동적인 이미지를 사용하여 사용자의 장치, 브라우저 해상도 등에 동적으로 반응하여 여러분의 디자인이 어떤 해상도에 있을지라도 최상의 레이아웃과 품질을 유지할 수 있게 해준다는 콘셉트다.

이는 너무나도 단순한 기술이라 의지만 있다면 잠시 시간을 내어 살펴볼 수 있을 정도이다. 미디어 쿼리는 기존에 우리가 인쇄용 웹 페이지를 만들기 위해서 사용하던 친숙한 미디어 타입 속성을 이용하던 것으로부터 확장된 개념이다. 단지 기존에 사용하던 것에서 바뀐 부분이라고 한다면, 기존의 방식이 특정한 상황에만 맞춘 설정이지만, 우리가 지금 사용할 미디어 쿼리는 장치의 물리적인 특성까지 설정에 포함할 수 있다는 점이다. 이는 우리가 지정한 조건을 만족하는 장치들을 위하여 스타일시트를 지정할 수 있음을 뜻한다. 아래의 예제에서는, '`mobile.css` 스타일 시트를 가로 해상도가 480픽셀까지 지원되는 모바일 장치에서만 불러들일 것'이라고 지정하고 있다.

```
<link rel="stylesheet" type="text/css" media="screen and (max-width: 480px)"
➥ href="mobile.css" />
```

물론, 장치의 표시 가능한 해상도의 폭에만 연연할 필요가 없다. 미디어 쿼리에는 다양한 옵션이 있으며 아래는 그런 옵션들을 나열한 것으로 다음의 사항들을 이용할 수 있다.

- 폭과 높이(위에서 언급한 것과 같은 형태)
- 화면 해상도
- 화면의 방향(가로/세로 방향)
- 가로/세로 비율

미디어 쿼리의 진짜 힘은 좀 더 복잡한 쿼리를 겹쳐 쓰는 것에 있다. 만약 고해상도의 장치이면서도 가로 방향으로 누운 화면을 위한 스타일 시트를 지정하고 싶다면, 그것도 아래와 같이 기술하여 문제를 해결할 수 있다.

```
<link rel="stylesheet" type="text/css" media="screen and
  (min-resolution: 300dpi) and (orientation: landscape)"
  href="mobile.css" />
```

간단하지 않은가? 이와 같은 접근법을 이용하여 더욱 뛰어난 모바일 웹 사이트를 만들 수 있을 뿐만 아니라, 더 나은 데스크톱을 위한 웹 사이트를 만들 수도 있고, 같은 코드 기반을 통해서 그 어떤 환경이라도 대응할 수 있다.

그러나 안타깝게도 이것이 모든 경우에 대응하는 최선이기에는 조금 부족한 점이 있다. 미디어 쿼리에는 제약 사항이 있는데, 이로 인하여 일종의 낭비가 발생할 수 있다. 레이아웃에 맞추어 콘텐츠를 재편하는 것은 모바일 장치에서 더욱 멋들어지게 보여지게 해주지만, 이는 단순히 겉치레에 불과하다. 반응형 웹 디자인이 실은 하지 않는 것만 못하게 만들 수 있는 논쟁거리를 하나 안고 있기 때문인데, 왜냐하면 여러분의 웹 사이트를 방문하는 사용자들이 실제로는 보지도 못할 리소스까지 다운로드 할 것을 강요하고 있을 수 있기 때문이다. 다행히도, 이러한 문제점들은 세심한 계획을 통하여 완화할 수 있다.

다른 무엇보다도 우선해서, **모바일이 중시되어야 한다**. 반면 미디어 쿼리의 사용이 증가한다는 것은 데스크톱에 가까운 사이트를 만드는 일에 투자를 하는 것과 같은 이치가 되어 우리가 하려는 일과는 정반대의 길을 걷게 된다. 가장 기본이 되는 것으로부터 시작하여 점진적으로 복잡한 기능을 추가하여 더 강력한 데스크톱 경험을 제공할 수 있다.

```
<link rel="stylesheet"
  media="screen and (min-width: 939px)" href="desktop.css" />
```

이러한 방식은 우리가 지금껏 사용해왔던 친숙한 방법인 점진적인 향상과 같은 콘셉트다. 같은 내용의, 혹은 중복되는 내용의 HTML 페이지를 보내는 것을 피할 방법은 우리의 직업적인 역량에서는 없겠지만, HTML 페이지와 스타일 시트를 만들고 적용할 때 조금만 세심하게 주의를 기울인다면, 모바일 사용자들에게도 그들이 원하는 콘텐츠를 유지하면서 최적화된 경험을 제공할 수 있음을 확신할 수 있다. 데스크톱 사용자 경험을 깨뜨리는 일을 최소화하면서도 낭비를 줄일 수 있는 것이다.

세 번째 선택: 독립된 모바일 웹의 구축

모바일 웹을 제공하기 위해서 사실 더 많이 선택되는 옵션은 처음부터 완전히 독립된 모바일 웹을 만드는 것이다. 이러한 웹 사이트들은 도메인 이름 앞에 붙는 서브 도메인 이름이 m.으로 시작하거나 mobile.으로 시작하도록 되어있는 곳에서 쉽게 찾을 수 있다. 이러한 방법을 선택하는 것은 우리가 만들 웹 사이트를 온전히 모바일 관점에서 잘 쓰일 수 있도록 최선을 다할 수 있음을 뜻하며, 사용자들은 당연히 모바일 관점에서 최상의 경험을 할 수 있음을 뜻한다.

그러나 다른 한편으로는 이 방법 역시 단점이 존재한다. 모바일 웹 사이트를 따로 만든다는 것은 보통 모바일 브라우저가 서버로 보내오는 정보들 중 사용자 에이전트 헤더 정보를 사용하여 어떤 버전의 웹 사이트를 보여줄 것인지를 결정하는 방식이다. 예를 들어, 'iPhone 사용자를 위한 모바일 사이트를 내보내거나, 데스크톱 사용자 중 Firefox 브라우저 사용자들을 위한 웹 사이트를 내보내거나하는 식의 결정이다. 이론상으로는 완벽에 가까운 것이지만, 사용자 에이전트를 신뢰하는 것은 결코 좋은 방법이 아니다. 왜냐하면 사용자 에이전트 문자열은 실로 다양한 이유로 인하여 변형되기 때문이다. 우리가 우리 나름대로 알고 있는 모바일 웹 브라우저를 지원하도록 사용자 에이전트 문자열 설정을 지정했음에도 불구하고, 우리가 모르거나 미처 고려하지 못한 사용자 에이전트 문자열을 보내오는 웹 브라우저에 대해서는 모바일 경험을 의도하지 않았음에도 불구하고 전혀 제공하지 못할 가능성이 있다. 그렇다면 여기서 선택의 기로에 서게 되는데, 사용자들이 우리가 결정한 방식대로 웹 사이트를 방문하도록 강제해야 하는 것인가 아닌가에 대한 부분이다.

해결책은 의외로 단순하다. 사용자들에게 그저 표준 웹 사이트와 모바일 웹 사이트 사이를 선택할 수 있는 링크를 각각의 웹 사이트 버전에서 제공해주는 것만으로 문제는 해결할 수 있다. 그 다음 사용자가 선택한 결정을 신뢰하면 된다. 사용자들이 모바일 웹 사이트를 통하여 우리 웹 사이트를 처음 보게 하는 것은 결코 잘못된 것이 아니다. 그러나 표준 버전의 웹 사이트로의 접속을 차단하는 일은 절대 해서는 안 된다.

페이스북은 이러한 방법에 있어서 올바른 동작을 보여주고, 여러분들이 만들 웹 사이트에서 사용자들이 표준 버전의 웹 사이트와 모바일 버전의 웹 사이트 사이를 오고 갈 수 있는 이유를 정확히 보여주고 있다. 페이스북은 두 가지 버전의 모바일 사이트를 제공하는데, touch.facebook.com을 통하여 터치 기능을 사용할 수 있는 모바일 장치들을 위한 모바일 웹 사이트를 제공하고, m.facebook.com을 통하여 터치 기능이 없는 모바일 장치들을 위한 모바일 웹 사이트로 나누어 제공하고 있다. 양쪽 사이트 모두 페이스북이 제공하는 기능들 모두를 기대한 대로 잘 사용할 수 있으며, 가령 메시지를 읽고 답장을 보내거나 지금 무엇을 하는지 메시지를 남긴다거나 사람들의 담벼락을 모바일 웹 사이트 안에서 볼 수 있다거나 하는 등의 모든 기능들이 제공된다. 여전히, **전체** 버전의 데스크톱 웹 사이트에서는 가능했던 일들 중 상당수는 제공하지 못하는데, 예를 들어 사진을 업로드 한다거나 자기 프로필을 수정한다거나 하는 기능은 제공되지 않는다. 만약 이러한 기능을 꼭 사용해야 한다면, 혹은 더 나은 기능을 필요로 한다면 전체 버전의 웹 사이트로 접속해야 하는데, 이때 각 모바일 버전의 웹 사이트 하단에는 웹 사이트의 버전을 바꿀 수 있는 링크들이 배치되어있다. 여기서 중요한 사실은 사용자들은 언제든 전체 버전의 웹 사이트로 이동할 수 있도록 배려하고 있다는 점으로, 그들을 특정 기능에 가두지 않고 있다는 점이다. 구분을 하되, 가로막지 말라는 것이다.

프레임워크에 대한 이야기

모바일 장치를 위한 웹 앱을 만들기 위하여 연구를 하는 동안, 여러 플랫폼에 걸쳐서 사용할 수 있는 모바일 프레임워크를 채택하는 것에 대해서 마다하지 않을 것이다. 이러한 분야에서 가장 두각을 나타내는 것으로는 Sencha Touch[6]와 jQuery Mobile[7]이 있다. 이 책에서는 이들 프레임워크의 상세한 기술적 구현을 파고들지는 않겠지만, 이들 프레임워크를 살펴보는 것은 여러분들의 목적에 부합하든, 부합하지 않든 한번쯤은 시간 내어 살펴볼 필요가 있다.

양쪽 프레임워크 모두는 기본적으로 자바스크립트 프레임워크이다. Sencha Touch의 경우 이 프레임워크를 통하여 작성된 웹 앱은 전적으로 사용자들의 모바일 장치가 훌륭한 성능의 자바스크립트 엔진을 쓰고 있다는 가정 아래에서 이들 엔진에 의존한다. 우리는 이미 이러한 경우가 매번 이상적인 경우가 아니라는 것을 알고 있는데, 만약 자바스크립트 엔진의 품질이 떨어지거나 지원되지 않는 장치로 이 프레임워크 기반의 응용프로그램을 모바일로 보게 된다면 겉치레만 되어있는 빈 껍데기인 상태의 웹 앱을 보게 될 것이다. 다른 한편으로 jQuery Mobile은 사용자 친화적인 접근법을 채택함과 동시에 점

---

[6] http://www.sencha.com/products/touch/

[7] http://jquerymobile.com/

진적인 발전을 꾀한다. jQuery Mobile로 만들어지는 웹 앱들은 HTML로 작성되고 그 위에서 마치 앱처럼 동작하도록 만들어진다. 이것은 또 다른 종류의 균형 싸움인데, 여러분이 확실한 시작을 원한다면 모바일 세계에서는 다양한 선택지들이 존재한다. Sencha Touch는 모든 것을 자바스크립트 관점에서 풀이하는데, 성능 관점에서 보면 DOM으로 만드는 것보다는 자바스크립트 로직을 이용하여 프로그래밍 하는 것이 더 권장할만한 일이기 때문이다. 이들 프레임워크들이 각자 고수하는 접근법의 차이와는 무관하게, 이들을 바라볼 때 기억하고 있어야 할 점은 네이티브 앱에서 제공하는 다양한 종류의 기능들을 거의 모두 구현하고 있다는 것이다. 그러므로, 여러분들이 이러한 기능들을 모두 사용할 계획이 있는 것이 아니라면, 이러한 프레임워크들을 사용하는 경우 사용하지 않는 기능들로 인한 오버헤드가 필연적으로 발생할 수밖에 없다는 것이다.

이러한 내용은 우리에게 모바일 웹 앱을 만들 때 고려할 사항 하나를 가져다 주는데, 바로 '언캐니 밸리' 현상에 관한 것이다. **언캐니 밸리**(uncanny valley)란, 사람과 같은 모양을 지닌 휴머노이드 로봇에게서 느껴지는 반발심리 혹은 강한 거부감을 설명하는 학술적 이론으로 사람과 동일한 외양을 지니지만 사람다움을 기대하고 본 것과는 달리 너무나 다른 행동을 취하기 때문에 느끼는 부분을 뜻한다.[역주1] 이 이론은 사용자 인터페이스에 응용할 수 있는데, 우리가 만든 웹 앱의 디자인이나 동작을 볼 때에도 비슷한 느낌을 받을 수 있다는 사실에 주목해야 한다.

만약 오리와 같이 생겼다면, 그리고 오리처럼 꽥꽥 울지만, 그러나 오리가 아니라고 한다면, 얼마나 많은 사용자들이 이것을 오리와 같다고 생각할까? 네이티브 앱과 같은 시각적인 모양과 느낌을 복제하여, 모바일 앱 프레임워크들은 이와 같은 일정한 기대감을 주며, 이러한 기대감들은 앞의 이론에 빗대어보더라도, 그리고 당연한 이야기이지만, 완벽한 만족을 이루어내기 어렵다. 이러한 문제에 대한 답은 간단한데, 제약 사항을 있는 그대로 받아들이고 존중하라는 것이다. 모바일은 저주 따위가 아니다. 이는 우리들을 어떻게 보여줄 것인지를 결정할 수 있는가에 대한 새로운 기회이다. 모바일 버전의 twitter.com은 전혀 기존의 다른 네이티브 버전의 클라이언트를 흉내 내고 있지 않다. 여기서 우리는 가야 할 길을 알 수 있다. 여러분이 사용자들에게 전달하고 싶은 정보 그 자체를 가능한 빨리 전달해야 한다는 것이다.

[역주1] 겉 모양은 멀쩡한 사람이 사람 같지 않은 행동을 할 때, 가령 좀비와 같은 느낌을 준다면 이때 생각해볼 수 있는 느낌이 언캐니 밸리에서 설명하는 구간이다. 자세한 내용은 http://ko.wikipedia.org에서 '언캐니 밸리'를 검색해보자.

지금까지 한 이야기들 정리하기

지금까지 나눈 토론들은 참으로 훌륭하지만, 여러분도 알다시피 모바일 웹 앱 **만들기**라는 이 책의 주제를 설명하는 전부를 뜻하는 것은 아니다. 이와 같이 특수한 전략을 택하고 이해하는 것이 중요함을 깨닫는 것 이상으로, 무언가를 만든다는 것은 더욱 재미나고 즐거운 일이다. 그래서 이제 무엇을 만들 것인가? 우리는 마침 적당한 기회에 모바일 버전의 웹 사이트를 만들어주기에 알맞은 잠재적인 고객 하나를 확보했다고 가정할 것이다. 이 고객은 StarTrackr라는 웹 사이트를 운영하고 있으며 이 웹 사이트는 유명 연예인들의 일거수일투족을 있는 그대로 보여주는 웹 사이트로, 모바일 웹으로 만들기에 너무나도 완벽하고 이상적인 예제이다. 여기서 몇 가지 선택 사항들을 고려해보자. 우리는 여기서 고객이 무엇을 좋아하는지 알 길이 없기 때문에, 모바일 중심의 반응형 디자인에 집중하거나 연관성은 있지만 별도로 분리된 디자인을 가지는 웹 사이트를 만들 수 있을 것이다. 여기서 질문 한 가지를 던지자면, 우리 스스로 혹은 고객이 무엇을 이루기를 원하는가에 대한 것이다. StarTrackr의 경우, 고객의 입장에서 다음의 사항들이 가능했으면 하고 바랄 것이다.

- 근처에 연예인이 나타났었던 지역을 보여주고, 많은 연예인들이 등장한 위치를 보여주었으면 할 것이다.
- 좋아하는 연예인들을 쉽게 찾을 수 있고 그들이 최근에 방문한 곳을 알려주기를 원할 것이다.
- 연예인이 새로 나타난 곳을 등록하기를 원할 것이다.

이러한 기능들로 미루어볼 때, 여기서 이야기하는 것이 하나의 **웹 앱**을 만드는 것으로 단순한 웹 사이트를 만드는 것 이상이라는 것을 금방 알아차릴 수 있을 것이다. 간단히 정리하면, 웹 앱이라는 것은 무언가를 할 수 있게 하는 것이고 웹 사이트는 단순히 정보를 제공하는 것이다. 이 두 가지 용어의 차이를 정확히 이해함으로써 우리가 사용할 기술들이 좀 더 잘 활용되도록 할 수 있다. 단순한 겉치레 이상으로 우리가 할 수 있는 일은 매우 많지만, 만약 사용자들에게 중독성이 강하고 뛰어난 사용자 경험을 제공할 수 있도록 할 요량이라고 한다면, 이를 통해 우리가 별도의 모바일 앱을 만드는 일로 도약할 수 있을 것이다.

이제 시작해보자.

Chapter 2

모바일을 위한 디자인

이제 본격적으로 웹 앱을 만들기 전에, 모바일 중심의 앱을 만들기 위한 인터페이스를 제작할 때 알아야 할 몇 가지 기본적인 사항들을 점검해보고자 한다. 웹 앱의 룩앤필(look and feel)을 만드는 것은 참 간단한 일이다. 그리고 또한 재미있는 일일 것이다. 그러나 문제는 지금 하려는 디자인 작업이 어도비 포토샵으로 하는 작업이 아니라는 것에 있다. 무엇보다도 가장 중요한 건 의사소통이라는 점이다. 디자인은 정보들을 우리가 원하는 대로 잘 정리하여 의미를 잘 살리고 빨리 이해할 수 있는 형태로 구조를 가지도록 만드는 작업이다. 내비게이션 방법을 제어하고, 우리들이 만드는 앱이 더욱 명확하고, 불확실한 부분을 최소화하며, 효율적으로 느껴지도록 만드는 것에 관한 일이다. 표준 기반의 디자인의 대가인 Jeffrey Zeldman은 자신의 아티클인 'Style versus design'에서 이렇게 말하였다.[1]

> "디자인 의사소통은 매 순간 존재한다. 여러분이 어디에 있는지, 그리고 무엇을 할 수 있는지를 알려주며, 그리고 그것이 가능하다는 것을 알려주는 것이다."

우리는 기능성 있고, 사용자들이 잘 다룰 수 있는 **사용자** 인터페이스를 만들기 위한 방

---

[1] http://www.adobe.com/designcenter/dialogbox/stylevsdesign/

법을 늘 찾아 나선다. 이때, 경험을 창조할 수 있도록 목표를 정하거나, 기존의 방법을 탈피하여 사용자들로 하여금 그들의 경험을 창조할 수 있도록 하기도 한다. 인터페이스란 단순히 우리가 무언가를 일으킬 수 있도록 해주는 매개체이다.

어떤 종류의 웹 사이트나 웹 앱이든지에 관계없이, 우리들의 목표는 사용자들에게 정확한 정보를 전달하고 사용자 경험을 제공하는 것에 그 목표가 있다. 모바일 앱에 있어서 중대한 것은 **문맥**, 즉 언제, 그리고 어디에서 사용자들이 모바일 앱을 활용하여 정보를 얻는가에 대한 부분이다. 기존의 표준 웹 사이트에서 사용자들은 책상에 앉아 전면에 놓여있는 모니터를 바라보며 키보드와 마우스를 손으로 조작해가며 이용하는 방식이었다. 반대로, 방문자들이 모바일을 이용하여 웹 사이트를 방문하는 때에는 줄을 서서 기다리고 있는 중이거나, 열차를 기다리고 있거나, 긴 의자에 누워있거나, 거리를 걷고 있거나, 혹은 아마도 화장실에서 볼일을 보고 있는 등 온갖 상황일 수 있으며, 더 나아가서는 화면의 크기가 작아서, 채 몇 백 픽셀도 안 되는 화면과 바짝 붙어있거나 화면 위의 키보드를 누르면서 이용하는 상황일 것이다.

우리는 여기서 사람들이 어떻게 모바일 장치를 활용하는가에 대해서 고민해보아야 한다. 사람들이 직면하는 상황을 넘어서서, 가지고 있는 장치를 이용하여 목적을 달성하기 위해서 장치를 물리적으로 어떻게 활용하는가에 대해서도 고려해봐야 한다. 사람들이 어떻게 스마트폰을 쥐고 사용할까? 그들이 사용하는 장치가 터치 입력을 지원하는지, 혹은 다른 입력 방식이 있는지까지도 말이다.

전반적으로, 우리는 기존의 웹에 대해서 취해왔던 것과 크게 다르지 않은 기본적인 원칙을 그대로 적용해볼 생각이며, 단지 모바일 환경에 좀 더 맞추어지게 될 것이다. 화면이 더 작으며, 입력 방법이 어색하고, 네트워크 상태가 상당히 좋지 않거나 기존보다 더 부정확할 수 있고, 사용자들은 매우 산만한 상태일 것이다. 종전보다 더 열심히, 사용자들이 내용에 집중할 수 있고 그들이 원하는 방향으로 콘텐츠를 제공할 수 있도록 더욱 많은 노력을 기울여야만 하는 것이다.

더 나은 마우스 만들기

거의 모든 종류의 새로운 모바일 장치들은 주된 입력 방식으로 터치 입력을 지원하고 있다. 수많은 기본 원칙들을 인터페이스 디자인에 적용하고자 하는 가운데에서도, 몇 가지 발상의 전환을 해야 할 부분이 있다.

사람의 손가락은 활용도가 매우 높고 다재다능 하지만, 마우스와 같은 정밀함이 없다. 조금만 세심하게 다룬다면, 우리는 마우스를 이용하여 인터페이스 상의 한 픽셀을 가리킬 수 있지만, 손가락으로는 이렇게 하기 어렵다. Apple Human Interface Guidelines for iOS에 따르면 누름 입력을 받는 화면상의 객체는 44×44 픽셀보다 작으면 안되며, 이것은 우리가 기존에 익숙하게 다루어오던 픽셀이라는 개념보다 약 2,000배나 큰 단위이다.[2]

이것이 의미하는 대로라고 한다면, 사용자 인터페이스는 터치 입력의 표준을 준수하기 위하여 과거로 회귀해야 하는 것일까? 물론 그렇지 않다. 터치라는 것은 하나의 입력 모드이고 우리가 만들 인터페이스와 사용자 사이의 장벽 하나를 허무는 것이기 때문이다. 정확성을 잃어버리는 대신, 상호작용에 대해서 더 나은 이해를 제공할 수 있는데, 왜냐하면 사용자 경험이 이제는 촉감이 되고, 이런 이유로 직관적이기 때문이다.

터치 패러다임을 수용하는데 인터페이스가 실패하는 이유는 입력 방식에 있어서의 내재적인 문제점이 있기 때문이지만, 그외에도 디자이너가 너무 화면에 치중했거나, 사용자가 터치 인터페이스를 통해서 누르기에 너무 작은 버튼으로 만들었기 때문일 것이다. 이는 터치를 입력 방식으로 택했을 때 발생하는 내재적인 문제점으로 인하여 더 악화되는데, 인터페이스 상의 요소를 터치하기 위한 행위 자체가 시야를 가리기 때문이다. 뿐만 아니라, 사용자들은 우리가 만든 인터페이스를 정신을 산만하게 만들 수 있는 여러 가지 상황 중에서도 정확히 이해하고 사용할 수 있도록 해주어야 한다. 이는 크기가 매우 작은 모바일 화면 위에 가능한 많은 정보들을 동시에 표시하도록 하기 위한 결정과 충분히 크게 보이기 때문에 쉽게 터치할 수 있도록 표시하기 위한 결정 사이에 미묘한 대립이 발생함을 의미한다.

그리고 절대 잊지 말아야 할 점은, 터치 스크린을 사용할 수 없는 모바일 사용자에 대한 배려이다. 그들 역시 우리가 고민해야 할 사용자들이고, 그들의 입력 방식 역시 매우 어색하기에는 마찬가지이다. 구형 피처폰이나 일부 스마트폰들은 디지털 패드 혹은 D-PAD라고 불리는 4방향 입력 컨트롤러를 주 입력 방식으로 많이 이용하는데, 사용자들이 원하는 방향으로 탐색하려고 할 때 네 방향으로만 움직일 수 있도록 강제하는 방식이다. 블랙베리(BlackBerry)에 탑재된 브라우저의 경우 작은 트랙볼이나 스크롤 휠을 사

---

[2] http://developer.apple.com/library/ios/#documentation/userexperience/conceptual/mobilehig/Introduction/Introduction.html

용하여 인터페이스를 탐색하도록 되어있고, 그런 이유로 가능한 한 적은 수의 정보를 화면에 표시하는 것이 바람직하다.

지금까지의 내용들을 정리하면, 이 모든 것은 단순한 인터페이스를 말한다. 단순함이란 이해하기 쉽고, 사용하기 쉬움을 느낄 수 있도록 유도하는 것이다.

단순함은 하나의 기능이고, 복잡성이 크게 중요시되지 않는 가운데에서, 우리는 어떤 관점을 유지해야 한다. 지금 살펴본 것과 같이 우리들 스스로는 만들고자 하는 앱이 제공할 기능의 수준에 비하여 사용자들은 이러한 기대 수준에는 훨씬 못 미치는 행동을 보일 것이다. 사용자들은 그저 몇 초 혹은 몇 분 간의 시간을 좀 더 모바일 앱에서 소비하기를 원할 것으로 예상되고, 고려할 수 있는 사항들은 아래와 같을 것이다.

- 사용자들이 무엇을 원하는가?
- 사용자들이 무엇을 기대하는가?
- 사용자들이 우리에게 바라는 것이 무엇인가?

사용자들이 우리가 만드는 앱이 어떻게 동작하는지 살펴볼 시간이나 의향이 있는지를 사실은 알 수 없는 것이다.

호버링

터치 입력이 가능한 장치에서 무언가를 디자인해야 한다는 것은 생각의 전환을 요구한다. 우리가 그 동안 직업적으로 사용해왔던 수 많은 기술들이 더 이상 적용될 수 없음을 뜻하며, 혹은 우리가 생각하는 것만큼 유용하지 않음을 뜻한다. 가장 극명한 사례는 호버링과 같은 이벤트들이다.

> "mousemove, mouseover, mouseout 혹은 CSS의 가상 클래스 중 :hover 클래스는 iPad나 iPhone과 같은 터치 스크린 장치에서는 기대하는 대로 동작하지 않을 것입니다."
>
> [Apple의 'Preparing Your Web Content for iPad' 가이드에서 인용][3]

호버링은 웹 세계에 스며든 상호 작용 모델이다. 우리는 줄곧 마우스를 사용하여 페이지 위에 커서를 올려서 무언가 이벤트를 발생시켰는데, 링크의 상태에 따라 색상을 바

---

[3] http://developer.apple.com/library/safari/#technotes/tn2010/tn2262/_index.html

꾸거나, 드롭 다운 내비게이션을 펼치거나, 무언가 액션 효과를 준다거나 하는 등의 것이 있었다. 그리고 디자이너로서, 호버링 상태에 무엇을 입힐 것인가에 대해서 많은 준비를 해왔었다. 대다수의 터치 기반 운영체제들은 내부적으로 호버링 상태에 의존하는 인터페이스들이 급격하게 망가지는 것을 최소화하기 위하여 많은 노력을 하지만, 우리 스스로는 이러한 습관을 고쳐나가도록 노력을 해야 한다. 예를 들어, 다음의 일들은 터치 입력을 기반으로 페이지를 디자인 하려는 경우 반드시 고려해야 한다.

- 버튼이나 하이퍼링크가 뚜렷하게 보이도록 한다.
- :hover 가상 CSS 클래스에 의존하지 않는 콘텐츠를 사용하는 데 집중한다. 예를 들어 텍스트의 명암을 점점 밝게 하는 등의 콘텐츠 효과는 피한다.
- 확실한 시각적 신호가 없는 드롭 다운 메뉴의 사용을 자제한다.

이로 인하여 약간의 재능을 잃어버리는 것 같은 느낌이 들겠지만, 이를 통해 인터페이스가 좀 더 분명해진다는 이점을 얻을 수 있다.

작은 화면

모바일 디자인에서 작은 화면을 위한 디자인을 배제할 수 있는 길은 어디에도 없다. 모바일 장치들은 기존의 데스크톱 디스플레이보다 어떤 이유에서든 확실히 작은 화면을 사용하는데, 이는 물리적으로나 논리적인 해상도 관점에서나 모두 해당된다. 이것은 새롭게 도전할 수 있는 또 하나의 기회가 된다.

작은 화면 안에서 적절한 정보의 양과 인터페이스 배치 사이의 적절한 균형을 잡는 것은 여전히 까다로운 문제이다. 너무 많은 정보가 보여질 경우 화면이 어수선해지고 혼란스러워지게 된다. 너무 적은 정보를 넣게 될 경우 사용자들이 정보를 찾아 나서기 위해 더 많이 프로그램과 상호작용해야만 한다. 즉, 반드시 내용을 줄이기만 하라는 것이 아니라, 어수선하지 않게 만드는 것이 중요하다는 것이다.

달리 말하자면, 정보를 풍부하게 보일 수 있도록 인터페이스를 만드는 것을 겁내지 말자는 것이다. 세심하고 계획적으로 잘 짜인 인터페이스는 풍부한 정보들을 담고 있으면서도 사용자와 앱 사이의 의사소통이 매우 효과적으로 이루어지게 할 수 있다. 정보를 상호 작용의 뒷면에 숨기는 것은 적은 거부감을 이끄는 경로가 될 수 있지만, 이것이 반드시 우리가 따라야 할 길이 되는 것은 아니다. 사람들은 모바일 장치를 통해서 완전한 정보를 얻거나 무언가 하기를 원하는데, 언제 영화가 상영되는지 다음 열차가 언제 도착하는지, 혹은 근처의 커피 숍이 또 어디에 있는지 등을 찾고자 할 수 있다. 사람들은 드문드문하게 떨어져있는 정보를 찾아 나서거나 미묘하게 균형 잡힌 인터페이스를 다루는 데 시간을 보내는 것을 원하지 않는다. 가능한 많은 정보들을 사용자들에게 너무 넘치지 않도록 제공할 수 있도록 하는 것을 원할 것이다.

인지에 들이는 노력

인터페이스를 단순화하는 것은 사용자들이 인지하는 데 필요한 노력을 최소화 하는 것에 대한 일이다. 이것은 피츠의 법칙[4] 뒤에 숨겨진 기본 원칙을 응용하는 것이다. 익숙하지 않은 이들을 위하여 부연 설명을 덧붙이자면, 피츠의 법칙은 상호 작용 모델로서 사용자 인터페이스 디자인을 이해할 때 기초가 되는 내용이다. 이 법칙은 어떤 대상을 인지할 때, 가령 버튼 위로 마우스를 올려놓을 때를 예로 들자면, 대상까지의 거리와 크기를 설명하는 함수 개념으로 표현할 수 있다. 간단히 말해서, 항목의 크기가 크고 커서로부터 위치가 가까울수록 좀 더 빠르고 쉽게 항목을 클릭할 수 있음을 의미한다.

이 원칙을 적용할 수 있는 고전적인 예시 하나를 들자면 Mac OS X의 메뉴 바가 그러하다. 여러분들의 커서가 평상 시에 위치하는 곳에 놓여있을 경우, 이 메뉴 바에 있는 항목들 중 여러분이 가리키려고 하는 항목은 작은 크기를 유지하고 있는 것을 볼 수 있고, 화면의 상단에 위치하고 있는 메뉴와의 균형을 유지하고 있어서, 사용자들이 대상을 지나치지 않도록 해준다. 터치 스크린의 경우, 반면에 피츠의 법칙이 조금 다르게 적용된다. 사용자들이 마우스 커서의 위치를 고려하지 않게 되어 사용자들의 움직임이 단순히 어느 위치에 손가락을 가져가는지에 따라 결정되게 된다. 이러한 위치는 장치와 장치가 놓여있는 방향에 따라 다양하게 조건이 나뉠 수 있다. 예를 들어 모바일 장치의 경우, 한쪽 손의 검지 손가락을 이용하거나 양쪽 손의 엄지 손가락을 이용하는 경우가 있을 수 있다.

여기에 실제 응용프로그램의 예를 하나 들어보기로 하겠다. Infinity Blade는 iOS에서 매우 인기 있는 게임 중 하나이다. 이 앱은 iOS와 iPhone에서 모두 사용할 수 있고, 양쪽 장치에서 모두 같은 사용자 인터페이스를 제공하고 있다.

이 게임은 기본적으로 가로 화면에서 게임이 시작되며, 그림 2.1에서 보는 것과 같이 양

---

[4] http://en.wikipedia.org/wiki/Fitts's_law

손의 엄지 손가락이 놓이기에 편리하도록 화면 아래쪽에 컨트롤 버튼이 위치하고 있다. iPhone의 경우 'cast-spell(주문 걸기)' 버튼이 화면 중앙에 위치하여 엄지 손가락으로 이 버튼을 누를 수 있는 거리에 버튼을 배치하고 있다. 그렇지만 더욱 큰 화면 구성을 사용하는 iPad에서도 이 버튼이 보이긴 하지만 조금 사용성이 떨어져 보인다. Cast-spell 버튼은 여전히 화면 중앙에 있지만 한 손으로 닿을 수 있는 거리는 아니게 된다.

그림 2.1. iPhone에서 실행 중인 Infinity Blade 게임의 화면

이는 단지 하나의 예시일 뿐이지만, 사용자 인터페이스를 실제 장치에서 어떻게 배치할 것인지 고민하는 것이 얼마나 중요한 일인지를 잘 보여주는 예시이기도 하다. 반드시 '선택하고 클릭하기(point and click)'를 넘어서는 인터페이스를 고려해야만 한다.

높은 곳에서 내려다보기

iPhone과 iOS 생태계의 성공 중 큰 부분을 차지하는 것은 바로 Apple이 양쪽 모두의 플랫폼과 그 안에 들어갈 모바일 앱의 심미성과 사용자 경험에 집중했기 때문이다. Apple은 셀 수 없이 많은 횟수의 작업을 통하여 가장 보편적이면서도 개발자들과 사용자들이 유연하게 사용할 수 있는 응용프로그램 디자인 모델을 만들어왔다. 우리들의 목표가 기존의 네이티브 앱의 룩앤필을 흉내내지 않는 것에 맞추어져 있는 가운데서도, 모바일 운영체제들 안에서 사용되는 다양한 구조와 디자인 패턴들로부터 얻을 수 있는 것들은 상당히 많다. 사용자들이 기대하는 사용자 인터페이스를 이해하는 것은 매우 중요한데, 이를 통하여 이러한 기대 사항을 만족하면서도 또 다른 방향으로 나아갈 수 있도록 하고자 한다면 이런 노력은 값어치 있는 노력이 될 것이다.

이제 몇 가지 모바일 디자인 패턴을 기존의 모바일 앱으로부터 하나씩 찾아서 둘러브도록 하자.

캐러셀

화면 사이 사이에 놓여있는 여러 장의 카드를 가지고 카드놀이를 한다고 상상해보자. 사용자가 표시된 화면 위에 표시된 카드를 왼쪽 또는 오른쪽으로 손가락을 획 움직이면 화면도 여기에 맞추어 새 카드로 모양을 바꾸어 표시할 것이다.

iOS에서 캐러셀(carousel) 패턴의 실험적인 예시를 보여주는 것이 그림 2.2에서 보여주는 것과 같은 Apple의 날씨 앱이다. 날씨 앱은 각각의 카드에 도시 별 정보를 할당하고 있다. 한눈에 봤을 때, 지금 있는 도시에 대한 정보를 다른 산만함 없이 한번에 일목요연하게 볼 수 있음을 느낄 수 있을 것이다.

WebOS 역시 캐러셀 패턴을 사용하여 앱 사이를 전환할 수 있도록 하고 있다. 이 퍼턴을 사용하는 앱의 대부분은 풍부한 정보를 제공하지만 상호 작용 면에 있어서는 부족하다.

캐러셀 패턴 자체는 매우 단순한 패턴으로 하나의 주제를 가지고 나열하여 표현할 수 있는 정보들로 이루어지는 모습을 보여줄 수 있다. 캐러셀 패턴은 매우 단순하고 기억하기 쉽기 때문에 참 좋다. 이 인터페이스는 최소한의 이해를 필요로 하면서도 데이터 구조가 매우 이해하기 쉽게 되어있다. 또한 중요함의 정도를 계층적이면서도 암묵적으로 담고 있는데, 가장 먼저 등장하는 항목이 가장 접근하기 쉽고, 사용자들에게 가장 관심 있는 정보가 되기 때문이다. 반면에 이 인터페이스는 사용자들이 카드 한 장 이상의 정보를 보기 위해서 카드를 이동할 방법이 없다는 것이다.

모바일을 위한 디자인 25

그림 2.2. Apple의 날씨 앱에 사용된 캐러셀 패턴의 예시

장점

- 사용하기 단순하다.
- 화면 전체에 내용을 표시할 수 있도록 활용할 수 있다.
- 탐색을 자연스러운 제스처를 통해 할 수 있도록 돕는다.

단점

- 사용자가 카드와 카드 사이를 넘어다니기 위해서 제스처를 사용해야 하는데 이것은 버튼을 클릭 하거나 메뉴 아이템을 클릭 하는 것보다는 덜 직관적이다.
- 주어진 페이지 안에 들어있는 모든 정보는 동시에 화면 안에 가득 차도록 보여져야 하는데 그 외의 경우 이 구성이 무너지게 된다.
- 각 페이지는 콘셉트 상 비슷해야 한다.
- 사용자는 페이지 순서를 따라서 움직일 수밖에 없고 이 순서를 건너뛸 수 없다.

탭 바

탭 바(tab bar) 패턴은 iOS, Android 그리고 webOS에 이르기까지 다양하게 등장하는 패턴이다. 웹 디자이너와 개발자들에게 있어서 탭은 그다지 새로운 개념이 아니다. 수년간 탭을 이용하여 정보를 그룹화하고 계층적으로 표시하는 데 많이 이용해 왔었다. 콘셉트상, 탭은 모바일 앱에서도 기존의 데스크톱 웹 사이트와 같은 역할을 수행하지만, 모바일 앱에서 유일하게 달라지는 점은 탭 바가 고정된 위치에 놓인다는 것으로 항상 화면상에 등장하게 된다. 조금 흥미로운 부분은 iOS의 경우 탭 바가 페이지의 하단에 위치하여 엄지 손가락으로 쉽게 누를 수 있을만한 위치에 등장한다는 것이고, Android와 webOS의 경우 콘텐츠를 주도한다는 개념에서 페이지의 상단에 배치된다는 것이 차이점이다.

탭 바는 빠르게 앱의 구조를 만드는 데에 유용하다. 앱이 제공하는 방대한 정보들 사이를 사용자들이 쉽고 빠르게 전환할 수 있도록 해주며, 일종의 나침반 역할을 하기도 하는데, 사용자가 현재 어느 위치에 있는지를 알려주는 이 정표 역할을 탭의 모양을 통해 알려주기도 한다. 그림 2.3에 보이는 것과 같이 Android 플랫폼을 위한 트위터 앱의 경우 탭 바가 다른 사용자 프로필의 다양한 모드 사이를 전환할 수 있도록 돕는 역할을 하고 있다.

그림 2.3. 트위터 앱에서의 탭 바 사용 예시

장점

- 사용자들에게 친숙한 탐색 기능을 제공한다.
- 모드, 뷰, 작업을 빠르게 전환할 수 있도록 도와준다.
- 앱의 현재 위치나 상태를 정확하게 보여줄 수 있다.

단점

- 계층이 평면적이다. 2단계 이상의 계층을 탭으로 쉽게 보여줄 방법이 마땅치 않다.
- 화면상에 항상 나타나기 때문에, 어디에 표시할 것인지가 큰 관건이 된다.

- 보통 다섯 가지 항목 내외로 표시하는 것이 최적이지만 더 많은 항목이 들어갈 경우 난잡해 보일 수 있다.

리스트

리스트는 가장 널리 그리고 일반적으로 사용되는 모바일 앱을 위한 디자인 패턴이다. 리스트는 꽤나 자기 설명적인 인터페이스 모델로, 콘텐츠가 세로 목록으로 표시되며, 사용자들은 옵션들 사이를 스크롤 기능을 통하여 탐색할 수 있다. iOS 안에서도 거의 모든 영역에서 여기저기 쓰이는데 주로 유틸리티 앱의 단순성을 유지하기 위하여 사용된다. 기본을 유지하면서도, 매우 뛰어난 유연성을 가지고 있는데, 리스트를 통하여 사용자들은 동적으로 변하는 옵션 항목을 경험할 수도 있다. 내용이 긴 콘텐츠에서 책갈피처럼 사용되기도 하며, 그리고 가장 중요한 것은 계층적인 탐색을 가능하게 함으로써 사용자들이 트리 구조로 내용을 볼 수 있도록 해준다.

리스트는 내비게이션 모델로서는 매우 강력하다. 포함할 수 있는 계층에는 거의 제약이 없기 때문에 수용상의 제약 또한 없다고 볼 수 있고, 한 단계 이상의 계층이 필요한 앱에서 리스트 패턴은 광범위하게 활용이 가능하기 때문이다.

이 패턴은 온라인 환경에서 사용하는 프레임워크들과도 완벽하게 연동할 수 있다. 리스트 구조는 어디로든 연결할 수 있는 트리 구조와도 같으며, 사용자들이 첫 인덱스 항목들로부터 시작하여 특정 항목의 구체적인 뷰로 이동할 수 있다. 이러한 방식은 '**마스터/디테일 패턴**(master/detail pattern)'이라고도 하여, 데스크톱과 모바일 앱에서 모두 채택이 가능한 패턴이다. 거의 모든 E-MAIL 관련 응용프로그램들이 이 패턴을 상호작용 모델로서 이미 채택하고 있어서 사용 가능한 항목들 중에서 재빠르게 하나의 항목을 찾을 수 있도록 해준다. 나중에 이 아이디어를 좀 더 살펴볼 것이다.

예를 들어, news.com.au는 이 리스트 패턴을 사용해서 사용자들이 헤드라인 뉴스를 훑어보고 관심사에 해당하는 뉴스를 쉽게 찾을 수 있도록 해주는데, 그림 2.4.와 같이 인터페이스를 구성하였다.

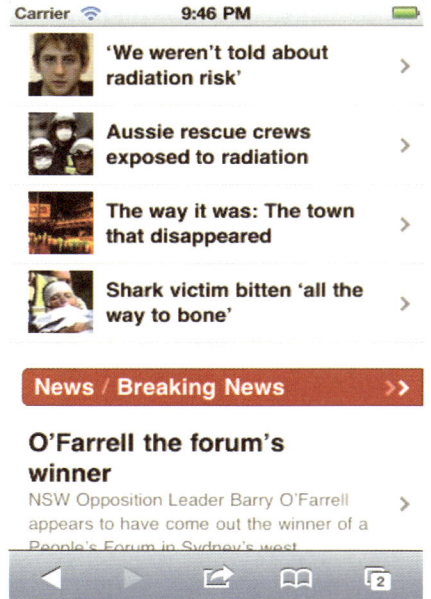

그림 2.4. 뉴스 앱에서 리스트 패턴이 많이 쓰인다.

리스트에서 가장 주된 제약 사항은 사용자들이 트리 안쪽으로 내려올수록 상위 항목으로 이동하기가 점점 힘들어진다는 데에 문제가 있다. 네 단계쯤 아래로 내려오면, 상위 항목으로 이동하기 위하여 세 번을 되돌아가야 하기 때문에 별로 이상적이지 않다. 이러한 비효율성을 해결하기 위해서 리스트 패턴은 탭 바 패턴과 긴밀하게 연동하여 강력하고, 유연하면서도 깊이 있는 내비게이션을 제공한다.

장점

- 많은 데이터를 다룰 수 있을 만큼 충분히 유연하다.
- 친숙하고 이해하기 쉽다.

단점

- 잠재적으로 계층화를 이룰 수 있다.
- 경로를 바꾸기 위해서 반드시 첫 시작으로 되돌아가야 한다.

요약

여기서 제시했던 디자인 패턴들은 하나의 가능성으로 제시된 것이므로 반드시 써야 함을 의미하는 것이 아니라는 것을 기억하자. 친숙함과 일관성은 디자인이 안정적으로 자리잡을 수 있도록 돕지만, 여전히 여러분은 틀을 깨뜨릴 수 있다. 실제 마켓플레이스에서는 UI 관용을 탈피함으로써 더 참신하고, 직관적이면서도 독특한 사용자 인터페이스를 사용자들에게 제공하는 예시들이 무궁무진하며, 같은 맥락에서 역시나 수많은 앱들이 이러한 간단한 패턴을 지키지 않아서 사용자들에게 혼란과 불편함을 야기하는 경우 또한 부지기수이다.

우리는 항상 관례를 깨뜨리면서 하는 일들이 우리가 만드는 앱의 주요한 기능들을 향상시키거나 망가뜨릴 수 있음을 기억해야 한다. 만약 더 나은 방향으로 디자인할 수 있을 것 같지 않다는 생각이 든다면, 그 방법은 채택하지 않는 것이 더 좋을 수 있다는 뜻이다.

실전에 적용하기

모바일 환경에 맞추어 디자인하기 위하여 지금까지 다양한 고려 사항들을 살펴보았다. 이제 실제 우리가 만들 앱을 비즈니스에서 쓰일 수 있도록 해볼 차례이다. 우선, 계획이 필요하다. 클라이언트는 우리들에게 몇 가지 고차원적인 사용자 시나리오를 제시하였는데, 우리는 이러한 각각의 요구 사항의 의미가 우리가 만들 앱에 어떤 의미가 있는 것인지 하나씩 분석해보아야 한다. 어떤 기능들이 누구를 대상으로 제공될 것인지를 정확하게 정하는 것은 매우 중대한 일이다. 이 부분을 확실히 정해야만 비로소 우리가 만들 앱이 우리가 원하는 대로 움직일 수 있도록 하기 위한 룩앤필을 확신할 수 있을 것이다. 그러면 이를 위해서 무엇을 해야 할까?

넓게 생각하기

완벽한 기능 집합을 만들기 위해서는, 사용자들이 원하는 모든 기능들을 고려해야 할 필요가 있다. 만약 이러한 기능들 중 빠뜨리는 것이 있다면 이로 인하여 우리가 만들 앱이 의도한대로 작동하지 않거나 혹은 앱 자체를 쓸 수 없는 상황으로 전개될 수도 있다. 기능 목록이 길다는 것에 대해서는 연연하지 말자. 가능한 모든 가능성들을 열어놓고 나중에 실제로 필요한 것을 걸러내어 선택할 것이기 때문이다. StarTrackr는 연여인 추적 앱이므로, 우리가 앱을 만들 때는 전체 기능 목록 안에 다음과 같은 기능들을 포함하고 있을 것이다.

- 연예인이 나타났었던 위치로 찾기
- 연예인 별로 나타난 위치를 찾기
- 장르별로 연예인 목록 정렬하기
- 특정 연예인에 대해서 검색하기
- 주소를 통하여 최근에 지정한 주소 근처에 연예인이 등장했던 위치들을 검색하기
- GPS를 이용하여 최근에 현재 위치 근처에 연예인이 등장했던 위치들을 검색하기
- 연예인에 대한 관심사 등록 혹은 팔로우 기능
- 특정 위치에 대한 관심사 등록 혹은 팔로우 기능
- 특정 연예인이 나타났을 때 알려주는 기능
- 특정 위치에서 연예인이 나타났을 때 알려주는 기능
- 최근 연예인들이 나타난 위치 목록 보여주기
- 연예인이 나타난 위치 등록하기
- 연예인이 나타난 위치의 사진을 등록하기
- 연예인이 나타났을 때 이를 동영상으로 촬영하여 올릴 수 있는 기능

사용자 프로필

이전에 이야기한 것과 같이, 사용자들에 대한 정의는 이 앱을 계획하는 데 있어서 가장 중요한 고려 사항이라고 하였다. 그들이 누구일까? 그들이 우리 앱에 대해서 바라는 것이 무엇일까? 그들이 무엇을 할까? 그들이 원하는 것은 무엇일까? 그들이 가장 중요하게 생각하는 기능이 무엇일까? 왜 그들이 우리 앱을 사용하기를 원할까? 언제 그들이 우리 앱을 사용할 것인가? 그들이 무엇에 관심 있어 하는지 혹은 무관심한지? 이러한 질문들 모두는 답을 이끌어내기가 쉽지 않지만, StarTrackr의 일반적인 활용법과 콘셉트에 관심 있는 사용자들이 있다면 우리는 아마 몇 가지 가정을 그들로부터 이끌어낼 수 있을 터, 그러한 가정으로는 다음과 같은 것들이 있다.

- 연예인들을 좋아한다.

- 연예인들의 가십이나 사생활에 관심이 있다.
- 남성보다는 여성 사용자의 비중이 클 것이다.
- 중년이나 장년층 사용자보다는 약 14세에서 25세 사이의 젊은 사용자들의 비중이 클 것이다.
- 할리우드나 런던과 같이 연예인들이 자주 등장하는 지역 근처에 거주하는 사람일 가능성이 높다.

실제로는, 우리의 고객들이 그들의 서비스나 웹 사이트를 사용하는 사용자들의 연령대나 성향과 함께 그들이 웹 사이트를 어떻게 이용하는지에 대한 정보도 같이 우리에게 전달할 것이다. 우리의 목적을 위해서 경험에서 우러나온 추측을 해볼 수 있는데, 주된 사용자 층은 젊거나 나이 어린 소녀들로서 대도시에 거주하면서 연예인들의 가십이나 사생활을 즐기는 성향이 있음을 예견해볼 수 있다.

핵심 기능 집합 정의하기

단순하게 시작하자. 훌륭한 모바일 앱들은 그 앱을 사용하는 사용자들이 달성하고자 하는 작업에 주된 초점을 맞추고 있다. 사실, 모바일이든 아니든 관계없이 늘 이러한 원칙에 맞추어 작업해야 하지만, 모바일 웹 앱을 만드는 동안은 '특별히 더' 중요하다. 우리가 만들 앱을 향상시키기 위하여 좀 더 많은 기능을 넣고 싶은 유혹에 빠질 수도 있겠지만, 모바일 디자인에서 이는 절제되어야 할 필요가 있다.

우리가 앱에 포함시킬 기능에 대한 목록들을 이미 가지고 있고, 어떤 사용자들이 무엇을 이용할 것인지에 대한 아이디어도 가지고 있다. 다음으로, 조금씩 기능 집합들을 줄여 나가면서 가장 핵심적인 요소들로만 이루어질 수 있도록 좁혀 나갈 것이다. 겉보기에는 쉬운 작업일 것 같지만, 사실 어떤 기능을 제거하거나 축소시킬 것인지 결정하는 것은 매우 어려운 결정이다. 최소한으로 동작할 수 있는 제품에 대해서 생각해보자. 어떤 기능들이 우리가 만들 앱을 사용하는 모든 사용자들에게 있어서 기본적인 기능이 될 것인가를 생각해야 한다. 기능을 기본 수준으로까지 줄이는 것에 있어서 조금 더 잔혹하게 생각해보면, 우리는 다음의 세 가지 기능이 우리의 앱을 지탱하는 핵심 기능이라는 것을 알 수 있을 것이다.

- 연예인이 나타난 지역들을 위치로 찾기

- 연예인 별로 나타난 지역들을 찾기
- 연예인이 나타난 위치를 등록하기

그리고 여기에 부수적으로 다음의 기능이 포함될 것이다.

- 연예인이 나타난 위치를 사진으로 올리는 기능

적어도 한 번 만에, 앱에서 필요한 모든 기능들을 얻을 수 있는데, 연예인들과 그들이 나타났던 위치들, 그리고 이들 데이터 유형들을 기초로 걸러낼 수 있는 능력, 또한 사용자들이 이동 중에 발견한 연예인이 나타났던 위치를 등록하는 기능까지 얻은 것이다. 이는 매우 유용한 정보이며 또한 하나의 목표를 설명하는 문장으로 압축할 수 있는데, 우리는 이것을 통하여 앱 개발이 정확한 목표를 가지고 이루어질 수 있도록 집중할 수 있다. 우리 앱의 경우에는 '사람들이 좋아하는 연예인이 등장하는 위치를 등록하거나 찾을 수 있도록 해주는 앱'이라는 목표를 가질 수 있을 것이다.

스케치 하기

어떤 프로젝트에서든, 그리고 그 중에서도 우리가 익숙하지 않은 것을 가지고 처음 모양을 잡을 때에는 스케치와 '**뼈대잡기**(Wireframing)'가 참으로 좋은 방법인데, 이를 통하여 우리가 만들 앱이 어떻게 동작할 것인지, 어떤 흐름을 보여줄 것인지, 그리고 어떤 구조를 가지고 있을지에 대한 감을 잡을 수 있다. '**뼈대잡기**'가 무엇일까? 뼈대잡기란 자세하지는 않지만 우리 앱의 레이아웃에 대한 모양을 가늠할 수 있을 정도로 적당히 그려진 시각적 표현을 말한다. 이를 통해서 우리가 만들 앱의 기본 페이지 레이아웃과 함께 앱이 어떻게 내비게이션 기능을 제공할 것인지를 결정할 수 있다.

상당히 많은 뼈대로부터 실제에 가까운 모형을 좀 더 빨리 만들어낼 수 있으므로, 다양한 접근 방식에 대한 프로토타이핑을 초기에 미리 수행해볼 수 있으며, 우리들이 만들 인터페이스를 테스트 해보고 원하는 대로 동작하지 않는다면 다른 인터페이스를 찾아가면서 더 나은 선택을 할 수 있다. 디자인 프로세스를 시작하고 나면, 세세한 부분들에 대해서 감 잡기가 쉬워지는데, 색을 칠하거나, 글자의 간격을 정확하게 맞추는 등의 일을 할 수 있다. 초기 작업에서는, 스케치를 해봄으로써 사용자 경험을 전체적으로 느낄 수 있고, 사용성에 관하여 발생할 수 있는 잠재적인 문제점을 많은 진척이 발생해서 되돌아갈 수 없기 전에 미리 잡아낼 수 있다.

그러면 어떻게 이러한 뼈대를 여러분의 취향에 맞추어 그릴 수 있을까? 이러한 절차를 매우 단순화시켜주는 풍부한 도구들이 우리 주변에 있다. 다음은 여러분이 택할 수 있는 몇 가지 선택 사항들을 열거해본 것이다.

연필과 종이

가끔은 단순함이 가장 최고의 결과를 가져다 준다. 레이아웃을 직접 그려보면서 확인할 수 있다면 더할 나위 없이 좋을 것이다. 도구를 쓰면서 느끼는 복잡함을 없애고 손으로 그리는 작업에만 집중할 수 있게 해준다. 다만 유일한 단점이 하나 있다면, 연필로 그린 각각의 레이아웃은 실제로 다시 컴퓨터 상에서 작업해야 한다는 것이다.

Balsamiq (http://balsamiq.com/products/mockups)

Balsamiq은 자주 사용되는 인터페이스 요소들을 풍부하게 제공하는 간단한 뼈대 만들기 프로그램이다. Balsamiq은 Adobe Air로 만든 프로그램으로 Windows, Mac 그리고 Linux 플랫폼에서 실행할 수 있고, 손으로 그린 것 같은 외양을 통해서 여러분이 만들 모형의 외양보다 구조에 집중할 수 있도록 도움을 준다.

Mockingbird (https://gomockingbird.com/)

Balsamiq과 같은 스타일을 가지고 있는 온라인 툴로 브라우저 안에서 뼈대를 만들 수 있도록 도움을 준다.

Omnigraffle (http://www.omnigroup.com/products/omnigraffle/)

Omnigraffle은 매킨토시 OS에서만 실행되는 프로그램으로, 뼈대 그리기 도구로서의 모든 기능들을 제공한다. Omnigraffle의 최대 장점은 이 프로그램을 통해서 쓸 수 있는 인터페이스 스텐실들이 무료라는 점이다. Graffletopia[5]에서 여러분이 필요한 뼈대 그리기용 스텐실들을 찾아볼 수 있고 여기에 다양한 모바일 플랫폼들에 맞추어진 모바일용 스텐실도 찾아볼 수 있다.

우리들의 목적 달성을 위해서 OmniGraffle을 이용하는 것이 좋겠다. 이제 StarTrackr 앱의 스케치를 잠시 살펴보자. iOS 뼈대를 위한 스텐실들이 제법 있으므로, iPhone 장치의

---

[5] http://graffletopia.com

모양을 하고 있는 모형을 이용하여 페이지를 만들기 시작할 것이다. 그렇지만 이렇게 만든 페이지는 모든 플랫폼에서 동일하게 보여질 것이다.

우선, 정확한 크기와 위치를 정하여 기본 요소를 화면 위에 가져다 놓아야 한다. 그림 2.5와 같이 시작하면 된다.

이것이 우리가 작업할 빈 캔버스이다. 이제 여기에 흔히 사용되는 표준 인터페이스 요소들을 그림 2.6과 같이 그려보자.

그림 2.5 장치의 빈 껍데기만 가지고 있는 비어있는 뼈대

그림 2.6. 운영체제와 브라우저 모형을 추가한 모습

iOS에서 상태 표시줄은 두께가 20픽셀이고, 모바일 사파리에서 하단의 도구 모음은 아래쪽에 위치하여 44픽셀의 공간을 차지하게 된다. Android에서는, 브라우저 모형이 페이지가 로딩이 완료된 이후에는 사라지지만, 기본적으로는 25픽셀의 공간을 차지하고, webOS의 브라우저들도 이는 동일하다.

이러한 요소들은 잠시 뒤로 미루고, 빈 화면에 그려질 우리가 만들 앱의 레이아웃을 생각해보자. 레이아웃을 그리기 위해서, 앱의 대략적인 외관을 구성하는 데 필요한 몇 가지 구분되는 개체들을 화면 위에 그려보면 도움이 될 것이다. StarTrackr의 예를 들어보면 더 쉬워지는데, 연예인들과 연예인들이 나타나는 위치, 그리고 이 두 요소 사이는 연예인이 나타났음을 알리는 것으로써 연결된다. 하지만 어떻게 우리가 만들 인터페이스 안에서 이 세 가지 개체들이 기본적인 내용들을 형성할 수 있도록 그릴 수 있을까? 만약 이 세 가지 기능이 우리가 집중할 부분임을 확인했다면 어떤 정보들이나 동작이 각각의 요소에 포함되어야 할까?

연예인이 나타난 위치로 찾기

이것은 특히 상황에 연관된 것이다. 이 앱을 사용하는 사람들은 어딘가에 돌아다니기를 매우 좋아해서, 우리 앱이 제공하는 정보에 반응하고, 연예인이 나타난 위치로 이동할 것이다. 이는 사용자들에게 **가장 최근에** 연예인들이 **자주 출몰하는 장소들**, 그리고 장소 검색 기능을 현재 있는 위치를 기준으로 하여 검색하는 기능으로 업그레이드 하여 제공한다면 더 유용하게 쓰일 것이다. 이 점을 염두에 두면, 사용자들이 자세히 살펴볼 수 있도록 거리 별로 정렬된 위치 목록이 필요할 것이다.

리스트라고 하니 왠지 낯이 익다. 사실, 리스트 패턴은 정보를 보여주는 데 완벽한 표현 방법이다. 우리는 사용자들이 열거된 목록들을 빠르게 휘휘 손가락을 날리며 살펴볼 수 있게 하는 기능을 원하고, 원하는 위치를 누르면 자세한 내용이 나타나도록 만들고자 한다.

그림 2.7은 연예인들이 나타났던 위치들을 현재 사용자가 위치한 거리에 가까운 순서로 정렬된 목록을 보여주는 뼈대의 모습이다. 중요한 정보들을 왼편에 이름과 거리로 표시하였으며, 오른쪽에는 사람들이 해당되는 나타난 위치에 대해서 보고한 횟수를 보여주고 있다. 이는 처음에 사용자들을 위해서는 너무 작은 기능처럼 보여지지만, 이러한 내용만을 보이도록 고수할 필요 없이, 그들이 원하는 정보들을 더 찾을 수 있도록 만들면 된다.

다시 말해서, 실제로 동작하는 앱을 만들기 위해서는 현재 사용자들의 위치를 알아야 한다는 것이다. 이를 위해서 몇 가지 방법을 고려할 수 있는데, 자바스크립트 위치 API는 스마트폰에 내장된 GPS 등을 포함하여 현재 장치의 지리적 위치를 알려주는 기능을 제공한다. 단지 버튼 하나를 놓는 것만으로 이러한 기능을 할 수 있도록 만들 수 있다. 그러나 안타깝게도 위치 API를 모든 장치에서 쓸 수 있는 것이 아니므로, 이에 대비한 대안이 필요하다.

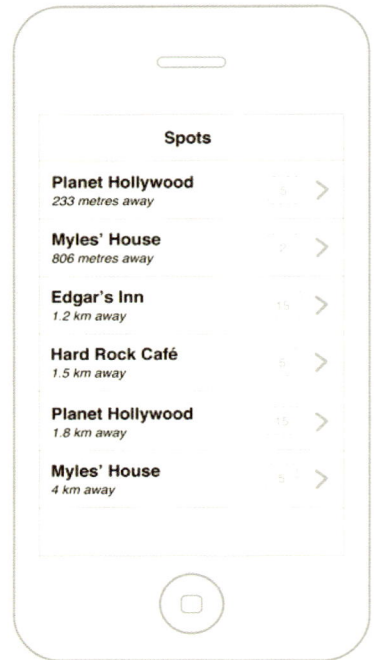

그림 2.7. StarTrackr 앱의 위치 목록 뼈대

이 버튼의 기본 기능이 동작하지 않는 상황에서의 대안을 위하여 추가하는 텍스트 필드에서는 사용자들이 원할 경우 현재 위치에 대한 정보를 수정할 수 있는 방법을 제공할 수 있다. 왜 이러한 기능을 원하는 것일까? 위치 API의 핵심적인 내용에 대해서는 나중에 살펴보겠지만, 위치 API는 일종의 부정확한 확률을 보이는 마법과 같은 것임을 알아두면 도움이 된다. 각 장치, 그리고 정확히는 각 브라우저들은 위치를 파악하는 데 제각기 다른 방법을 이용하기 때문에, 가끔 정보가 신뢰할 수 없거나 부정확할 때가 있는데, 사용자들이 이를 정확히 수정할 수 있도록 열어주는 것은 매우 유용한 기능이 된다. 더 나아가서, 위치 API를 자유롭게 사용할 수 없기 때문에, 사용자들도 이러한 제약 사항이 영향을 주지 않는 범위에서만 움직여야 함을 의미한다. 그렇지만 사용자들은 다른 도시에 있는 또 다른 인기 지역으로 이동하기를 원하고, 그곳으로 가야만 할 것이다

그림 2.8에서는 사용자의 현재 위치를 물어보는 기본적인 접근 방법을 보여준다.

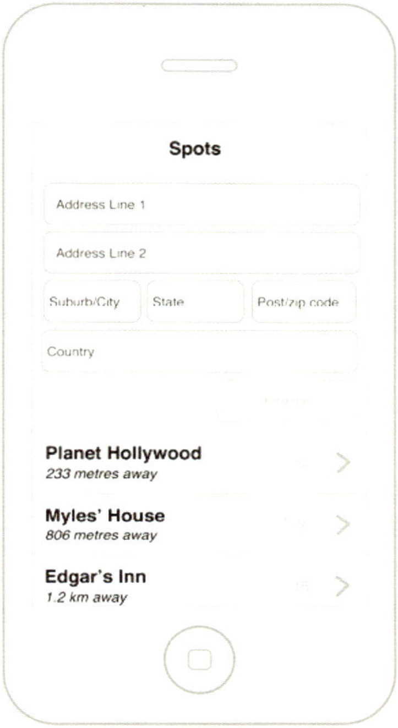

그림 2.8. 복잡한 주소 입력 창

그런데 별로 친숙하지 않다. 모바일 장치, 더 구체적으로는 키보드와 같이 쉽게 입력할 수 있는 장치가 연결되지 않은 모바일 장치에서의 데이터 입력은 키보드와 마우스를 이용하여 입력할 때보다 훨씬 어려울 수밖에 없기 때문에, 우리는 사용자들의 이러한 불편함을 반드시 없애야만 한다.

더 나은 의견을 하나 내어보자면, 모바일 관점이든 아니든 우리는 사용자들이 비어있는 텍스트 박스에 무언가 입력을 하면, 그들의 위치를 5장에서 살펴볼 서드파티(third-party) 서비스나 API 등을 이용하여 유추할 수 있도록 할 수 있다는 것을 안다. 고전적인 예를 하나 들자면, Google Maps의 검색 인터페이스가 대표적으로 이런 방식을 사용하고 있다.

그림 2.9에서는 개선된 위치 입력 인터페이스의 예를 보여준다.

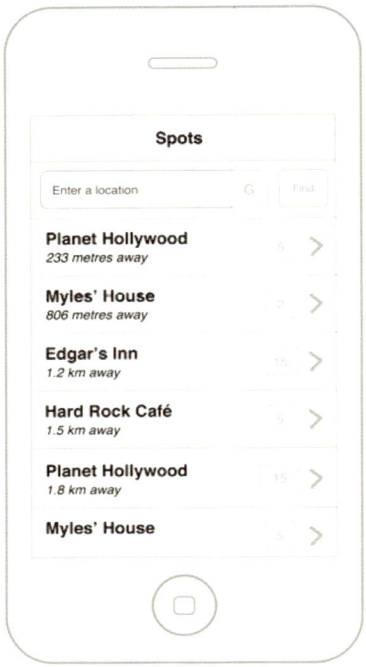

그림 2.9. 단순한 주소 입력 창

훨씬 더 나아졌다. 이를 통하여 우리는 한눈에 살펴볼 수 있도록 앱을 개선하였고, 이제 터치스크린 장치를 위한 중요한 고려 사항을 생각해 보아야 한다. 키보드가 표시되거나 표시되지 않는지에 따라 우리가 만들 화면 상에서 사용 가능한 공간에 변화를 주고 있다. 그림 2.10에서는 키보드가 활성화 된 상태에서 iPhone 화면의 최소화 상태를 보여준다.

그림 2.10. 온스크린 키보드로 인해서 페이지의 중요한 부분들을 가릴 수 있다.

아까 전에 비어있었던 캔버스가 이제 키보드가 나타나면서 절반으로 크기가 줄어들었다. 사실, 세로 방향 디스플레이에서 iOS 키보드는 우리가 사용할 수 있었던 480픽셀의 공간에서 260픽셀을 차지하고 있으며, 우리가 처음 시작했던 레이아웃보다 무려 절반 이상 공간을 줄이고 있다. 모바일 장치를 위한 화면을 만들 때 항상 염두에 둘 것은, 키보드 뒤에 중요한 정보를 가리지 않도록 신경 써야 한다는 점이다.

개요와 상세

리스트 구조를 의도했던 대로 잘 만들었다면, 이제 각각의 위치에 대한 상세 정보가 어떻게 보이도록 할 것인지를 구성할 차례이다. 지금 만들려는 것은 우리가 이전에 살펴보았던 마스터 디테일 패턴의 한 예제이다. 위치 목록에서 사용자들은 관심 있는 위치를 선택했을 것이다. 위치를 클릭 하고 나면, 선택한 위치에 대한 정보만을 보이도록 만들 수 있다. 그림 2.11과 같은 모양으로 보여질 것임을 예상할 수 있다.

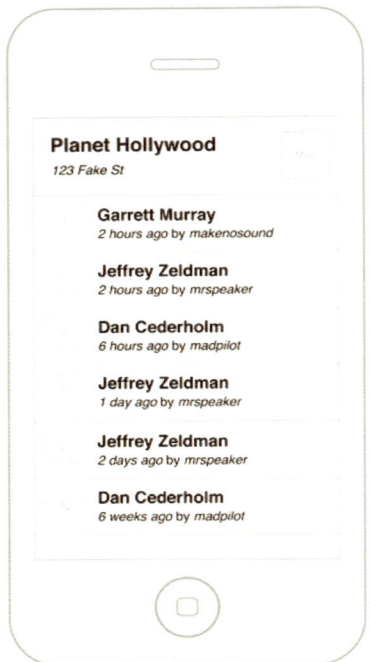

그림 2.11. 위치에 대한 상세 정보 보기 뼈대

연예인이 나타난 위치에 대한 모든 중요한 정보들이 표시되어있다. 위치명, 주소, 그리고 최근 그곳에 나타났던 연예인들의 이름과 나타난 때가 목록으로 표시되어있다. 위치에 연관된 사진들이 만약 있다면, 섬네일(thumbnail)로 만들어 표시하고 링크를 걸어 전체 버전의 이미지가 보이도록 만들 수도 있을 것이다. 그리고 더 많은 것들을 여기에 추가할 수 있는데, 예를 들어 지금 보는 위치에 가장 자주 나타난 연예인들의 목록을 보여주거나, 나타났을 당시의 사진들을 보여주는 포토 갤러리 등이 있을 수 있지만, 잊지 말아야 할 중요한 점은 단순하게 만들어야 한다는 것이다. 우리가 여기서 사용자들에게 보여줄 수 있는 정보들 중 가장 중요한 것은 어떤 연예인들이 여기서 나타났는지에 대한 내용이다.

연예인 별로 나타났던 상황 찾기

지금까지는 우리 앱에서 위치에 기반한 정보 제공을 하는 부분을 위주로 기능을 그려보았지만, 만약 사용자들이 특정 연예인에 대해서만 관심이 있는 경우에는 어떻게 해야 할까? Charlie Sheen이 매일 저녁 어느 바에 나타난다는 사실은 Brad Pitt가 어디서 무엇을 하는지에만 관심이 있는 사람들에게는 상관없는 이야기이다. 다시금 마스터 디테일 뷰를 이 경우에도 사용할 것이며, 이 상황에서도 잘 작동할 것이다. 모바일을 포함하여 모든 종류의 사용자 인터페이스에서 알파벳 순으로 정렬된 이름 목록은 모든 사용자들에게 친숙한 인터페이스이다. 그림 2.12에서는 이것을 구현한 뼈대를 보여주고 있다.

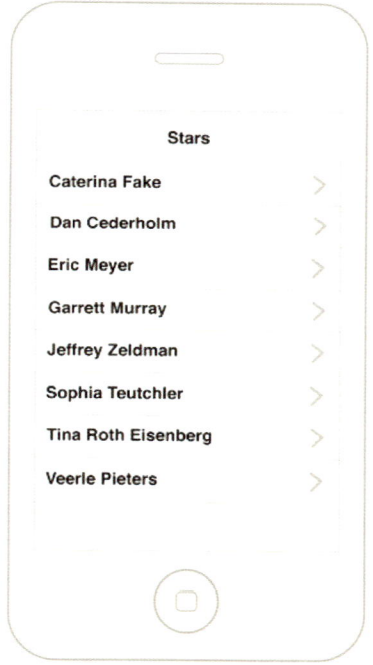

그림 2.12. 연예인 목록을 그린 뼈대

사용자들이 정말 쉽게 연예인들의 목록을 선택할 수 있도록 만들었다. 여기서 한 가지 짚고 넘어가야 할 것은, 이와 같이 단순한 인터페이스가 가질 수 있는 문제점에 대한 부분인데, 만약 우리가 만든 앱이 유명해져서 갑자기 1,000여 명 이상의 연예인들이 데이터베이스에 등록될 경우, 이 리스트는 매우 다루기 어려워질 것이다.

만약 우리들이 Brad Pitt에 대해서만 관심이 있다면야 아무래도 좋다. 그러나 우리가 좋아하는 연예인은 세월이 지나서 바뀔 수 있고 예를 들어서 Zach Braff에 대해서 이 인터페이스를 통해 찾아보려면 한참을 아래로 스크롤 해야만 할 것이다. Android 주소록 앱에서는 이 문제를 별도의 스크롤 탭을 추가해서 사용자들이 전체 목록을 조금은 부정확하지만 재빨리 넘길 수 있도록 하여 해결하고 있고, iOS의 경우 별도로 알파벳 철자를 이용하여 스크롤 할 수 있는 방법을 제공하여 철자 별로 항목들을 묶어볼 수 있도록 하여 문제를 해결하고 있다. 양쪽 플랫폼 모두 여러분이 정보의 범위를 좁혀나갈 수 있도록 수단을 제공하고 있다. 우리가 만들 앱의 경우 지금 이 문제를 고려하지 않고, 이 문제가 사용자들로부터 불편한 점으로 논의가 될 무렵에 그 해결 방안을 찾을 것이다.

지금 이야기한 것이 마스터 뷰이다. 이제 특정 연예인에 대한 디테일 뷰를 그림 2.13과 같이 만들어 볼 것이다.

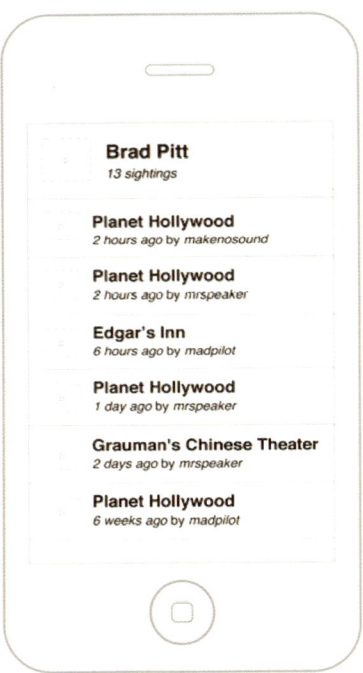

그림 2.13. 연예인에 대한 상세 보기

연예인에 대한 상세 정보 보기는 위치 상세 정보 보기와 역할이 거꾸로 바뀐 것을 제외하곤 차이가 없다. 그리고 이 화면 상에는 필요한 모든 중요 정보들이 들어있는데, 으리가 선택한 연예인의 이름, 그리고 그들이 나타난 위치와 나타난 당시의 상황을 목록으로 보여주고 있다. 여러분은 이 페이지를 나타난 곳을 사용자가 도착한 위치에 관련된 상황에 맞추어 필터링 하여 보여주는 인덱스 페이지로 생각할 수 있으며, 그 중 하나는 위치에 대한 분류, 또 다른 하나는 연예인들을 기준으로 하는 경우로 나눌 수 있을 것이다.

연예인 발견 정보 추가하기

우리의 앱을 통하여 사용자들의 활동 사항을 반영하도록 하려면, 사용자들이 우리의 콘텐츠에 기여할 수 있는 방법을 하나 만들어야 한다. 우리 앱의 성공은 사용자들과 함께 정보를 만들어 나가는 정보의 양이 얼마나 되는지에 따라 결정이 된다고 볼 수 있겠다. 카페 정보를 리뷰 할 수 있는 앱에 카페에 대한 아무런 정보가 없다고 상상해보자. 만약 사용자들이 추적할 연예인 정보가 없는 연예인 위치 알림 서비스의 목적은 무엇일까?

사용자들이 항상 최상의 정보를 온라인을 통해서 제공할 수 있도록 독려하는 일은 매우 어렵지만, 모바일에서는 그렇지 않다. 사용자들이 모바일 장치에서 입력 항목을 채우는 데 많은 시간이 걸리면, 네트워크 연결이 끊어지는 등의 상황으로 인하여 오류가 발생할 확률 또한 높아진다. 효율성을 중시하는 디자인이 무엇보다 중요한 것이다.

연예인이 나타났음을 알리는 정보를 구성하는 데 필요한 정보들에는 무엇이 있는지 정확히 알아야 한다. 연예인이 나타날 때를 설명하는 정보에는 특정한 날짜와 시간, 연예인 그리고 위치로 구성된다. 이 세 가지 외에 다른 것은 필요하지 않다. 그림 2.14에서는 이러한 정보를 입력할 수 있는 화면의 모형을 보여주고 있다. 우리가 수집해야 할 모든 정보들의 입력 항목이 균형을 이루면서도, 사용자들이 다루기 불편하지 않도록 만들었다.

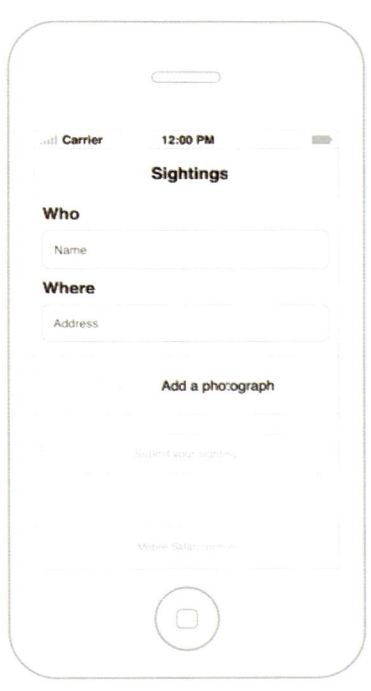

그림 2.14. 연예인이 나타난 위치 추가하기

한 데 모으기

이제 우리 앱을 만드는 데 필요한 구성 요소들을 모두 그려보았다. 문제는, 이들이 각각 분리되어있는 상태라는 것이며, 사용자들이 이들 사이를 쉽게 오갈 수 있도록 만드는 작업을 해야 한다. 다행스럽게도, 이러한 일을 해결할 수 있도록 검증된 방법이 존재하는데, 바로 탭 바이다. 탭 바의 기능을 잠시 살펴보도록 하자.

- 앱의 구조를 보여준다.

- 앱의 각 섹션 사이를 사용자들이 쉽게 오갈 수 있도록 해준다.
- 앱의 현재 상태와 위치를 보여준다.

우리의 고민을 정확히 해결해줄 수 있을 것같이 보인다. 탭 바의 수평 계층 구조가 지금 우리 상황에 딱 알맞게 보이는데, 세 가지 메인 섹션이 균등한 비중을 차지하고 있기 때문이다.

그러나, 모바일 웹 앱 상에서 탭 바를 구현하는 것은 세심한 주의를 필요로 한다. 네이티브 앱에의 탭 바는 보통 상단이나 하단의 고정된 요소로 존재한다. 그러나 웹 브라우저 안에서는 이를 달성하기 매우 어렵다. 그렇다면 무엇을 할 수 있을까? 화면에 탭 바를 가져다 놓는다는 것은 브라우저 컨트롤 바로 위에 탭 바를 배치하는 것을 의미한다.

모바일 웹 앱의 경우, 화면 상단에 탭 바를 위치시키는 것이 더 좋은데 이는 그림 2.15와 같다.

그림 2.15. 화면 상단에 탭 바를 가져다 놓는 것이 더 좋은 선택이다.

지금 설명한 개선 방안은 Android 사용자들의 기대 사항을 충족시켜주는 효과가 있는데, 탭 바가 보통 플랫폼의 특성상 위쪽에 들어가기 때문이다. 만약 탭 바를 앞에서 본 각각의 화면에 동일하게 배치한다면, 우리가 만들 앱이 좀 더 모양새를 갖추어 감을 느낄 수 있을 것이다. 항상 일정하고, 유연한 구조를 가지면서도, 사용자들이 어떤 상황에서 앱을 이용 중인지 쉽게 알 수 있도록 해줄 수 있다.

문제점으로부터 벗어나기

화면의 위든 아래든 나타나는 위치가 어디인가에 관계없이, 탭바는 항상 앱의 메인 콘텐트 흐름의 바로 아래에 고정되어 나타난다. 이는 몇 가지 문제점들을 야기하는데, 현존하는 모바일 브라우저들 중 어떤 브라우저도 CSS 속성 중 하나인 `position: fixed` 속성을 올바르게 지원하지 못한다는 것이 가장 큰 문제점이다. 이 문제를 해결하는 자바스크립트 수준의 솔루션을 6장에서 살펴볼 것이지만, 브라우저와 플랫폼 별로 구현 방법이 매번 다르게 만들어져야 하는 등 매우 복잡하고, 성능 상의 문제점도 존재한다. 그래서 사용자 경험상의 이점과 성능상의 이점 사이를 저울질해야만 한다. 사용자들이 앱의 각 섹션을 매번 방문해야 할 필요성이 있을까? 만약 탭 바가 없다면 사용자들이 혼란스러워할까? 일반적으로, 지나치다 싶을 정도로 단순성을 추구하는 것만이 최선의 방법이다. 브라우저 안에서 실행되는 버전의 우리 앱에서는, 탭 바를 스크롤 해야 볼 수 있도록 할 것이며, 사용자는 문맥을 전환하기 위하여 탭 바를 찾아 스크롤 할 수 있다.

홈 스크린

iOS에서는 웹 앱과 네이티브 앱 사이를 걸치는 추가적인 모드를 가지고 있다. iOS에서는 사용자들이 우리가 만드는 웹 앱을 북마크에 추가하여 이것을 바탕 화면에 저장하는 기능을 제공하는데, 이 아이콘을 통하여 실행하면 모바일 사파리가 전체 화면 모드에서 실행된다. 3장에서는 이 기능을 구현하는 자세한 방법을 살펴볼 것이지만, 지금 여기서 알아야 할 것은 전체 화면 모드는 브라우저 모형을 디자인에서 완전히 제거한다는 점이다. 잠시 시간을 내어 단독 모드로 실행되는 상태에서의 룩앤필을 반영한 수정된 디자인을 살펴보도록 하자. 이 실행 방식은 우리가 만드는 사이트를 좀 더 iOS 사용자 인터페이스 패러다임에 가까운 형태로 만들 수 있는 기회를 준다.

다른 어떤 플랫폼도 지금 우리가 살펴보는 기능을 제공하지 않으며, 따라서 iOS 방식의 단독 실행 모드를 따르면서, 탭 바를 하단에 위치시킬 수 있다. 그림 2.16과 같이 그현하는 것이 가능하며, 사용자들이 좀 더 좋아하는 모습으로 만들 수 있다.

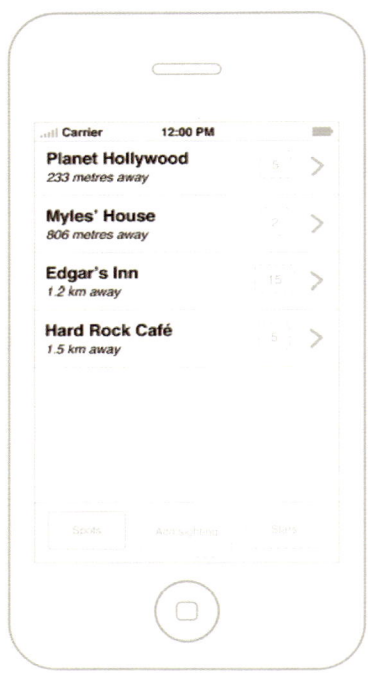

그림 2.16. iOS의 단독 실행 모드에서 실행될 모습을 그린 뼈대

모든 것이 이상적이다. 그러나 문제점이 있는데, 가장 주요한 디자인 상의 문제점은 우리가 이 디자인을 표준 브라우저 컨트롤의 부재라는 상황에서 생각해볼 필요가 있다는 점이다. 우리가 만든 탐색 모델은 드릴 다운 방식으로 사용자들이 깊이 이동하고, 한 단계 위로 이동하거나, 트리 구조의 처음으로 이동하는 기능을 제공한다. 그러나 뒤로 가기 버튼이 없이는 한 가지 불가능한 기능이 있는데, 바로 직전 페이지로 이동하는 기능이며, 우리의 내비게이션에서 사용자들의 이동 경로를 추적하고 있어야만 이 기능을 제공할 수 있다. 이는 단독 실행 모드 인터페이스에서 실행될 것에 맞추어 우리만의 독자적인 뒤로 가기 기능을 가지고 있어야 함을 뜻한다. iOS 사용자는 보통 좌측 상단 구석에 있는 뒤로 가기 버튼을 기대하므로, 이곳에 이 버튼을 그려 넣을 수 있겠다.

그림 2.17에서는 전체 화면 상태의 iOS 스타일 내비게이션 바와 뒤로 가기 버튼을 포함하는 뼈대를 보여주고 있다.

그림 2.17. 단독 실행 모드에 추가한 뒤로 가기 버튼

이제야 비로소 우리가 원하는 구조와 흐름을 우리의 앱에 모두 반영하였다. 이제 좀 더 재미난 부분인 스타일과 심미적인 요소들을 우리가 만들 앱에 추가하는 일에 돌입해보자.

스타일 반영하기

적용할 테마를 찾는 작업을 통해서 우리가 만들 앱의 외양에 대한 분명한 모습을 찾을 수 있다. StarTrackr의 경우 연예인과 연관된 몇 가지 이미지들을 형상화 할 수 있는데, 예를 들어 돈, 레드 카펫, 선글라스, 플래시, 필름, 영화, 음악, 시상식, 오스카상, 별, 황금, 다이아몬드, 파파라치, 섹시함 등이 있겠다.

지금 열거한 것들 중에서 가장 강한 이미지를 떠올리게 하는 것이 무엇일까? 바로 색상이다. 레드 카펫은 연예인들과 아주 밀접하게 연결되며, 동시에 황금색은 부와 명성, 그리고 섹시함을 연상하게 한다. 다행스럽게도, 이들 색상은 서로 잘 어울리며, 우리가 만

그림 2.18. 연예인들의 이미지로부터 연상한 색상들로 구성한 앱에 사용할 컬러 팔레트

들 디자인에 활용될 팔레트를 그림 2.18과 같이 만들 수 있다.

위의 색상들 중에서 빨간색이 더 풍부한 색감을 지니므로, 프로그램의 주 색상 테마로 빨간색을 사용하는 것이 더 적절할 것이다. 여러 색상에 대한 다양한 옵션들을 테스트하기 위한 좋은 방법으로 **제자리** 비교를 해볼 수 있는데, 그림 2.19 와 같은 예시가 있다.

이렇게 테스트해서 어떤 색상 배치가 우리의 의도에 맞게 동작하는지, 혹은 나쁜 모습을 보여주는지 확실하게 알 수 있다. 우리가 선택한 색상은, 심지어 완벽하게 평평한 화면임에도 더 어두운 빨간색이 밝은 빨간색과 대비되어 깊이 있는 느낌을 연출하는 것을 알 수 있다. 색상에서 나타나는 깊이의 느낌을 활용해서 내재적인 구조를 우리 인터페이스에 지나친 편집 없이 자연스럽게 적용할 수 있다.

그림 2.19. 우리가 만들 앱의 문맥에 맞추어 색상 테스트하기

터치 가능한 인터페이스

터치스크린 장치들은 사용자들이 직접적이면서도 물리적인 상호 작용을 할 수 있도록 해주며, 우리는 이를 통해서 디자인을 직접 만지는 것과 같은 **느낌**으로 만들기를 원한

다. 아름다운 인터페이스를 만들기 위한 비밀 중 하나는 실제 세계의 트릭을 훔쳐오는 것이다. 실제 세계의 객체는 볼륨감과 함께, 표면에는 다양한 빛과 질감이 드러난다. 또한 일정한 광원을 가지고 있다.

잘못 비추어진 빛에 의한 효과나 잘못 그려진 그림자에 의하여 치장된 것보다는 세심하게 그려진 인터페이스가 훨씬 더 나은 결과를 보여준다. 항상 염두에 두어야 할 것은 빛이 어느 방향으로부터 오는가에 대한 부분이다. 모든 요소들이 같은 방향으로부터 빛을 받지 않아도 된다는 어느 정도의 재량을 가지고 있고, 또 어떤 경우에는 미묘하게 이러한 방향을 바꿀 필요가 있겠지만, 보통은 광원이 우리의 인터페이스 요소 바로 위에 위치하는 것으로 묘사할 필요가 있다. 이는 빛이 위에 있고, 그림자가 아래에 있음을 의미한다.

우리가 만들 인터페이스 상의 개체가 같은 방안에 있다고 상상해보면 도움이 되는데, 우리가 이해할 수 있는 방식으로 보면 어떻게 빛이 그 개체들이 위치한 곳에 영향을 주는지에 대한 내용이 된다. 여기서는 약간의 관례를 따라서 iOS 스타일의 탭 바를 만들어보려고 하는데, 그림 2.20과 같이 다양한 광원 효과를 사용하여 완성된 탭 바 디자인을 그려보려고 한다.

그림 2.20. 탭 바에 적용해본 스타일

우리의 디자인에서 중요한 기능들을 열거하면 다음과 같다.

- 광원이 바로 위에 있다.
- 그래디언트 효과를 입혀 바를 물리적으로 둥근 모양으로 보이게 만든다.
- 바로 위에 강조 효과를 준다.
- 아래로 갈수록 그림자 속으로 사라지도록 만든다.
- 각 버튼의 가운데에 굵은 선을 넣어 커브의 도드라짐과 빛의 대비를 강조한다.
- 간단한 아이콘을 사용한다.

이상이 탭 바의 기본 상태에 대한 설명이지만, 사실 실제로 사용할 때의 모습처럼 보이지는 않는다. 사용자들이 앱의 어떤 상황에 위치해 있을 것이다. 다시 말해서, 탭 바의 항목들 중 최소 하나는 반드시 선택된 상태임을 의미한다. 그런 경우 어떤 모습이 되어야 할까? 그림 2.21이 그 예시이다.

그림 2.21. 이번에는 탭 바에 항목의 선택 상태를 강조하도록 만들었다.

선택된 상태를 표현할 때 중요하게 다루어야 할 기능들을 열거하면 다음과 같다.

- 어두운 오버레이를 사용하여 선택된 아이템에 대한 대비를 더욱 뚜렷하게 한다.
- 대비 색상을 사용한다. 이 경우, 우리 팔레트에 있던 황금색을 사용한다.
- 미묘한 점을 표시하여 시선을 강조한다.
- 강조와 그림자 효과를 인터페이스 아이콘에 추가하여 깊이를 강조한다.

탭 바에 대한 스타일링 작업은 미세한 균형 잡기 감각을 필요로 하는 작업이다. 우리는 탭 바를 콘텐츠로부터 분리를 하되, 배경에 묻히도록 만들지는 않을 것이다. 튀지 않는 색상을 사용하거나, 색상을 제거함으로써 메뉴와 콘텐츠 사이를 분명하게 구분할 수 있도록 할 것이다.

그리고 또한 기존의 탭바에 조금 색다른 시도를 해보고자 한다. 보통, 탭 바에 있는 각각의 항목들은 같은 스타일과 무게감을 가지고 있다. 이를 통해서 사용자들은 각각의 항목들이 개념적으로 비슷함을 암묵적으로 알려주는 역할을 할 수 있지만 우리의 경우 그렇지 않게 해야 할 필요가 있다. '위치'와 '연예인'에 대한 정보를 통해 사용자들이 정보를 보는 것 외에, '연예인이 나타난 곳 추가하기' 버튼을 통해 사용자들이 새로운 정보를 제공할 수 있다. 이 기능을 강조하기 위하여 이 버튼의 명암 스타일이 사용자로 하여금 버튼을 돋보이게 하여 누르도록 만들 것이다. 탭 바의 특정 기능을 수행하는 항목을 돋보이도록 그리는 이러한 디자인 패턴은 기존의 수많은 네이티브 앱들이 이미 채택하고 있는 방식으로 그림 2.22와 같다.

그림 2.22 탭 바에 다른 모양으로 표시하여 특정 기능을 강조하는 앱들의 예제
(왼쪽-Path, 중앙-Instagram, 오른쪽-Dailybooth)

인터페이스 아이콘

우리의 탭 바에서, 텍스트와 나란히 놓인 아이콘을 사용하여 각 메뉴 아이템을 통해 사용할 수 있는 기능들을 강조하고, 디자인에 그래픽적인 감각을 더하는 역할을 하도록 만들었다. Android와 iOS 모두 그들의 인터페이스 아이콘들에 대한 비슷한 디자인 철학을 가지고 있는데, 다시 말해서 단조로운 모노크롬 아이콘들을 사용하고 있다는 점이다. 이를 통해서 아이콘들이 일관성 있고 비슷한 느낌을 가질 수 있도록 만들 수 있으며, 아이콘에 컬러를 사용해서 각각의 탭에서 선택되거나 다른 상태임을 표시하기 쉽도록 해주고 있다.

여러분의 콘텐츠를 잘 알릴 수 있는 올바른 메타포를 지닌 아이콘을 찾는 것은 매우 중요한 일이다. 우리 앱의 '연예인' 탭 바 항목에 쓰일 탭 아이콘으로 별 모양을 사용하여 한눈에 보기에도 바로 어떤 콘텐츠를 담고 있을지를 알아볼 수 있게 만들 수 있다. 그러나 아직 좀 더 생각을 해보면, 문제점이 있다는 것을 알 수 있다. 보통 별 모양의 그림은 수많은 앱에서 이미 일정한 기능을 가지고 있는데 보통 자주 찾는 아이템들을 모으고 살펴볼 수 있다는 의미로 많이 활용되고 있다. 만약 여기서 별 모양의 아이콘을 사용한다면 사용자들에게는 기존에 기대했던 경험에는 배반되는 결과물을 만들게 되는 셈이 된다. 여기서는 실제 콘텐츠에 좀 더 부합하는 표현을 사용하는 것이 좋은데, 연예인 버튼을 통해서 나타날 내용은 연예인들의 목록이므로 여러 사람이 모여있는 실루엣을 아이콘으로 쓰는 것이 더 나은 선택이라고 할 수 있다.

그 외 탭 바의 다른 아이콘들은 비교적 결정하기 쉽다. 연예인이 나타난 곳을 등록하기 위한 위치 버튼은 맵에 연관된 기호를 사용하면 의미를 전달할 수 있다. 구글 맵 스타일의 마커를 이미지로 채택해서, 쉽고 빠르게 이해할 수 있도록 할 것이다. 그리고 연예인이 나타난 곳에 대해서는 사용자들이 연예인을 보았다는 행위를 강조하려는 의도에 입각하여, 카메라, 안경, 두 눈으로 보는 모습, 서명 등의 아이콘 등을 사용할 수 있겠지만 이들 모두는 앞에서 살펴본 연예인 버튼과 같이 정확한 의미 전달을 하기 어렵거나 작게 만들기 어려운 모양을 가진 아이콘들이다. 이를 대신하여 눈동자 아이콘을 사용하면 가장 단순하면서도 쉽게 이 기능에 대해서 설명할 수 있으므로 이 아이콘을 택하였다.

그러나, 여러분은 이렇게 반문할 수도 있겠다. "그리는 데 소질이 없고, 내가 그린 듣보기는 늘 숟가락을 그린 것처럼 모양이 미워요! 잘 그린 아이콘을 어디서 구할 데가 없나요?" 물론 있다. 최근에 품질이 매우 뛰어나면서도 로열티 비용이 없는 인터페이스 아이콘 세트들이 인터넷 도처에서 늘어나고 있으며, 앱을 위하여 일정한 아이콘 테마를 유지할 수 있도록 도움을 주고 있다. 다음은 몇 가지 유용한 아이콘 세트들의 예시이다.

Glyphish (http://glyphish.com)

200여 종 이상의 무료 아이콘이 저작권 명시를 전제로 배포되고 있으며, 전문가 버전은 25$에 구입할 수도 있다.

Helveticons (http://helveticons.ch)

헬베티카 서체 모양을 따온 글자로 만든 477여 개의 예쁜 아이콘들이 있다. 가격은 279$부터 439$까지 세트에 어떤 항목들을 포함할 것인지에 따라 정할 수 있다.

Pictos (http://pictos.drewwilson.com)

Pictos는 각 세트에 648개의 아이콘으로 구성된 세 가지 세트를 제공하고 있다. 각 세트의 벡터 팩은 19$에서 29$ 사이 가격으로, 이 정도 구성에도 불구하고 가격 면에서 매우 저렴하다.

픽셀은 더 이상 픽셀이 아니다.

이제 더 이상 하나의 해상도에만 맞추어서 디자인을 할 수 없다. iPhone 3GS는 1인치 당 163픽셀(163ppi)을 보여주고, iPhone 4에서는 이에 약 두 배 정도 되는 326ppi이며, iPad는 이보다 밀도가 덜한 132ppi, 그리고 팜은 약 186ppi 정도를 기록한다. Android 개발자 가이드라인에서는 각각의 장치를 세 가지 카테고리로 구분할 것을 권하는데, 저밀도, 중간밀도, 그리고 고밀도 화면으로 나누는 것이다.

이것이 우리에게 시사하는 점은 우리가 디자인을 할 때 고해상도에 맞추어 디자인을 해야 한다는 것이다. 점점 더 여러분은 해상도에 종속되지 않는 인터페이스를 만들어야 할 필요성이 생기게 되는데, 그럴 때 여러분을 엄청난 작업량으로부터 구원할 방법은 시작 단계에서부터 디자인을 새로 설계하는 것이다. 이 때문에 여러분이 선호하는 비트맵 디자인 도구를 버리고 벡터 기반 도구로 바꾸어야 하는 것은 아니지만, 디자인 프로세스 전반을 통해서 완성된 제품의 모습을 늘 염두에 두고 상상해야 함을 의미한다. 예를 들어, 포토샵에서는 그래디언트 효과를 주는 것보다 레이어 스타일을 사용함으로써 각각의 요소들이 크기가 바뀌었을 때 원래의 느낌을 잃어버리거나 품질이 떨어지는 문제를 예방할 수 있다.

타이포그래피

타이포그래피는 좋은 웹 디자인에서 가장 핵심이 되는 부분으로, 아직 다른 더 멋진 기능들에 비해 대충 얼버무려져 버리는 기술이다. 우리는 사람들과 소통하기 위하여 노력하고, 정보를 제공하거나 그들이 옵션을 선택하도록 필요한 정보를 읽을 수 있도록 하는 데 많은 시간을 사용한다. 텍스트는 사용자 인터페이스이다. 그뿐만 아니라, 신중한 선택과 함께 텍스트를 사용함에 따라서 여러분의 앱에 의미를 부여할 수 있다.

안타깝게도, 모바일에서의 타이포그래피는 많은 아쉬움을 남긴다. 웹 디자이너들에게 있어서, 모바일 타이포그래피는 별로 새로울 것이 없다. 제한된 웹 안전 서체 레벨에서만 창조적인 작업을 해야만 하기 때문이다. 이 팔레트는 안타깝게도 소수의 모바일 장치들이 매우 제한적으로만 지원하는 것이지만, 타이포그래피 규율을 피하기 위한 변명이 될 수는 없다. 몇몇 예외가 있긴 하지만, 대부분의 모바일 장치들은 극도로 제한된 서체 선택만이 가능한데 아마 한두 종류의 서체만 지원하고 게다가 플랫폼마다 서체의 종류가 다르기까지 하다.

@font-face가 보여주는 새로운 가능성

그러나 다른 한편으로, 이는 사실이 아니다. 웹 타이포그래피의 세계는 @font-face CSS 규칙을 통해서 추가할 수 있는 웹 서체를 통해서 매우 흥미로워질 수 있는 부분이 있다. 그러나 여기서는 @font-face에 대한 자세한 내용을 살펴보지 않을 것이긴 하지만 만약 모바일 환경에서 이 기능을 지원하지 않는 것을 언급하지 못한다면 그것은 우리에게 있어 큰 불찰일 것이다. @font-face를 통한 임베딩은 대부분의 웹킷(WebKit) 기반 모바일 브라우저들과 오페라 모바일 브라우저, 심지어는 구 버전의 iOS의 경우 SVG 서체를 사용해야 하지만 모두 이러한 개념을 사용할 수 있다.

@font-face를 모바일 앱에서 사용할 때 가장 큰 문제점은 바로 성능에 관한 부분이다. 서체 파일은 대개 매우 크기가 크며, 필요한 글자만 따로 빼내서 서체를 재구성한다 해도 100KB 이상의 오버헤드 데이터가 발생할 수밖에 없다. 모바일 사용자들을 위한 앱에서 이는 별로 좋은 선택이 아니다. 속도 역시 중요한 기능인데, 이러한 작은 기능을 쫓아서 조금 더 나은 인터페이스를 만들려고 병목을 만들 필요가 있는지는 한 번 생각해봐야 할 부분이 되겠다.

성능 고려 사항

모바일 앱을 위한 디자인을 하다 보면 정신 팔리기가 쉽다. 시중에 네이티브 플랫폼 위에서 만들어진 멋진 인터페이스 예시들이 매우 많지만, 이러한 디자인들과 경쟁하는 것은 매우 어려운 일이다. 우리가 사용할 효과로 인하여 디자인에 어떤 영향을 끼칠 것인지 신중하게 고려해야만 한다. 만약 HTML과 CSS로 만들기 위해서 많은 수의 이미지를 사용해야 하는 디자인을 만들었다면 틀림없이 성능 문제로 이어질 것이다. 이것이 바로 네이티브 앱과 모바일 앱 사이의 공평하지 않은 차이점이다. 네이티브 앱에서는 하드웨어에 최적화 되어있고 네이티브 SDK들이 제공하는 다양한 그리기 API를 사용하여 멋진 그래픽 효과를 마음껏 활용할 수 있다. 웹 앱을 위한 그리기 도구들은 보통 이보다는 제약이 더 심한 편이다. 되도록 우리는 CSS만을 이용하여 구현할 수 있는 디자인 인터페이스에 초점을 맞추어야만 한다.

"그래도 방금 멋진 탭 바를 만들지 않았습니까? 이런 걱정들은 모두 던져버려도 되는 것 아닌가요?"라고 할 수도 있겠지만, 그렇지는 않다. 탭 바를 위해서 좀 더 무거운 그래픽 효과를 사용하는 것이 큰 문제가 되지는 않는다. 이렇게 하더라도 화면 상에서 고정된 위치를 유지하게 되는 것에는 변함이 없으며 또한 사용자가 페이지를 아래로 스크롤 해서 없어지는 것도 같다. 메인 리스트에 나타나는 줄들 이외에 다른 한편으로는 화면 상의 요소들을 간결하게 유지하는 데에 많은 노력을 기울여야 한다. 이 상황에서 좀 더 멋지게 치장할 수 있도록 할 수 있을 뿐만 아니라 독특하게 보이도록 할 수도 있다. 목록에 나타나는 줄들을 예로 들어보면, 각각의 줄들을 단색으로 표시하도록 시작하였지만 약간 차이가 있는 색을 짝수와 홀수에 번갈아 가며 표시하도록 그림 2.23과 같이 만들 수도 있다.

그림 2.23. 홀수와 짝수 행에 서로 다른 단색을 지정하여 만든 기본적인 리스트 모양

약간 밋밋해 보인다. 여기에 조금 튀어 나온듯한 느낌을 광원 효과를 이용하여 만들어 볼 수 있겠다. 가장 쉬운 방법으로 인터페이스 요소에 이와 같이 효과를 주는 방법이 있다. 여러 항목을 포함하는 목록은 다양한 크기를 가질 수 있는데, 이 목록에 강조 효과를 주기 위하여 상단 모서리 부분에 하이라이트 처리를 하고, 하단 모서리 부분에는 움푹 들어간 모양을 주어 그림 2.24와 같이 꾸밀 수 있다.

그림 2.24. 목록에 하이라이트 효과와 그림자 효과를 추가하여 깊이감을 준 모습

좀 더 나아 보인다. 미묘한 효과이지만, 사용자들이 콘텐츠에 집중할 수 있도록 하는 데에는 확실히 도움을 주고 있다. 뿐만 아니라, CSS 테두리 속성만을 사용했을 뿐이지만, 우리가 바라던 성능 상의 이점까지 챙길 수 있다. 이제 문제는 텍스트가 밋밋해 보인다는 문제인데, 우리가 리스트에 준 효과가 텍스트에는 반영되지 않았기 때문이다. 감사하게도, 같은 시각적 트릭을 이용해서 텍스트를 좀 더 현실감 있게 그림 2.25와 같이 단들 수 있다.

그림 2.25. 약간의 그림자 효과를 텍스트에 추가하여 더 강한 존재감을 내도록 만들기

글자 모양의 위쪽 모서리 부분에 걸쳐서 1픽셀 정도의 검정 그림자를 추가하도록 만들었다. 이를 통해서 텍스트가 인터페이스에 물리적으로 새겨진 것과 같은 느낌을 주고 있으며, 종이 위에 직접 새겨 넣은 것처럼 보이게 한다. 단순한 원리로 사용하는 효과이지만 사용할 때는 조심해야 할 필요가 있다. 만약 우리가 그림자를 너무 작게 넣었다면 글자를 읽기에 불편할 수 있다.

기억해야 할 것은, 미묘함은 우리가 인터페이스 디자인에서 꼭 염두에 두어야 할 구심점으로, Cameron Adams는 이렇게 말하기도 했다.[6] "여러분의 디자이너로서의 숙련도는 그림자를 얼마나 미묘하게 넣는가에 따라 결정된다"고.

옳은 말은 한 번도 이야기된 적이 없다. 미묘한 인터페이스라 함은 우리 앱의 콘텐츠가 스스로 말을 할 수 있도록 하는 것이다. 저렴하고 과도한 효과는 그저 사용자들을 산만하게 하며 우리가 무엇을 말하려고 하는지를 전달할 수 없게 만들 뿐이다. 우리의 인터페이스는 반드시 콘텐츠의 구조를 정의해야 하고, 사용자들이 우리 앱의 기능을 정확히 이해할 수 있도록 해야 한다. 훌륭한 디자인은 휘황찬란함이 아니라 기능성 있게 만드는 것이다.

디자인 테스트 하기

실제 장치에서 디자인을 테스트 해보지 않고 여러분의 감에 의존해서 완벽하고 훌륭한 모바일 앱을 디자인하는 것은 불가능하다. 여러분의 작품을 모바일 장치에서 미리 살펴볼 수 있도록 해주는 훌륭한 도구들이 몇 종류 있다. 그 중 하나는 iPhone에서 사용 가능한 LiveView라는 도구[7]로 무엇보다도 무료로 쓸 수 있다.

LiveView는 원격 화면 보기 앱으로 디자이너가 모바일 앱을 위한 그래픽을 만들 수 있도록 되어있다. 이 앱은 두 가지로 나뉘는데, 여러분의 데스크톱에서 실행할 수 있는 스크린캐스터 앱을 통해서 여러분이 데스크톱 인터페이스 위에서 여러분이 보여주고 싶은 내용이 창 아래에 잘 표시되도록 창의 위치를 결정할 수 있다. 이렇게 하고 나면 창 아래에 놓인 내용이 무엇이든 실시간으로 Wi-Fi를 통해 내용이 전송되어 여러분의 스마트

---

[6] http://www.themaninblue.com/

[7] http://www.zambetti.com/projects/liveview/

폰에 보여지게 된다. 뿐만 아니라 모바일 장치에서 전송된 화면 위로 클릭을 하게 되면 이 동작이 실제 데스크톱에도 그대로 전달되어 동작이 반영된다. 안타깝게도, LiveView 는 Mac OS X 전용 앱이다. 그러나 비슷한 형태의 원격 데스크톱 앱이 Android 플랫폼을 위한 버전으로도 있을 것이며, 아마 여러분이 이용할 수 있는 마켓플레이스에서도 쉽게 찾을 수 있을 것이다.

하지만 장치에 이미지를 저장하거나 또는 이미지만을 사용하는 웹 페이지만을 만들기로 결정을 하였다고 하더라도 여러분의 디자인과 프로토타입을 여러분의 장치에서 테스트하는 것은 절대적으로 우선시되어야 할 일이다.

디자인 검토하기

이제 잠시 우리가 지금껏 해왔던 내용들을 살펴볼 차례이다. 각 페이지들의 구조를 만들고, 앱의 흐름을 만들었으며, 원하는 대로 테마를 적용하였으며 몇 가지 기술을 적용하여 심미적인 효과도 더하였다. 이제 실제 화면 상에 올려서 우리가 만든 내용들을 확인해보자.

거의 모든 페이지들이 적절한 기술을 사용하고 있으며 우리가 만든 개요에 맞추어 구조를 형성하고 있지만, 이러한 디자인과 모양을 좀 더 자세히 살펴보기 위하여 나누어 살펴보고자 한다. 가장 먼저 그림 2.26과 같이 위치 페이지를 살펴보자.

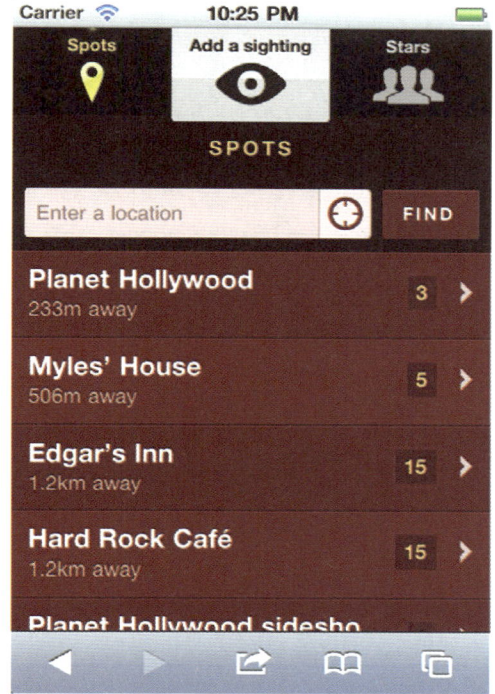

그림 2.26. 완성된 위치 페이지

이 페이지에 담겨있는 각 요소들에 대해서 간단히 살펴보자.

- 리스트 항목에는 화살표 모양이 있어 내용을 더 볼 수 있음을 알 수 있다.
- 리스트 항목의 텍스트 색상이 중간색이며, 하이퍼 링크를 위하여 노란색이 사용된다.
- 밝은 전경색에 어두운 배경색을 사용하고 있다.
- '찾기(FIND)' 버튼이 목록에 적용된 것과 같이 강조 효과가 적용되어있다.
- 위치 찾기 버튼이 텍스트 필드 옆에 붙어있어 이들 기능이 서로 연결되어있음을 암시하고 화면상에 분리된 항목의 수가 적어 보이도록 하는 효과가 있다.

그림 2.27은 이 페이지를 제일 아래까지 스크롤 하여 내렸을 때 나타나는 부분을 보여주고 있다.

그림 2.27. 위치 인덱스 페이지의 하단 부분

몇 가지 주목할 만한 사항들이 있다.

- 가장 아래쪽에는 전체 버전의 데스크톱 웹 사이트로 전환할 수 있는 링크와 함께 로그아웃 할 수 있는 링크가 제공된다.
- 다음 페이지 링크가 있다.(왜냐하면 모바일 네트워크 환경에서 끝없이 많은 양의 데이터로 인하여 사용자들이 불편함을 겪는 것을 원치 않기 때문이며, 특히 사용자들이 원치 않는 관련이 없는 정보들이나 오래된 정보들까지 전송되지 않도록 만들기 위함이다.)

이제 다음으로 위치 상세 보기 페이지를 볼 차례이다. 그림 2.28과 같다.

그림 2.28. 위치 상세 보기

이 디자인에서는 다음의 사항들이 중요하다.

- 주요 상세 정보가 배경 위에 표시되고, 메인 콘텐츠가 화면의 전면부를 차지하도록 만들었다.
- 각각의 행에서 하나의 동작만이 가능하도록 기능을 제한하지 않는다(대비되는 노란색을 표준 하이퍼링크를 위하여 사용하고 있다).
- 지도 이미지의 작은 섬네일을 사용한다(보통 이 정도 크기는 지도로서의 기능을 수행할 수 없지만, 지도는 지도 내용을 포함하고 있다는 것을 이 정도 크기에서도 금방 알 수 있기 때문에, 전체 크기의 지도로 연결하기 위한 링크로 사용하고 있다).

이제 마지막으로 단독 모드에서 실행되는 때의 전체 화면 디자인을 살펴볼 차례이다. 위치 목록 페이지가 단독 모드에서 그림 2.29와 같이 보이게 될 것이다.

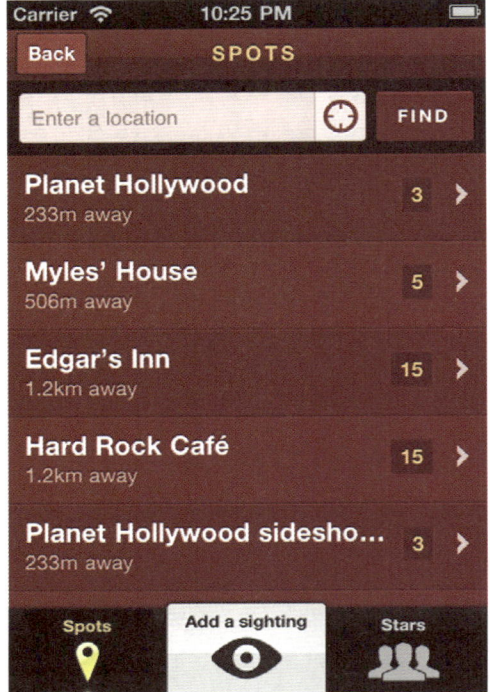

그림 2.29. 전체 화면 모드에서 실행된 모습

뼈대 잡기 단계에서 변경한 모든 사항들이 반영되었으며 특히 다음과 같은 것들이 있었다.

- 탭 바가 하단에 배치되었다.
- 헤더 요소를 추가하였고, 여기에 우리만의 고유한 뒤로 가기 버튼을 추가하여 사용자들이 좀 더 편리하게 내비게이션 기능을 사용할 수 있도록 배려하고 있다.

앱 아이콘

이제 StarTrackr를 위한 멋진 디자인을 만들었고, 여기에 알맞은 아이콘을 찾을 차례이다. 우리의 아이콘은 필연적으로 수많은 위치에서 사용될 것이지만, 주로 사용자의 홈 스크린에 들어갈 아이콘이 주된 용도가 될 것이다. 사람들이 가장 자주 보는 우리 앱의 모습이 될 가능성이 크기 때문에, 기억하기 쉬운 아이콘을 만들어서 앱이 어떤 기능을 제공할 수 있는지를 강조하는 것이 필요하다. 보통, 잘 만들어진 앱 아이콘은 다음 중 하나 이상의 조건을 만족한다.

- 기존의 브랜드 아이콘으로부터 만들어진다.
- 하나의 이미지 안에 앱의 주요 기능들을 함축 설명하고 있다.
- 아이덴티티를 강조하기 위하여 이름을 쪼개거나 활용한다.

처음 시작할 때 살펴볼 수 있는 좋은 예제는 iPhone용 Facebook 앱이며, 또한 여러 모바일 앱을 제공하는 37signals의 다양한 앱들도 그림 2.30에서 보이는 것과 같이 좋은 예제이다. Facebook은 흰색으로 쓴 'f'라는 글자를 파란 배경 위에 그린 아이콘을 사용해서, 정말 단순하면서도 그들이 사용하는 원래의 웹 사이트 상의 표준 로고타입과 색상 스키마와 강하게 연결시켜 즉각적이고 강한 이미지를 나타내고 있다.

그림 2.30. Facebook, Campfire, Basecamp 앱의 아이콘들

37signals 역시 그들이 현재 제공하는 두 가지의 모바일 앱인 캠프파이어와 베이스캠프라는 앱들 각각에 알맞으면서도 일관성이 있지만 한편으로는 독특한 아이콘들을 만드는 데 성공하였다. 캠프파이어는 네이티브 앱이며, 베이스캠프는 웹 앱이지만, 모양과 브랜드에 있어서 일관성을 공유하지만 양쪽이 서로 다른 앱임을 주지시켜주고 있다. 뚜렷한 아이콘 기반 색상을 통해서 각각의 아이콘들이 구별될 수 있도록 하고 있다.

그리고 이러한 관점에서 봤을 때 거의 모든 위치에서 등장하는 훌륭한 예제들이 있는데, 그림 2.31에서 볼 수 있듯이 iOS의 기본 앱들이 그러하다.

그림 2.31. iOS의 음성 녹음 기능과 주식 앱의 아이콘

음성 녹음을 예로 들어보면, 학창 시절 사용하던 마이크로폰의 모양을 아이콘으로 만들어서 앱의 기능을 설명하기 위한 용도로 잘 연결하고 있다. iPhone 주식 앱은 수학 함수의 값을 표현하는 그래프 모양의 아이콘을 사용해서 항시 변하는 주식 시세에 대한 추적을 뜻하도록 만들어 앱의 인터페이스에 대한 힌트를 제공하고 있다.

안타깝게도 StarTrackr에는 사람들 누구나가 쉽게 인지할 수 있는 Facebook과 같은 확고한 브랜드가 아직 없고, 우리 앱의 주요 기능인 연예인들이 나타난 위치를 추가하거나 찾는 기능을 하나의 완벽한 이미지로 압축하는 것도 매우 어렵다. 대신, 단순성을 유지할 수 있도록 하기 위하여 별 모양의 아이콘을 앱의 아이콘으로 사용할 것이다. 이를 통해서 확실한 이미지를 만들어 우리 앱의 이름을 강조할 수 있고, 연예인들에 관련된 것임을 표현하기에도 매우 적절하다. 이 콘셉트는 앱의 인터페이스나 시각적 스타일을 만드는 과정에서도 충분히 활용되었던 것이다.

우리의 디자인 관점에서 보았을 때, 레드 카펫과 황금 트로피, 시상식, 그리고 섹시함과 같이 스타들로부터 얻을 수 있는 이미지로부터 영감을 얻었기 때문에, 이를 앱의 아이콘에도 그대로 투영할 수 있다. 그림 2.32는 이러한 생각들을 표현한 아이콘의 모습이다.

그림 2.32. StarTrackr 앱을 위한 앱 아이콘

아이콘은 반드시 **아이콘다워야** 하며, 여기에 별 모양의 아이콘이 완벽하게 들어 맞았다. 또한 단순하면서도, 우리가 생각했던 것 그대로이다. 앱 아이콘을 만들 때에는 몇 가지 일반적인 규칙들이 있다.

- 앱의 아이콘은 튀어야 한다. 앱이 잘 보일 수 있도록 볼륨감과 존재감을 원하기 때문에, 이러한 관점은 매우 긍정적이다. 그러나 너무 지나치면 안 된다.
- 빛이 비추는 방향이 위에서 아래로 향하는 방향임을 기억한다.

- 가능한 배경색 전체를 채워라. 어떤 플랫폼들은 투명한 이미지를 지원하지만 iOS에서는 여러분의 앱이 완전히 채워진 배경 색을 사용하지 않을 경우 위화감을 느끼게 할 수 있다.
- 아이콘의 크기가 작을 때의 모양을 고려하고, 모든 크기에서 쉽게 인지될 수 있도록 만드는 것이 좋다.
- 벡터 형식으로 작업 원본을 만들어야 한다. 나중에 다양한 크기의 아이콘을 만들기 위해서이다.
- 미묘하게 텍스처를 표면에 입힘으로써 좀 더 현실감 있게 만들 수 있다.
- 위의 모든 사항들보다도 가장 중요한 것은 단순해야 한다는 것이다.

매력을 뽐낼 시간

우리 앱에 대한 디자인은 이것으로 끝이다. 일정한 느낌을 가지면서도 강력한 테마를 만들었으며, 경험 전반에 걸쳐 탐색 가능한 구조를 사용자들에게 친숙한 레이아웃과 함께 제공하고 있다. 이제 이 앱을 실제로 동작하도록 만드는 것을 배워볼 차례이다.

Chapter 3

모바일을 위한 마크업

지금까지 우리가 만들 앱을 스케치하고 디자인하는 과정을 살펴보았다. 이제 실제로 앱을 어떻게 만들 것인지를 살펴보려고 한다. 다행스럽게도, 이 책을 읽는 독자 여러분들 거의 모두는 모바일 웹과 앱을 만들기 위한 모든 필요한 기초 코딩 실력과 지식들, 예를 들어 HTML, CSS, 자바스크립트와 같은 부분들을 숙지하고 있을 것이다. 이는 항상 우리가 웹 표준을 준수하면서 디자인을 하고 구현을 하는 작업을 하게 될 것임을 뜻한다. 표준 기반의 웹 개발 기술을 사용함으로써 가장 일관성 있는 프레젠테이션과 사용자 경험을 사용자들에게 제공할 수 있으며, 새로운 장치들이 나타나더라도 변함이 없게 할 수 있다. 잘 구조화 되어 있고 깨끗하게 쓰여졌으며 의미 있는 마크업을 사용한 HTML 페이지는 데스크톱이든 모바일이든 언제 어디서나 사용성이 있으며 접근성이 뛰어남을 보장한다.

이번 장에서, 우리는 우리 앱이 사용하는 CSS에서 가장 관심 있는 부분에 초점을 맞추고자 한다. 이 책을 활용하는 데 필요한 수많은 기본적인 사항들은 우리 스스로가 굉장히 잘 아는 부분들이기도 하고 또는 모바일 개발 환경에서도 그다지 달라지는 부분들이 없기 때문에 그냥 건너뛰거나 간단히 기억만 되살려보려 한다. 우리가 사용할 HTML5와 CSS3의 기능들에 좀 더 많은 시간을 할애하여 살펴보면서, 여러분에게 새로울 수 있는 부분이나 모바일을 위해서 특화될 수 있는 몇 가지 새로운 트릭도 살펴보고자 한다.

WML에 대하여

WML(Wireless Markup Language)을 처음 들어보는 이들을 위하여 잠시 설명하자면, 초창기의 모바일 웹 세계에서는 모바일 장치를 위한 웹 콘텐츠를 올릴 때 '**사실상의 표준**'으로서 WML이 많이 사용되었다. 그러나 이것은 이미 오래 전의 이야기이다. iOS와 Android를 비롯한 수많은 새로운 모바일 장치들과 태블릿 장치들은 WML을 지원하지 않는다. 대신, 완전한 기능을 제공하는 웹 브라우저를 통해서 데스크톱과 같은 경험을 제공할 수 있도록 HTML을 잘 처리한다. 그에 따라, 모바일 웹을 위한 새로운 언어를 배우거나 어려운 표준을 고수해야 할 필요가 없게 되었다. 현재, 그리고 머지 않은 미래에 HTML은 모바일 웹 개발을 위한 마크업 언어 중 하나로서 선택될 것이다.

이제 우리 앱을 위한 HTML 페이지를 하나 만들어보자. 우리 페이지의 기본 뼈대를 만들기 위해 아래와 같이 간단히 코드를 만들어보고자 한다.

spots.html (인용)

```html
<!doctype html>
<!--[if IEMobile 7 ]><html class="no-js iem7"><![endif]-->
<!--[if (gt IEMobile 7)|!(IEMobile)]><!--><html class="no-js">
<!--<![endif]-->
  <head>
    <title>StarTrackr</title>
  </head>
  <body>
  </body>
</html>
```

기본적인 내용들로 시작하였지만, 이 간단한 HTML 페이지 안에는 우리 앱에서 사용할 모든 기본적인 내용들이 포함되어있다. 우선 doctype 선언부터 살펴보자. Doctype은 매우 중요한데, 브라우저에게 어떤 종류의 마크업을 사용할 것인지를 알려주어 우리가 만든 HTML을 어떻게 해석할 것인지를 결정하도록 해주는 역할을 한다. HTML5 doctype을 사용해서 우리가 HTML5 사양을 따르는 HTML 문서를 작성할 것임을 미리 이야기할 수 있다. 만약 HTML5에 대해서 친숙하지 않더라도 너무 걱정하지 말기를 바란다. 거의 모든 부분들이 이전 버전의 HTML과 동일하지만 doctype이 이전과는 달리 기억하기 매우 쉽다.

만약 위의 마크업이 어지럽게 보인다면, 아마도 HTML 태그에 Internet Explorer 7 Mobile에 대응되는 별도의 클래스를 만들기 위해서 사용한 조건부 주석 때문일 것이다. 현재는 모바일 시장에서 그다지 많은 비중을 차지하지는 못하지만, Internet Explorer 7 Mobile은 Windows Phone 7에서 사용하는 브라우저이며, 아마 빠른 시일 내에 정식으로 출시될 주요 모바일 장치 중 하나가 될 것이다.[역주1]

이 아이디어 뒤에 숨겨진 기술은 바로 Internet Explorer 7 모바일이 조건부 주석의 의미를 이해할 수 있다는 것이고, 이를 통해 HTML 태그에 함께 쓰인 `iem7`이라는 추가적인 클래스를 의미에 추가하게 된다는 점을 이용한 것이다. 우리는 여기서 지정한 class를 이용하여 Internet Explorer 7 모바일의 렌더링 엔진이 보여주는 CSS 상의 문제점을 직접 해결하는 데 활용할 수 있다. 이러한 기법에 대한 자세한 정보가 필요하거나, 이러한 방법의 다양한 장단점을 확인하기를 원한다면, Paul Irish의 블로그 포스트[1]의 내용을 참고하기를 바란다. 또한 이 코드에서는 `no-js`라는 별도의 클래스를 만들었는데 이 부분은 이 장의 후반부에서 비중 있게 논의될 것이다.

본질 위의 스타일

우리가 그 동안 보통의 웹 사이트를 만들기 위하여 써왔던 마크업과 같이, 우리가 사용할 CSS 역시 우리가 그 동안 사용해왔던 것만큼이나 유사하다. 그러나 불행하게도 모바일 장치에서의 CSS에 대한 지원은 우리가 원래 알던 것에 비해서는 조금 떨어지며, 그리고 이러한 정보들은 지금 몇 년 정도 지난 상태로 남아있는데, Peter-Paul Koch의 모바일 장치에서의 CSS 호환성이라는 아티클[2]을 시간을 내어 읽어볼 것을 권한다. CSS 속성, HTML 5의 기능, 그리고 자바스크립트 API 등에 대한 지원 여부와 호환성에 대한 또 다른 좋은 리소스는 http://caniuse.com/ 웹 사이트를 통해서 찾아볼 수 있다. 이 사이트는 우리가 대상 플랫폼으로 정했던 몇 종류의 모바일 브라우저들(모바일 사파리, 오페라 미니, 오페라 모바일 외 웹킷 기반 브라우저, 타 모바일 브라우저들)에 대한 정보를 제공

[역주1] 2011년 12월 현재 Windows Phone 7은 버전이 7.1로 업데이트 되면서 내장된 Internet Explorer 의 버전이 7에서 9로 업그레이드 되었고, 이 책에서 설명하는 이 부분의 코드는 업데이트를 하지 못한 구 버전의 Windows Phone 7에 대한 지원 사항으로 이해하면 쉬울 것이다.

[1] http://paulirish.com/2008/conditional-stylesheets-vs-css-hacks-answer-neither/

[2] http://www.quirksmode.org/m/css.html

하고 있으므로 역시 살펴볼만하다.

우리 앱을 위한 스타일 시트를 만들 때 지켜야 할 기본적인 원칙들은 다음과 같다.

- HTML로부터 CSS를 완벽하게 분리하고 이를 유지한다.
- 대다수의 표준 호환 브라우저들을 위한 코드 작성을 우선시한다. 그 다음, Internet Explorer나 다른 장치들에서 발생하는 문제점을 수정해 나간다.

기본 CSS 파일을 하나 만들어서, 여기에 우리 앱을 위한 스타일을 하나씩 추가해보자. 우선, 우리가 만든 HTML 페이지에 CSS 파일에 대한 참조를 추가해보도록 하자.

spots.html (인용)

```html
<!doctype html>
<!-[if IEMobile 7 ]><html class="no-js iem7"><![endif]-->
<!-[if (gt IEMobile 7)|!(IEMobile)]><!--> <html class="no-js"><!--<![endif]-->
  <head>
    <title>StarTrackr</title>
    <link rel="stylesheet" href="stylesheets/screen.css" media="screen">
  </head>
```

별로 다른 것이 없다. 모바일 브라우저들은 데스크톱 브라우저들과 마찬가지로 기본 CSS 스타일을 조금씩 다르게 적용하고 있기 때문에 우리만의 CSS를 만들어서, 가장 기본적인 내용들부터 초기화하여 원래의 다양한 특성들을 지우고 새롭게 시작해보고자 한다.

stylesheets/screen.css (인용)

```css
html, body, div, span, object, iframe, h1, h2, h3, h4, h5, h6, p,
blockquote, pre, abbr, address, cite, code, del, dfn, em, img, ins,
kbd, q, samp, small, strong, sub, sup, var, b, i, dl, dt, dd, ol,
ul, li, fieldset, form, label, legend, table, caption, tbody, tfoot,
thead, tr, th, td, article, aside, canvas, details, figcaption,
figure, footer, header, hgroup, menu, nav, section, summary, time,
mark, audio, video {
  margin: 0;
  padding: 0;
  border: 0;
  outline: 0;
  font-size: 100%;
  vertical-align: baseline;
```

```
  background: transparent;
}
body {
  font-family: "HelveticaNeue", Arial, Helvetica, sans-serif;
}
```

이제 겉 껍데기로 사용할 HTML 페이지와 같이 활용 가능한 스타일 시트를 만들었으니, 이제 StarTrackr 앱의 다양한 컴포넌트들이 만들어지는 과정을 한번 살펴보고자 한다.

탭 바

탭 바를 HTML로 만드는 작업 자체는 단순하다. 마크업에서 자주 시도되고 검증된 방법인 정렬되지 않은 리스트를 사용해서 탭 바를 만들 것이다. 이 방법 자체는 우리에게 익숙하지만, <UL> 요소를 사용해서 내비게이션 기능으로서 왜 쓰일 수 있는지를 다시금 상기시켜보는 것이 좋은데, 페이지 목록을 보여준다는 의미에 가장 근접한 표현 방법이기 때문이다.

spots.html (인용)

```
<ul id="tab-bar" class="page-spots">
  <li id="tab-spots">
    <a href="#">Spots</a>
  </li>
  <li id="tab-sighting">
    <a href="#">Add a sighting</a>
  </li>
  <li id="tab-stars">
    <a href="#">Stars</a>
  </li>
</ul><!-- #tab-bar -->
```

살펴볼 내용은 다음과 같다.

- <UL> 요소를 사용하고, id 속성에 tab-bar라고 기술하여 메인 탭 바를 만들었다.
- 탭 바의 각 항목 <LI> 요소마다 역시 id 속성을 지정하였고, 스타일을 지정할 때 이 부분을 활용하게 될 것이다.

- 메인 탭 바 요소에는 page-spots라는 클래스 이름을 지정했는데, 이를 통해서 내비게이션의 선택 상태를 CSS에서 알 수 있도록 할 것이다.
- 가능한 HTML을 단순하고 명료한 형태로 유지하려고 노력할 것이다. 우리가 만들고자 했던 미려한 탭 바를 CSS로 만들기 위해서 필요한 것을 이 구조를 통해서 얻을 수 있다.
- 기능에 영향을 주지 않기 때문에 그다지 필요 없어 보일지는 몰라도, 개발 관점에서 주석이 있으면 많은 도움을 줄 수 있다.

왜 <NAV> 요소를 사용하지 않는가?

이 시점에서 아마도 여러분들은 HTML5를 사용하고 있다고 하면서도 왜 <NAV> 요소를 사용하지 않았는지 궁금해할 것이다. 이는 매우 좋은 질문이며, 이에 대한 답을 하자면 HTML5에 대한 지원은 여전히 모바일 장치들의 전체 스펙트럼에 다양하게 분포되어있기 때문이라는 것이다. 만약 우리가 최신 기종의 스마트폰이나 모바일 장치만을 제한적으로 지원하도록 하려고 했다면, 더욱 다양하고 의미를 강력하게 부여할 수 있는 HTML5 요소들을 사용할 수도 있었을 것이다. 그러나 지금 이 시점에서는 최대한 단순성을 유지하면서도 우리가 알고 있는 개발 도구를 사용해서 모든 브라우저들을 지원할 수 있도록 만들어야 한다. 그리고 HTML4 요소만을 사용해서 만들었다고 한들 이것이 HTML5의 규칙을 전혀 위반하지 않으며 오히려 완벽하게 타당한 것이다.

모바일 장치들을 위한 CSS를 디자인하는 것은 대다수의 디지털 디자이너들에게 상대적으로 새로운 걱정 거리들, 예를 들면 픽셀의 농도나 해상도와 같은 이슈를 안겨준다. 데스크톱 컴퓨터들이 화면 해상도에 있어서 꽤나 고정적인 기준들을 제시하고 있는 데 반해서, 모바일 장치들은 매우 다양한 화면 해상도 스펙트럼을 가지고 있기 때문이다. 상대적인 레이아웃 수치들에 대한 좋은 해결책은 바로 백분율을 사용하는 것과 우리가 오래 전부터 사용해왔던 em이라는 단위를 활용하는 것이다.

상대 단위

간략히 소개하면, em이라는 단위는 타이포그래피에서의 측정 단위이다. CSS에서는 임의의 글자에 대한 서체의 수직 크기에 대한 측정 단위로서 활용된다. 가령 서체의 크기가 16픽셀이라고 하면, 1em의 값은 16픽셀이 된다. em이나 백분율과 같은 상대 단위를 사용할 때의 이점은 두 가지가 있다. 레이아웃에 대한 백분율의 사용은 다양한 스펙트럼을 가진 모바일 장치들에 대해서 좀 더 정확하게 보일 수 있도록 만들 수 있다는 이점이 있다. 우리가 목표로 하는 플랫폼들이 대개 유사한 화면 크기를 가지고 있지만, 픽셀 단위의 레이아웃을 통해서 모든 플랫폼을 일일이 정확하게 맞출 방법은 없다. 두 번째로, 우리의 인터페이스와 레이아웃을 전부 em 단위와 백분율로 지정했다면, 우리가 만드는 전반적인 인터페이스의 스케일을 기본 요소인 <BODY>에 대해 font-size CSS 속성을 통해서 조절하는 것이 가능하다. 이는 우리 인터페이스를 각자 다른 화면 밀도와 물리적인 크기를 가지는 여러 장치들에 대해서 동시에 작업해야 하는 경우 더욱 중요한 부분이다.

탭 바를 위한 CSS를 좀 더 살펴보자. 시작하기 위해서는, 탭 바의 구조를 미세한 시각적 효과를 우리의 디자인으로부터 제외하고서 만들어야 한다. 어차피 나중에 모든 세밀한 비주얼과 디자인을 다시 지정할 것이므로 걱정하지 말자.

stylesheets/screen.css (인용)

```css
#tab-bar {
  background: #050405;
  border-bottom: 1px #441d22 solid;
  position: relative;
  zoom: 1;
}

/* 콘텐츠 넘침 방지 */
#tab-bar:before, #tab-bar:after {
  content: "\0020";
  display: block;
  height: 0;
  overflow: hidden;
}

#tab-bar:after {
  clear: both;
}

/* 탭 바의 세 항목이 균일하게 배열되도록 만듦 */
#tab-bar li {
  display: inline;
```

```
  float: left;
  width: 33.333%;
}

/* 각 요소를 블록 형태로 표시하도록 만듦 */
#tab-bar a {
  color: #cdcdcd;
  display: block;
  font-size: 0.875em; /* 12px / 14px */
  font-weight: bold;
  height: 4.583em; /* 55px / 12px */
  margin: 0 0.833em; /* 10px / 12px */
  overflow: hidden;
  padding-top: 0.428em; /* 6px / 14px */
  position: relative;
  text-align: center;
  text-decoration: none;
}
```

꽤 단순한 모습이다. 목록 안의 <LI> 태그로 구성된 세 항목을 화면상에서 정확히 세 등분하여 보일 수 있도록 만들고, #tab-bar 요소가 접히거나 레이아웃이 깨지지 않도록 처리를 하였다.[역주2] <LI> 요소에 대해서는 일절 마진이나 패딩을 추가하지 않을 것이며, 이를 통해 정확한 요소의 폭을 정확하게 구성할 수 있다. 마진과 함께 백분율 폭을 지정하는 것은 까다로운 작업이다. 대신, 우리가 만들 탭 바 버튼에 대한 마진 설정을 <A> 요소 안에서 처리하려고 한다. 이를 통해, 각 <LI> 요소 안쪽에 정확히 항목들을 표시할 수 있으며, 소수점 단위로 표시한 미묘한 균형이 깨지지 않게 할 수 있다.

여기에 임시로 <A> 요소에 대해서 배경색을 넣어서, 지금까지 만든 설정들이 다양한 종류의 브라우저와 해상도 안에서 어떻게 보여지는지 잠시 살펴보고자 한다. 결과는 그림 3.1과 같다.

[역주2] 이러한 테크닉을 Clearfix라고 원서에서는 표현하고 있으며, 이에 대한 자세한 정보는 http://www.positioniseverything.net/easyclearing.html에서 찾을 수 있다.

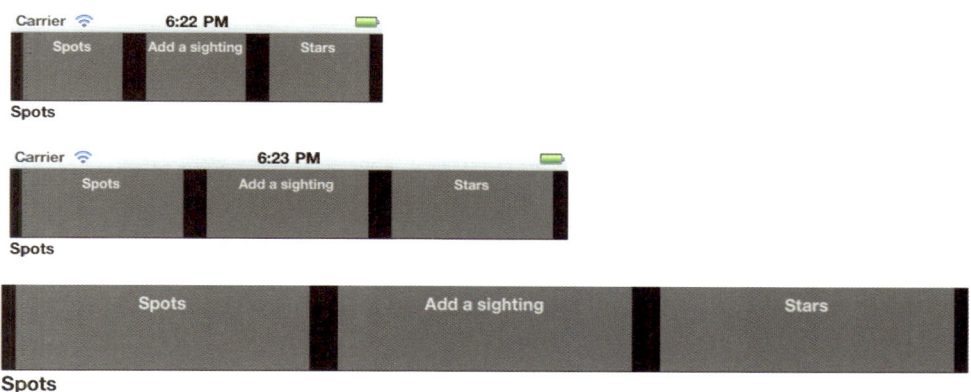

그림 3.1. (위에서 아래 순서로) iPhone 세로 보기, iPhone 가로 보기, Safari 5 데스크 탑

괜찮은 그림이 나왔다. 백분율을 사용함으로써 언제 어떤 브라우저를 사용해서 보더라도 균형 잡힌 모습을 보여주는 탭 바를 만들 수 있었으며, 무언가를 깨뜨리거나 망가뜨릴 걱정을 지나치게 하지 않으면서도 더욱 복잡한 구조를 만들 수 있는 매우 단단한 초석을 확보할 수 있었다. 이제 진짜 일을 시작해보자. 우리의 디자인에서 탭 바의 항목 중 'Add a sighting' 탭은 양 옆의 두 탭과는 달리 강조된 모습으로 그려야 하는데, 이는 탭 바를 넘어서 확장하고 있으며 도드라지게 보이게 만들어야 하는 것이다. 각각의 탭에 대해서 독자적인 ID를 지정했으므로, 이를 이용해서 스타일을 다음과 같이 재정의할 수 있다.

stylesheets/screen.css (인용)

```
#tab-sighting a {
  background: #d5d2d2;
  color: #111111;
  height: 4.95em;
  margin: 0 0 -0.367em;
}
```

다른 탭들보다 높이 값을 크게 지정해서 'Add a sighting' 요소의 키를 더 높였다. 그러나 문제는 포함하는 <UL> 요소의 높이까지 이 높이에 맞추어 증가한다는 점인데, 'Add a sighting' 항목을 덮이도록 하지 않는 대신, 다른 탭들을 좀 더 짧게 만들었다. 이를 위한 트릭은 아래쪽 마진 값을 음수로 지정하는 것이다. 'Add a sighting' 탭과 다른 표준 탭들의 높이 사이를 다르게 지정해서, 그림 3.2와 같이 더 예쁘게 보이는 탭 바를 만들 수 있다.

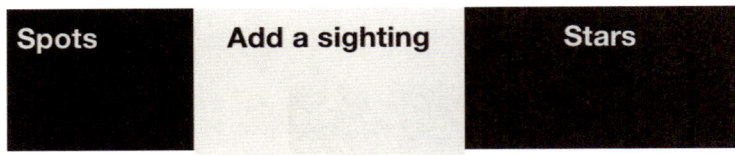

그림 3.2. 음수 값으로 지정한 마진을 통해서 가운데 탭이 탭 바에서 돋보이기 할 수 있다.

이전에 언급했던 대로, 탭 바에 추가적인 클래스를 지정함으로써 내비게이션의 현재 상태를 나타낼 수 있도록 만들 수 있다고 하였다. 이 기술은 `<BODY>` 요소에 대해서 `id`나 `class` 속성을 적용할 때 많이 활용되는 기법이며, 여기에 CSS 선택자를 이용하여 특정 페이지에 대한 변화를 개별적으로 지정할 수도 있다. 기본적으로 우리는 이 작업을 모두 끝낸 상태이며, 다만 범위를 좀 더 제한해서 더 세밀하게 제어를 할 수 있도록 만들고자 한다. 이 방법은 페이지 간 전환 시 사용할 수 있는 더 세밀한 기법에서 유용하게 쓰일 수 있다. 만약 'Spots' 페이지를 보고 있는 상태에서는, 'Spots' 페이지가 선택된 것처럼 보이도록 만들고자 할 것이므로, 부모의 `class` 속성을 `page-spots`로 설정하게 될 것이다. 다음의 코드를 사용해서 정확한 탭이 선택된 상태를 나타내기 위해 텍스트에 색상을 지정하도록 만들 수 있다.

stylesheets/screen.css (인용)
```
.page-spots #tab-spots a {
  color: #ebc466;
}
```

탭 바는 이 정도로 살펴보고 나중에 CSS 선택자를 다룰 때 좀 더 탭 바를 꾸미기 위해 깊이 있게 다룰 것이다. 만약 StarTrackr 앱에 사용된 전체 버전의 CSS 코드를 살펴보고자 한다면, 코드 아카이브로 이동해서 `screen.css` 파일을 열어보기 바란다.

줄, 줄 그리고 줄

우리 앱의 다음 중요한 부분은 바로 Spots 페이지와 Stars 페이지에서 표시할 첫 인덱스 리스트를 구성하는 줄에 대한 디자인이다. 다시 말하면, 지금 우리가 사용하는 HTML은 기본적인 기능만을 사용해서 만드는 것이다. 다음은 Spots 페이지의 리스트에 대한 HTML 코드이다.

spots.html (인용)

```html
<ul id="spots-list" class="table-view table-action">
  <li>
    <a href="spot.html">
      <h2>Planet Hollywood</h2>
      <span class="relative-distance">233m away</span>
      <span class="sightings">3</span>
    </a>
  </li>
  <li class="even">
    <a href="spot.html">
      <h2>Myles&rsquo; House</h2>
      <span class="relative-distance">506m away</span>
      <span class="sightings">5</span>
    </a>
  </li>
</ul>
```

몇 가지 짚어봐야 할 것들이 여기에도 있다.

- Spots의 리스트를 구성하기 위해서 정렬되지 않은 리스트를 기본 요소로 활용하고 있다.
- 리스트에는 모든 리스트들이 같은 구조를 가질 수 있도록 table-view와 table-action 클래스로 나누고 있다. table-view를 통해서는 목록을 볼 수 있도록 하고, table-action을 통해서는 단방향 액션을 수행할 수 있다는 것을 알릴 수 있도록 만들 것이다.
- <H2> 블록 요소 안의 <A> 링크 요소는 HTML5에서 올바른 문법이다. 이전 버전의 HTML과 XHTML에서는 블록 요소가 이 시점에서 사용될 수 없었지만, HTML5에서 이 부분은 수정되었다.
- 짝수 행과 홀수 행을 구분하기 위해서 짝수 행에만 even 클래스를 사용하였고, 이로써 자연히 아무런 class 속성을 지정하지 않은 각 항목은 홀수 행으로 취급된다.
- 각 Spot 요소에 들어있는 부수적인 메타데이터들은 사용자와 각 장소 사이의 거리에 대한 정보와 연예인이 나타났음을 알리는 정보의 수, 그리고 <SPAN> 요소로 표시되

어 시각적으로나 정보 단위로서나 모두 의미를 가질 수 있도록 구성하고 있다.

이 인덱스 페이지를 위한 스타일링 작업을 시작하기 위해서, table-view 요소에 대한 일반화된 스타일을 만들어볼 것이다. 나중에 이 CSS 클래스는 Spots, Stars 그리고 Sightings 인덱스에서도 사용될 것이다.

stylesheets/screen.css (인쿵)
```
.table-view {
  background: #7c0c18;
}
.table-view li {
  border-top: 1px #8c2a34 solid;
  border-bottom: 1px #640913 solid;
}
.table-view .even {
  background: #830f1b;
}
```

이 요소에 대한 디자인 단계에서, 이 각각의 요소들에 대해서 특별히 성능을 염두에 두어야 한다고 언급한 적이 있다. 스타일을 최대한 간결하게 만들어서 이를 항상 지킬 수 있도록 만들고자 하는데, 테두리 속성과 같이 기본적인 CSS 속성을 이용하면 깊이에 따른 그림자 효과를 무거운 이미지 없이도 충분히 만들어낼 수 있다 그림 3.3과 같이, 단순한 흑백 테두리를 이용해서 각 행에 옅은 테두리를 주어 어떻게 효과를 낼 수 있는지 그 느낌을 알 수 있을 것이다.

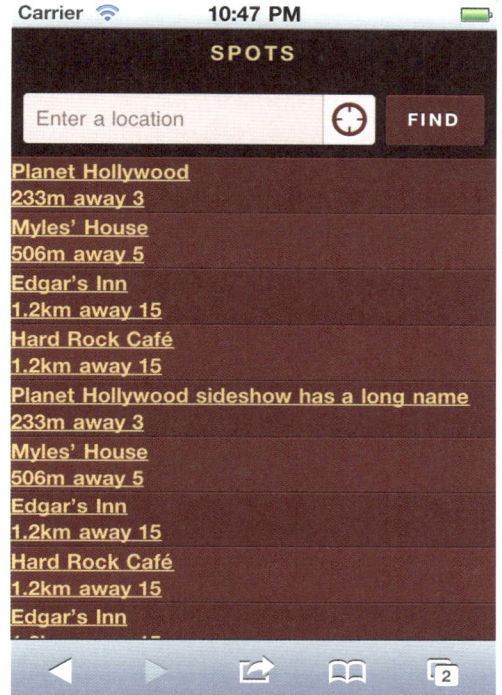

그림 3.3. 흑백 테두리와 같은 단순한 기법을 통해서 입체 효과를 효과적으로 만드는 방법의 예

이제 각 행의 안쪽에 적용된 설정을 살펴보자.

stylesheets/screen.css (인용)

```css
.table-action li {
  position: relative;
}

.table-action a {
  color: #d6b69e;
  display: block; ❶
  padding: 0.5em 0.785em 0.714em;
  position: relative; ❷
  text-decoration: none;
  text-shadow: rgba(0, 0, 0, 0.4) 0 -1px 1px; ❸
}

.table-action h2 {
```

```
    color: white;
    font-size: 1.285em; /* 18px / 14px */
    width: 82%; ❹
}

.table-action .relative-distance {
    font-weight: normal;
}

.table-action .sightings {
    background: #6f0914;
    border: 1px #841420 solid;
    -webkit-border-radius: 0.143em; ❺
    -moz-border-radius: 0.143em;
    border-radius: 0.143em;
    color: #ebc466;
    font-weight: bold;
    position: absolute;
    padding: 0.214em 0.429em;
    right: 2.5em;
    top: 50%; ❻
    margin-top: -1.1em;
}
```

이 코드는 모든 내용이 표준 CSS만을 사용해서 만들어진 것이지만, 역시 짚고 넘어갈 부분들이 있다.

❶ `display: block` 속성을 이용해서 전체 행이 클릭 가능하도록 만들었다.

❷ `position: relative` 속성을 이용해서 자식 요소들이 절대 값을 가질 수 있도록 만들었다.

❸ `text-shadow`를 사용해서 인터페이스 표면 안에 새겨진 글자처럼 나타나도록 텍스트를 꾸몄다.

❹ 폭을 제한해서, 메타데이터와 아이콘을 위한 표시 공간을 확보하고 있다.

❺ 모두들 원하는 기능 중 하나인 둥근 테두리를 각 브라우저 벤더 사마다 사용하는 고유의 CSS 속성을 반복적으로 지정해서 구현하였다.

❻ 요소를 세로 방향으로 중앙 정렬을 하기 위하여 위치 값을 50%로 지정하고, 음수 마진 값을 높이의 절반 정도로 지정하였다.

그림 3.4와 같이 이제 리스트가 제법 모양새를 갖추게 되었다.

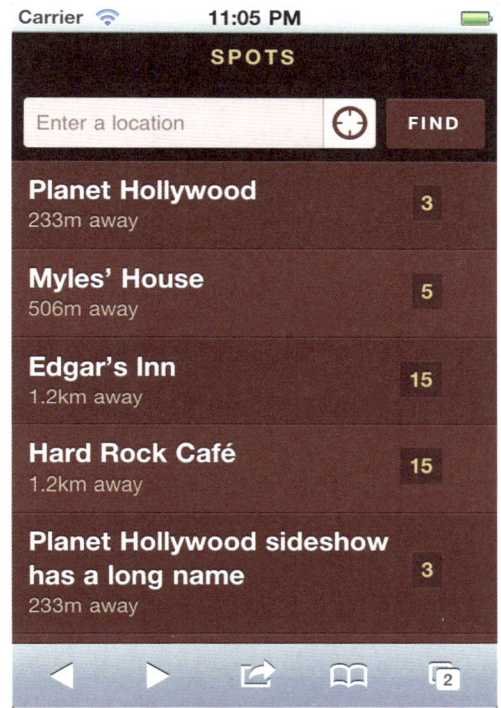

그림 3.4. 리스트의 각 요소가 이제 완전히 스타일을 갖추었다.

Stars 페이지의 리스트에도 몇몇 구분되는 내용들을 제외하고 구조적으로 완전히 같은 HTML 코드를 적용하면 된다.

stars.html (인용)

```
<ul id="sightings-list" class="table-view table-action">
  <li>
    <a href="star.html">
      <h2>Caterina Fake</h2>
      <span class="sightings">5</span>
    </a>
  </li>
  <li>
    <a href="star.html">
      <h2>Dan Cederholm</h2>
```

```
            <span class="sightings">5</span>
          </a>
        </li>
      </ul>
```

CSS 파일에는 전혀 변경을 주지 않았음에도, 그림 3.5와 같이 Stars 인덱스 페이지가 잘 나타나는 것을 볼 수 있다.

그림 3.5. Stars 페이지의 리스트에 사용된 같은 CSS 스타일

모듈화 되고 재사용 가능한 CSS를 만드는 것은 모바일 장치에서 특히나 더 중요하다. CSS를 좀 더 일반화해 나갈수록, 사용자들이 다운로드 해야 하는 스타일 시트의 크기도 줄어들게 된다.

검증

검증하는 것을 잊지 말자. 모바일 장치들 안에 탑재된 브라우저들이 비록 최선을 다해서 잘못 쓰인 HTML을 올바르게 이해하려고 노력은 하겠지만, W3C 표준 권고안에 맞게 우리가 HTML을 잘 쓴다면 브라우저들의 수고를 덜어줄 수 있다. HTML이 올바른 형태를 갖추도록 잘 만들면, 크로스 플랫폼 호환성을 증대시킬 수 있으며, 렌더링 오류를 최소화할 수 있다. 이는 시간이 갈수록 점점 더 중요해질 것이다. 현재 나와있는 브라우저들을 대상으로 테스트 하는 것만으로 지금은 충분할지 몰라도, 6개월 뒤, 혹은 1년 뒤에 나올 브라우저에서도 완벽하다고 보장할 수 있을까? 이러한 표준 검증 절차를 거친 코드만이 앞으로 나올 웹 플랫폼들에 대해서 의도한 대로 잘 돌아갈 가능성을 보장받을 수 있다.

이미지와 추상 요소

이제 '**이미지 스프라이트**'를 우리 앱의 아이콘에 사용하려고 한다. 이미지 스프라이트란 여러 이미지를 하나의 단일 그래픽으로 만든 것으로, 상황에 따라 다른 이미지가 보이도록 잘라 보여주는 기법이다. 데스크톱 웹 환경에서는 자주 활용되는 방법으로, 브라우저가 다운로드 해야 할 이미지의 수가 적다는 것을 뜻한다. 얼핏 보기에는 그다지 직관적이지 않은 것처럼 보일 수 있지만, 사실 브라우저가 작게 나누어진 여러 조각의 이미지를 다운로드 받는 것보다는 한 번에 큰 이미지를 다운로드 받는 것이 훨씬 더 빠르다. 어떤 서버로부터 콘텐츠를 다운로드 받을 때 동시에 병렬로 내려 받을 수 있는 수는 제한되어있기 때문에, 이미지가 많을수록 대기열에 쌓이는 다운로드의 수도 늘어나게 된다.

스프라이트를 구현하기 위한 보통의 처리 방식은 여러 요소들을 위한 하나의 배경 이미지를 만드는 것이다. 이 배경 이미지는 상황에 맞게 보여지고 나타나도록 위치가 매번 바뀌게 된다. 이 방식의 문제점은 다음과 같은 것들이 될 수 있다.

- 각 스프라이트들 사이에는 충분한 패딩을 넣어 다른 스프라이트와 겹쳐 의도하지 않은 디스플레이를 연출하지 않아야 하기 때문에, 이미지 자체가 크고, 복잡하다.
- 정확한 위치에 정확한 크기로 잘라 보여주기 위하여 불필요한 마크업이 많이 필요할 수 있다.

우리는 위에서 언급한 두 가지 단점을 회피할 기법을 이용하려고 하는데, CSS 추상 요소를 통해서 만들어진 콘텐츠를 활용하고자 한다. 이 방식은 CSS만을 사용하여 만든 스프라이트의 수정을 용이하게 해준다.

코딩을 시작하기 전에, 우선 이미지가 필요하다. 우리가 만들 앱에서 사용할 모든 아이콘들과 각 아이콘들이 탭 바에 보여질 때와 현재 탐색 중인 항목을 표현하기 위한 여벌의 아이콘들을 포함하는 이미지 하나를 사용하려고 한다. 그림 3.6과 같이 만들어진 이미지가 필요하며, 이 이미지는 코드 아카이브 내에 **images/sprite.png** 파일에서 찾을 수 있다.

그림 3.6. 좁게 배열된 스프라이트 이미지

이 기술이 실제로 어떻게 사용되는지의 예시를 들기 위하여 Stars 탭에 적용해보고자 한다. 우선 첫 번째로, 우리가 사용할 스프라이트를 포함하는 추상 요소를 하나 만들고자 한다. 추상 요소는 CSS를 통해서 가짜 요소를 페이지에 삽입할 수 있도록 해주는데, 이를 통해서 추가적인 배경 이미지를 우리 페이지의 마크업에 영향을 끼치지 않고 자유롭게 적용할 수 있다.

추가적인 이미지를 더하기 위하여 사용할 수 있는 추상 요소로는 두 가지가 있고, 여러분이 이미 친숙하게 사용했던 적이 있을지도 모르는 :hover와 :visited 추상 요소와 비슷한 문법을 이용하여 만들 수 있다.

- :before 추상 요소를 통해서 선택된 요소 바로 앞에 새로운 내용을 추가할 수 있다.
- :after 추상 요소를 통해서 선택된 요소 바로 뒤에 새로운 내용을 추가할 수 있다.

아래의 예제에서, 두 가지 선택자가 각 문단 태그 바로 앞과 뒤에 각자의 콘텐츠를 삽입하는 방법을 보여주고 있다.

```
p:before {
  content: "I'm in front!"
}
p:after {
  content: "Bringin' up the rear!"
}
```

CSS에서 content 속성을 처음 본 사람들은 위의 코드가 이상해 보일 수 있는데, content 속성은 추가적인 콘텐츠를 만들 수 있도록 돕는 속성으로, 위의 예제에서와 같이 CSS만을 사용해서 앞에 설명한 추상 요소의 의도 그대로 새로운 콘텐츠를 만들 수 있다. 그러나 여기서는 :after 요소를 사용하려고 하는데, 우리의 탭 바 요소 다음에 텍스트가 나타나기 때문이다. 우리가 만든 스프라이트 이미지를 이용하여 새로운 요소를 만들어 보자.

stylesheets/screen.css (인용)

```
#tab-spots a:after {
  content: url(../images/sprite.png);
}
```

content 속성에 대해서 잘 알려지지 않은 또 다른 부분은 content 속성이 텍스트 이외의 내용도 취급할 수 있다는 것이다. 만약 이미지의 URL을 지정하면 의도한 그대로 이미지가 <IMG> 요소와 src 속성을 사용해서 만들어지게 된다.

그림 3.7은 위의 CSS 스타일에 대한 결과를 보여주고 있다.

그림 3.7. content 속성을 통하여 삽입된 스프라이트 이미지

의도한대로 코드가 잘 작동한다. 하지만 어떻게 이미지를 잘라내어야 할까? 이에 대한 대답 역시 약간의 CSS로 부리는 마술로 해결이 된다. 이제 clip 속성을 사용해서 이미지를 우리가 원하는 부분만큼 잘라내고자 한다. clip 속성을 사용해서 전체 요소의 특정 위치를 사각 영역으로 지정하여 해당되는 부분만 보이도록 만들 수 있다.

다음의 간단한 예를 통해서 clip 속성의 콘셉트를 살펴보도록 하자.

```
.example {
  background: #000;
  height: 100px;
  width: 100px;
}
```

이 코드는 100×100px 크기의 까만 배경색을 가진 상자를 만들 것이다. 여기에 clip 속성을 추가함으로써 전체 요소의 크기를 조절하지 않고 원하는 영역만 잘라내어 표시할 수 있다.

```
.example {
  background: #000;
  clip: rect(0 50px 50px 0);
  height: 100px;
  width: 100px;
}
```

그림 3.8에서 이 속성을 사용하기 전과 후의 모습을 보여주고 있으며, 아래의 그림에서 <DIV> 요소의 원래 모양이 실제 디스플레이 상에서는 보이지 않음을 묘사하기 위하여 회색으로 사라지는 부분을 칠하였다.

그림 3.8. clip 속성의 실제 사용 예시

요소 자체는 여전히 100 픽셀인 상태이지만, 실제로 보여지는 것은 50픽셀에 해당하는 내용만이 보여진다. 이 속성을 통하면 우리가 사용하려는 스프라이트 이미지로부터 어떻게 이미지를 가져오는지 그 방법이 눈에 보일 것이다. clip: rect 속성 옆에 오는 괄호 안에 들어갈 값들의 순서는 잘라내기 시작할 위치로부터의 거리로 지정하도록 되어 있다.

1. 상단 모서리, 원본의 상단 모서리로부터 얼마나 떨어져있는지를 지정한다.
2. 우측 모서리, 원본의 좌측 모서리로부터 얼마나 떨어져있는지를 지정한다.
3. 아래쪽 모서리, 원본의 상단 모서리로부터 얼마나 떨어져있는지를 지정한다.
4. 좌측 모서리, 원본의 좌측 모서리로부터 얼마나 떨어져있는지를 지정한다.

margin과 padding의 단축 속성을 지정할 때와 같은 순서, 즉 상단-우측-하단-좌측 순으로 값을 지정하고 있다는 것을 아마 알아챘으리라 생각한다. 여기서 기억해야 할 중요한 부분은 모든 잘라내기값의 좌표들이 원본 요소의 상단-좌측의 끝 점으로부터 시작된 다는 것이다. 상단-좌측 구석의 끝점만이 잘린 요소 안의 내용을 변치 않게 해주는 기준점이기 때문에 이렇게 쓰일 수 있는 것이다. 처음에는 직관적이지 않은 것처럼 보일 수는 있으나, 이 문법에 대해서 감을 잡고 나면 그다지 어렵지 않을 것이다.

우리가 만드는 탭 바의 Spots 탭에서는, 지도 핀 모양 아이콘의 선택되지 않은 상태의 이미지만을 포함하는 사각형을 만들어서 쓰려고 하는데, 이때 다음과 같이 사각형 영역을 지정할 수 있을 것이다.

- top: 상단으로부터 0픽셀 떨어진 위치
- right: 좌측으로부터 18픽셀 떨어진 위치
- bottom: 상단으로부터 33픽셀 떨어진 위치
- left: 좌측으로부터 0픽셀 떨어진 위치

clip 속성에는 그래서 다음과 같이 쓰이게 된다.

stylesheets/screen.css (인용)
```
#tab-spots a:after {
  content: url(../images/sprite.png);
  clip: rect(0 18px 33px 0px);
  position: absolute;
}
```

이제 멋지게 잘라서 표시된 아이콘이 그림 3.9와 같이 나타날 것인데, clip 속성은 반드시 절대 위치에 나타나는 요소에 대해서만 작동한다는 점을 숙지해야 한다.

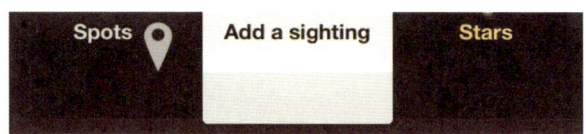

그림 3.9. 현재 상태에 관련된 아이콘만을 표시하도록 스프라이트 이미지를 잘라서 표시한 결과

이제 남은 것은 우리가 원하는 위치로 아이콘을 정렬해서 표시하도록 하는 것만이 남았다. 추상 요소는 DOM 내부의 표준 요소들과 똑같은 방법으로 정렬할 수 있는데, 스프라이트 이미지를 보통의 기법을 통해서 정렬할 수 있다. 이 경우, 탭 버튼의 중앙으로

이미지가 올 수 있도록 하기 위하여 50% 위치를 지정하고 음수 마진 값을 이용하여 트릭을 적용하고자 한다.

stylesheets/screen.css (인용)

```
#tab-spots a:after {
  content: url(../images/sprite.png);
  clip: rect(0 18px 33px 0px);
  left: 50%;
  margin-left: -10px;
  top: 1.833em;
  position: absolute;
}
```

그림 3.10과 같이 이제 아이콘이 완벽하게 제 모습을 갖추어 나타나는 것을 볼 수 있다.

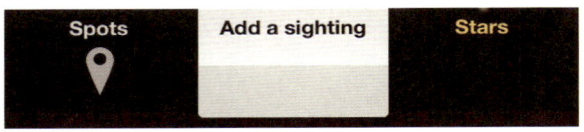

그림 3.10. 정확하게 잘라서 올바른 위치에 표시한 스프라이트 이미지를 사용한 아이콘

직관적으로 이해되지 않는 한 가지 트릭이 있는데, 왼쪽으로부터 잘라낸 만큼의 거리만큼 추가적인 오프셋을 추상 요소에 적용해야 하는 부분에 관한 것이다. 그렇게 해야 하는 이유는 clip 속성이 적용되는 요소에 대해서 실제로 크기를 줄여주는 역할은 하지 않기 때문이며, 그렇기 때문에 만약 여러분이 왼쪽으로부터 40픽셀 정도의 이미지단을 보이도록 사각 영역을 잘라내었더라도, 실제로 이미지는 원래의 크기인 40픽셀의 크기를 그대로 유지하게 된다. 이를 정리하기 위해서는, 요소를 뒤로 당겨서 표시할 수 있도록 음수 값의 마진을 사용하는 것이고 이를 통해서 정리된 스프라이트 이미지만을 보일 수 있도록 할 수 있는 것이다.

Spots 탭 위에 올려놓은 첫 번째 아이콘은 스프라이트 이미지의 제일 왼쪽에 위치한 아이콘으로 곧 다른 이미지가 필요하게 될 수 있다. 그러나 Spots 탭의 선택된 상태를 위한 코드를 살펴보면, 추가적인 값이 들어있음을 알 수 있다. <UL> 요소에 포함된 클래스를 이용하여 선택된 상태를 관리하고 있다는 점을 상기하도록 하자.

stylesheets/screen.css (인용)

```
.page-spots #tab-spots a:after {
  clip: rect(0 37px 33px 18px);
  margin-left: -29px;
}
```

19픽셀 정도의 크기를 잘라낼 것이므로, 왼쪽 마진 값을 음수 값으로 만들도록 rect 함수의 제일 마지막 인자 값을 18픽셀로 지정하였다. 왜냐하면 이미 앞의 설정에서 이미지를 가운데로 올 수 있도록 만들기 위하여 마진 값을 음수로 지정했던 적이 있기 때문에 (-10픽셀), 여기에 사용하는 전체 마진 값은 -28픽셀이 된다.

이제 같은 방법을 사용해서 필요한 모든 아이콘들을 이와 같은 방식으로 구현하여 배치할 수 있을 것이다.

뷰 포트에 대한 이해

모바일을 위한 페이지 디자인을 할 때에는, 뷰 포트에 대한 이해를 하는 것이 기본적이다. 데스크톱에서의 뷰포트에 대한 이해는 브라우저 창의 보이는 크기로 통일되었기 때문에 단순 명료하다. 그러나, 모바일 장치에서는 조금 더 복잡한데, 그 이유는 화면이 브라우저 창보다는 작기 때문이다.

'A tale of two viewports - part two'[3]라는 Peter-Paul Koch가 쓴 글에서는 뷰 포트를 두 가지로 나누어서 보고 있다. 하나는 **시각적 뷰 포트**와 또 다른 하나는 **레이아웃 뷰 포트**에 관한 것이다. 시각적 뷰 포트란, 우리가 만들 페이지의 한 섹션으로 현재 보이는 부분에 대한 내용인데, 페이지의 다른 부분을 보기 위해서 스크롤 바를 조작하거나 화면의 확대 비율을 조절할 때마다 크기가 변할 수 있는 부분이다. 레이아웃 뷰 포트는 이와 달리 실제 페이지의 크기를 지칭한다.

데스크톱에서, 시각적 뷰 포트와 레이아웃 뷰 포트는 동일하지만, 모바일 장치에서는 브라우저가 레이아웃 뷰 포트를 시각적 뷰 포트보다 크게 잡는 것을 기본으로 설정할 필요가 있는데, 예를 들어 모바일 사파리는 980픽셀, 오페라 미니는 850픽셀, Android 웹

---

[3] http://www.quirksmode.org/mobile/viewports2.html

킷은 800픽셀, 그리고 Internet Explorer는 974픽셀을 사용한다. 왜 이렇기 큰 값들을 사용할까? 이렇게 하지 않을 경우, 데스크톱 브라우저를 위하여 디자인된 웹 사이트를 모바일에서 볼 경우 레이아웃이 320픽셀 정도 크기의 창 안에 뭉개져서 망가진 상태로 표시될 수밖에 없다. 큰 레이아웃 뷰 포트를 설정해둠으로써 실제 화면보다 훨씬 큰 화면에 대한 CSS 설정들을 모바일 화면의 실정에 맞게 번역하여 표시할 수 있게 된다. 좋든 싫든, 고정폭 레이아웃와 960픽셀의 그리드 안에서 모바일 브라우저를 이용해야 하며, 모바일 브라우저들은 데스크톱 세계에 적응할 수밖에 없다.

이는 우리가 만드는 모바일 사이트에 문제를 야기하는데, 우리가 디자인한 모바일 사이트는 모바일 장치를 위한 뷰 포트를 가득 채우도록 만들어져 있어서 데스크톱 브라우저를 960픽셀 이상의 화면에서 볼 경우 레이아웃이 한 컬럼을 모두 차지하건서 늘어져 보이는 문제가 생기게 된다.

다행스럽게도, 모바일 브라우저들의 이러한 행동에 제약을 받지 않도록, <META> 태그를 사용하여 이러한 기본 폭을 조절할 수 있다. 만약 500픽셀 폭의 디스플레이를 고려하려고 한 경우, 다음과 같이 <META> 태그를 사용함으로써 우리의 디자인 의도에 맞는 레이아웃 뷰 포트를 명시적으로 지정할 수 있다.

```
<meta name="viewport" content="width=500">
```

좋은 시도이지만, 억지로 맞추어진 예제이다. 만약 시각적 뷰 포트와 레이아웃 뷰 포트를 동일하게 간주하려고 한다면 어떻게 해야 할까? 폭을 우리가 명시적으로 지정할 수는 없는데, 사용자들의 장치가 가진 시각적 뷰 포트의 정확한 크기를 알아낼 방법이 없기 때문이다. 만약 뷰 포트의 값을 예를 들어 width=320과 같이 지정한다면, iPhone에서는 의도한 결과를 연출할 수 있지만 다른 모든 장치들에서는 그렇지 않을 것이다. 다행스럽게도, 브라우저 제조사들이 이러한 문제점을 이미 파악하고 있었기 때문에, device-width라는 변수명을 이 속성에 지정할 수 있도록 하여 가변적인 폭을 모두 받아들일 수 있도록 하고 있다.

```
<meta name="viewport" content="width=device-width">
```

이렇게 하면, 시각적 뷰 포트와 레이아웃 뷰 포트가 항상 동일한 값을 가질 수 있도록 만들 수 있으며, 각 장치의 뷰 포트 상태를 완벽하게 통일할 수 있다. viewport 메타키는 그 외에도 아래와 같은 추가적인 기능들을 지원한다.

height

당연한 이야기이지만, 뷰 포트의 높이 값도 픽셀로 지정이 가능하며, `width` 속성과 같은 문제점이 존재하므로, `device-height`라는 변수를 사용할 수도 있다.

initial-scale

이 속성을 사용하면 뷰 포트의 초기 스케일로 설정할 수 있으며, 달리 표현하면 화면의 확대 비율을 설정할 수 있다는 뜻이다. 이는 화면 상에 나타날 페이지의 전체 폭을 기본 값으로 사용하도록 되어있다.

minimum-scale

사용자가 조절할 수 있는 뷰 포트 확대 비율의 최소값을 지정할 수 있다. iOS에서는 이 값이 0.25라는 기본 값을 가지지만, 우리가 임의로 0부터 10 사이의 값을 지정할 수 있다.

maximum-scale

사용자가 조절할 수 있는 뷰 포트 확대 비율의 **최대값**을 지정할 수 있다. iOS에서는 이 값이 1.6이지만, 우리가 임의로 0부터 10 사이의 값을 지정할 수 있다.

user-scalable

사용자가 뷰 포트를 확대하거나 축소할 수 있도록 허용할지의 여부를 결정한다. 기본값은 'yes'이지만, 원할 경우 'no'로 지정하여 사용자가 임의로 확대나 축소를 할 수 없도록 만들 수도 있다.

target-densitydpi

Android 플랫폼에 한정된 내용으로, 대상이 되는 장치에 그려지는 해상도를 제어할 수 있는 방법을 제공한다. `device-dpi`라는 변수 값을 사용해서 장치의 화면 밀도와 일치하도록 지정할 수 있지만, CSS에서 사용하는 픽셀 값을 올리거나 내려서 값을 바꿀 수도 있다. 만약 지금 만들고자 하는 CSS가 해상도에 독립적이게 하려면, 지금까지 봤던 것처럼 160dpi로 사용하는 것이 합리적이며, 이 값을 일부러 변경할 필요는 없다.

위에 열거한 속성들을 하나 이상 조합하여 동시에 값을 지정하기 원한다면, 하나의 <META> 태그를 사용하여 쉼표로 구분한 이름-값 쌍을 동시에 지정하면 된다. 예를 들어, `width` 속성의 값을 `device-width`로 지정하고, `minimum-scale` 속성을 0.5로 하며, `maximum-scale`을 2로 지정하려 한다면 다음과 같이 지정할 수 있다.

```
<meta name="viewport" content="width=device-width, minimum-scale=0.5,
➥ maximum-scale=2">
```

모든 모바일 브라우저들이 이러한 설정을 지원하는 것은 아니지만, 이 부분에 대해서 걱정할 필요는 없다. 이러한 설정을 이해하지 못하는 브라우저들은 이 구문을 만났을 때 그냥 무시한 채로 렌더링을 시작할 것이기 때문이다. 우리 앱을 위한 뷰 포트 <META> 태그의 최종 설정은 다음과 같다.

```
<meta name="viewport" content="width=device-width, minimum-scale=1,
➥ maximum-scale=1, user-scalable=no">
```

장치의 폭을 그대로 사용하도록 width 속성을 지정하였으며, 사용자가 임의로 확대나 축소를 하지 못하게 막았으며, initial-scale을 사용하지 않고 대신 minimum-scale과 maximum-scale 속성을 동시에 지정하여 더 많은 장치들을 지원할 수 있도록 하고 있다. 확대 축소를 사용하지 않도록 결정하는 것은 지금 이야기한 것처럼 쉽게 결정할 수 있는 사항이 아닌데, 확대 축소 기능은 접근성 관점에서 너무나도 중요한 기능이며 활용 빈도가 거의 모든 사람들에게 있어서 높은 기능이다. 우리가 만들 앱에서 확대 축소 기능을 사용하지 않는 이유는, 우리가 만든 디자인이 작은 화면을 위하여 디자인된 것이고, 기본 화면 비율이 1인 상태에서 가장 사용하기 편리하기 때문이다. 단약 이러한 확신을 세울 수 없다면, 사용자들을 위해서 이러한 기능을 의도적으로 막거나 방해해서는 안 된다.

뷰 포트를 구성하는 방법에 대한 다른 읽어볼 거리들이 더 있으니 필요하다면 참고하길 권한다.

- 사파리 웹 콘텐츠 가이드: 뷰 포트 설정하기[4]
- <META> 태그의 뷰 포트와 CSS의 @viewport에 대한 소개[5]

---

[4] http://developer.apple.com/library/safari/#documentation/appleapplications/reference/safariwebcontent/UsingtheViewport/UsingtheViewport.html#//apple_ref/doc/uid/TP40006509-SW24

[5] http://dev.opera.com/articles/view/an-introduction-to-meta-viewport-and-viewport/

(리소스에 대한) 제약 사항을 아는 것

데스크톱 앱을 만들 때에는, 사용하는 장치의 기능에 제한이 있다는 사실 때문에 받는 압박이 거의 없지만, 모바일 장치에서는 그렇지 않다. 모바일 장치가 작은 크기를 유지하고 전력 사용량을 적게 유지할 수 있게 하기 위해서, 모바일 장치들은 극도로 제한된 컴퓨팅 자원만을 가지고 있으며, 이는 곧 우리가 이러한 자원들을 쉽게 모두 소비할 수 있음을 의미한다.

모바일 환경에서의 대역폭 제한은 우리가 자주 접하게 될 문제이지만 특히 더 강조되는 부분이며, 많은 웹 개발자들이 대역폭을 최소화하는 노력에 익숙한 편이다. 제한된 메모리 크기는 더욱 어려운 이슈 사항이며, 모바일 브라우저 안의 모든 리소스들이 제한적으로만 사용가능한 상태라고 할지라도, 앱에서 사용할 이미지들은 쉽게 이런 문제를 일으키게 된다. 아마 많은 수의 이미지를 포함하는 페이지를 브라우징하면서 이런 문제를 경험했던 적이 있었을 것인데, 모바일 사파리에서는 메모리가 부족한 경우 파란색 물음표를 이미지 대신 표시하는 동작을 가지고 있다. 엄청나게 긴 페이지 역시 이런 문제에 민감한 편인데, 페이지를 표시하기 위하여 리소스를 해지하는 일 없이 계속 리소스 할당을 요청하기 때문이다.

iOS에서는 웹 페이지에 의하여 불러들여질 수 있는 리소스의 최대 크기들을 다음과 같이 정의하고 있다.

- GIF, PNG 및 TIFF 이미지는 최대 3메가 픽셀까지 지원 가능하다.
- JPEG 이미지는 이론상 32메가 픽셀까지 지원되지만, 의도하지 않은 문제를 예방하기 위하여 2메가 픽셀 이상이 될 경우 작은 크기로 디코딩 된다.
- <CANVAS> 요소는 최대 3메가 픽셀까지 지원 가능하다.
- HTML, CSS, 자바스크립트, 각종 스트리밍 리소스, 그 외 이미지 등 모든 자원들은 모두 10MB 이내에서 사용 가능하다.

자바스크립트 실행 시간은 각 상위 실행 지점에서는 최대 10초까지만 허용된다.

이러한 제한 사항들을 이해하는 것은 매우 중요한데, 이를 어기게 될 경우 기괴한 오류를 일으킬 수 있기 때문이다. 예를 들어, 만약 iOS의 모바일 사파리에서 지정한 자바스크립트 실행 시간을 위반하게 될 경우, 스크립트의 실행은 이상 현상을 예방하는 차원에서 즉시 종료된다. Android 플랫폼에 대해서는 그 특성상 Apple과는 달리 워낙 다양한 하드웨어들이 사용되기 때문에 확실한 정보를 찾기는 어렵지만, 대개의 하드웨어 사양들이 일반적인 모바일 하드웨어로서의 스펙트럼을 벗어나는 일이 없기 때문에, iOS 장치들과 비슷한 범위 안에서 이러한 제약 사항이 존재한다는 사실을 가정하고 따르는 것이 안전한 동작을 약속할 수 있다.

이미지를 불러들이는 동작만이 리소스의 제한을 넘기는 일 외에도 캐시의 제한에 닿는 경우도 있다. 수많은 모바일 브라우저 제조사들이 제공하는 문서의 내용에 따르면 이러한 제한 사항들을 종합해보면 대개 무시할 수 있을 정도로 가볍거나 거의 존재하지 않는다. 감사하게도, Yahoo!의 Ryan Grove에 의하여 Yahoo! User Interface(YUI) 블로그에 이러한 제약 사항들을 본인이 스스로 시험하고 측정하여 얻은 결과를 올린 글의[6] 내용 중 일부를 인용하여 얻은 사실이다. 그러나 다음의 중요한 요지들이 있다.

- iOS는 4MB 이내의 리소스에 대해서만 캐시를 수행하며, Android 플랫폼에서는 2MB 이내의 리소스, 그리고 webOS에서는 1MB 이내의 리소스에 대해서만 캐시를 수행한다.
- iOS, 안드로이드, webOS 모두는 25KB부터 103KB 이내의 HTML 페이지에 대해서만 캐시를 수행한다(그러나 webOS의 캐시 동작은 신뢰하기 어렵다).

따라서, 그는 확실하고 최적화된 캐시 성능을 현재의 모바일 장치들에서 낼 수 있도록 하기 위해서는 다음의 기준을 만족하도록 하는 것이 좋다고 이야기하고 있다.

- CSS, 자바스크립트, 이미지와 같은 모든 외부 리소스들은 가능하면 1MB 이내로 한정하는 것이 좋다.
- HTML 페이지의 크기를 가능한 25.6KB 이내로 한정하는 것이 좋다.

모바일 장치 공간 안에서 거의 모든 기능들의 이러한 제한 사항들은 매일 개선된다. 새로운 장치와 새로운 버전의 운영체제들이 이러한 사항들을 바꿔나가고 있으며, 여러분이 만드는 앱이 정확하게 잘 동작하는지 늘 테스트의 테스트를 반복해서 확실하게 검증해야만 한다. 다시 말해서, 우리가 이러한 제한 사항 안에서 머무를 수 있다면, 거의 모든 경우에 있어서 항상 안전하게 동작하는 페이지를 만들 수 있다는 것을 뜻한다.

---

[6] http://www.yuiblog.com/blog/2010/07/12/mobile-browser-cache-limits-revisited/

점진적으로 나아가기

웹 개발자로서 한때 우리는 처음으로 테이블 기반의 레이아웃 대신 CSS를 사용하는 웹 사이트로의 전환을 시도했던 적이 있었고, 이때 우리는 복잡한 CSS 해킹이나 비교적 신뢰성이 떨어지는 특정 브라우저에 맞춰진 코드 조각들을 활용해서 우리가 만드는 디자인이 여러 브라우저들이 제공하는 CSS와 자바스크립트 사양에 걸쳐서 잘 작동하도록 만드는 일을 해야만 했었다. 시간이 흘러, 이러한 시도들은 매우 쉽게 망가질 수 있고 유지보수하기 어려운 코드가 된다는 것을 깨닫게 되는데, 새로운 브라우저들이 출시되면서 우리가 만든 세밀한 해킹 기법들을 모두 무용지물로 만들기 때문이다. 더욱 안전하고 완고한 웹 사이트를 만들기 위해서는, 요즈음의 브라우저들에서 잘 보이도록 사용자 경험을 최적화하면서 웹 사이트를 만든 이후에, 조금씩 더 제한된 수준의 사용자 경험만을 지원하는 예전 웹 브라우저들을 위해서 사이트를 맞추어 나가는 '**우아한 하향평준화**'의 원칙을 지켜야 한다. 기본적으로, 이렇게 하면 사이트가 망가지는 일이 거의 없다.

이 아이디어는 새로운 철학으로 이어지는데, '**점진적인 향상**'이라는 것이다. 우아한 하향평준화와 비슷한 콘셉트지만, 점진적인 향상은 단지 이 방법을 뒤집은 것이다. 모든 브라우저에서 동작하는 최소한의 기본만을 사용하여 기능을 설계하고 그 다음 우리가 원하는 추가적인 스타일과 기능들을 지원하는 브라우저들을 대상으로 추가해 나가는 방식이다. 그렇다면 어떻게 해야 할까? 좋은 질문이다. 점진적인 향상에서의 핵심적인 아이디어는 '**기능 탐지**'의 원칙이다. 사용자의 브라우저에서 어떻게 보이는지 테스트 하여 우리가 원하는 것을 그 브라우저 위에서 구현할 수 있는지 보는 것이다. 이러한 접근 방식은 지정된 기능을 잘 수행하는 브라우저만을 사용하도록 테스트 하는데 활용될 수 있다. 만약 브라우저가 이러한 기능을 지원하지 않는다면, 최소한의 템플릿만을 받게 되며, 모든 사용자들이 납득할만한 결과를 얻게 되는 것이다.

점진적인 향상에서의 유일한 단점은 이러한 모든 경우의 수를 위한 테스트를 모든 기능들을 대상으로 구축해야 한다는 것이며, 이로 인해서 여러분이 매우 지루하고 복잡한 작업에 시달리게 될 수 있다는 것이다. 그렇지 않다면, 예전에 하던 대로 할 수밖에 없다.

우리를 구원해줄 Modernizr

만약 Modernizr를 처음 봤다면, 정말 중요한 것을 모르고 있었던 것이다. Modernizr는 오픈 소스 라이선스를 따르는 자바스크립트 라이브러리로서, 사용자의 웹 브라우저 별로 존재하는 다양한 기능 수준 차이를 한 번에 지원할 수 있도록 만들어진 라이브러리이다. 기존의 오래된 웹 브라우저를 사용하는 사용자들의 사용자 경험을 망가뜨릴 걱정을 하지 않고 HTML5와 CSS3의 새로운 기능들에 대한 이점을 충분히 누릴 수 있도록 도와준다.

사용법은 정말 단순하다. http://modernizr.com에 가서 최신 버전의 라이브러리를 다운로드 하고, 우리가 작성하는 페이지의 <HEAD> 요소에 아래와 같이 라이브러리를 추가하기만 하면 된다.^{역주3}

```
<script type="text/javascript" src="javascripts/vendor/modernizr-1.7.min.js">
↪</script>
```

 중요한 것부터 먼저

다른 스크립트와 스타일시트와의 의존성을 고려하여, Modernizr가 <HEAD> 태그에 포함되도록 해야 하며, 문서의 하단이나 나중에 로딩하는 등의 방법은 권장하지 않는다.

<HTML> 요소에 no-js 클래스가 추가되었는지 확인하는 것도 잊지 않도록 한다. 우리가 페이지를 처음 만들기 시작했을 때부터 이렇게 했다는 것을 기억하자. 이렇게 함으로써 자바스크립트를 지원하지 않는 브라우저를 고려할 수 있도록 해주며, 자바스크립트를 지원하는 브라우저에서 Modernizr가 실행되면 이 클래스를 js 클래스로 바꾸어 해석하기 시작한다. Modernizr가 실행되면 문서화된 모든 기능들을 테스트 하여 어떤 기능을 사용할 수 있는지 사용할 수 없는지의 여부를 여러분에게 알려줄 것이다

이 정보가 노출되는 첫 번째 방법은 <HTML> 요소에 여러 클래스들을 추가해 나가는 방식이다. 같은 방법으로, 자바스크립트가 no-js 클래스 또는 js 클래스의 존재 여부를 알아챌 수 있으며, Mondernizr는 각 테스트가 끝날 때마다 클래스를 추가하게 된다.

실제로 동작하는 모습을 살펴보자. 가령 우리가 웹 서체를 사용하기를 희망해서 @font-face CSS 속성을 이용하려 한다고 가정하겠다. Modernizr를 통해서 @font-face가 지원

역주3 이 책이 번역되는 시점에서의 Modernizr 라이브러리의 최신 버전은 2.0이다.

되는지의 여부를 테스트 하면 @font-face를 지원하는 브라우저에서는 아래와 같은 상태로 클래스가 추가된다.[역주4]

```
<html class="js fontface">
```

그리고 @font-face를 **지원하지 않는** 브라우저에서는 다음과 같이 설정될 것이다.

```
<html class="js no-fontface">
```

<HTML> 요소가 페이지 상의 다른 모든 요소들을 포함할 수 있는 컨테이너 역할을 할 수 있기 때문에, 이 요소 안에 포함된 class 속성을 CSS에서 직접 활용할 수 있고, @font-face로 추가한 임베딩된 서체를 지원 여부에 따라서 사용하거나 사용하지 않도록 할 수 있다.

```
@font-face {
  font-family: 'MyFontFamily';
  src: url('myfont-webfont.eot?') format('eot'),
       url('myfont-webfont.woff') format('woff'),
       url('myfont-webfont.ttf') format('truetype'),
       url('myfont-webfont.svg#svgFontName') format('svg');
}

.fontface h1 {
  /* 브라우저가 @font-face를 지원하는 경우 */
  font-family: 'MyFontFamily', serif;
}

h1 {
  /* @font-face를 지원하지 않으므로 이미지로 대체하려는 경우 */
}
```

Modernizr는 **지원되는 모든 기능들**을 이런 방식으로 알려준다. 만약 <HTML> 요소의 실제 메모리 상의 모습은 모든 테스트를 완료할 경우 아래와 같은 모습이 될 것이다.

[역주4] 이 부분은 실제 코드가 아니라 DOM 객체 상에 변경되는 부분을 의미한다.

```
<html class="js flexbox canvas canvastext no-webgl no-touch geolocation
postmessage websqldatabase no-indexeddb hashchange history draganddrop websockets
rgba hsla multiplebgs backgroundsize borderimage borderradius boxshadow
textshadow opacity cssanimations csscolumns cssgradients cssreflections
csstransforms csstransforms3d csstransitions fontface video audio localstorage
sessionstorage webworkers applicationcache svg no-inlinesvg smil svgclippaths'>
```

이 코드는 Mac OS X에서 실행되는 Safari 5에서 Modernizr를 실행했을 때의 결과를 나타낸 것이다. 여기에는 위치 API나 둥근 테두리, 그림자 효과와 같은 사항이 지원되는 지에 대한 테스트 결과도 나타나는 것을 볼 수 있으며, 또 다른 한편으로는 WebGL이나 인라인 SVG는 지원하지 않는다는 것을 볼 수 있다.

스타일 시트에서 활용할 수 있는 클래스를 추가하는 것 말고도, Modernizr가 자체적으로 만드는 자바스크립트 객체를 통해서 자바스크립트 코드로 이러한 정보를 활용할 수도 있다. 이 객체는 Modernizr라는 이름을 가지고 있으며, 각 기능들에 대하여 `true`와 `false` 값으로 지원여부를 확인할 수 있다.

`@font-face` 예제를 가지고 계속 진행해보자. 이미지를 대안으로 사용하기 전에, VML 텍스트 치환 라이브러리인 Cufón을 활용할 수도 있을 것이다. 아래와 같이 코드를 작성할 수 있다.

```
if(Modernizr.fontface == false) {
  Cufon.now();
}
```

Modernizr는 `fontface` 속성을 이진 값으로 설정하므로, 자바스크립트 안에서 지원 여부를 손쉽게 판정할 수 있다. Modernizr 문서에서[7] 지원되는 객체 내의 모든 속성들과 각 속성들이 어떻게 동작하는지에 대한 정보들을 확인할 수 있다.

가볍게 만들기

Modernizr는 꽤 유용한 도구이지만, 우리의 앱에 어떤 기능을 추가할 때에는 신중에 신중을 기하는 것이 좋다. Modernizr 자체는 자바스크립트 라이브러리로서 충분히 작은

---

[7] http://www.modernizr.com/docs/

크기이지만, 항상 염두에 둘 것은 모바일 사이트나 앱을 만들 때 있어서 단 1킬로바이트라도 매 순간 큰 영향을 끼칠 수 있다는 것이다.[역주5]

그림 3.11. Mondernizr 웹 사이트를 통해서 필요한 테스트만을 포함하도록 만들 수 있다.

터치 지원 여부 판별하기

안타깝게도, 사용자의 장치가 터치를 지원하는지를 파악할 확실한 방법이 없다. Modernizr에는 터치 기능 여부를 테스트할 수 있는 항목이 들어있지만, `touchstart` 이벤트의 존재 여부를 판정하는 정도의 테스트를 수행하는데, 터치 기능을 지원하면서 이 테스트를 통과하는 브라우저들이 있는가 하면 다른 한편으로는 터치 기능을 지원하면서도 이 테스트를 통과하지 못하는 브라우저들도 존재한다. 즉, 이러한 판정 방식으로는 터치스크린 장치인지 아닌지를 규정할 방법이 없다는 것을 의미한다.

[역주5] 책이 집필될 당시에 Modernizr 버전 2는 베타 버전이었으며 그림 3.11과 같은 기능을 시험적으로 이용할 수 있었다. 그러나 지금의 Modernizr 버전 2의 웹 사이트에서는 필요한 테스트만을 따로 포함하여 압축된 코드를 만드는 기능을 제공하므로 원서에서 언급한 크기와는 달리 여러분의 선택에 따라 크기가 획기적으로 줄어들 수도 있다.

우리만의 기반 만들기

우리 앱을 위한 좋은 스타일 기반을 이미 가지고 있다. 점진적인 향상이라는 철학에 입각하여, CSS3의 확장된 기능을 더해보고자 한다. 우선, CSS 그래디언트를 넣을 것이다. CSS를 통하여 생성하는 그래디션 효과는 다양한 모바일 장치들에서 사용 가능하지만, 점진적인 접근법을 사용할 것이므로, 걱정할 필요 없다. 우선, CSS 그라데이션의 문법을 살펴보자. 이 기술은 웹킷 프로젝트를 통하여 몇 년 전에 소개된 것이고 그때로부터 계속 유동적으로 문법이 바뀌고 있다. 다행스럽게도, 지금은 그 사용법이 어느 정도 정착되었고 의견 합일이 이루어진 상태이며, 새로운 W3C 사양에서도 눈에 띈다. 그러나 여전히 많은 구형 브라우저들(현재 버전의 iOS와 Android 플랫폼을 포함하여) 대개는 이 문법을 지원하지 않기 때문에 이를 고려하여 옛날 문법도 사용해야 할 필요가 있다.

다음은 선형 그라데이션을 밝은 회색(#CCC)으로부터 시작하여 검정색(#000)으로 바꿔가는 모양을 그리는 코드의 예시이다.

```
.gradient {
  /* 그라데이션을 지원하지 않는 브라우저를 위한 기본 배경색 설정 */
  background-color: #000;
  /* 웹킷 브라우저를 위한 원래의 문법 */
  background-image: -webkit-gradient(linear, ❶ left top ❷, left bottom ❸,
➥ from(#ccc), to(#000) ❹);
  /* Chrome 10.0 이상, 사파리 5.1 이상의 브라우저용 문법 */
  background-image: -webkit-linear-gradient(#ccc, #000);
  /* Firefox 3.6 이상 브라우저용 문법 */
  background-image: -moz-linear-gradient(top, #ccc, #000);
  /* Opera 11.10 이상 브라우저용 문법 */
  background-image: -o-linear-gradient(top, #ccc, #000);
  /* 특정 벤더를 지칭하는 접두사가 없는 W3C 표준에서 제안하는 문법 */
  background-image: linear-gradient(top, #ccc, #000);
}
```

그라데이션 표시를 모바일 사파리 브라우저나 다른 웹킷 기반 브라우저에서 잘 표시할 수 있도록 만들기 위하여, 더 이상 사용하지 않는 문법과의 분리를 할 필요가 있다. 보기에는 다소 혼란스러워 보이지만 사실 간단하다.

❶ 첫 번째 값은 그라데이션의 유형을 의미하며, radial과 linear 중 택할 수 있다.

❷ 그 다음으로는 그라데이션의 시작 위치를 지정한다. X/Y 좌표 값을 요소의 왼쪽 상

단을 기준으로 지정하면 이 위치에서부터 그라데이션 렌더링이 시작된다. 픽셀 값이나 키워드를 사용해서 지정이 가능하다.

❸ 그라데이션의 종료 위치를 지정한다. 시작 위치를 지정하는 것과 같은 방법으로 위치를 지정할 수 있다.

❹ 마지막으로, 그라데이션에 사용할 색상 성분에 대응되는 숫자 값을 여기에 지정한다. `from()`과 `to()` 함수를 이용하여 시작 색과 끝 색을 지정할 수 있으며, `color-stop()` 함수를 이용할 수도 있다. `color-stop()` 함수를 이용하면, 0에서부터 1까지의 범위를 가지는 위치 값 지정과 색상 지정을 동시에 지정할 수 있다. 예를 들어, `from(#CCC)`, `to(#000)`는 `color-stop(0, #CCC)`, `color-stop(1, #000)`와 같은 의미이다.

새로운 W3C 표준 문법은 그라데이션 유형을 `linear-gradient`와 `radial-gradient`로 구분한 것과, 값에 들어가는 숫자가 선택 사항으로 바뀐 점을 제외하고 거의 비슷하다. 새로운 문법을 위한 추가적인 규칙을 포함할 필요가 있는데, 웹킷을 기반으로 하는 모바일 브라우저들은 필연적으로 데스크톱 버전과 같은 기능을 가지게 될 가능성이 있기 때문이다.

CSS를 통해서 그라데이션을 만들 때에 깨달아야 할 중요한 사항이 하나 있는데, 실제로 우리는 브라우저에게 이미지를 만들고 그것을 페이지에 삽입하도록 지시하는 일을 하는 것이다. 2장에서 언급한 것과 같이 이미지가 많이 들어가는 페이지는 모바일 장치에서 성능을 떨어뜨리는 원인이 될 수 있다고 하였고, 이러한 페이지에서 스크롤을 하다 보면 끊기고 무거운 느낌이 날 수 있다. 왜 탭 바에서만 그라데이션 효과를 사용하려고 하는지에 대한 이유가 바로 여기에 있다. 우리는 이미 기본적으로 탭 바에서만 기본적인 스타일을 사용하였으므로, 이 부분에 대한 더욱 풍부한 디자인을 가미할 수 있도록 CSS를 자세히 나누어볼 것이다.

우선, 탭 바의 전체적인 질감을 검정 그라데이션을 이용하여 반짝이도록 느낌을 내고자 한다. Modernizr 라이브러리에서는 `cssgradients` 클래스를 제공하므로, 이를 그대로 따르면 된다. 다만, 간결성을 위하여 아래 예제에서는 옛날 버전의 WebKit과 W3C 표준에 대한 문법만을 보여주고 있으나, `linear-gradient` 값을 복사하여 다른 웹 브라우저 제조사들을 위한 접두사를 붙여서 추가 속성을 지정하면 아래 예시에서 등장하지 않는 설정을 적용하여 더 많은 브라우저들을 지원할 수 있도록 만들 수 있다.

Stylesheets/screen.css (인용)

```
#tab-bar {
  background: #050405;
}

.cssgradients #tab-bar {
  background-image:
    -webkit-gradient(linear, 0% 0%, 0% 100%,
    from(#353535),
    color-stop(0.55, #212021),
    color-stop(0.551, #090809),
    to(#050405));
  background-image:
    linear-gradient(top,
      #353535,
      #212021 55%,
      #090809 55.1%,
      #050405);
}
```

위의 색상 값들은 어디에서 얻을 수 있을까? 우리의 경우, 포토샵의 내장 기능인 그라데이션 오버레이를 이용할 수 있으므로, 그림 3.12에서 보여지는 것과 같은 값을 이용하여 CSS 코드의 colorstop 함수에 그대로 값을 넣어 사용할 수 있다.

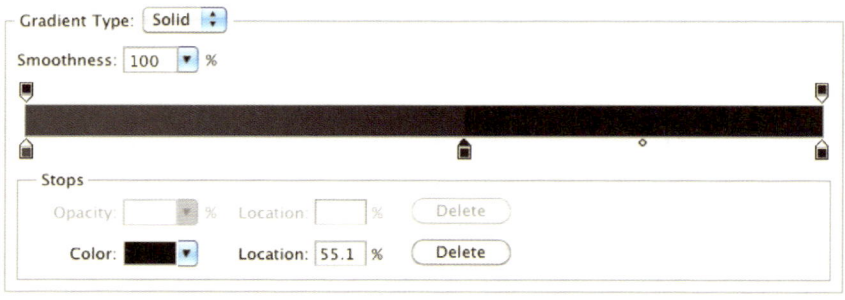

그림 3.12. 그라데이션 편집 바 아래의 각 사각형은
0%와 100% 위치 사이의 color-stop 함수에 대응이 된다.

그라데이션 오버레이를 설정하여 다음의 네 지점에 대한 값을 메모할 수 있을 것이다.

- 0% 위치, 16진수 값 #353535

- 55% 위치, 16진수 값 #212021
- 55.1% 위치, 16진수 값 #090809
- 100% 위치, 16진수 값 #050405

이들 값은 나중에 CSS 코드에서 그라데이션을 적용하는 과정에서 쓰일 것이다. 결과는 그림 3.13과 같이 나타나게 된다.

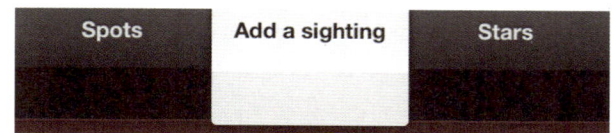

그림 3.13. 포토샵의 그라데이션을 CSS3를 사용하여 옮겨온 모습

우리가 기대한 모습 그대로 완벽하게 들어 맞았다. 이제 탭 바를 우리가 설계한 모형에 가까운 형태로 꾸미기 위하여 좀 더 세밀한 작업을 하고자 한다. 선택된 상태를 표현하는 스타일을 개별 리스트 항목에 입혀보자.

Stylesheets/screen.css (인용)

```css
.page-spots #tab-spots a {
    ⋮
}

.cssgradients .page-spots #tab-spots a {
  background:
    -webkit-gradient(linear, left top, left bottom,
      from(rgba(40, 40, 40, .9)),
      color-stop(0.55, rgba(35, 35, 35, .5)),
      to(rgba(46, 46, 46, .1)));
  background-image:
    linear-gradient(
      rgba(40, 40, 40, .9),
      rgba(35, 35, 35, .5) 55%,
      rgba(46, 46, 46, .1));
}
```

같은 트릭이지만 몇 가지 차이점이 있다. 그라데이션의 모습이 그림 3.14와 같이 나타날 것이다.

그림 3.14. 반투명 그라데이션을 통하여 내비게이션 항목이 좀 더 빛나게 보이도록 한 모습

RGBA 표기법

이 경우, 우리는 RGBA 표기법을 우리의 색상을 표현하는 데 사용하였다. `rgba()` 함수는 여러분이 빨강, 초록, 파랑 색상의 숫자 조합을 0부터 255사이에서 선택할 수 있도록 해주는 것 외에, 네 번째 인자를 받는데 바로 투명도를 지정할 수 있는 **알파 채널** 값을 0부터 1 사이에서 입력 받을 수 있게 해주는데, 0은 완전한 투명을 의미하고 1은 완전히 불투명함을 의미한다. 이것은 우리가 그라데이션의 끝을 거의 투명하게 지정하여 배경색이 나타나도록 만들 수 있음을 뜻한다. 그다지 필요하지는 않지만, 약간의 깊이와 복잡함을 인터페이스에 추가하여 실제와 비슷한 느낌을 낼 수 있도록 할 수 있다.

이제 모형과 같은 모양으로 만들기 위해서 마지막으로 다듬을 것이 하나 남았다. 우리의 디자인은 내비게이션 항목에서 선택된 항목을 표시할 때 버튼의 상단에 미묘하게 반짝이는 점 하나를 포함하고 있었다. 우리가 지금까지 배웠던 새로운 기술인 CSS 그라데이션과 추상 요소를 결합하여 HTML 코드에 다른 추가적인 요소를 전혀 넣지 않고 이것을 구현해보기로 하겠다. 우리가 처음 만들었던 CSS에서 탭 바의 'Spots' 요소를 살펴보면, :after 추상 요소를 이용하여 우리의 스프라이트 아이콘을 위해서 CSS를 통하여 추가적인 항목을 만들었다.

다행스럽게도, 지금 구현하려는 반짝이는 점을 표시하기 위하여 추상 요소 하나를 남겨두었는데 바로 :before이다. 구성은 간단하며, 우리가 이전에 아이콘을 만들기 위하여 사용한 코드와 비슷하지만, 스프라이트 이미지를 삽입하지 않고 빈 문자열을 요소에 대신 넣을 것이다. 그 다음, 이 요소를 선택된 탭의 정 중앙에 음수 마진 값 트릭을 이용하여 배열한 다음, 백그라운드 이미지로서 그라데이션을 추가할 것이다.

Stylesheets/screen.css (인용)

```
.page-spots #tab-spots a:before {
  content: "";
  display: block;
```

```
    height: 0.5em;
    margin-left: -0.5em;
    left: 50%;
    position: absolute;
    margin-top: -1px;
    top: 0;
    width: 1em;
}

.cssgradients .page-spots #tab-spots a:before {
    background-image:
       -webkit-gradient(radial, 50% 0, 0, 50% 0, 7,
          from(rgba(236, 223, 156, 0.9)),
          to(rgba(0, 0, 0, 0)));
    background-image:
       radial-gradient(
          rgba(236, 223, 156, 0.9),
          rgba(0, 0, 0, 0));
}
```

여기서 주목할 만한 흥미로운 변화는 선형 그라데이션 대신 원형 그라데이션을 사용했다는 점이다. 원형 그라데이션은 선형 그라데이션과 비슷한 문법을 가지고 있지만, 몇 가지 옵션이 더 있다. 다시 말하지만, 모바일 WebKit 장치를 위한 문법과 W3C의 제안 문법 사이에 차이가 있다는 것을 알고 있어야 한다. Radial 속성을 지정하고 난 후에는, 시작 위치, 원들의 안과 밖을 지정하는 값 세트를 각각 지정해야 하는데, 위에서 보인 것과 같이 여러 번 색상 포인트를 설정할 수 있다.

다른 브라우저들을 위한 W3C 문법은 그라데이션이 중앙으로부터 시작한다는 점 때문에 훨씬 단순하다. 그라데이션의 시작 색과 끝 색만을 지정하면 되므로 그러하다.

그라데이션은 이해하기 까다로운 편이므로, 사용 가능한 모든 옵션들에 대해서 W3C 표준을 읽어볼 필요가 있다. 이제 작은 원형 그라데이션이 이제 어떻게 적용되었는지 그림 3.15를 살펴보자.

그림 3.15. 'Spots' 버튼이 선택된 상태의 탭 바

멋있어 보인다. 안타깝게도, webOS에서는 생성되는 이미지에 기술적인 한계가 있다. CSS 그라데이션 기능을 Modernizr에서 테스트 하면 통과하기도 하고, 그라데이션을 실제로 렌더링 하는 기능도 수행은 하지만, 실제로는 잘못된 이미지를 만들어낸다. webOS에서 원형 그라데이션은 단색으로 표현되며, 선택된 상태를 표현하도록 한 경우 위화감을 느끼게 한다.

이는 우리에게 웹 개발, 더 정확히는 모바일 웹 개발에 있어서 중요한 교훈을 하나 주는데 우리가 구할 수 있는 한 수많은 모바일 장치와 에뮬레이터들을 통해서 끊임없이 테스트를 해야만 우리가 원하는 결과를 얻을 수 있다는 것이다. 점진적인 향상 기법은 이러한 문제점들을 최소화 할 수 있도록 도와주는 역할을 하나, 불가피하게도 구현상의 특이 사항과 조우하게 되는 경우 이런 문제가 나타날 수 있다.

안타깝게도, 이 문제를 해결할 쉬운 방법은 없다. 우리가 추가적인 그라데이션 효과를 제거하기로 마음을 먹지 않는 한, 우리가 할 수 있는 최선의 방안은 webOS에서 이 기능으로 인하여 위화감이 너무 크게 들지 않도록 만드는 것이다. 둥근 테두리를 가진 단색의 사각형을 사용해서 의도했던 디자인의 의미에 근접하는 느낌을 렌더링 오류에 의한 위화감 대신 더 자연스럽게 사용되도록 할 것이다.

Stylesheets/screen.css (인용)

```
.cssgradients #page-spots #tab-spots a:before {
  /* 브라우저 별로 스타일을 지정한다 */
  -webkit-border-bottom-left-radius: 0.143em;
  -webkit-border-bottom-right-radius: 0.143em;
  -moz-border-radius-bottomleft: 0.143em;
  -moz-border-radius-bottomright: 0.143em;
  border-bottom-left-radius: 0.143em;
  border-bottom-right-radius: 0.143em;
}
```

이렇게 함으로써 원형 그라데이션 디스플레이 효과는 사라지게 되고 대신 투명한 픽셀로 배경이 채워진 둥근 테두리를 가진 도형이 나타나게 될 것이다. 흥미롭게도, webOS에서는 위의 변경 사항이 그라데이션을 완전히 사라지게 만든다. 적어도 이 브라우저를 위한 문제는 해결이 되었다. 다른 브라우저들에서도(원형 그라데이션을 이해하고 정확히 그리는 브라우저들을 포함하여) 원형 그라데이션을 정확히 그리는 데는 실패하지만 도형은 잘 그려낸다. 여기서 기억할 것은 모든 웹사이트들이 모든 브라우저에서 같은 모습을 보여주지 않는다는 것이다.

확대 가능한 이미지

그간 우리는 우리의 인터페이스를 해상도에 독립적이 될 수 있도록 em과 같은 상대 단위를 사용해서 만드는 데 많은 노력을 기울였다. 그러나 이제 남은 문제는 우리의 인터페이스에 입혀질 비트맵 이미지에 관한 부분들이다. 만약 지금 작성 중인 앱을 iPhone 4에서 한번 살펴보면, 아이콘의 픽셀이 드러나 보이거나 흐릿한 이미지로 그려지는 것을 볼 수 있다.

고해상도의 이미지 콘텐츠를 만든다는 것은, CSS 배경 이미지보다는 HTML에 직접 추가되는 이미지로서 그려지는 것을 의미하는 것인데, 이는 조금 까다로운 작업이나 구현이 가능하다. CSS 안에 포함되는 그래픽은 조금 다른 사정이 있다. 서로 다른 해상도에 맞는 서로 다른 리소스들을 제공하는 다양한 옵션들이 존재하지만, 문제는 해상도가 너무나도 다양하다는 것이다. 이 시점에서, 우리가 비록 제한된 수준의 해상도를 지원하는 장치만을 다루고 있다고 할지라도, 표 3.1에서 이야기하는 사항들을 받아들여야 한다.

표 3.1. 몇 가지 공통적인 모바일 장치 화면 해상도

iPhone 4	326ppi (인치 당 픽셀 수)
iPhone 3G/3GS	163ppi
iPad/iPad 2	132ppi
Android 장치	72 ~ 350ppi
HTC 터치 프로	287ppi
Palm Pre	186ppi

실제로는 더 많은 해상도를 시험해보고 지원해야 하며, 이런 범위는 빠르게 급증하고 변경된다. 대신, 비교적 간단한 접근을 사용하고, SVG를 지원하는 브라우저들에 한해서는 SVG를 사용해서 어떤 해상도에서도 잘 동작하는 이미지를 만들고자 한다.

SVG는 비트맵 그래픽에 비하여 엄청난 장점을 가지고 있다. 우선, W3C에 의하여 공개 표준이라는 점이다. 그리고 단순한 그래픽으로서, 비트맵과 동일한 그래픽을 표현하는 데 있어서 더 단순하면서도 사용자들에게 더 나은 이점을 제공한다. 마지막으로, 그리고 가장

중요한 점으로, SVG 이미지는 세밀한 디테일을 잃어버리지 않고 픽셀이 드러나지 않으면서도 어떤 크기에도 잘 그릴 수 있다는 점이다. 브라우저 내에서의 SVG 드로잉은 iOS 버전 2.1부터 지원되며, Android 플랫폼의 경우 버전 3.0 이후부터 지원되는 기능이다.

다시 Modernizr 라이브러리로 돌아가서, 이 라이브러리는 우리를 위해서 가장 중요한 일을 해주는데, SVG 지원 여부에 대한 검사도 할 수 있으며, 지금 사용하고자 하는 것은 임베디드 SVG에 국한되지만 인라인과 임베디드 SVG 지원 여부까지 판정해준다. CSS 그라데이션의 경우에는 Modernizr가 <HTML> 요소의 `class` 속성에 기능의 지원 여부를 클래스 추가를 통해서 알려주었는데, SVG에 대한 테스트도 이와 같으며, SVG가 지원되는 브라우저에서는 svg 클래스가 추가된다.

SVG를 지원하는 장치에서, 이는 **sprite.png** 이미지 대신 **sprite.svg**를 스프라이트 이미지로 바꾸어서 장치에 독립적인 이미지를 그려낼 수 있음을 의미한다. 예를 들어, 탭 바에서 CSS 파일 안에 다음과 같은 블록을 추가할 수도 있다.

Stylesheets/screen.css (인용)

```
#tab-bar a:after {
  content: url(../images/sprite.png);
  position: absolute;
  overflow: hidden;
  left: 50%;
  top: 1.833em;
}

.svg #tab-bar a:after {
  content: url(../images/sprite.svg);
}
```

매우 단순하다. 두 가지 버전의 이미지가 정확히 상황에 맞게 사용되도록 하기 위하여 코드를 더 변경할 필요가 없다. 그림 3.16과 그림 3.17을 보면 iPhone 4에서의 탭 바 이미지 품질이 달라지는 것을 볼 수 있다.

그림 3.16.   표준 해상도에 맞추어진 아이콘에 미묘하게 픽셀이 드러나는 것을 볼 수 있다.

그림 3.17.   SVG를 사용하여 그린 아이콘은 장치의 해상도에 무관하게 깨끗한 모습을 그리고 있다.

완벽한 픽셀 그리기

SVG는 우리가 원하는 것처럼 정확한 모습으로 그려지지는 않는다. 확대 표시가 가능한 그래픽이기 때문에, 브라우저로 하여금 우리가 그린 그래픽의 크기를 줄일 수 있으며, 우리가 원하는 결과에 못 미치는 렌더링으로 나타날 수 있음을 의미한다. 가끔 그래픽이 모서리 근처에서 깨끗하게 보이지 않는 때가 있는데, 특히 작은 선이나 세밀한 디테일을 표현하려고 했을 경우 더욱 그러하다. 만약 우리가 그래픽을 생성하는 방법을 우리가 지원하기 원하는 각각의 해상도에 맞추어 제어하기를 원한다면, 장치가 지원하는 픽셀 농도를 이용하여 미디어 쿼리를 수행해서 이를 구체적으로 지정할 수 있다.

```
/* iPhone 4와 다른 고밀도 픽셀 표시를 지원하는 장치들을 위한 미디어 쿼리 */
@media
  only screen and (-webkit-min-device-pixel-ratio: 1.5),
  only screen and (-o-min-device-pixel-ratio: 3/2),
  only screen and (min-device-pixel-ratio: 1.5) {
     /* 여기에 스타일을 지정한다. */
}
```

멀티미디어 다루기

단순성을 유지한다는 원칙에서, 우리는 그간 오디오나 비디오와 같은 것을 우리의 앱에 포함하는 것을 삼가해왔다. 대부분의 모바일 장치들은 플래시나 오디오와 비디오 사용을 지원하는 플러그인들을 거의 지원하지 않았기 때문인데, 그러나 기술적으로 가능한 방법이 여전히 있다. HTML에서 자체적으로 이러한 기능을 지원할 수 있도록 표준안을 만드는 작업이 지난 수년간 이루어졌으며, 그 결과 API가 꽤 쓸만하게 바뀌었으며, 상대적으로 잘 지원되고 있는 기능이 되었다. 또한 구현하기에도 플래시와 비교했을 때 매우 단순하기까지 하다. 아래의 HTML5 <VIDEO> 요소를 사용하여 HTML에서 비디오를 첨부하는 코드의 예를 들어보기로 하겠다.

```
<video width="480" height="320" autoplay controls> ❶
  <source src="video.mp4" type="video/mp4" /> ❷
  <source src="video.webm" type="video/webm" /> ❸
  <source src="video.ogv" type="video/ogv" /> ❹
</Video>
```

- ❶ Autoplay와 controls는 모두 이진 속성으로, 별도의 값 지정이 필요하지 않다. Autoplay 속성은 이름에서 알 수 있듯이 페이지가 불러들여진 후 콘텐츠가 곧바로 재생될 수 있도록 하는지의 여부를 결정하는 속성으로 그다지 좋은 동작은 아니다. 그리고 controls 속성은 브라우저에게 미디어의 재생 상태를 제어할 수 있도록 컨트롤을 사용자에게 보여줄 것인지의 여부를 설정하는 속성이다.
- ❷ 여러 미디어 소스를 지정하는 것은 모든 플랫폼을 지정하기 위해서 필요한 기능이다. H.264 방식으로 인코딩 된 MP4 미디어 파일이 처음 오도록 되어야 하며, 그 외 iPad에서는 이렇게 하지 않는 경우 문제가 발생하게 된다. MP4 콘텐츠는 iOS, Android 플랫폼, 사파리, 그리고 데스크톱 환경에서 사용 가능한 콘텐츠다.
- ❸ WebM은 최신 버전의 Chrome, Firefox, 그리고 오페라 브라우저에서 사용 가능하다.
- ❹ Ogg Theora 형식은 보통 생략이 가능하나, 구 버전의 Firefox, Opera, 그리고 Chrome을 위해서 넣어두면 잘 동작한다.

이 책을 저술하는 시점에서, H.264 형식은 웹킷 기반의 브라우저들의 수적 우세로 인해서 모바일 장치에서 기본으로 채택되는 일이 가장 많고, 가장 잘 지원되는 기본 비디오 형식이다. 향후 이는 변할 수 있으며, Google이 만든 독자적인 형식인 WebM을 데스크톱 버전의 Chrome에서 H.264 대신 채택할 가능성이 있다. 안드로이드 OS에서도 이렇게 될지의 여부는 아직 결정되지 않았다.

HTML에서 오디오를 첨부하기 위한 방법도 거의 비슷하다.

```
<audio autoplay controls>
  <source src="audio.ogg" />
  <source src="audio.mp3" />
</audio>
```

Android에서의 오디오

Android 2.2 이하의 버전에서는 HTML5의 <AUDIO> 요소를 불완전하게 지원한다.[8] 2.3 버전에서는 이 문제가 해결되었지만, 만약 2.2 버전에 대한 지원이 필요하다면 <VIDEO> 요소를 MP3를 재생하기 위한 목적으로 사용하여 기능상의 공백을 메울 수 있다.

HTML5의 오디오와 비디오 API에 대한 자세한 내용들은 SitePoint에서 펴낸 'HTML5 & CSS3 for the Real World'[9]이나 Mark Pilgrim의 훌륭한 온라인 가이드인 'Dive into HTML5'[10]에서 살펴볼 수 있다. 멀티미디어에 대한 네이티브 구현을 사용하는 것은 모바일 장치에서 특별히 중요한데, 특정한 장치에 최적화 할 수 있으며, 지원되는 비디오 코덱을 위한 하드웨어 디코더를 이용할 수도 있다. 예를 들어, iOS 장치들은 H.264 하드웨어 디코더를 채택하여 H.264 형식으로 인코딩 된 비디오들을 최소한의 전력만을 사용하여 아주 자연스럽고 원활하게 재생할 수 있다.

이러한 네이티브 API를 사용했을 때의 또 다른 이점으로는 시각 우선 순위를 기술할 필요가 없다는 것이다. 각 브라우저나 장치들은 비디오와 오디오 요소들을 위한 자체적인 컨트롤들을 가지고 있어서 우리가 삽입하는 비디오와 오디오에 자동으로 이 기능들을 제공하여, 사용자들이 장치에서 이를 볼 수 있도록 하고 있다. 당연히, 우리가 직접

---

[8] http://www.brianhadaway.com/html5-audio-support-on-android-devices/

[9] http://www.sitepoint.com/books/htmlcss1/

[10] http://diveintohtml5.org/video.html

필요한 기능을 구현한, 재생 기능을 제어하는 컨트롤을 브라우저에서 노출하는 자바스 크립트 API를 통해서 만드는 것도 가능하다. 그렇지만 그냥 기본 상태를 유지하도록 만드는 것도 괜찮다. 그리고 이와 같은 HTML5의 비디오와 오디오 기능을 정상적으로 사용할 수 있는지의 여부를 판정하기 위해서, 다시금 Modernizr 라이브러리의 힘을 빌릴 수도 있다.

단독 실행 모드

이제 우리 앱의 향상된 외관을 이용하여 좀 더 네이티브 앱과 비슷하게 만들기 위해서 2장에서 언급한 단독 실행 모드를 구현할 것이다. 이 섹션의 거의 대부분의 정보들은 iOS의 모바일 사파리에 한정되는 내용으로, 이 중 몇 가지는 Android 브라우저에도 적용되는 것이다. 우선 해야 할 작업은 전체 화면 브라우징을 활성화 하는 것으로, 우리가 만드는 웹 페이지의 <HEAD> 요소에 다음과 같이 <META> 태그를 지정하는 것으로 구현이 가능하며 이는 뷰 포트 설정을 지정하기 위해 했던 작업과 다르지 않다.

Spots.html (인용)
```
<meta name="apple-mobile-web-app-capable" content="yes" />
```

Apple-이라는 접두사를 붙인 <META> 태그의 값을 yes로 설정함으로써, 우리 앱을 모바일 사파리에서 실행하면 사용자가 앱을 첫 화면에 설치할 경우 브라우저의 테두리 없이 실행되게 만들 수 있다. 여기서 기억할 점은 이 방식으로 실행된 페이지는 마치 단독으로 만들어진 앱처럼 페이지가 행동한다는 것인데, 다른 페이지로 연결된 링크를 클릭하면 정상적으로 모바일 사파리 앱을 통해서 페이지가 열리게 된다.

여기에 위의 태그와 함께 쓸 수 있는 또 다른 <META> 태그가 있다.

Spots.html (인용)
```
<meta name="apple-mobile-web-app-status-bar-style" content="black" />
```

이 속성 역시 Apple iOS에 한정되는 내용이며, 이를 통해서 상태 표시줄의 스타일을 결정할 수 있다. 위의 코드 조각을 적용하면, 상태 표시줄이 검정 색상의 스타일을 사용하도록 바뀐다. 그리고 content 속성을 default로 지정하면 모바일 사파리에서 원래 봤던 기본 회색 스타일로 지정할 수 있다. 그리고 만약 black-translucent로 지정하면 검정 스타일이면서 동시에 반투명 상태로 스타일이 바뀌어서 웹 콘텐츠가 상태 바 뒤로 확장되어 나타나는 모습을 볼 수 있다. 이때 웹 콘텐츠의 일부는 상태 바에 부분적으로 가려진 상태가 된다.

이제 우리가 만드는 앱이 단독으로 실행되는 앱과 같이 보이도록 만들었으므로, 몇 가지 부수적인 규칙을 스타일 시트에 적용하여 이 버전의 앱에 대한 설정을 추가해볼까 한다. 우선 CSS를 통하여 조건부 서식을 지정할 수 있도록 해야 하는데, 안타깝게도 Modernizr의 기본 기능으로는 이 상태를 확인할 방법이 없다. 이를 위해서, Modernizr 객체의 addTest() 메소드를 호출하는 코드를 추가할 것이다. addTest() 메소드는 두 개의 인수를 받는데, 나중에 <HTML> 요소에 테스트의 성공/실패 여부를 알 수 있는 클래스 추가를 위한 이름으로 쓰일 식별자 문자열이 필요하며, 테스트를 실제로 수행하여 성공과 실패 여부를 true나 false 값으로 반환하는 함수가 필요하다. 이 경우, 단순히 navigator.standalone의 값을 반환하는 것만으로 테스트를 완료할 수 있다.

Javascripts/basic.js (인용)

```
Modernizr.addTest('standalone',function(){
  return window.navigator.standalone;
});
```

당연히, Modernizr를 사용하지 않는 경우에도 navigator.standalone 속성의 값을 확인함으로써 같은 일을 할 수 있다.

```
if(!!navigator.standalone) {
  document.documentElement.setAttribute('class',
➥ document.documentElement.getAttribute('class') + " standalone");
}
```

위의 코드는 간단히 <HTML> 요소의 class 속성에 이전 속성의 값 뒤에 공백 문자를 하나 붙여 새 클래스인 standalone을 지정하고 있다. 둘 중 하나의 방법을 택하여 테스트가 완료되면 .standalone 클래스를 사용하여 우리 앱을 치장할 수 있게 된다. 지난 2장에서 만들었던 모형 디자인에서 봤던 것과 같이, 탭 바를 상단에서 하단으로 옮겨야 한다. 안타깝게도, 좀 더 일찍 말했어야 하는 부분이지만 position: fixed 속성을 사용해서 탭 바를 고정하는 것은 브라우저가 지원하지 않는다. 자바스크립트 솔루션을 사용해서 이 문제를 해결해야 하는데, 나중에 이 방법을 살펴보기로 하고 지금은 디자인 모형의 재현을 충실히 하기 위해서 `position: absolute`와 `position: C` 속성을 임시로 사용해서 레이아웃이 의도한 대로 보여지도록 할 수 있다.

Stylesheets/screen.css (인용)

```
#tab-bar {
  ⋮
}
.standalone #tab-bar {
  margin-top: .3em;
  position: absolute;
  width: 100%;
  bottom: 0;
  z- index: 200;
}
```

탭 바가 고정된 상태가 아니지만, 처음 화면이 나타났을 때에는 우리가 스크롤 바를 조작하지 않는 한 모형에서 봤던 것과 같이 하단에 탭 바가 위치한 상태르 보이게 된다. 탭 바가 아래에 보이게 만든 상태에서 메인 콘텐츠의 끝 자락에 항상 충분한 공간이 있도록 해야만 한다. 그렇지 않을 경우 탭 바가 인터페이스 밖으로 사라지게 될 가능성이 있다. 이를 위해서, 약간의 `padding` 속성을 `<BODY>` 요소에 추가할 수 있다.

```
.standalone body {
padding-bottom: 4.5em;
}
```

탭 바의 그라데이션 설정 자체는 바꿀 것이 없다. 그러나 탭 바의 Spots와 Stars 항목에서 각각 선택된 항목 상태를 표시하는 그라데이션은 빛이 오는 방향이 위에서 아래로 되어있지만, 이때의 그라데이션의 방향을 거꾸로 뒤집어서 반대 방향으로 빛이 비추는 효과를 내려고 한다.

Stylesheets/screen.css (인용)

```
.standalone.cssgradients .page-spots #tab-spots a {
  /* 새 그라데이션 설정 */
```

```
background-image:
  -webkit-gradient(linear, 0% 0%, 0% 100%,
    from(rgba(46, 46, 46, 0),
    color-stop(0.55, rgba(35, 35, 35, 0.5)),
    to(rgba(40, 40, 40, 0.9))));
background-image:
  linear-gradient(top,
    rgba(46, 46, 46, 0),
    rgba(35, 35, 35, 0.5) 55%,
    rgba(40, 40, 40, 0.9));
/* 새 그림자 설정 */
-o-box-shadow: rgba(0, 0, 0, 0.8) 0 1px 1px 0;
-webkit-box-shadow: rgba(0, 0, 0, 0.8) 0 1px 1px 0;
-moz-box-shadow: rgba(0, 0, 0, 0.8) 0 1px 1px 0;
box-shadow: rgba(0, 0, 0, 0.8) 0 1px 1px 0;
}
```

그라데이션의 값만을 바꾸어서 페이드 아웃 대신 페이드 인이 되도록 만들었고, 선택된 항목의 상태를 강조하는 그림자 역시 미세하게 조절하여 좀 더 실제에 가깝게 표시하도록 만들었다. 여기서 모두 다 언급하지는 않겠지만 단독 실행 앱으로서 바뀌어야 하는 이와 같은 시각적인 변경 사항들을 기본적으로 위와 같은 방법을 사용하여 적용할 수 있으며, .standalone CSS 선택자를 이용해서 기본 규칙을 모두 재정의할 수 있다.

사용자들에게 알리기

단독 실행 모드에서 보여질 앱을 만드는 작업이 잘 끝났지만, 사용자들이 여러분의 앱을 단독 실행 모드에서 사용할 수 있다는 사실을 알리고 첫 화면에 여러분의 앱을 설치할 수 있도록 하기 위해서는 좀 더 해야 할 일이 있다. 그림 3.18과 같이 Gmail, Currency.io 그리고 EightBit과 같은 웹 앱에서 이러한 동작을 볼 수 있다.

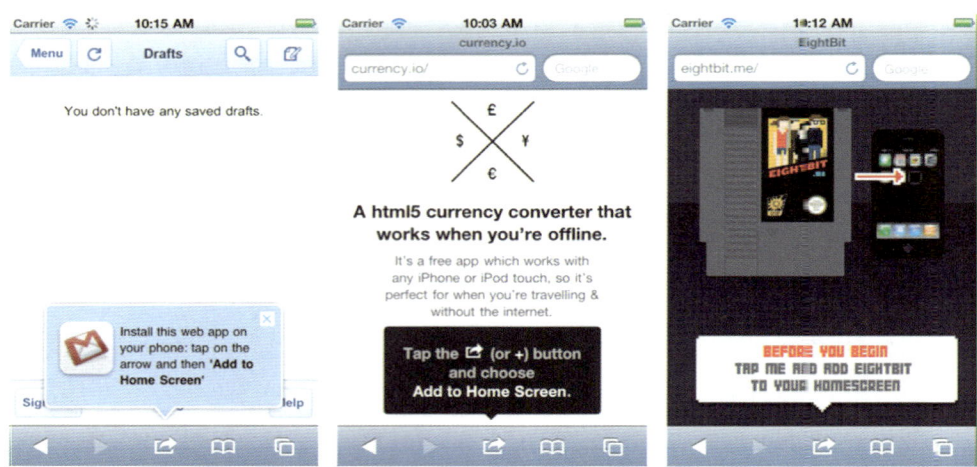

그림 3.18. 사용자들에게 웹 앱을 바탕 화면 아이콘에 추가할 것을 독려하고 홍보하는 화면의 예시

이들 세 가지 앱 모두 같은 디자인을 사용하는데, 작은 팝업 창이 나타나고 그 안에는 사용자에게 지금 보고 있는 웹 앱을 첫 화면 아이콘으로 추가할 것을 요청하는 내용을 담고 있다. 얼핏 보기에는 잠재적으로 문제가 있어 보이는데, 이러한 내용들이 Apple과 같은 한 종류의 장치들의 인터페이스 레이아웃에 묶이기 때문일 것이다. 그러나 생각처럼 문제는 어렵지 않은데, 이와 같이 단독 실행이 가능한 모바일 웹 앱을 설치하는 동작을 지원하는 모바일 플랫폼은 iOS 밖에 없기 때문이다.

메시지를 보여주기 전에, navigator.standalone 속성의 존재 여부를 테스트 해야 하며, 단독 실행 모드를 지원하지 않는 장치들이나 브라우저에서는 이 속성의 값이 undefined 로 나타날 것이다. 더 나아가서, 이 방법을 통하면 사용자들이 우리 앱을 열 때마다 메시지를 보게 되는 귀찮음을 사전에 예방할 수 있고 이미 앱을 설치해서 실행한 경우를 구분할 수도 있다. 그래서 단독 실행 모드에서 실행 중인지 아닌지에 대한 여부를 아래와 같은 코드를 사용해서 검사할 수 있다.

```
if(navigator.standalone != undefined && !!!navigator.standalone) {
  // 알림 표시
}
```

또한 사용자들이 같은 메시지를 매번 페이지를 방문할 때마다 보게 되는 것을 원하지 않을 것이다. 이를 구현하기 위해서는 사용자의 선택을 기억하는 기능이 필요함을 뜻하는데, 이를 위하여 쿠키를 사용하거나, 사용자들의 개인 취향 선택을 6장에서 다룰 예정인 로컬 저장소에 저장하는 방법으로 구현할 수 있다. 만약 모바일 장치 수준 이상의 구현 방법을 찾고자 한다면, Google의 Mobile Bookmark Bubble 프로젝트를[11] 참조하기 바란다. 이 라이브러리는 작은 크기를 유지하면서도 부수적인 요구 사항이 없는 라이브러리로서 지금 하려는 일을 정확히 수행하며, Gmail 앱에서 사용하는 코드이기도 하다. 또한 iPad에 대해서도 기능을 지원하며, 사용자들에게 메시지를 몇 번 보여줄 것인지를 결정할 수 있는 설정도 지원한다.

앱의 아이콘

사용자들이 우리 앱을 첫 화면에 설치하도록 독려하기로 했다면, 첫 화면에서 앱이 정확한 모양의 아이콘으로 나타나기를 원할 것이다. 이는 우리만의 앱 아이콘이 따로 필요함을 의미한다. 아이콘을 따로 지정하지 않았을 경우, 첫 화면에 들어가는 아이콘은 현재 페이지의 스크린 샷 이미지로 대체되지만, 이보다 더 나은 모양을 지정할 수 있다. 2장에서, 다양한 네이티브 앱을 위한 아이콘들을 만들었던 적이 있었다.

iOS에서는 첫 화면에 사용될 아이콘을 지정하는 방법들이 있는데 `<LINK>` 요소를 `rel` 속성에 `apple-touch-icon`이나 `apple-touch-icon-precomposed` 속성을 지정하여 아래와 같이 페이지에 추가할 수 있다.

```
<link rel="apple-touch-icon" href="apple-touch-icon.png" />
<link rel="apple-touch-icon-precomposed" href="apple-touch-icon-precomposed.png"
➡ />
```

두 태그 사이의 유일한 차이점은 앞 태그의 경우 기본적으로 사용되는 반짝임 효과와 그림자 효과가 표준 iOS 앱 아이콘에 사용된 것과 같이 적용되는 것이며, 뒤에 오는 태그는 이름 그대로 우리가 이러한 효과를 미리 지정한 이미지를 제공할 때 사용되는 것이다. 이들 태그는 페이지에 한 번만 사용할 수 있다.

흥미롭게도, iOS는 이 설정을 멀티태스킹 바에서는 무시하고, 기본적인 반짝임 효과만을

---

[11] http://code.google.com/p/mobile-bookmark-bubble/

사용하여 표시하므로 이 경우에도 여러분이 의도한대로 이미지가 잘 보이는지 확인해야 한다. iOS와 Android 모두 apple-touch-icon-precomposed <LINK> 요소를 지원하므로, 이들 플랫폼에서 사용하기 위한 아이콘으로 이용하더라도 괜찮다. 그러나 BlackBerry의 경우 버전 6 이후에서부터 제한적으로 apple-touch-icon 항목에 대해서단 이 기능을 이용할 수 있으므로, 양쪽 태그 모두가 어떤 형태로든 같이 포함되도록 하는 것이 좋다. 안드로이드의 경우 첫 화면에 북마크 아이콘을 지정할 수 있는 기능이 있다는 것을 알아두기 바라며, 이때에는 아이콘이 http://domain.com/과 같은 식으로 시작하는 절대 URL 경로를 사용해서 지정되어야만 정확히 표시된다는 점을 숙지하기 바란다. 여기에 Android의 경우 다양한 장치 제조사들에 지배된다. 예를 들어, HTC 장치가 사용하는 Sense UI의 경우, 사용자 지정 아이콘들은 표준 북마크 아이콘 위에 작은 오버레이 이미지로 표시된다.

Apple의 각 모바일 장치들은 서로 다른 첫 화면 아이콘의 크기를 요구한다.

- iPhone 4의 고해상도 화면에서는 114×114 픽셀의 크기의 아이콘이 필요하다.
- iPad의 경우 72×72 픽셀의 크기의 아이콘이 필요하다.
- 그 외에는 모두 57×57 픽셀 크기의 아이콘이 필요하다.

각각의 장치에 대응되는 서로 다른 아이콘들을 어떻게 지정할 수 있을까? 가장 간단한 해결책은 단순히 가장 고 해상도의 아이콘을 모든 경우에 사용할 수 있도록 설정하는 것이다. 이 경우의 분명한 문제점은 모든 사용자들이 항상 고해상도의 이미지를 고해상도가 필요하지 않은 상황에서도 다운로드를 받게 되는 것인데, iOS 4.2에서부터는 sizes 속성을 이용하여 다양한 아이콘 크기를 화면 해상도 별로 나누어 지정할 수 있는 방법이 추가되었으므로 걱정하지 않아도 된다.

```
<!-- iPad용 아이콘 -->
<link rel="apple-touch-icon-precomposed" sizes="72x72"
➥ href="apple-touch-icon-72x72-precomposed">
```

그리고 다른 장치들을 위해서도, 가령 iOS 4.2 이전 버전의 장치들을 위한 대안 설정은 sizes 속성을 지정하지 않고 지원할 수 있다. 대안 값 설정에서 숙지해야 할 부분은 반드시 다른 모든 값들의 **뒤에** 위치한다는 것이다.

```
<!--iPad용 아이콘 -->
<link rel="apple-touch-icon-precomposed" sizes="72x72"
➥href="apple-touch-icon-72x72-precomposed.png">
<!--레티나 디스플레이 이전의 iPhone, iPod Touch, 그리고 Android 2.1 버전 이상의 장치용 -->
<link rel="apple-touch-icon-precomposed" href="apple-touch-icon-precomposed.png">
```

같은 방법으로 거의 모든 브라우저들이 도메인 루트 경로에 있는 **favicon.ico**를 같은 목적으로 검색하며, `<HEAD>` 요소에 이 설정을 넣든 넣지 않았든 항상 같은 동작을 수행하며, iOS 장치의 경우 도메인의 루트 경로를 검색하여 첫 화면에 사용할 아이콘으로 적당한 것이 있다면 자동으로 그 아이콘을 선택하여 반영한다. iPad의 경우를 예로 들어 보면, 다음과 같은 순서대로 파일을 찾는다.

1. **apple-touch-icon-72x72-precomposed.png**
2. **apple-touch-icon-72x72.png**
3. **apple-touch-icon-precomposed.png**
4. **apple-touch-icon.png**

이러한 동작은 iOS 장치들을 위한 정확한 아이콘을 제공하는 방법을 매우 단순하게 만들어준다. 그러나 다른 브라우저들은 이러한 기능을 지원하지 않으므로, HTML 코드를 정확히 지정하는 것이 더 좋은 방법이라고 할 수 있다. 우리가 고려해야 할 모든 장치들에 대한 지원과, Android 플랫폼의 복잡한 구현까지 모두 감안하여, 첫 화면 아이콘을 위한 코드를 아래와 같이 만들 수 있다.

```
<!--iPad용 -->
<link rel="apple-touch-icon-precomposed" sizes="72x72"
➥href="http://domain.com/apple-touch-icon-72x72-precomposed.png">
<!--고해상도 레티나 디스플레이를 지원하는 iPhone 4용 -->
<link rel="apple-touch-icon-precomposed" sizes="114x114"
➥href="http://domain.com/apple-touch-icon-114x114-precomposed.png">
<!-- iOS 1 이하 버전 및 Blackberry 6용 -->
<link rel="apple-touch-icon" href="http://domain.com/apple-touch-icon.png">
<!-- 레티나 디스플레이 이전의 iPhone, iPod Touch, 그리고 Android 2.1 버전 이상의 장치용 -->
<link rel="apple-touch-icon-precomposed"
➥href="http://domain.com/apple-touch-icon-precomposed.png">
```

그림 3.19에서는 첫 화면 아이콘이 적용된 예시를 보여준다.

그림 3.19. StarTrackr 아이콘이 첫 화면에 잘 자리잡은 모습

모바일 사파리는 웹 앱이 좀 더 네이티브 앱처럼 보일 수 있도록 하는 추가적인 기능 하나를 더 제공하는데, 바로 시작 화면에 대한 것이다. 첫 화면 아이콘을 지정하기 위해서 넣었던 것과 같은 방법으로 <LINK> 요소의 rel 속성을 apple-touch-startup-image로 지정하고 보여줄 이미지의 URL 경로를 지정하면, 웹 앱이 로드 되는 동안 보여줄 이미지를 설정할 수 있다.

```
<link rel="apple-touch-startup-image"
➡ href="http://domain.com/apple-touch-startup-image.png">
```

시작 화면을 위한 코드를 추가하면 우리가 만든 앱이 처음 실행되거나 멀티 태스킹 바를 통해서 전환이 되는 순간의 짧은 시간 동안 보여지게 된다. 만약 여러분이 앱의 브랜드를 더 강조하기 위한 목적으로 사용하고픈 유혹이 들었다면 잠시 접어두기 바란다. 이렇게 사용할 경우 사용자들을 귀찮게 하게 되며, 사용자들에게 별 의미없이 시작 화면을 보게 강요하는 것이 된다.

여기에 사용할 이미지에 대한 좀 더 올바른 접근은 비어있는 내용의 이미지를 사용하는 것이다. 이를 통해서, 우리 앱의 겉 껍데기의 환영을 보여주어 프로그램이 곧바로 열린 것처럼 보여주고 완전히 구동될 때까지 자연스러운 시각 전환 효과를 낼 수 있다. 이러한 시각적 효과는 Apple이 iOS용 기본 네이티브 앱에서 자주 활용하는 기법으로, 메일을 확인하기 위하여 앱을 열 때 확인할 수 있으며, 이를 정확하게 보기 원한다면 멀티태스킹 바에서 메일 앱을 강제 종료하고 나서 실행해보면 된다.

이 방법을 사용할 때, 시작 이미지가 정확히 우리의 인터페이스의 픽셀 크기와 일치하도록 만들어야 하며, 그렇지 않으면 이미지가 깨진 상태로 나타나게 된다. 이미지의 크기를 정확하게 만드는 가장 쉬운 방법은 캔버스 위에 그려진 인터페이스 자체의 스크린 샷을 촬영해서 이 이미지를 활용하는 방법이다. 이를 위해서, CSS 파일에서 인터페이스 껍데기를 제외한 모든 요소들을 숨기기 위하여 `visibility: hidden` 속성을 지정한다. 이 상태에서 스크린 샷을 촬영하여 얻은 이미지를 쓰면 된다. 그림 3.20은 이런 방법으로 만든 이미지의 예시이다.

그림 3.20. 인터페이스 겉 껍데기 이미지

배경 요소를 제외한 모든 항목들을 숨긴 부분에 대해 설명할 것이 있다. 탭 바의 항목들을 이 이미지에 포함할 수는 없었는데, 이 이미지를 표시하는 시점에서의 상태는 어디에도 정의할 수 없기 때문이다. 그리고 모든 상호 작용 가능한 요소들을 제거한 이유

역시도 사용자들이 앱의 상태에 대해 혼동을 하지 않도록 만들기 위한 조치이다. 만약 클릭할 수 있을 것처럼 생긴 버튼이 없다면 사용자들은 화면을 터치하지 않을 것이다. 그리고 이미지는 320×460 픽셀의 크기로 되어있어야 하며, 이는 레티나 디스플레이 채용 이전의 iPhone에서의 전체 화면 해상도로 20픽셀은 상태 표시줄에 의하여 점유되는 구간이다. `Apple-touch-startup-image` 플래그는 사실 그다지 똑똑하지 못한데, 다른 종류의 장치나 해상도를 구분할 방법이 없으며 모든 장치들이 같은 이미지를 사용하게 된다. 만약 우리 앱이 가로 방향 디스플레이만 지원하는 앱이라면, 이미지도 90도 시계 방향으로 회전시켜 사용해야 의도한대로 이미지를 표시할 수 있다.

iOS와 Android 양쪽 모두는 이들 속성이 사용자의 첫 화면에 들어가는 바로 가기를 추가하는 데 필요하지 않다. 그래서 만약 단독 실행 모드의 앱으로 가는 것을 원치 않는다면, 첫 화면에 사용할 아이콘만 지정하고 `apple-mobile-web-app-capable` 키를 지정한 `<META>` 태그를 누락시키면 된다. 이후에 다룰 추가적인 내용들은 무척 단순한 내용들로, 사용자들의 경험 향상을 위해서 우리가 신경 쓸만한 가치가 있는 부분들이다.

그 외에 더 고려할 사항들

다음은 모바일에 특화된 속성들을 사용해서 우리가 만드는 앱이 좀 더 네이티브 앱과 비슷하게 보일 수 있도록 만드는 기법들에 대한 내용이다.

줄임표를 사용해서 긴 텍스트를 줄여 표시하기

작은 화면에서는 의도했던 컨테이너가 표시 가능한 영역보다 텍스트의 길이가 더 길어져서 화면이 사용 불가능한 상태로 쉽게 변하며 또한 그런 일이 자주 있는 편이다. 예를 들어, Stars 탭의 각 행은 비교적 짧은 이름만을 표시하도록 디자인 되어있다. 그림 3.21과 같이 만약 긴 이름을 표시해야 할 일이 생긴다면, 다른 줄보다 더 두꺼워져서 모양이 나쁘게 변하게 된다.

그림 3.21. Stars 페이지의 각 행들의 높이 리듬이 깨지게 된 모습

여기서 필요한 것은 길이를 넘는 텍스트는 잘려서 표시되도록 하는 것인데, 가장 쉬운 방법은 overflow: hidden 속성을 사용해서 넘치는 부분은 잘려서 표시되도록 하는 방법이다.

Stylesheets/screen.css (인용)

```
.table-action h2 {
  overflow: hidden;
  white-space: nowrap;
  width: 82%;
}
```

여기서 텍스트가 새로운 행으로 넘어가는 일이 없도록 확실히 할 필요가 있는데, 이를 white-space 속성을 nowrap으로 지정함으로써 이룰 수 있다. 그러나 안타깝게도, 이것은 우아한 해결책이 아니다. 텍스트가 정확히 언제 끝날지 알 방법은 없기 때문에, 실제

그림 3.22. overflow: hidden 속성은 텍스트를 강제로 잘라서 보여주게 된다.

로 텍스트가 잘리면 그림 3.22와 같이 보여지게 된다.

모양을 좀 더 완곡하고 예쁘게 보일 수 있도록 만들기 위하여 더 우아한 해결책을 사용할 수 있는데, 바로 text-overflow: ellipsis 속성을 이용하는 것이다. 이 속성을 사용하면 브라우저는 잘린 텍스트의 끝에 줄임표를 잘린 텍스트의 경계에 맞추어 추가한다. 아래와 같이 새로운 규칙을 적용할 수 있다.

Stylesheets/screen.css (인용)

```css
.table-action h2 {
  text-overflow: ellipsis;
  overflow: hidden;
  white-space: nowrap;
  width: 82%;
}
```

이제 내용의 한 가운데에서 강제로 잘려서 나타낸 모습 대신, 텍스트가 더 있다는 것을 시각적으로 표현해주면서도 예쁘게 줄여 표시한 이름이 그림 3.23과 같이 나타나는 것을 볼 수 있다.

그림 3.23. text-overflow: ellipsis를 통해서 텍스트를 더 우아하게 자르는 방법을 적용할 수 있다.

텍스트 크기 조절

모바일 사파리는 텍스트의 크기를 장치의 표시 방향에 맞추어 자동으로 조절해주는 기능을 뒤에서 맞추어주는 재주를 가지고 있다. 만약 이 값을 기본으로 유지하고 가로 방향으로 우리의 앱을 보면 텍스트의 서체 크기가 늘어난 것을 볼 수 있다. 우리 앱에서 이러한 설정은 필요하지 않으므로, 이 기능을 비활성화 하고 항상 100% 크기로 유지하도록 고정할 수 있다.

Stylesheets/screen.css (인용)

```
html {
  -webkit-text-size-adjust: 100%;
  -ms-text-size-adjust: 100%;
}
```

터치를 위한 강조 색상

기본적으로, 모바일 사파리에는 사용자가 링크나 다른 클릭 가능한 요소를 클릭했을 때 표시할 수 있는 강조 색상을 위한 스타일을 지정할 수 있다. 기본적으로 이 색상은 기본 색상보다 어둡게 표현되는데, RGBA 속성값을 이용하여 이 색상을 밝게 바꾸려면 아래와 같이 지정할 수 있다.

Stylesheets/screen.css (인용)

```
a:link {
  -webkit-tap-highlight-color: rgba(0,0,0,.2);
}
```

전체적으로 강조 색상을 사용하지 않으려면, RGBA 값의 알파 채널 값을 0으로 지정하거나, `transparent`로 설정하면 된다.

터치 부가 기능

모바일 사파리에서, 링크를 오랫동안 누르고 있으면, 링크에 대해서 수행할 수 있는 다른 동작들을 제공하는 대화 상자가 나타나는데, 여기서 **열기**, **새 페이지로 열기**, **복사**, **취소**와 같은 메뉴가 나타나게 된다. 단독 실행 버전의 우리 앱에서 이 기능들은 의미가 없고 또한 필요하지 않으므로, `-webkit-touch-callout` 속성을 지정하여 CSS를 통해서 비활성화할 것이다.

Stylesheets/screen.css (인용)

```
.standalone * {
  -webkit-touch-callout: none;
}
```

단독 실행 모드에서만 사용하세요!

단독 실행 모드에서만 이 규칙을 적용해야 한다. 사용자의 정상적인 브라우저 조작법을 타당한 이유 없이 방해하는 것은 결코 옳은 선택이 아니다.

사용자 지정 선택

iOS에서는 사용자가 웹 페이지의 내용 위로 잠시 동안 화면을 누르고 있으면 내용을 블록 지정하여 복사하거나 붙여 넣을 수 있는 기능을 제공하고 있다. 이 기능 모두를 깨드리지 않고, 텍스트 선택을 특정한 상황에서만 사용하지 않도록 하기를 원할 때가 있다. StarTrackr의 경우, 탭 바의 텍스트를 복사할 이유가 없기 때문에, 이 부분에서만 텍스트 선택을 비활성화 하려고 한다.

Stylesheets/screen.css (인용)

```
#tab-bar {
  -webkit-user-select: none;
}
```

성능상의 고려 사항들

이번 장을 통해서, 우리는 깔끔하면서도 의미 있고, 성능을 최대한 낼 수 있는 방식으로 인터페이스를 만드는 데 도움을 주는 수많은 기법들을 살펴보았다. 다 그런 것은 아니지만 대체로 데스크톱 웹 개발 환경에서 쓰였던 대다수의 방법들을 그대로 사용하였지만, 몇 가지 간단히 점검해볼 수 있는 사항들을 열거해보면 아래와 같다.

- 적용이 가능한 경우, 자바스크립트 파일과 스타일 시트, 그리고 이미지 스프라이트를 이용하여 HTTP 요청 횟수를 최소화하였다.
- 스타일 시트를 <HEAD> 요소에 포함시켜 HTML이 불러들여질 때 레이아웃도 같이 렌더링될 수 있도록 하고 있다.

- <BODY> 요소의 끝자락에 자바스크립트 파일들을 포함하여 병렬 다운로드 작업이 방해를 받는 일이 없도록 하였다.
- 자바스크립트와 스타일 시트 파일을 별도로 분리해서 브라우저가 해당되는 내용을 캐시에 저장하여 활용할 수 있도록 하고 있다.
- 모바일 브라우저가 사용할 수 있는 자원과 캐시의 한계를 고려해야 한다. 모바일 장치에서 캐시로 보관하기에 너무 큰 파일에 대한 요청을 줄일 방법은 마땅히 없다.
- 이미지를 최적화 하고, 자바스크립트와 CSS를 압축하는 방법을 고려해야 한다.
- 서버 차원에서는 모든 리소스를 Gzip 압축 전송으로 보내도록 한다.

더 나아가기

StarTrackr 웹 사이트의 모든 마크업과 스타일에 대해서 전부 다 살펴보지는 못했지만, 여러분만의 고유한 모바일 웹 사이트나 모바일 웹 앱을 만드는 과정에서 고려해야 할 모든 필수적인 사항들은 이번 장을 통해서 충분히 설명했다고 믿는다. 다음의 몇 가 장에서는 자바스크립트에 대해서 논의하며, 좀 더 웹 앱이 네이티브 앱처럼 보여지도록 꾸미는 일이나, HTML 5의 새로운 API들을 사용하여 모바일 웹 앱이 좀 더 유용한 기능을 가질 수 있도록 만드는 방법을 살펴보려고 한다.

Chapter 4

모바일 웹 앱

이제 우리는 실제로 실행되는 멋진 모바일 웹 사이트를 가지게 되었고, 좀 더 상호작용이 편리한 웹 사이트를 만들기 위한 차례이다. 우리 고객은 기존 웹 사이트보다 더 간단한 버전의 모바일 웹 사이트를 만들기 원하며, 앱 마켓 플레이스에 내다팔 수 있는 것과 동일한 앱도 원한다.

이는 매우 어려운 요구 사항이지만, 장치 제조사들은 우리에게만 감질나는 수준의 기능들만을 제공하는 것이 아니지만, 우리들에게 웹 방식으로 네이티브 동작을 재구성할 수 있도록 독려하고 있다. 만약 이 양날의 검을 신중하게 다룬다면, 즉, 우리의 제약 사항과 우리의 강점을 공략한다면, 우리가 만드는 웹 사이트를 즐기기에 편리한 완벽한 앱으로 탈바꿈시킬 수 있을 것이다.

터전 만들기

모바일 웹 사이트를 **앱처럼 꾸미기 위한** 첫 단계는 바로 환경을 준비해서 몇몇 공통적인 DOM 이벤트를 제어하고, 네이티브와 비슷한 기능을 빠르고 쉽게 만드는 기쁨을 누릴 수 있게 하는 것이다. 이렇게 함으로써 우리가 사용하기 좋은 앱을 만들면서도 더욱 다양하고 고급 기능을 포함할 수 있도록 도움을 줄 것이다.

프레임워크와 라이브러리

무엇보다도 우선은, 몇 가지 어려운 결정을 내려야만 한다. 모바일 웹 앱 개발 환경에는 왕도가 없으며, 그저 빽빽하고 우거진 숲을 매우 뛰어난 장치와 브라우저가 제공하는 다양하고 넓은 기능들을 이용하여 헤쳐나가는 것이 전부이다. 우리의 일을 돕기 위해서, 모바일 앱 개발을 위한 새로운 프레임워크와 라이브러리가 필요하며 이것을 사용하여 마치 버섯에 싹을 틔우는 것과 같이 조금씩 개발을 진행시켜야 한다.

프레임워크를 사용하면 우리의 작업을 여러 장치와 여러 브라우저들의 제약 사항들로부터 단순화시켜주고, 미리 만들어진 UI 위젯과 디자인을 사용하여 앱에 이러한 내용들을 한번에 반영할 수 있도록 도와준다. Sencha Touch[1]와 jQuery Mobile[2]은 이 분야에서 대표적인 선두 주자들이지만, 다른 프레임워크들도 존재하며, 그리고 이들 중에서 '대세'라고 말할 수 있는 프레임워크는 지금 이 시점에서는 아무도 없다. 모든 것치 큰 프레임워크들은 나름의 장단점들이 있으므로, 각 프레임워크들이 제공하는 다양한 옵션들이 여러분의 성능, 호환성, 커스터마이징 가능성 등의 필요 기능들을 얼마나 잘 만족하는지 충분히 테스트 해보고 평가해봐야 한다. 모바일 웹에서의 내부적인 개발 콘셉트를 여러분에게 알려주기 위한 목적으로 특별히 이 책에서는 우리들만의 고유한 UI 코드를 직접 작성해보기로 하겠다.

그런데 DOM 라이브러리에 대해서는 어떻게 해야 할까? 확실히 우리만의 고유한 DOM 제어 코드를 작성할 필요가 없었다. 지난 수년간, 자바스크립트 라이브러리들은 DOM과 함께 작동하는 방식을 변경해왔다. 우리는 페이지에 애니메이션 효과를 주기 위하여 간결하고 우아한 API들을 사용하였고, 데스크톱 브라우저들 간의 일관성 없는 문제를 해결하기 위하여 우리들의 시간을 헛되이 사용하지 않았다.

그렇다면 모바일에서도 이러한 편리함은 여전할까? 답은 물론 '상황에 따라 다르다'가 되겠다. 대부분의 주요 DOM 라이브러리들은 모든 주요 데스크톱 브라우저들과 같이 동작하도록 정말 세심한 주의를 기울여서 만들며, 여기에는 Internet Explorer 6도 포함된다. 그러나 모바일 웹 앱에서 Internet Explorer 6는 이슈가 아니다. 다시 말해, 여러분

---

[1] http://www.sencha.com/products/touch/

[2] http://jquerymobile.com/

의 옵션을 평가해야 한다. 이 책의 나머지 부분에서, 매우 잘 알려진 jQuery에 대해 많은 시간을 할애할 예정이지만, 거의 모든 콘셉트와 코드들은 다른 자바스크립트 라이브러리들로, 혹은 자바스크립트 코드 그 자체로 변환할 수 있다.

 더 날씬한 jQuery

만약 jQuery를 좋아하긴 하지만, 파일의 크기 때문에 걱정이라면, Zepto 프로젝트[3]를 검토해보기 바란다. jQuery의 주요 기능들과 어느 정도 호환되는 API를 제공하지만 코드 압축기를 거치면 4KB에서 5KB 이내의 코드로 파일을 압축할 수 있다. 이것이 가능한 이유는 이 라이브러리가 오로지 WebKit 브라우저들을 대상으로 하기 때문이며, Internet Explorer 6를 위한 고려 사항이 일절 반영되지 않기 때문이다.

모바일 자바스크립트 디버깅하기

jQuery를 사용하기로 결정하였다면, 이제 HTML 문서의 하단부, 그러니까 </BODY> 태그에 최대한 가까운 위치에 이 라이브러리를 추가해보자. 그리고 추가적으로 jQuery가 정상적으로 작동하는지 확인하기 위한 간단한 점검 기능을 넣어보았다.

Ch4/01-jquery.html (인용)

```
<script src="javascripts/vendor/jquery-1.6.1.min.js"></script>
<script type="text/javascript">
  $(document).ready(function(){
    alert("StarTrackr loaded!");
  };
</script>
```

만약 경고 창이 나타나지 않는다면 어떻게 해야 할까? 무엇이 잘못된 것일까? 이를 진단하고 디버깅 할 수 있는 몇 가지 방법이 있다. 우선 해볼 것은 여러분의 데스크톱 브라우저로 열어보는 것이다. 사파리나 크롬과 같은 WebKit 기반 웹 브라우저들은 iPhone이나 안드로이드 폰과 가장 비슷한 에뮬레이션을 제공하고, 그 안에 내장된 디버깅 툴을 이용해서 여러분을 복잡한 문제들로부터 구원해줄 것이다.

---

[3] http://www.zeptojs.com/

가장 기초적인 콘솔 또한 iPhone에서 사용 가능하지만 기본적으로 이 기능은 비활성화 되어있다. 사파리 환경 설정 화면에서 일반 폰 설정을 통하여 이 기능을 켤 수 있다. 페이지의 오류만을 나타낼 수 있는 것뿐만 아니라 여러분이 직접 진단 메시지를 콘솔에 기록할 수도 있는데, 코딩을 할 때 메시지 박스를 마구 띄우는 코딩을 하지 않고 보다 훨씬 편리한 방식으로 정보를 확인할 수 있게 만드는 것이 가능하다. 몇 가지 서로 다른 로그 타입을 지정하여 정보를 분류할 수 있도록 도와준다.

```
console.log("일반 로그 항목");
console.info("정보를 위한 로그 항목");
console.warn("경고를 위한 로그 항목");
console.error("오류를 위한 로그 항목");
```

그림 4.1에서는 iPhone에서 남겨진 로그 내역을 출력하는 UI를 보여주고 있다.

그림 4.1. iPhone 콘솔에서의 로그 내용을 확인하는 화면

위의 코드에서는 단지 문자열만을 기록하도록 코드를 작성하였지만, 여기서 변수들의 값도 볼 수 있다. iPhone에서는 객체들 이외의 기본적인 형식들, 예를 들어 문자열이나 숫자, 날짜들과 같은 형식에 대한 값만을 확인할 수 있지만, 그럼에도 불구하고 유용하

다. 그러나 실제 배포 환경으로 코드를 내보내기 전에 반드시 이 로그 메시지 남김 기능은 지우고 가도록 하자. 만약 사용자의 장치가 `console` 객체를 지원하지 않는 경우, 스크립트에서 또 다른 오류를 발생시켜 스크립트의 실행을 멈추게 될 가능성이 있다.

만약 안드로이드 장치에서 테스트 하는 경우, 장치에서 USB 디버깅 기능을 활성화 할 수 있고, 그 다음 안드로이드 SDK와 함께 제공되는 안드로이드 디버그 브릿지로 여러분의 장치에서 남기는 로그 메시지를 컴퓨터의 터미널을 통해서 볼 수 있다. 나중에 이 SDK를 설치하는 방법은 7장에서 다룰 예정이다. 이 로그들을 보려면, '`adb logcat`' 명령을 SDK의 **platform-tools** 디렉터리로 이동하여 실행한다.

이벤트

많은 사용자들에게 있어서, 웹 사이트와 네이티브 앱 사이의 가장 중요한 차이점을 꼽으라 한다면 화면이나 페이지가 바뀌는 형태에 대한 것을 꼽을 것이다. 네이티브 앱은 즉시 반응하며, 때로는 슬라이드 효과나 페이드 효과를 화면에 나타내기도 하지만, 반면 웹 사이트는 몇 초 간 기다리거나 다음 페이지가 불러들여질 때까지 흰 화면만 나타난다.

우리가 만드는 웹 앱이 좀 더 높은 응답 성능을 가질 수 있도록 하는 방법은 다양하다. 예상했겠지만, Ajax를 페이지 구성 요소로 사용해서 페이지의 내용을 새로 고치는 전략이 우리 전략의 핵심이다. 이 기법은 나중에 7장에서 PhoneGap을 사용하여 우리 앱을 네이티브 앱으로 변환하는 과정에서 살펴볼 것이다.

Ajax로 콘텐츠를 로딩하기 전에 전환 효과와 애니메이션을 사용하여 부드러운 효과를 내도록 하기 위해서는 몇 가지 이벤트를 캡쳐 해서 사용해야 한다. 거의 대부분 모바일에서 이벤트를 핸들링 하는 것은 데스크톱 웹에서 하던 것과 거의 다르지 않지만, 몇 가지 중요한 핵심 요지들을 알리고자 하며 이는 알아둘 필요가 있는 내용들이다.

우리가 만들어놓은 탭 바의 링크를 클릭했을 때 발생하는 이벤트를 제어하는 것으로부터 시작해보자. 아래는 내비게이션 기능을 수행하는 마크업 코드들이다.

Ch4/02-clicks.html (인용)

```
<ul id="tab-bar">
  <li id="tab-spots">
```

```
      <a href="#page-spots">
        Spots
      </a>
    </li>
    <li id="tab-sighting">
      <a href="#page2">
        Add a sighting
      </a>
    </li>
    <li id="tab-stars">
      <a href="#page3">
        Stars
      </a>
    </li>
</ul><!-- #tab-bar -->
```

우리가 리스트 상의 각 항목들의 클릭 이벤트를 재정의할 수 있는지를 확인하기 위하여, 처리기 안에서 메시지 박스를 띄우도록 코딩을 해본다.

Javascripts/ch4/02-clicks.html (인용)

```
$("#tab-bar li").click(function(e){
  e.preventDefault();
  alert("Coming soon!");
});
```

 스크립트 실행하기

지금부터 사용하는 모든 스크립트 코드 조각들은 ready 함수 안에서 작성되는 것으로 가정하고 기술될 것이다. 이렇게 하는 이유는, 문서가 완전히 로드 된 이후에 우리가 작성하는 스크립트 코드가 실행될 수 있도록 분명히 하기 위해서이다.

각 리스트 항목들의 click 이벤트에 우리가 만든 함수를 덧붙였고, 기본 링크 동작이 일어나지 않도록 방지하여, 브라우저가 링크의 내용대로 페이지를 이동시키지 않도록 만들었다. 모바일 장치에서 지금 만든 페이지를 로드 하면 정상적으로 잘 동작하는 것을 볼 수 있을 것이다. 아마 그저 그런 메시지 박스를 보여줄 것이지만, 여러분이 작성한

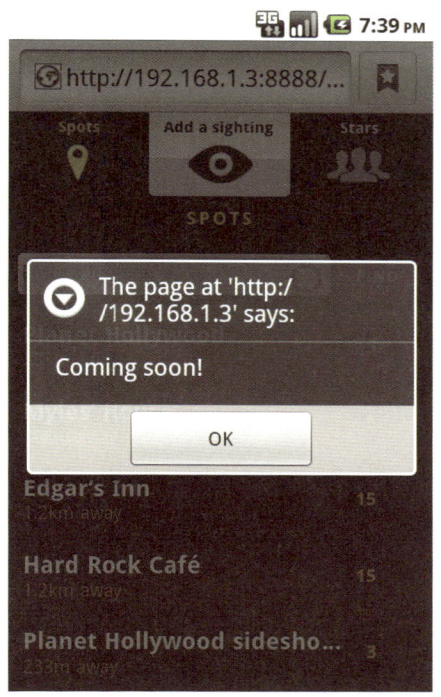

그림 4.2. click 이벤트를 통하여 메시지 박스를 출력하도록 만들었다.

코드가 여러분 손 안에 있는 핸드폰에서 제법 멋지게 돌아가는 것을 볼 수 있을 것이다. 그림 4.2는 이 코드를 안드로이드 브라우저에서 실행한 결과이다.

DOM click 이벤트는 내부적으로 두 가지의 단계로 구성되는데, mousedown 이벤트 그리고 이어서 mouseup 이벤트로 구성된다. 이렇게 구성된 이유는 볼 것도 없이 마우스에 맞추어진 이벤트이고, 클릭을 하는 아주 짧은 시간 동안 일어나며, 그리고 이것이 사용자가 정확한 마우스 위치로 옮겨진 이후에 발생하게 된다. 이 상호 작용 방식은 터치 스크린 환경에서는 완전히 재현되지 않으며, 클릭 동작은 몇몇 장치에서 조금 느릿느릿하게 느껴진다.

조금 더 개선하기 위한 취지에서, mouseup 이벤트에만 집중하고자 한다. 하지만, mouseup 이벤트는 click 이벤트와는 별개로 일어나는 이벤트이고, 그래서 여전히 click 이벤트의 기본 동작을 막아 링크를 따라 다른 페이지로 이동하는 것을 막을 필요가 있다. 하이퍼링크의 동작을 막은 이후에는, mouseup 이벤트 핸들러 안에 있는 코드를 실행하도록 만들어야 하는데, jQuery의 bind 메소드를 사용하여 이를 추가할 수 있다.

Javascripts/ch4/03-mouseup.js (인용)

```
// 링크의 기본 동작을 막는다.
$("#tab-bar li a").click(function(e){
  e.preventDefault();
});

// mouseup 이벤트에서 우리가 하려는 일을 한다.
$("#tab-bar li").bind("mouseup", function(){
  alert("Coming soon!");
});
```

간단한 터치 이벤트

모바일 장치들이 비록 여러분의 손가락을 마우스 포인터처럼 취급하는 경향이 있고, 보통의 클릭 이벤트를 다루지만, 상황을 더 정확하고 유용하게 다룰 수 있도록 해주는 **터치** 이벤트도 역시 같이 존재한다. 그러나, 이는 무척이나 많은 크로스 브라우저들 사이의 함정을 파헤쳐야 하는 일이며, 너무나 엄청난 일이다 보니 차라리 Internet Explorer 6로 돌아가서 코딩 하는 게 더 나을 것 같다는 생각마저 불러일으키게 할 수 있다.

정말 다행스럽게도, 터치 여부를 확인하는 것은 아래와 같이 매우 단순하다.

Javascripts/ch4/04-touchend.js (인용)

```
$("#tab-bar li").bind("touchend", function(e){
  alert("Coming soon!");
});
```

요즘 나온 대부분의 터치 장치들은 touchend 이벤트를 지원하고 실제로 호출한다. 이 이벤트는 사용자가 화면을 누른 다음 손가락을 뗀 후에 발생하게 된다. 이 외에도 마우스 이벤트와 대응이 가능한 몇 가지 터치 이벤트들이 있는데, 표 4.1에서 열거한 항목들과 같다.

표 4.1. 마우스 이벤트에 대응되는 터치 이벤트들

터치 이벤트	마우스 이벤트
touchstart	mousedown
touchmove	mousemove

터치 이벤트	마우스 이벤트
touchend	mouseup
	mouseover

한 가지 알아둘 것은 mouseover 이벤트가 모바일 장치에서는 존재하지 않는다는 것이며, 그에 따라 여러분의 손가락이 화면 위 어디에 있는지 사실 알 방법이 없다는 것을 의미한다. 아주 사소한 부분이지만, 사용자 인터페이스 디자인 측면에서는 아주 흥미로운 영향을 주며, 2장에서 논의한 것과 같은 주제이다. 호버 상태를 사용할 수 없거나 툴팁이 존재하지 않음은 더 이상 사용자가 화면 위에서 마우스 등을 움직여 도움말을 볼 근거가 없음을 의미하므로, 여러분의 인터페이스를 이러한 수단에 의존하여 설명하지 않고 자기 스스로 설명적이게 될 수 있도록 구성해야 함을 뜻한다.

지금까지, 마우스 이벤트의 하위 집합들에 대해서 간단히 살펴보았지만 별 다른 것은 없었다. 다음 장에서, 모바일 장치들이 제공하는 몇 가지 고급 터치 기능들, 예를 들어 손가락 문지르기나 제스처와 같은 기능들이 있다. 그리고 그 동안, 몇 가지 간단한 터치 이벤트에 대해서 계속 살펴보고자 한다.

기능 감지하기

터치 이벤트는 좀 더 정확하고 더 반응성이 좋지만, 모든 장치에서 지원되는 것은 아니다. 아마 우리는 이 부분 때문에 최신의 사양을 가진 핸드폰에만 초점을 맞추게 될 수 있지만, 가능한 많은 브라우저들을 대상으로 지원을 확대하는 방향을 모색할 필요가 있다. 뿐만 아니라, 터치 이벤트에만 집중하게 되면 여러분의 앱을 데스크톱 브라우저에서 테스트 할 방법이 없어지게 된다. 여러분의 스마트폰에서 어렵게 만든 기능이 잘 동작하는 것을 보는 것은 기분 좋은 일이지만, 데스크톱과 스마트폰 사이를 오고 가면서 여러분의 기능을 테스트 하는 것은 그다지 재미없을 것이다.

꼭 여러분의 마우스 동작을 터치 이벤트로 번역해주는 다양한 장치 에뮬레이터들을 사용해볼 필요가 있지만, 만약 데스크톱 웹 환경을 사용하고 있다면 여러분의 앱을 데스크톱 브라우저에서 테스트 해보는 것이 더 편리할 것이다.

우리가 작성한 코드가 구형 모바일 브라우저나 새 모바일 브라우저에서 모두 작동할 수 있게 하고, 데스크톱 브라우저까지 지원하도록 하기 위해서는 **기능 감지**에 대한 것을 조금 구현해야 한다. 기능 감지는 사용자의 브라우저가 제공하는 기능들 중에 우리가 원하는 기능이 있는지 확인하는 것으로, 만약 이러한 기능들이 제공되지 않을 경우 대안을 사용할 수 있도록 해주는 수단이 된다.

이 작업을 아래와 같이 몇 개의 변수를 할당하는 것으로 구현할 수 있다.

Javascripts/ch4/05-touchcetect.js (인용)
```
var hasTouch = "ontouchend" in document,
    touchEndEvent = "touchend";

// 터치 이벤트가 없으면 mouseup 이벤트를 대신 사용하게 한다.
if (!hasTouch) {
  touchEndEvent = "mouseup";
}
```

만약 브라우저가 터치 이벤트를 지원한다면, window의 document 객체는 ontouchend 이벤트를 제공할 것이다. 그리고 이를 활용해서 'touchend'라는 문자열을 포함하는 touchEndEvent라는 변수를 만들 수 있다. 만약 기능을 지원하지 않는 경우에는 이 변수에 들어갈 문자열을 'mouseup'으로 바꾸어 저장하게 된다.

이제 이벤트의 이름을 포함하는 이 변수를 사용해서 우리가 목표로 하는 대상 이벤트에 직접 bind 함수를 호출하여 사용자가 사용하는 장치의 기능에 따라 자동으로 이벤트를 치환하도록 만들 수 있게 되었다.

Javascripts/ch4/05-touchdetect.js (인용)
```
$("#tab-bar li").bind(touchEndEvent, function(){
  alert("Coming soon!");
});
```

 삼항 연산자

자바스크립트를 비롯하여 많은 프로그래밍 언어들은 위의 코드에서와 같이 상황에 따라 변수의 값을 지정할 수 있도록 해주는 연산자를 가지고 있다. 이것을 **삼항 연산자**라고 부르며, 삼항 연산자의 문법은 a ? b : c 꼴이다. 만약 a 식의 결과가 참이라면 b를 반환하며, 결과가 거짓이라면 c를 반환하는 것으로 해석된다. touchend 이벤트를 선택하기 위한 위의 코드를 삼항 연산자 스타일로 바꾸면 아래와 같다.

```
var touchEndEvent = "ontouchend" in document ? "touchend" : "mouseup"
```

위의 코드는 '만약 document 객체가 ontouchend 이벤트를 포함하고 있다면, "touchend" 문자열을 반환하고, 그렇지 않으면 "mouseup" 문자열을 반환하시오'라는 의미가 된다. 이 식에 의해서 반환된 문자열은 touchEndEvent 변수에 기록된다. 삼항 연산자는 일각에서는 어렵다고 말하기도 하지만 대체로 단순한 형태로 조건부 할당을 할 수 있게 해주며, 여러분이 코드를 최대한 짧게 쓰는 것을 선호하는지의 여부에 따라 삼항 연산자를 사랑할 수도 미워할 수도 있을 것이다.

여러분에게 부담감을 심어주려는 것은 아니나, 사실 클릭 이벤트에 관해서 좀 더 살펴볼 내용들이 아직 많다. 단순한 클릭이라 하더라도 마우스를 움직이는 것에서 손가락을 사용하는 것으로 바뀔 경우 많은 문제를 일으킬 수 있고, 그 중 하나는 더블 클릭에 대한 문제이다. 여러분의 모바일 장치는 여러분의 클릭이 더블 클릭인지의 여부를 판단하기 위해서 상대적으로 긴 시간 동안 다음 입력을 기다리게 되고, 이 대기 시간 그 자체는 매우 짧지만 알아챌 수 있을 정도의 시간이다. 6장에서, 우리는 '빠른 클릭'이라고 하는 것을 통해서 이러한 시차를 제거할 것이다. 이 장의 나머지에서는, 이러한 단순성의 측면을 있는 그대로 받아들이고, click 이벤트의 성질을 이용할 것이다.

빠른 구현

이 책에서 언급한 내용을 따라 움직였지만, 좀 더 복잡한 코드를 통해서 더욱 네이티브에 가까운 효과와 동작들을 만들어보고자 한다. 다행히, 몇몇 표준 후킹 기능과 API들이 있지만, 이 외에도 몇 가지 고려해볼 수 있는 트릭을 활용해서 너무 많은 작업을 하지 않으면서도 쉽게 활력을 불어넣을 방법을 살펴보고자 한다.

유용한 링크

보안상의 이유로, 모바일 웹 앱은 모바일 장치가 제공하는 수많은 기본 기능들로부터 격리되어 있는데, 가령 네이티브 앱과는 달리, 모바일 웹 앱에서는 사용자들의 연락처 목록을 얻을 수 없고, 카메라를 이용하여 사진을 찍는 기능은 아직 지원되지 않는다. 하지만, 몇몇 핵심적인 기능들이 열려있으며, 하이퍼링크를 통해서 조심스럽게 이러한 기능들을 통해 데이터를 전달할 수 있는 방안을 제공한다.

E-MAIL

이러한 유형의 기능들 중 가장 단순한 것은 `mailto:`로 시작하는 URI 스키마이다. 데스크톱에서는 이 기능을 사용하면 여러분의 기본 메일 클라이언트 프로그램으로 메일을 보낼 수 있도록 앱이 실행되는데, 마찬가지로 스마트폰에서도 같은 기능을 제공한다.

Ch4/06-links-forms.html (인용)

```
<a href="mailto:feedback@startrackr.com?subject=Complaint">
  Send complaint
</a>
```

이 링크를 클릭하면 장치의 기본 메일 앱이 나타나며, 메일 제목이 우리가 지정한 변수의 값 그대로 지정된 상태로 그림 4.3과 같이 나타나게 된다.

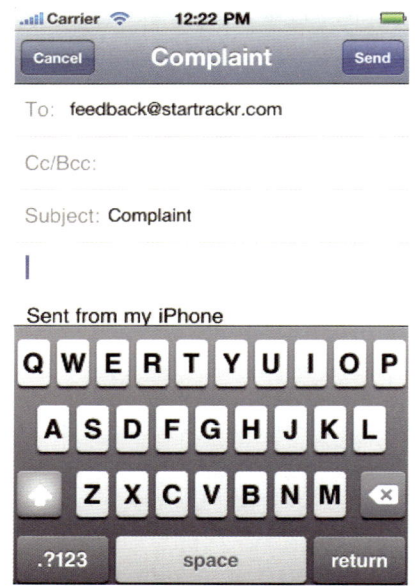

그림 4.3. `mailto:` 링크를 통해서 폰의 기본 메일 앱이 실행된 화면

전화번호

전화를 걸 수 있도록 하기 위해서 `tel:` URI 스키마를 같은 방법으로 이용할 수 있다. 이렇게 하면, 전화번호가 미리 입력된 상태의 다이얼 패드 화면이 나타난다. 물론, 전화가 자동으로 걸리는 것은 아니다.

Ch4/06-links-forms.html (인용)

```
<a href="tel:1-408-555-5555">
  Call in a sighting!
</a>
```

사실, iPhone의 경우 하이퍼링크로 전화번호를 직접 지정하지 않아도 된다. 모바일 사파리에는 자동으로 전화번호를 인식하여 전화번호에 해당되는 텍스트 부분을 자동으로 하이퍼링크로 바꾸어주는 기능을 내장하고 있다. 멋지다고 생각할지는 모르겠지만, 이 기능은 여러분이 표시한 제품 ID와 같은 일련 번호를 전화번호로 바꾸게 된다. 비슷한 기능으로, 주소처럼 판단되는 텍스트를 지도에 대한 검색 링크로 바꾸는 기능도 내장하고 있다. 그러나 모든 자동 기능들이 그렇지만 의도한 대로 작동하는 것은 아니다. 이 경우, `<META>` 태그를 `<HEAD>` 요소 아래에 다음과 같이 추가하여 이러한 자동 기능이 사용되지 않도록 막을 수 있다.

```
<meta name="format-detection" content="telephone=no"/>
<meta name="format-detection" content="address=no"/>
```

여기에 iPhone에서는 지원되지만 안드로이드에서는 `sms:` URI 스키마가 지원되지 않는다는 차이점이 있으며, 전화번호를 지정하면 텍스트 메시지를 보낼 수 있도록 하는 앱이 뜨게 하는 원리이다. 이 시점에서, 제한된 기능 때문에 걱정이 들 수도 있지만, 다행히도 장치가 이러한 URI를 정확히 이해하지 못했다고 하여 여러분의 앱을 중단시키거나 하는 일은 없으며, 그저 링크가 작동하지 않는 정도로 끝나게 된다.

지도

지도에 대하여 살펴보면, 그 상황 자체는 약간 덜 유용해 보인다. 만약 지도를 열고 특정한 위치로 확대해서 보여주기 원한다면, 표준화된 방법으로 널리 쓰이는 기법은 없다.

보통 사용하는 방법은 http://maps.google.com/으로 시작하는 주소에 매개 변수를 지정하여 위도와 경도 값을 주는 것이 전부이다. iOS와 안드로이드 모두 이 주소로 시작하는 링크를 클릭하면 브라우저로 이 사이트를 직접 열지 않고 자체 지도 앱을 통해서 해당되는 위치를 보여준다.

Ch4/06-links-forms.html (인용)
```
<a href="http://maps.google.com.au/maps?q=sitepoint">Visit us!</a>
```

좀 더 웹 표준에 가까운 모양을 원한다면 geo: URI 스키마를 사용하는 방법이 있는데, 이를 통해서 지도에 관련된 데이터나 값들이 장치의 기본 지도 앱으로 전달되도록 할 수 있다. 아래와 같이 위도와 경도 값을 지정할 수 있다.

Ch4/06-links-forms.html (인용)
```
<a href="geo:-33.87034,151.2037">Visit us!</a>
```

또는 거리 주소나 비즈니스 명칭이나 위치를 아래와 같이 지정할 수 있다.

```
<a href="geo:0,0?q=123+Fake+St">Visit me!</a>
```

멋진 기능이지만, 현재는 안드로이드에서만 사용할 수 있다.

폼 필드 속성

링크를 활용하는 것 이외에 폼에 대해서도 살펴볼 것이 있다. HTML5에서는 기본적인 폼 입력 방식을 계승하여 더욱 유용하고 멋진 새로운 입력 유형과 폼 속성을 추가하였는데, 현재의 모바일 장치에서도 잘 지원되는 기능들이다.

HTML5에서 입력 필드들에 대해 placeholder 속성을 사용하면, 입력되지 않은 상태에서는 내용이 미리 채워진 상태로 보이다가, 사용자가 입력을 하기 위하여 포커스를 지정하면 내용이 사라지는 모습을 구현할 수 있는 속성이다. 이 속성은 라벨 기능을 사용하지 않도록 할 때 사용되거나, 사용자들에게 추가적인 도움말을 제공하기 위한 목적으로 활용된다.

Ch4/06-links-forms.html (인용)

```
<fieldset>
  <label for="name">
    <span>Who</span>
    <input type="text" name="name" placeholder="Star's name"/>
  </label>
  <label for="tags">
    <span>Tags</span>
    <input type="text" name="tags" placeholder="Tag your sighting"/>
  </label>
</fieldset>
```

iPhone의 키보드는 사용자들이 폼 필드에서 첫 글자를 입력하려고 하면 자동으로 첫 글자를 대문자로 바꾸도록 시도한다. 거의 대부분 여러분이 원하는 기능이기도 하지만 항상 그런 것은 아니다. 예를 들어, 우리의 예제 폼에 있는 태그 필드에서 무언가 입력하고자 하면 iPhone은 자동으로 인식에 실패한 단어에 대해 교정된 단어 후보를 제시하는데, 이 기능이 우리가 연예인의 이름 입력 필드에서도 동일하게 작동하기 때문에 불편함을 초래한다. 이 기능은 autocorrect와 autocapitalize 속성을 명시적으로 비활성화하여 사용하지 않도록 할 수 있다.

Ch4/06-links-forms.html (인용)

```
<fieldset>
  <label for="name">
    <span>Star</span>
    <input type="text" autocorrect="off" placeholder="Star's name"/>
  </label>
  <label>
    <span>Tags</span>
    <input type="text" autocapitalize="off" placeholder="Tag your sighting"/>
  </label>
</fieldset>
```

한 가지 알아둘 것은 지금 이야기한 속성들은 지금 현재의 HTML 사양에 포함되지 않은 비 표준 속성들이라는 것이다.

자동 기능 해제하기

만약 폼 내부의 대다수의 필드들이 이러한 자동 기능이 필요하지 않다면 <FORM> 요소에 위의 속성을 지정하여 일괄적으로 기능을 켜거나 끌 수 있다. 그리고 나서 필요한 필드에만 다시 선택적으로 이들 속성을 추가하여 기능을 재정의하는 것도 가능하다.

HTML5가 제공하는 또 다른 모바일 사이트에서 유용한 입력 기능 중에는 숫자를 입력할 수 있는 기능이 있다. 입력 필드의 전통적인 `type="text"` 속성을 넘어서서, HTML5에서는 E-MAIL, 숫자, URL, 날짜, 심지어는 색상 선택까지 다양한 입력 기능을 제공한다. 이들 모두는 간단한 텍스트 필드로 대부분의 브라우저에서 표시되지만, iPhone에서는 각 데이터의 유형에 알맞은 키보드 입력 창을 나타내주며, 예를 들어 `type="email"`로 지정한 경우 '@' 문자와 '.' 문자를 빨리 입력할 수 있는 단축키를 보여주고, `type="number"`로 지정한 경우 일반 키보드 대신 숫자 키패드를 그림 4.4와 같이 보여준다. 블랙베리 브라우저에서는 날짜와 색상 선택 기능을 date와 color로 지정한 경우 편리하게 입력할 수 있도록 기능을 추가로 제공한다.

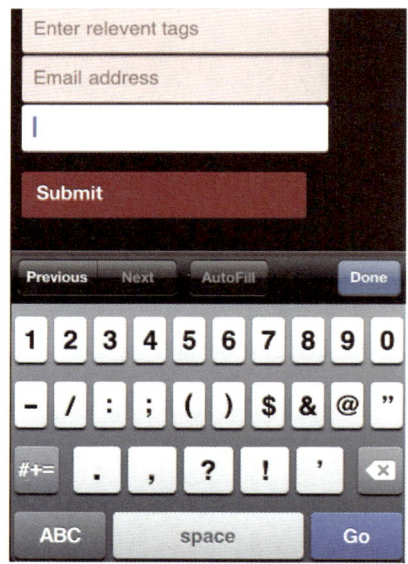

그림 4.4. iPhone에서 숫자 입력 필드에서 숫자를 입력하기 편리하도록 개량한 키보드를 보여주는 도습

다음은 몇 가지 입력 필드 유형에 대한 실제 사용 예시이다.

Ch4/06-links-forms.html (인용)

```
<label>
  <span>Tags</span>
  <input type="text" autocapitalize="off" placeholder="Relevant tags">
</label>
<label>
  <span>Number of celebs</span>
  <input type="number" placeholder="Number of celebs">
</label>
<label>
  <span>Tags</span>
  <input type="email" placeholder="Your email address">
</label>
```

이들 기능 모두에 대한 지원은 일관성이 없으므로, 목표로 하는 모바일 장치들에 대해 각각 테스트를 해보는 것이 좋다. 좋은 소식은 각각의 입력 유형에 대한 지원이 빠진 경우라고 할지라도, 여러분의 앱이 망가지는 일은 없다는 것이다. 지원되지 않는 입력 형식에 대해서는 브라우저가 단순히 일반 텍스트 박스로 대체해서 보여주며, 사용자의 재량에 따라 입력할 수 있게 바뀐다.

iPhone이 처음 시장에 등장한 까닭에, iOS만의 독자적인 트릭들이 다른 모든 장치들에도 많이 반영되었지만, 경쟁자의 기능을 모두 수용하고 있는 것은 아니다. 다행스럽게도, HTML5 표준 자체는 계속 성장하고 있으며, 몇몇 거대 모바일 업체들의 이러한 이해관계에 의한 폐단을 머지 않은 시일 내에 종식시킬 수 있을 것으로 보인다.

페이지 불러오기

터치 스크린의 기본적인 처리 방법에 대해서 지금까지 살펴보았고, 우리가 만들 링크와 폼을 최적화해서 빠른 구현을 하는 방법을 배웠으니, 이제 우리가 구현하려고 하는 기능이 어떤 모바일 웹 앱이든 관계없이 잘 동작하게 만들 차례이다. 여러분의 앱이 매우 기본적인 형태를 띄고 있기 때문에, 하나 이상의 페이지를 가질 수 있도록 하고, 그 다음 페이지 사이를 어떻게 전환하게 할 것인지를 고려할 필요가 있다. 이전에 논의한 것처럼, 우리 고객들은 웹 페이지처럼 로딩되는 우리 앱의 기존 화면을 그다지 좋아하지 않을 것이므로, 사용자에게 요청과 응답 사이클을 직접 보이지 않고 숨기는 작업이 필요하다. 이러한 일을 하기 위한 방법으로 크게 세 가지가 있을 수 있다.

1. 한 페이지에 모든 것을 넣고, 각 섹션을 보이거나 숨기는 방식을 사용한다.
2. Ajax를 통하여 새 페이지를 불러온다.
3. 앱의 모든 뼈대를 한곳에 포함하여 필요한 데이터만 채워 넣는 방식을 사용한다.

어떤 앱을 만들 것인지에 따라서 여러분이 선택하게 되는 방법이 결정된다. 우선 첫 번째의 단순한 접근 방법을 사용해서, 모든 콘텐츠를 한 번에 로딩하도록 할 것이다. 이렇게 하면 여러 상태 사이를 오고 가면서 제어할 수 있는 방법이 생기게 된다. 물론, 실제 앱에서는 사용자의 위치에 의존하여 최신 정보를 가져와야 하고, 아마도 다른 두 가지 방법 중 하나를 택하고자 할 것인데, 이 방법들에 대해서는 이 장의 후반부에서 살펴보고자 한다.

페이지 바꾸기

만약 우리가 보여줄 모든 콘텐츠를 하나의 HTML 페이지로 포함하게 되면, '페이지'라는 것은 우리 앱의 관점에서 봤을 때는 더 이상 완전한 HTML 문서가 아니게 되며, DOM 노드들을 담을 컨테이너를 찾아 여기에 내용을 채워 넣는 방식이 된다. 적절한 컨테이너를 선택하는 것과 함께 페이지들을 그룹화 할 수 있는 올바른 방법을 찾아서 스크립트가 일관성 있게 이러한 내용들을 처리할 수 있도록 하는 설계가 필요하다.

ID가 pages인 <DIV> 태그로 컨테이너를 하나 만들어서, 여기에 실제 페이지들의 내용이 담겨 있는 다른 <DIV> 태그들을 포함할 수 있도록 준비할 것이다. 실제로 한 번에 한 페이지만 보여지도록 만들어져야 하므로, current라는 클래스를 하나 만들어 현재 보이는 페이지를 위해서 이 클래스를 지정할 것이다. 이 클래스는 페이지가 전면에 활성화 되어야 하는 상태일 때 지정될 것이다.

```
<div id="pages">
  <div id="page-spots" class="current">
    <!-- Spots 인덱스 -->
  </div>
  <div id="page-spot">
```

```
        <!-- Spot 상세 -->
      </div>
      <div id="page-sightings">
        <!-- 연예인이 나타난 위치를 추가하는 페이지 -->
      </div>
      <div id="page-stars">
        <!-- Stars 인덱스 -->
      </div>
      <div id="page-star">
        <!-- Star 상세 -->
      </div>
    </div>
```

이 페이지 목록들은 탭 바 바로 아래에 위치할 것이므로 기존의 내비게이션 마크업 코드를 수정할 필요는 없다. 그러나, 링크들이 이들 페이지와의 연관성을 유지할 수 있도록 하기 위하여 각 페이지 <DIV> 요소의 id 속성 값을 링크에 지정하려고 하며, 나중에 이를 통해서 페이지를 보여주기 위한 간단한 트릭을 위해 활용할 것이다.

```
<ul id="tab-bar">
  <li>
    <a href="#spots">Spots</a>
  </li>
  <li>
    <a href="#sightings">Add a sighting</a>
  </li>
  <li>
    <a href="#stars">Stars</a>
  </li>
</ul>
```

이렇게 하고 나면, 페이지를 보여주거나 숨기기 위한 몇 가지 스타일이 필요하게 된다. 우리가 작성한 마크업에서, 각 페이지는 #pages 컨테이너 아래에 직접 연결되는 자식 노드들이 있으며, 우리는 이 사실을 이용하여 child 선택자 기호 '>'로 한꺼번에 이들을 선택할 수 있다. 우선, 모든 페이지들을 숨겨야 하고, 그 다음 현재 선택된 페이지에 대해 current 클래스를 부여하여 다시 나타나도록 할 것이다.

Stylesheets/transitions.css (인용)

```
#pages > div {
  display: none;
}
#pages > div.current {
  display: block;
}
```

실제로 페이지가 선택되도록 하려면, 내비게이션 메뉴의 기본 동작을 억제할 필요가 있다. 이번 장의 초반에서 설명했던 이벤트 제어와 기본 이벤트 실행 방지 기능을 구현하는 자바스크립트 코드를 아래와 같이 작성한다.

Javascripts/ch4/07-swap.js (인용)

```
$("#tab-bar a").bind('click', function(e) {
  e.preventDefault();
  // 페이지를 바꾼다.
});
```

그리고 아까 전에 말했던 트릭을 여기서 사용해야 하는데, 각 페이지를 가리키기 위해서 책갈피 문법(앵커 문법, anchor syntax)을 해시 기호 '#'을 사용하여 지정했었고, 각 페이지 단편의 ID를 이름으로 사용하였다. 그리고 이것은 jQuery로 하여금 특정 id에 해당되는 요소를 찾기 위한 선택자 표현식과 정확히 맞아떨어지는데, click 이벤트를 통해서 전달되는 인자의 hash 속성을 통해 이 값을 얻어올 수 있으므로 별도로 이름을 지정하는 일 없이 곧바로 jQuery에서 사용할 수 있게 된다. 편리한 기능이 아닐 수 없다.

Javascripts/ch4/07-swap.js (인용)

```
$("#tab-bar a").bind('click', function(e) {
  e.preventDefault();
  var nextPage = $(e.target.hash);
  $("#pages .current").removeClass("current");
  nextPage.addClass("current");
});
```

대상 페이지를 찾고 난 후, 현재 페이지에서 current 클래스를 제거하여 화면에서 숨기고, 찾은 페이지에 current 클래스를 추가하여 새 페이지가 보여지게 단든다. 페이지

간 전환은 이제 우리가 기대한 대로 잘 동작하게 될 것이지만, 약간의 문제가 남아있다. 바로 탭 바의 선택된 아이콘의 상태를 페이지의 선택 상태에 따라서 바꾸지는 못한다. CSS로 되돌아가서 보면, 탭 바의 선택 상태가 <UL> 요소에 어떤 class를 지정했는지에 따라서 결정된다는 것을 볼 수 있는데, 이 class의 이름이 현재 페이지를 나타내는 <DIV> 태그의 id 속성에 지정한 이름과 같다. 그래서 여기서 해야 할 일은 앞에서 사용한 해시 문자열의 제일 첫 글자를 자바스크립트의 slice 함수로 제거하고, 이렇게 만들어진 문자열을 <UL> 요소의 class 속성에 지정하는 일이다.

Javascripts/ch4/07-swap.js (인용)

```
$("#tab-bar a").bind('click', function(e) {
  e.preventDefault();
  var nextPage = $(e.target.hash);
  $("#pages .current").removeClass("current");
  nextPage.addClass("current");
  $("#tab-bar").attr("className", e.target.hash.slice(1));
});
```

WebKit의 애니메이션 효과 사용하기

페이지 바꾸기 기능이 직관적인 형태로 완성되었다. 이렇게 함으로써 얻는 이점들이 있는데, 사용자 방식에서 벗어나서 하나의 방법으로 통일할 수 있게 해준다. 다시 말해, 페이지 사이에 잘 배치된 전환 효과가 단순히 여러분의 앱을 예쁘게 보이게 하는 효과 이외에도, 명료한 시각적 신호를 사용자에게 주어 그들이 어디로 이동하는지를 알려준다.

처음 iPhone이 발표되었을 때, 웹 개발자들은 자바스크립트로 네이티브의 전환 효과를 다시 구현했지만, 결과가 그다지 만족스럽지 못했고, 전환 효과가 매우 부자연스러워서 사용자에게 산만함을 가져다 주는 문제를 가지고 있었다. 이 솔루션은 자바스크립트로 하여금 무거운 DOM 객체를 옮기도록 하던 방식 대신, 새로운 하드웨어 가속 기능을 지원하는 CSS3 전환 효과와 애니메이션으로 대체되었다.

전환 효과에 대해서 걱정하기 전에, 몇 가지 제반 사항을 확인해볼 것이 있다. DOM 요소들을 내던지기 위해서, 이들 항목을 보이거나 숨기거나, 원하는 위치로 옮길 수 있는지 확인해봐야 한다.

Stylesheets/transitions.css (인용)

```
#pages {
  position: relative;
}
#pages > div {
  display:none;
  position: absolute;
  top: 0;
  left: 0;
  width: 100%;
}
```

요소들을 절대 위치에 배열해서, 각 페이지들이 상단 좌측 구석으로부터 움직이는 것을 확인하였고, 보이지 않는 카드들을 섞을 수 있는 편리한 스택을 활용해서 애니메이션 효과를 주거나 카드를 섞을 수 있다는 사실을 확인하였다. 지금 우리가 만든 HTML 안에서는 이들 요소가 모두 다 보여지는 것은 아니지만, 처음 등장시킬 페이지에 대해서 `current` 클래스를 지정하고자 하며, 이때 이 클래스에는 `display: block;` 속성을 사용하여 보이도록 만들 것이다.

이번에 달라지는 점은 페이지마다 CSS 애니메이션을 사용하게 된다는 것이다. 새로운 페이지가 오고, 이전 페이지가 사라지게 되면 각각 동일한 반대 효과가 작동하여 부드러운 전환 효과가 나타나게 된다. 이를 구현하기 위해서는 세 단계의 작업이 필요한데 다음과 같다.

1. CSS 애니메이션을 설정한다.
2. 페이지 요소에 대한 적절한 `class`를 설정하면서 트리거를 통해 애니메이션을 호출한다.
3. 애니메이션이 끝나면 불필요한 `class`를 삭제하고 애니메이션이 작동하지 않는 상태로 유지한다.

CSS에서부터 시작하도록 하자. 네이티브의 페이지 전환 효과를 흉내 내는 일을 하려면 수많은 문제점에 봉착하게 될 가능성이 높다. jQTouch 라이브러리에서 제공하는 유연한 메소드들을 활용하고자 하는데, 모듈 방식으로 접근할 수 있게 해주며, 우리가 전환 효과를 각 페이지 별로 더하거나 뺄 수 있도록 제어하는 일을 도와준다.

이 부분을 알아보기 전에, CSS3의 애니메이션에 대해서 기본적인 내용을 짚고 가야 한다. CSS3 애니메이션은 WebKit 기반 브라우저에서만 `-webkit-` 이라는 벤더 접두사를 통해서만 사용이 가능하고, @-webkit-keyframes 규칙에 의하여 생성된다. 그 다음, 이렇게 만들어진 애니메이션을 -webkit-animation-name 속성을 사용하여 요소에 직접 부여할 수 있다. 또한 애니메이션의 실행 시간과 가속도를 -webkit-animation-duration 속성과 -webkit-animation-timing-function 속성을 통해서 각각 제어할 수 있다. 만약 애니메이션 사용이 익숙하지 않다면, 지금 이야기하는 내용들이 더 혼란스럽게 들릴 수 있겠지만 너무 걱정하지는 말자. 익숙해지면 좀 더 이해하기 쉬워질 것이다.

이제 몇 가지 애니메이션 효과를 적용해보도록 하자. 우선, 타이밍 함수를 설정하고, 애니메이션의 실행 시간을 정의할 것이다. 이는 전환 효과가 모두 보여지기까지 얼마 간의 시간이 필요한지, 그리고 시작 위치에서 끝 위치까지 어떻게 애니메이션이 전환되는지에 대한 의미로 이해할 수 있다.

Stylesheets/transitions.css (인용)

```
.in, .out {
  -webkit-animation-timing-function: ease-in-out;
  -webkit-animation-duration: 300ms;
}
```

위의 속성들을 일반적인 CSS 클래스에 넣었으며, 이것을 우리가 앞으로 만들 다른 애니메이션에서 재사용할 수 있을 것이다.

그 다음, 키 프레임을 만들 차례이다. 시작하기 위해서, 새 페이지로 넘어갈 때 페이드 인(fade-in) 되는 효과를 만들어보자.

Stylesheets/transitions.css (인용)

```
@-webkit-keyframes fade-in {
  from { opacity: 0; }
  to { opacity: 1; }
}
```

위의 규칙에서, fade-in은 이 애니메이션에 대한 이름으로, 나중에 우리가 특정 요소에 키 프레임을 지정하여 애니메이션 효과를 주려고 할 때 사용하게 된다. 코드 안의 from 키워드와 to 키워드는 각각 애니메이션의 시작 위치와 끝 위치를 정의하며, 애니메이션 효과를 주고픈 다른 모든 CSS 속성들을 이 위치에 기술할 수 있다. 시작 위치와 끝 위치 사이에 좀 더 많은 키 프레임을 지정하기 원한다면, 진행 상태를 나타내는 백분율 값을 아래와 같이 선언하면 된다.

Stylesheets/transitions.css (인용)
```css
@-webkit-keyframes fade-in-out {
  from { opacity: 0; }
  50% { opacity: 1; }
  to { opacity: 0; }
}
```

이제 키 프레임이 정의되었으므로, 이전에 만든 진행 방향 클래스와 혼합해서 사용하여 완성된 효과를 만들 수 있다. 여기서는 앞서 정의한 애니메이션 효과와 더불어, z-index를 페이지와 페이지 사이를 전환할 때 해당되는 페이지가 정확히 제일 앞에 나타나도록 만들기 위하여 값을 뒤집는 일도 같이 할 것이다.

Stylesheets/transitions.css (인용)
```css
.fade.in {
  -webkit-animation-name: fade-in;
  z-index: 10;
}
.fade.out {
  z-index: 0;
}
```

CSS 속성 -webkit-animation-name을 선언함으로써 브라우저에게 이 규칙에 해당되는 요소에게 즉시 애니메이션 효과를 시작하도록 요청할 수 있다.

여기서 만든 CSS 코드를 이용해서 두 번째 단계로 이동할 수 있다. 우리가 만든 애니메이션을 단일 내비게이션 항목에 적용하는 것으로 시작하여, 탭 바의 모든 항목들이 같은 동작을 하도록 확장할 수 있는 것이다.

#sightings 페이지로 전환되는 모습을 보이기 위해서 세 가지 다른 클래스를 여기에 추가해야 하는데 current 클래스에서는 페이지가 보이도록 하고, fade 클래스에서는 애니메이션을 추가하고 우리가 설정한 타이밍 함수와 실행 시간을 지정해야 한다. 전환 효과의 출발점인 #spots 페이지는 current 클래스가 지정된 상태이므로 보이는 상태인

데, fade 클래스와 out 클래스를 지정함으로 사라지는 효과를 낼 수 있다.

```
var fromPage = $("#spots"),
    toPage = $("#sightings");
$("#tab-sighting a").click(function(){
  toPage.addClass("current fade in");
  fromPage.addClass("fade out");
});
```

이렇게 해서 Add a sighting 탭을 클릭하면 멋진 전환 효과가 재생이 되는 것을 볼 수 있다. 그렇지만 페이지가 여전히 남아있는 모습이 보이는데, 보여야 할 페이지 위에 원래의 페이지가 겹쳐진 상태로 되어있다. 이는 class 이름이 사라져야 할 페이지에 남아있기 때문이며, current 클래스가 양쪽 페이지에 모두 나타나기 때문이다. 이 클래스를 삭제해야 할 때이다. 이를 위하여 webkitAnimationEnd 이벤트를 사용할 수 있는데, 전환 효과가 끝난 다음에 이 이벤트가 호출된다. 이벤트가 호출되고 나면, 원래 페이지에 지정되어있던 모든 클래스들을 제거할 수 있고, 새 페이지에 대해 fade 클래스와 in 클래스를 지정하여 나타나는 효과를 보이게 할 수 있다.

그리고 여기에 중요한 사항이 하나 더 있는데, 반드시 webkitAnimationEnd 이벤트에 대한 바인딩을 해지하여 다음 번 페이지 전환 시에는 다른 내용과 겹쳐서 실행되지 않도록 만들어야 한다는 것이다.

```
var fromPage = $("#spots"),
  toPage = $("#sightings");

$("#tab-sighting a").click(function(){
  toPage
    .addClass("current fade in")
    .bind("webkitAnimationEnd", function(){
    // 애니메이션이 끝난 다음에는 클래스를 제거하고 해당 이벤트 처리기를 제거한다.
    fromPage.removeClass("current fade out");
    toPage
      .removeClass("fade in")
      .unbind("webkitAnimationEnd");
    });
  fromPage.addClass("fade out");
});
```

이제 다 되었다. 우리가 만든 페이지는 이제 완벽하게 전환 효과가 재생된다. 그러나 여전히 코드에 문제점이 남아있다. 바로 구조의 문제인데, 각 페이지 간의 페이드인과 페이드아웃(fade-out) 상태 전환을 위해서 이 코드를 반복해서 적용하기 시작하다 보면 코드가 복잡하게 나타날 것이다. 이 문제를 해결하기 위하여, `transition()` 이라는 함수를 하나 만들고, 페이지 선택자를 지정하여 이전 페이지와 현재 페이지 간의 페이드인과 페이드아웃 효과를 관리하도록 기능을 만들 것이다.

그리고 이 함수 내부에서는 우리가 사용했던 `bind()`와 `unbind()` 함수 대신 jQuery의 `one()` 메소드를 사용할 것이다. 이 메소드는 같은 작업을 더 이해하기 쉬운 형태로 완료할 수 있는데, 처음 호출할 때 `bind()`를 수행하고 이벤트가 끝나면 자동으로 `unbind()`를 수행하도록 되어있는 형태이다.

Javascripts/ch4/08-fade.js (인용)

```javascript
function transition(toPage) {
  var toPage = $(toPage),
    fromPage = $("#pages .current");

  toPage
    .addClass("current fade in")
    .one("webkitAnimationEnd", function(){
      fromPage.removeClass("current fade out");
      toPage.removeClass("fade in")
    });
  fromPage.addClass("fade out");
}
```

함수의 일반화

함수 안에서 현재 페이지를 선택하기 위한 식이 하드코딩 된 것을 본 독자도 있을 것이다. 이렇게 하면 코드를 좀 더 작게 만들 수는 있지만, 이 함수를 재사용하지는 못하게 방해하는 원인이 된다. 만약 좀 더 큰 프레임워크를 만들고 더 일반화하여 사용하기를 원한다면, `fromPage` 매개 변수도 받도록 구성하는 것이 더 좋은 설계 방식이 될 것이다.

이제 완벽하게 재사용 가능한 함수를 페이지 간 페이드 전환 효과를 만들기 위해서 우리 앱에 채택할 수 있게 되었다. 이전에 했던 것과 같은 방법으로 페이지를 바꿔서 보여주도록 만든 코드에 우리가 만든 새 기능을 넣어 부드럽게 전환 효과가 재생되도록 만들 수 있다.

Javascripts/ch4/08-fade.js (인용)
```
$("#tab-bar a").click(function(e) {
e.preventDefault();
var nextPage = $(e.target.hash);
transition(nextPage);
$("#tab-bar").attr("className", e.target.hash.slice(1));
});
```

그러나 아직 중요한 문제점이 남아있는데, Firefox와 같이 애니메이션 기능을 지원하지 않는 브라우저에서 이 기능을 테스트 해보면 문제가 발생하게 된다. 왜냐하면, 우리는 wekitAnimationEnd 이벤트에 의존하고 있고 이 상태에서 current 클래스를 이전 페이지 요소로부터 제거하였기 때문에, 애니메이션을 지원하지 않는 브라우저에서는 이 이벤트를 호출하는 일이 없으며 원래의 페이지를 숨기지 못하는 문제가 나타난다.

브라우저 테스트 하기

이 버그는 WebKit 기반이 아닌 브라우저에서 앱의 내용을 완전하게 렌더링 하지 못함으로써 발생하는 문제로 여러분의 코드를 되도록 다양한 브라우저에서 테스트 하는 것이 왜 중요한지를 보여준다. 여러분이 가지고 있는 아이폰이나 안드로이드 플랫폼과 같이 최신 버전의 WebKit 엔진을 채택하는 모바일 브라우저들에서는 이상이 없었을 지라도, 실제 모바일 브라우저들의 분포는 훨씬 다양하다는 것을 잊어서는 안 된다.

이 문제는 해결하기 쉬운 편이다. transition() 함수의 끝에서, 기능 검사 코드를 넣어 애니메이션 기능을 지원하지 않더라도 페이지를 바꾸는 동작을 따로 수행하도록 코드를 추가하면 된다.

Javascripts/ch4/08-fade.js (인용)
```
function transition(toPage) {
    ⋮
    // 애니메이션 기능을 지원하지 않는 브라우저를 위한 추가 기능
```

```
    if(!("WebKitTransitionEvent" in window)){
      toPage.addClass("current");
      fromPage.removeClass("current");
      return;
    }
}
```

이 코드를 통해서, 우리 앱은 WebKit 브라우저에서는 더욱 화려한 전환 효과를 사용하여 사용자들에게 즐거움을 제공하고, 이 기능을 지원하지 않는 브라우저라도 정상적인 페이지 전환이 일어나도록 만들 수 있었다.

그러나 여전히 다소 이상한 동작을 하고 있다는 것을, 아마도 여러분이 기능이 잘 동작하는 것을 보고 난 후 마구 화면을 누르다 보면 알아챌 것이다. 현재 페이지에 대한 링크를 클릭하거나, 다른 애니메이션이 채 끝나기 전에 다른 링크를 빨리 누르다 보면 우리가 상태 관리를 위해서 사용한 class 속성들이 남는 상태가 되어 상태가 일관성 없게 변하는 것을 볼 수 있다. 여기에 대한 대비책으로 변수의 상태를 확인해서 이전 동작이 끝나기 전이거나 현재 보고 있는 항목을 다시 선택하는 경우에 효과를 일으키지 않도록 만드는 방법이 있다.

그러나 이런 유형의 문제점들을 해결하는 것은 의외로 간단하다. 매개 변수 toPage를 확인하여 이동을 시작하는 페이지와 이동이 끝나게 되는 페이지가 같은 경우, 또는 이미 클래스가 지정된 경우에는 전환 효과가 일어나지 않도록 하면 된다. 이 패치는 다른 애니메이션 처리나 클래스 배분 이전에, 그리고 변수를 처음 설정하는 코드 바로 다음에 위치시키면 된다.

Javascripts/ch4/08 fade.js (인용)

```
function transition(toPage) {
  var toPage = $(toPage),
    fromPage = $("#pages .current");

  if(toPage.hasClass("current") || toPage === fromPage) {
    return;
  };
  ⋮
```

슬라이딩

처음으로 우리 앱에 애니메이션 전환 효과가 잘 실행되도록 만드는 데 성공하였다. 이제 다음 단계로, 마스터 디테일 페이지, 가령 우리의 경우 Spots와 Stars 목록에서 상세 보기로 넘어가는 경우, 상세 페이지를 보이는 과정에서 제일 흔하게 사용하는 전환 효과를 넣어보려고 한다. 모바일 장치에서는 디테일 페이지가 화면 오른쪽으로부터 슬라이딩 되어 오는 모습이 일반적인 동작으로, 그 전까지는 페이지를 숨긴 상태로 만들어야 한다. 사용자가 마스터 페이지로 되돌아가려고 하면, 이 디테일 페이지의 전환 효과가 역으로 재생되어 앱에 명료한 시각 모델을 제공하고 계층이 존재함을 알려줄 수 있어야 한다.

슬라이드 효과 혹은 푸시 전환 효과는 페이드 전환 효과를 통해서 살펴본 것과 같이 매우 쉽게 적용할 수 있으며, 단순히 CSS 애니메이션 효과를 바꾸는 것만으로 가능하다. 푸시 전환 효과를 적용하려면, 화면 상에 나타난 현재 페이지를 왼쪽으로 슬라이드시키는 동시에 새 페이지가 오른쪽으로부터 슬라이드 되어 나오는 모습을 만들어야 한다. 페이드 효과보다 더 까다로워 보이지만 단지 이 정도이다.

우선, 현재 화면이 밖으로 사라지는 애니메이션을 만들고자 한다. CSS 속성 `-webkit-transform` 속성을 이용하여 `<DIV>` 요소가 가로 방향으로 움직이는 효과를 내기 위하여 `translateX` 명령을 지정할 것이다.

 CSS 트랜스폼

만약 CSS3 트랜스폼에 익숙하지 않더라도 너무 걱정할 필요는 없다. 이 효과는 단순히 요소의 위치나 모형이 어떻게 표현될 것인지를 다루는 수준의 내용이기 때문이다. 여기에, 우리는 `translateX` 트랜스폼 효과를 사용할 것이고, 그 외에 당연히 `translateY`나 X와 Y축으로의 변화 효과를 동시에 지정하기 위한 `translate` 명령, 그리고 회전과 기울임을 위한 `rotate`와 `skew`, 그리고 확대/축소를 위한 `scale` 명령까지 사용할 수 있다. 사용 가능한 모든 트랜스폼 효과의 목록을 확인하려면 W3C의 CSS 2D Transforms Module의[4] 내용을 참고하기 바란다.

---

[4] http://www.w3.org/TR/css3-2d-transforms/#transform-functions

X=0에서 화면이 움직이기 시작해서 -100% 위치로 사라지도록 만들 것이다. 이는 대우 단순한 트릭이다. 만약 지금 위치의 부호를 바꾸면 화면은 왼쪽으로 움직일 것이다. 그리고 100% 위치로 왼쪽으로 옮기면 화면이 역시 사라질 것이다. 키 프레임을 정의하고 나면, .push.out 선택자를 만들어 이를 지정할 수 있다. 여기서 앞의 예제에서 단든 out 클래스는 실행 시간과 타이밍 함수에 대한 내용을 포함하고 있었고 이것을 지금의 애니메이션에서도 재사용하고 있다.

Stylesheets/transitions.css (인용)

```
/* 화면을 왼쪽으로 슬라이드시킨다. */
@-webkit-keyframes outToLeft {
  from { -webkit-transform: translateX(0); }
  to { -webkit-transform: translateX(-100%); }
}
.push.out {
  -webkit-animation-name: outToLeft;
}
```

비슷한 방법으로, 화면을 오른쪽으로 슬라이드시키는 것을 위의 코드를 복사하여 값을 바꾸는 것만으로 동일하게 만들 수 있다.

Stylesheets/transitions.css (인용)

```
/* 화면을 오른쪽으로 슬라이드시킨다. */
@-webkit-keyframes inFromRight {
  from { -webkit-transform: translateX(100%); }
  to { -webkit-transform: translateX(0); }
}
.push.in {
  -webkit-animation-name: inFromRight;
}
```

우리가 이전에 페이드 효과를 위하여 만들었던 자바스크립트 함수를 재사용해서 transition_push() 함수를 예를 들어 만들 것이다. 그리고 fade 클래스 대신 push 클래스로 이름을 바꾸어 애니메이션 효과만을 바꾸어 적용할 것이다. 그리고 flip 클래스를 다시 정의하여 flip 전환 효과를 구현하려고 하며, 그 외에도 이런 저런 내용들이 있을 것이다. 그렇지만 여기에 조금 더 생각을 보태자면, 전환 효과를 transition() 함수에 인수로 지정할 수 있다면 더 좋을 것이다.

Javascripts/ch4/09-slide.js (인용)
```
function transition(toPage, type) {
  ⋮
  toPage
    .addClass("current " + type + " in")
    .one("webkitAnimationEnd", function(){
      fromPage.removeClass("current " + type + " out");
      toPage.removeClass(type + " in");
    });
  fromPage.addClass(type + " out");
}
```

이제 새로운 전환 효과를 위해서 CSS 애니메이션을 만들게 되면, 스크립트를 통해서 매우 간편하게 적용할 수 있는데, 위의 함수를 호출할 때 클래스의 이름만 지정하면 되기 때문이다.

```
transition(nextPage, "push");
```

이제 마스터 페이지에서 디테일 페이지로 전환될 때에 슬라이드 효과를 넣기 위하여, 아래와 같이 각 리스트 항목들에 대해 이벤트 처리기를 일괄적으로 지정하면 이 기능이 적용된다.

Javascripts/ch4/09-slide.js (인용)
```
$("#spots-list li").click(function(e){
  e.preventDefault();
  transition("#page-spot", "push");
});
$("#stars-list li").click(function(e){
  e.preventDefault();
  transition("#page-star", "push");
});
```

이를 통해서, 디테일 페이지가 이제 오른쪽으로부터 슬라이딩 하여 리스트 페이지를 밀어내는 효과가 나타난다. 앞에서 살펴본 것과 같이, 앱의 계층 구조를 시각적으로 설명하기 위하여 디테일 페이지에서 리스트 페이지로 되돌아 갈 때 반대 방향으로 전환 효과가 일어나도록 만드는 일을 이어서 살펴보고자 한다.

뒤로 돌아가기

사용자들은 몇몇 튀는 연예인들에 대한 정보를 포함하는 디테일 페이스를 보다가 지루함을 느낄 것이다. 또 다른 튀는 연예인들에 대한 정보를 읽기 위하여, 뒤로 가기 버튼을 클릭할 것이다. 그러나 뒤로 가기 버튼을 누르는 것은 단순히 페이지의 내용을 고체하는 것 이상의 작업을 필요로 하는데, 애니메이션 효과가 반대로 재생되는 것 이외에 바로 이전에 보던 페이지가 왼쪽으로부터 화면으로 다시 나오도록 만들어야 하기 때문이다.

하지만 이것은 우리가 상상하는 것 이상인데, 우선 뒤로 가기 버튼이 필요하다. 각 페이지의 헤더 안에 버튼을 하나 넣을 것이며, 이는 <A> 요소의 형태로 되어있으며 버튼처럼 묘사되도록 아래와 같이 스타일이 지정되었다.

Ch4/10-back.html (인용)

```
<div class="header">
  <h1>Spots</h1>
  <a href="#" class="back">Back</a>
</div>
```

그리고 당연히, 이 버튼이 클릭되었을 때의 상태에 대응되는 이벤트 핸들러를 추가해야 할 것이다.

Javascripts/ch4/10-back.js (인용)

```
$("#spot-details .back").click(function(){
  // 클릭했을 때 할 일을 이곳에 코딩한다.
});
```

그리고 다음으로, 지금까지 우리가 만든 CSS 애니메이션을 반대 방향으로 재생하도록 새로 만들어야 한다. 우리는 이미 inFromRight, outFromLeft라는 애니머이션을 만들었으며, 여기에 두 가지 반대되는 애니메이션 패턴인 inFromLeft와 outFromRight를 추가할 것이다. 이를 정의하고 난 다음에는, CSS 선택자로 이들 애니메이션이 포함되도록 만들어야 한다. 모듈 방식의 접근 기법을 계속 유지하면서, 클래스 선택자와의 조합을 통해서 기존 속성을 확장할 것이다.

Stylesheets/transitions.css (인용)

```
@-webkit-keyframes inFromLeft {
  from { -webkit-transform: translateX(-100%); }
  to { -webkit-transform: translateX(0); }
}
.push.in.reverse {
  -webkit-animation-name: inFromLeft;
}
@-webkit-keyframes outToRight {
  from { -webkit-transform: translateX(0); }
  to { -webkit-transform: translateX(100%); }
}
.push.out.reverse {
  -webkit-animation-name: outToRight;
}
```

이제 다음 단계로 새 class를 기존에 우리가 만든 transition() 함수에서 사용할 수 있도록 만들 것이다. 기존 함수에 세 번째 매개 변수로 참/거짓 값을 받아들이는 **reverse** 매개 변수를 추가할 것이다. 만약 값이 false로 지정되거나 매개 변수를 생략하면 정방향으로 진행되는 애니메이션을 그대로 재생할 것이다. 만약 값이 true로 지정되면 reverse 클래스를 기존 효과에 덧붙여 반대 방향으로 재생되는 애니메이션을 나타내도록 할 것이다.

Javascripts/ch4/10-back.js (인용)

```
function transition(toPage, type, reverse){
  var toPage = $(toPage),
    fromPage = $("#pages .current"),
    reverse = reverse ? "reverse" : "";
  if(toPage.hasClass("current") || toPage === fromPage) {
    return;
  };
  toPage
    .addClass("current " + type + " in " + reverse)
    .one("webkitAnimationEnd", function(){
```

```
        fromPage.removeClass("current " + type + " out " + reverse);
        toPage.removeClass(type + " in " + reverse);
    });
    fromPage.addClass(type + " out " + reverse);
}
```

만약 reverse 매개 변수에 true로 지정하면, 새로 보여질 페이지 요소에 대한 class 속성에는 push in reverse 클래스가 지정될 것이고, 기존 페이지 요소에 대해서는 push out reverse 클래스가 지정되어 반대 방향으로 재생되는 애니메이션이 재생될 것이다. 실제 효과를 보기 위하여 transition() 함수에 대한 호출을 뒤로 가기 버튼 이벤트 핸들러에서 호출하는 코드를 추가할 것이다.

Javascripts/ch4/10-back.js (인용)

```
$("#page-spot .back").click(function(e){
  e.preventDefault();
  transition("#page-spots", "push", true);
});
```

히스토리 관리하기

뒤로 가기 버튼은 이제 잘 작동하지만, 지금 이 시점에서는 다소 수동적이다. 우리 앱의 각 페이지들에 대해서, 뒤로 가기 버튼에 대한 동작이 구분되어야 한다. 한 술 더 뜨자면, 몇몇 페이지들은 그 페이지를 보기까지 거쳐온 페이지 경로의 수가 제법 길 수도 있지만 지금 우리가 만든 방식은 이를 고려하지 않고 항상 지정된 페이지로 되돌아가도록 되어있다. 이 문제를 대응하기 위하여, 우리만의 자체적인 히스토리 관리 시스템을 만들어 사용자들이 각각 방문한 페이지들이 뒤로 가기 버튼을 눌렀을 때 그 순서를 유지하여 차례대로 뒤로 갈 수 있도록 기능을 만들고자 한다.

이를 위하여, visits 객체를 만들어서, history 배열 객체와 상태 관리를 위한 몇 가지 메소드를 포함하도록 할 것이다.

Javascripts/ch4/11-history.js (인용)

```
var visits = {
  history: [],
```

```
    add: function(page) {
        this.history.push(page);
    }
};
```

우리가 만든 visits 객체는 방문한 페이지들의 이력을 스택 형태로 관리하여 이 정보들을 history 배열 객체에 저장할 것이다. 이 객체의 add() 메소드는 페이지에 대한 정보를 받은 다음, 이 정보를 스택의 형태로 관리할 것이다. 이는 자바스크립트의 기본 함수인 push() 함수를 사용하여 배열의 끝에 객체를 저장하는 방법으로 구현될 것이다. 이 메소드는 우리가 이전에 만든 transition() 함수 안에서 호출되도록 구성하여 페이지 전환이 일어날 때마다 상태 관리를 할 수 있도록 아래와 같이 작성할 것이다.

Javascripts/ch4/11-history.js (인용)

```
function transition(toPage, type, reverse) {
    var toPage = $(toPage),
        fromPage = $("#pages .current"),
        reverse = reverse ? "reverse" : "";
    visits.add(toPage);
    ⋮
}
```

 페이지의 변경을 한 번에 관리하기

모든 전환 효과가 페이지 사이의 이동과 일치한다는 가정은 우리에게 매우 편리하며, 그 외에 우리는 전환이 일어나는 매 순간 visits.add() 메소드를 호출해야만 한다. 그러나, 가끔 새로운 페이지로의 전환 효과는 필요하나 페이지의 변경으로 간주하지 않고자 할 때가 있는데, 가령 사용자의 응답 여부를 묻기 위한 대화 상자 성격의 페이지가 필요할 수 있다. 이 경우, changePage() 함수를 별도로 만들어서 히스토리 관리 스택에도 정보를 저장하고 전환 효과도 동시에 주는 방법을 고려할 수 있다. 다음 섹션에서 이것을 실제로 구현해볼 것이다.

이제 다음으로 생각해야 할 부분은 뒤로 가기 버튼에 대한 것이다. 히스토리 객체에서 되돌아갈 내용이 있을 때에만 이 버튼이 보이도록 만들고 싶은데, 도우미 메소드를 하나 추가하여 vists 객체에 우리가 확인해야 할 내용이 있는지를 알려주는 역할을 하게 할 것이고, 이를 검사하여 적어도 두 페이지 이상의 정보가 남아있는지 확인할 수 있게 된다.

Javascripts/ch4/11-history.js (인용)
```
var visits = {
  ⋮
  hasBack: function() {
    return this.history.length > 1;
  }
}
```

이제 이 도우미 메소드를 전환 효과를 담당하는 코드 안에서 뒤로 가기 버튼을 상태에 따라 적절하게 보이거나 숨기도록 결정할 수 있다. jQuery의 `toggle()` 메소드는 이 경우 매우 유용하게 사용할 수 있는데, 이진값을 인자로 하나 받아서 지정된 요소들을 보이거나 숨길지의 여부를 결정할 수 있다.

Javascripts/ch4/11-history.js (인용)
```
function transition(toPage, type, reverse) {
  var toPage = $(toPage),
    fromPage = $("#pages .current");
    reverse = reverse ? "reverse" : "";

  visits.add(toPage);
  toPage.find(".back").toggle(visits.hasBack());
  ⋮
```

이제 여기에 `visits` 객체가 실제로 뒤로 가기 이벤트를 처리할 수 있도록 상태 관리를 수행하는 로직을 하나 추가할 것이다. 히스토리를 가지고 있다면, 현재 페이지에 대한 항목을 우선 스택에서 꺼내야 한다. 그리고 이 정보는 사실 필요하지 않으므로 다시 꺼내기를 시도하여 그 이전 상태를 가져와야 한다. 이때 꺼낸 항목이 실제로 이전 페이지에 해당되는 내용이고 우리가 돌아가려고 하는 내용이 되겠다.

Javascripts/ch4/11-history.js (인용)
```
var visits = {
  ⋮
  back: function() {
```

```
    if(!this.hasBack()){
      return;
    }
    var curPage = this.history.pop();
    return this.history.pop();
  }
}
```

 밀어넣기와 꺼내기(Push와 Pop)

push()와 pop() 메소드는 배열 객체로부터 각각 요소를 더하거나 제거하는 메소드 들이다. 양쪽 메소드는 배열의 원래 상태를 편집한다. 이 중 pop() 메소드는 배열의 제일 끝에서부터 원소를 제거하여, 적출된 요소를 반환하는 역할을 수행하며, 반대로 push() 메소드는 배열의 제일 끝에 인자로 받은 요소를 추가하여 배열의 길이를 연장하고 늘어난 배열의 길이를 반환한다.

마지막으로, 이 모든 내용들을 앱의 뒤로 가기 버튼에 코드로 한번에 작성할 수 있게 되었다. 뒤로 가기 버튼에 클릭 이벤트가 발생하면, 이전 페이지에 대한 정보를 얻을 것 이며, 정보가 있다면, 뒤로 가기 효과를 재생하면서 이전 페이지로 되돌아갈 것이다. 우 리가 이전에 하드코딩한 이벤트 처리기를 아래 예제에서는 좀 더 일반화된 버전으로 바 꾸었다.

Javascripts/ch4/11-history.js (인용)

```
$(".back").live("click",function(){
  var lastPage = visits.back();
  if(lastPage) {
    transition(lastPage, "push", true);
  }
});
```

그러나 여전히 문제가 있는데, **처음** 보는 페이지에 대한 정보를 히스토리 스택 상에 넣 는 일이 없다는 것이며, 따라서 실제로 뒤로 되돌아갈 방법이 전혀 없다는 것이다. 비교 적 고치기 쉬운 문제로, 처음에 등장하는 <DIV> 요소로부터 current 클래스를 제거하 고, 문서가 처음 로딩되었을 때 이 첫 페이지로의 전환이 발생하도록 코드를 추가하는 것으로 문제를 해결할 수 있다.

Javascripts/ch4/11-history.js (인용)
```
$(document).ready(function() {
  ⋮
  transition($("#page-spots"), "show");
});
```

"show" 전환 효과를 만들기 위하여, 이전의 fade 애니메이션을 재사용하지만, 굉장히 빨리 효과가 끝나도록 수정할 것이다.

Stylesheets/transitions.css (인용)
```
.show.in {
  -webkit-animation-name: fade-in;
  -webkit-animation-duration: 10ms;
}
```

많은 네이티브 앱들이 마스터와 디테일 페이지 사이의 관계만을 히스토리로 관리하도록 하는데 우리의 경우, 예를 들어 연예인들의 목록이 연예인들의 상세 정보를 보게 하고, 뒤로 가기 버튼을 누르면 여러분이 목록으로 되돌아가게 할 수 있다. 만약 여러분이 프로그램의 현재 상태를 바꾼다면, 가령 내비게이션 링크 항목을 클릭한다면, 히스토리 정보는 초기화된다. 우리는 이 동작을 clear() 메소드를 추가하는 것으로 흉내 낼 수 있다.

Javascripts/ch4/11-history.js (인용)
```
var visits = {
  ⋮
  clear: function() {
    this.history = [];
  }
}
```

이렇게 해서 간단히 히스토리 스택을 초기화할 수 있다. 이 메소드는 새로운 섹션으로 이동할 때 항상 호출되도록 해야 한다.

Javascripts/ch4/11-history.js (인용)

```
$("#tab-bar a").click(function(e){
  // 방문 히스토리를 지운다.
  visits.clear();
  ⋮
});
```

이제 좀 더 네이티브 앱과 비슷한 느낌을 내면서도, 각 페이지 별로 뒤로 가기 버튼의 상태에 연연하지 않아도 되는 이점을 얻게 되었다.

하드웨어 버튼으로 뒤로 가기 기능 구현하기

지금의 뒤로 가기 버튼도 충분히 잘 작동하긴 한다. 그러나 모바일 장치 자체적으로 제공하는 뒤로 가기 버튼에 대한 사실을 고려하고 있지 않으며, 물리적인 형태이든 브라우저가 제공하는 뒤로 가기 버튼이든 양쪽 모두 그러하다. 이것이 의미하는 바는, 만약 사용자가 장치의 뒤로 가기 버튼을 우리 내부의 링크를 몇 번 클릭한 이후에 우리 앱에서 누르게 될 경우, 브라우저는 자신의 히스토리 스택에 저장된 정보에 따라 직전에 방문했던 페이지로 되돌아가거나 혹은 우리 앱이 아닌 다른 페이지로 완전히 탈출하게 된다. 이렇게 되면 사용자들이 우리 앱에 대해서 가졌던 네이티브 앱과 같은 느낌이 완전히 무너지게 되므로, 이 문제를 수정할 필요가 있다.

여기서 우리가 필요한 것은 우리가 직접 만든 스택 대신 브라우저의 내장 히스토리 객체를 확인하고 수정하는 작업이다. 이를 성취하기 위해서는, HTML5의 히스토리 API가 필요하다.[5]

히스토리 API는 히스토리 스택에 우리가 직접 관리하는 페이지를 추가할 수 있도록 해주며, 이 스택을 활용해서 앞으로 가는 기능이나 뒤로 가는 기능까지도 제공한다. 페이지를 더하기 위해서는 `window.history.pushState()` 메소드를 사용해야 한다. 이 메소드는 우리가 앞에서 만든 `visits.add()` 메소드와 비슷한 용법을 가지지만, 세 가지 매개 변수를 받는데, 페이지에 대해서 힌트가 될 수 있는 정보와, 사용 가능한 경우 페이지의 제목, 그리고 페이지의 URL을 지정해야 한다.

`changePage()` 메소드를 새로 만들어서, 브라우저의 히스토리 API를 통해 제어할 수 있는

---

[5] http://www.w3.org/TR/html5/history.html

스택에 우리 페이지에 대한 정보도 포함하고, 우리가 앞에서 만든 전환 효과도 동시에 재생하게 만들 것이다. 페이지의 이동 경로를 히스토리 상에 기록해두었다가, 사용자가 만약 뒤로 가기 버튼을 클릭하면, 전환 효과를 반대 방향으로 재생하게 될 것이다. 이는 앞의 버전보다 더 나은 버전으로, 전환 효과를 반대로 재생하는 것에는 변함이 없다.

아래의 코드는 새로 만드는 메소드의 초안이다.

Javascripts/ch4/12-hardware-back.js (인용)

```javascript
function changePage(page, type, reverse) {

  window.history.pushState({
    page: page,
    transition: type,
    reverse: !!reverse
  }, "", page);

  // 실제 전환 효과를 수행한다.
  transition(page, type, reverse)
}
```

pushState() 메소드의 첫 번째 매개 변수는 보통 상태 객체로 불린다. 여기에 어떤 형태의 정보이든 관계없이 여러분이 원하는 만큼의 데이터를 자바스크립트 **객체 형태**로 포장하여 넣을 수 있다. 우리의 경우, page에 대한 정보, 전환 효과에 대한 유형, 그리고 역 재생으로 보여주어야 하는지에 대한 정보를 여기에 넣을 것이다.

새 함수를 우리가 만든 코드에서 사용하기 위해서, transition()을 호출했었던 부분을 changePage() 메소드로의 호출로 아래와 같이 약간만 바꾸면 된다.

```javascript
changePage("#page-spots", "show");
```

이제 사용자들이 우리 앱을 오고 가는 동안, 히스토리 정보가 차곡차곡 저장될 것이다. 사용자가 만약 시스템의 뒤로 가기 버튼을 누르게 되면, URL 입력 창에 페이지 히스토리에 대한 정보가 나타나지만 달리 화면이 바뀌거나 하지는 않는 것을 볼 수 있을 것이다. 이는 예상했던 대로 우리가 히스토리 스택에 데이터를 저장하기만 했을 뿐, 실제로 뒤로 가기 버튼에 대한 동작을 구현하지 않았기 때문이다.

Window.onPopState 이벤트는 실제 페이지 로드 이벤트가 발생할 때 호출되며, 또는 사용자가 뒤로 가기나 앞으로 가기 버튼을 클릭했을 때에도 호출된다. 이 이벤트는 우리가 이전에 pushStack() 메소드를 통하여 추가한 **상태** 객체를 이벤트 인자로 받아들이게 된다. 만약 상태 객체를 따로 지정하지 않았다면, 히스토리 탐색에 의한 호출이라기보다 페이지가 로드 되었기 때문에 이벤트가 호출된 것으로 의미를 간주할 수도 있으므로 문제될 것이 없다. 이 이벤트에 대한 처리기를 아래와 같이 작성할 수 있다.

Javascripts/ch4/12-hardware-back.js (인용)

```
window.addEventListener("popstate", function(event) {
  if(!event.state){
    return;
  }

  // 전환 효과가 거꾸로 일어나도록 만든다.
  transition(
    event.state.page,
    event.state.transition,
    !event.state.reverse
  );
}, false);
```

jQuery는 어디에?

이번 예제에서, 우리는 jQuery의 `bind()` 메소드로 이벤트 처리기를 바인딩 하지 않고, 대신 표준 DOM 이벤트 수신기에 직접 이벤트 처리기를 바인딩 하였다. 이는 `popstate` 이벤트의 용례를 보이기 위한 의도였다. 만약 `$(window).bind("popstate", …)`와 같이 이벤트를 바인딩 했다면, 이벤트 객체가 jQuery 이벤트 객체로서 콜백에 전달되지만, 브라우저의 원래 `popstate` 이벤트 객체와는 다르다. 보통 우리는 브라우저의 네이티브 객체 그 자체를 원하지만, jQuery의 이벤트 도우미는 히스토리 API에 대한 지원을 하지 않으므로, `event.originalEvent` 속성을 통해서 브라우저 이벤트의 원래 객체를 얻을 수 있다. 이렇게 하더라도 문제가 될 것은 없으며, 여러분이 선호하는 방식을 사용하도록 한다.

멋지다. 모든 애니메이션 효과가 브라우저의 뒤로 가기 버튼을 눌러도 잘 작동한다. 그러나 다른 문제는 없을까? 좀 더 자세히 살펴보면, 조금 이상한 점을 확인할 수 있을 것이다. 가끔 우리가 원래 의도했던 슬라이드 효과 대신 그냥 "show" 전환 효과만이 정방향/역방향으로 작동하는 것이 보인다. 무엇이 잘못되었을까?

사실, 이 문제가 발생하는 원인은 정말 한 끝 차이에 의한 것(Off-by-one Error)이다. 뒤로 이동할 때에는, 우리는 to 매개 변수에 지정한 페이지로의 전환 효과가 아닌 from 매개 변수에 지정한 페이지로의 전환 효과가 일어나기를 바란다. 안타깝게도, 이는 우리가 pushState() 메소드를 호출할 때 다음 전환 효과가 일어난 후가 되어야 한다는 의미가 된다. 그렇지만 우리가 이것을 미리 알아볼 방법은 없으며, 어떻게 해야단 다음 전환 효과가 일어날지 알 수 있을까?

감사하게도, 히스토리 API에서는 이러한 경우를 위하여 또 다른 메소드를 제공하는데, relpaceState() 메소드다. pushState() 메소드와 거의 동일하지만, 스택에 내용을 추가하는 대신, 가장 위에 있는 항목을 **교체하는** 방식으로 동작한다. 우리의 문제를 해결하기 위하여, pushState() 메소드의 이전 상태에 대한 정보를 얻은 다음, 다음 항목을 추가하기 전에, replaceState() 메소드를 사용하여 다음에 나타날 전환 효과에 대한 정보를 페이지와 함께 저장하는 데 사용할 것이다.

Javascripts/ch4/12-hardware-back.js (인용)

```javascript
var pageState = {};
function changePage(page, type, reverse) {
  // 상태 정보에 전환 효과에 대한 정보를 같이 기재한다.
  if(pageState.url){
    // 이전에 저장한 전환 효과를 다음에 나타날 전환 효과로 바꾼다.
    pageState.state.transition = type;
    window.history.replaceState(
      pageState.state,
      pageState.title,
      pageState.url);
  }
  // 다음 번을 위한 정보를 유지한다.
  pageState = {
    state: {
      page: page,
      transition: type,
      reverse: reverse
    },
    title: "",
    url: page
  }
```

```
    window.history.pushState(pageState.state,           pageState.title,
pageState.url);

    // 실제 전환 효과를 수행한다.
    transition(page, type, reverse)
}
```

또한 사용자가 뒤로 이동했을 때 pageState 변수의 상태를 갱신할 필요가 있는데, 그렇지 않으면 브라우저의 히스토리 정보와 일치하지 않게 되어 replaceState() 메소드의 호출로 불필요한 항목이 히스토리 정보에 쌓이게 되는 문제가 나타난다.

Javascripts/ch4/12-hardware-back.js (인용)
```
window.addEventListener("popstate", function(event) {
  if(!event.state){
    return;
  }
  // 전환 효과가 거꾸로 일어나도록 만든다.
  transition(
    event.state.page,
    event.state.transition,
    !event.state.reverse
  );
  pageState = {
    state: {
      page: event.state.page,
      transition: event.state.transition,
      reverse: event.state.reverse
    },
    title: "",
    url: event.state.page
  }
}, false);
```

이제 다 되었다. 시스템 뒤로 가기 버튼이 이제 완벽하게 작동한다. 하지만 우리 앱에 있었던 뒤로 가기 버튼에 대해서는 어떻게 해야 할까? 히스토리 이벤트를 제어하도록 한 다음, HTML5의 히스토리 API와 연결되는 history.back(); 코드를 사용해서 기존 기능을 대체하도록 만들면 된다.

Javascripts/ch4/12-hardware-back.js (인용)

```
$(".back").live("click",function(e){
  window.history.back();
});
```

이제 우리 앱의 뒤로 가기 버튼은 브라우저나 실제 하드웨어의 뒤로 가기 버튼과 완벽하게 기능이 일치한다. 이와 마찬가지로, history.forward() 메소드를 호출하여 같은 기능을 구현할 수도 있고, 특정 페이지로 바로 이동하기 위하여 history.go(-3);과 같은 코드를 사용하여 바로 건너뛰는 기능도 만들 수 있다. 아마 눈치챘을지도 모르겠지만, 앞으로 가기 버튼에 대한 처리를 상대적으로 덜 언급했다. 여기에는 두 가지 이유가 있는데, 대부분의 모바일 브라우저 버튼들은 앞으로 가기 버튼을 의도적으로 누락하고 있으며, popstate 이벤트가 뒤로 가기나 앞으로 가기 버튼에 의하여 발생할지의 여부를 알 수 없기 때문이다.

이 문제에 대한 유일한 해결책은 popstate 메소드를 이전 섹션에서 논의하면서 우리가 만들었던 수동 히스토리 관리 시스템과 결합하면서, URL이나 스택의 움직이는 방향을 추적하는 정보를 포함하여 더 복잡한 상태 관리를 수행하는 것 외에는 방법이 없다. 실제 사용성에서 얻을 수 있는 이점에 비하여 너무 많은 작업을 요구하므로, 우리가 만든 히스토리와 뒤로 가기 기능을 유지하면서, 다른 요구 사항에 더 집중하고자 한다.

Ajax

지금까지 우리는 페이지 전환을 새로 고침 없이 부드럽게 전환하는 방법에 대해서 배웠지만, 지금까지 한 내용은 정적인 콘텐츠 위에서 한 작업이었기 때문에 이외의 내용들이 남아 있다. 실제로 페이지의 콘텐츠를 로드하고, 그 이후에 전환 효과를 적용해야 하는 것이다.

좋은 소식은, 근래의 모바일 기기들은 비교적 훌륭한 Ajax 기능들을 지원한다는 것이며, 여러분이 데스크톱에서 사용해왔던 것과 같은 방법으로 쓰일 수 있음을 의미한다. 물론, 여러분은 반드시 데이터 연결이 평상시보다는 절대적으로 느리고, 비싸다는 사실을 인지하여, 대역폭을 가능한 적게 사용하도록 만들어야만 한다.

우리가 만들 앱에 동적으로 데이터를 불러오는 접근법은 크게 두 가지가 있다. 최근에 나타난 연예인들의 정보를 담고 있는 JSON 객체들의 목록과 같은 데이터를 받아와서 이것을 앱의 HTML 코드로 바꾸어 목록 형태로 표시되도록 추가하는 방식이다. 또는, 전체 HTML 콘텐츠를 곧바로 서버로부터 내려 받아서 페이지에 직접 추가하는 방식이다. 두 번째 방식은 더 직접적인 것으로, 이 방법보다는 첫 번째 방식으로 Ajax를 사용하는 것이 모바일 환경에서는 더 친숙한 방법이다. 그 후에는, 다른 데이터 형식들에 대해서도 살펴볼 것이다.

HTML 받아오기

우선 우리가 데이터를 서버로부터 받아오기 위해서는, 말 그대로 서버가 필요하다. 만약 여러분이 file:// 프로토콜을 사용하는 URL을 통하여 데이터를 가져오려고 시도하면, 즉, 만약 여러분이 테스트를 위하여 index.html 파일을 더블 클릭해서 열려고 하면, 'Access-Control-Allow-Origin' 오류를 만나게 될 것이다.

 서버

이 책에서는 HTML, CSS, 그리고 자바스크립트를 이용하여 모바일 웹 앱을 만드는 방법에 대해 소개하지만, 안타깝게도 여러분이 원하는 데이터를 제공하는 서버를 구축하는 방법에 대해서는 범위를 벗어나기 때문에 다루지 못한다. 이번 장의 나머지 부분에서는 StarTrackr 앱에 추가할 수 있는 Ajax 기능들의 예시를 다루게 될 예정이지만, 만약 이러한 예제들을 직접 시험해보기를 원한다면, 아마 직접 서버를 구축해서 정확한 데이터가 수신되도록 해야 할 것이다.

VM이나 인터넷, 혹은 로컬에서 실행되는 서버가 있다고 가정하여 계속 진행하면, 서버로부터 받아올 HTML 코드 조각이 필요할 것이다. 이를 위하여, 그 동안 우리가 만들었던 페이지의 뼈대만이 필요하며, 실제 내용을 채울 컨테이너로서 쓰이게 될 것이다. 왜냐하면, 이전과 같은 마크업을 반환할 것이고, 우리의 원래 CSS 코드를 통하여 이들 콘텐츠를 수정할 필요 없이 곧바로 디스플레이에 적용되게 할 것이기 때문이다.

Ch4/13-ajax.html (인용)

```
<div id="pages">
  <div id="page-spots" class="page-spots"></div>
```

```html
    <div id="page-spot" class="page-spots"></div>
    <div id="page-sightings" class="page-sightings"></div>
    <div id="page-stars" class="page-stars"></div>
    <div id="page-star" class="page-stars"></div>
</div>
```

각 섹션의 모든 콘텐츠들이 **spots.html**, **new.html**, 그리고 **stars.html** 파일로 분리되어 마치 보통의 웹 사이트와 같이 구성될 것이지만 다만 차이점은 Ajax를 사용하여 이들 콘텐츠를 빈 껍데기 안으로 가져와야 한다는 것이 차이점이 되겠다.

기본 HTML을 가지고 그 다음으로 할 일은 우리가 이전에 전환 효과를 넣기 위해서 기본 동작을 억제하도록 preventDefault() 메소드를 호출하도록 만들어 추가한 이벤트 처리기를 수정하는 것이다. 여기서 우리는 Ajax를 사용하도록 프로그래밍 할 수 있다. jQuery의 load() 메소드는 우리의 목표를 달성하는 데 완벽한 도구로, URL로부터 HTML 콘텐츠를 불러오며, 문서의 어떤 부분을 DOM 객체로 반환할 것인지까지도 결정해주는 역할을 한다. 이는 매우 훌륭한 기능인데, 전체 페이지에서 <HEAD>나 <META> 태그 등은 여기서 필요하지 않고, 그저 <BODY> 태그 안의 내용만이 필요하기 때문이다. load() 메소드를 사용한다는 것은 우리가 Ajax를 위한 별도의 HTML 페이지를 따로 만들지 않아도 됨을 의미하며, 모든 변경 사항이 한 곳에서 일어나도록 할 수 있다는 것을 뜻한다.

이를 성취하기 위해서, load() 메소드를 호출할 때 URL로 시작하지만 공백 문자 다음에 jQuery 선택 식을 붙여서 구성한 문자열 매개 변수를 지정할 것이다. load() 메소드에 지정된 jQuery 선택 식에 의하여 추출된 요소들만이 이 메소드가 실행된 후에 결과로 남아 실제 문서에 삽입될 것이다. 우리가 삽입하려고 하는 콘텐츠는 <DIV> 태그 중에서도 wrapper 클래스를 포함하는 항목이다. 마찬가지로 Spots 링크를 클릭하였을 때, load() 메소드를 호출하여 #spots 컨테이너에 spots.html의 wrapper 클래스에 해당하는 요소만을 넣기 위하여 "spots.html .wrapper"라는 매개 변수를 다음과 같이 지정한다.

Javascripts/ch4/13-ajax.js (인용)

```javascript
$("#tab-spots a").click(function(e){
  e.preventDefault();
  $("#page-spots").load("spots.html .wrapper");
});
```

HTML 코드 조각 불러오기

만약 jQuery에 익숙하지 않다면, 어떻게 하여 Ajax를 통해서 HTML 문서의 작은 부분만을 떼어서 가져오는지 궁금하게 생각할 것이다. 사실 여기에 특별한 마술 같은 것은 없고, 그저 전체 페이지의 내용을 불러들인 다음 기존 DOM에는 연결되지 않은 <DIV> 컨테이너를 임의로 생성하고 여기에 문서의 내용을 로드 하는 것이다. 필터링 작업은 이 컨테이너 안에서 수행되고, 그 결과 정확한 위치를 선택하여 해당되는 노드를 반환하는 것이다. 비록 이러한 방식이 더 많은 네트워크 대역폭을 필요로 하는 것이긴 하나 제법 유용하다. 실제 앱에서는 아마 필요한 데이터를 XML이나 JSON 형식으로 수신하고 이것을 클라이언트 측에서 HTML로 만들어 넣기를 원할 것인데, 곧 이 방법을 살펴볼 것이다. 지금은 `load()` 메소드를 최대한 단순하게 살펴보고, 어떤 종류의 다양한 Ajax 메소드들이 사용될 수 있는지에 대한 실제 시연을 모바일 앱 관점에서 보는 것 위주로 집중할 것이다.

이렇게 해서 관련된 HTML 코드만을 적절한 컨테이너에 로드 할 수 있었지만, 신경 써야 할 작업이 몇 가지가 더 있는데, 바로 새로운 콘텐츠에도 전환 효과가 보이도록 만들어야 한다는 것이다. 다행스럽게도, `load()` 메소드를 사용하면 Ajax 호출이 끝난 이후에 그 결과를 통지해주는 콜백 함수를 지정할 수 있다. 이 콜백 내부에서 전환 효과를 사용하도록 만들 수 있다.

Javascripts/ch4/13-ajax.js (인용)

```
$("#tab-spots a").click(function(e){
  e.preventDefault();
  $("#page-spots").load("spots.html .wrapper", function() {
    transition('#page-spots', "fade", false);
  });
});
```

Ajax 스타일로 링크 만들기

우리 웹 사이트 전체의 각 내비게이션 항목마다 일일이 링크를 거는 작업은 무척 싫증나는 작업이 아닐 수 없다. Spots 페이지를 위한 Ajax 방식의 로딩 프로그램을 이제 막 만들었지만, 이러한 코드들이 모든 링크에 대해서 동작할 수 있도록 만들려면 수도 없이 코드를 복제해야 할 것이다. 그 대신, 우리 사이트의 일관성 있는 구조의 이점을 활용하고, 프로그래밍 방식으로 지어낼 수 있으면서도, 내비게이션 항목들의 내용에 근거하여 작업을 수행할 수 있다. 이렇게 하면 점진적인 향상의 한 방법을 제공할 수 있게 되는데, 링크를 디자인할 때에는 정상적인 방법으로 디자인하지만, 시스템이 이 링크를 클릭할 때의 이벤트를 가로채어 Ajax 방식으로 콘텐츠를 불러오도록 만드는 것이다. 이러한 기법을 가끔 Hijax[역주1]라고도 부른다.

Ajax 코드를 일반화하여 어떤 종류의 링크라고 할지라도 적용할 수 있도록 만들고자 한다. 여기에는 두 가지 정보가 필요한데, 불러올 URL과 콘텐츠가 보여질 컨테이너의 이름이다. 여기서는 규칙이 중요한데, 우리들이 만드는 페이지와 클래스 이름들이 일괄성 있게 지어져야만, 우리가 모든 링크를 대상으로 하는 코드를 쉽게 만들 수 있다.

Javascripts/ch4/14-hijax.js (인용)
```
function loadPage(url, pageName) {
  $("#" + pageName).load(url + " .wrapper", function(){
    console.log(this);
    transition("#" + pageName, "fade", false);
  });
};
```

이 함수는 이전에 만들었던 코드와 거의 동일하지만, 페이지의 이름과 URL을 변수로 바꾼 것이 차이점이다. 이제 페이지를 프로그래밍 방식으로 아래와 같이 로드 할 수 있다.

```
loadPage("spots.html", "spots");
```

사실, 앱이 처음 실행될 때 기본 페이지를 로드 해야 할 필요가 있는데, document.ready 이벤트 처리기에 이 코드를 넣을 수 있다. 이렇게 하여 Spots 페이지가 Ajax를 통해서 우리 앱의 첫 페이지에 데이터를 가져오게 할 수 있다.

[역주1] '가로챈다'는 뜻의 Hijacking과 Ajax를 합성한 신조어다.

데이터 캐시

load() 메소드가 전체 HTML을 불러오는 것이기 때문에, 브라우저에 의하여 결과가 캐시 될 수 있으며, 이는 페이지에 변경 사항을 가하더라도 그 내용이 즉시 반영되지 않을 수 있음을 뜻한다. 전체 Ajax 요청에 대해서 캐시를 수행하지 않도록 설정하는 것이 가능한데, `$.ajaxSetup({ cache: false });`라고 지정하거나, 특정한 호출에 대해서만 지정하기 원할 경우, URL에 대한 타임스탬프를 더하여 각 요청이 브라우저에 의하여 다른 요청으로 간주되도록 만드는 방법이 있다. 즉, `url + " #wrapper"` 라고 지정하지 않고, `url + "?" + new Date().getTime() + " #wrapper"`라고 대신 지정하면 된다.^{역주2}

마지막으로, 어떤 내비게이션 항목을 클릭하더라도 우리 함수가 정확히 호출될 수 있도록 하는 작업이 남았다. 여기서 기억해야 할 것은 우리가 만든 함수를 실행할 수 있도록 하기 위하여 URL과 페이지의 이름이라는 데이터를 추출해야 한다는 것이다. URL은 그저 링크의 `href` 속성의 값을 그대로 사용하면 되기 때문에 고민할 것이 없지만, 페이지 이름의 경우 다양한 접근 방법이 있을 수 있다. 파일의 이름에서 확장자를 제외한 순수한 파일 명칭을 컨테이너의 이름으로 사용할 수도 있고, 링크 자체에 추가적인 데이터를 기재할 수도 있다. 후자의 방법은 HTML5에서 커스텀 데이터 속성을 지정할 수 있게 됨에 따라 더 활용이 편리한 방법으로, 각 요소에 키와 값 쌍을 지정할 수 있도록 기능을 부여한다.

Ch4/14-hijax.html (인용)

```
<ul id="tab-bar">
  <li>
    <a data-load="spots" href="spots.html">Spots</a>
  </li>
  <li>
    <a data-load="sightings" href="new.html">Add a sighting</a>
  </li>
  <li>
    <a data-load="stars" href="stars.html">Stars</a>
  </li>
</ul>
```

역주2 서버가 쿼리 문자열을 면밀하게 검토하는 것이 아니라면 서버가 "?" 기호 뒤의 쿼리 문자열을 받더라도 이를 무시한다는 특성을 이용하는 것이다.

"data-"로 시작하는 접두사를 사용한 속성들이 데이터 속성들로 나중에 값을 찾을 때 사용하는 키 값이 된다. 그리고 그 다음에는 여러분이 원하는 값을 넣으면 된다. 사양에 따르면, 이들 값들은 각 요소가 제공하는 `dataset` 속성을 통하여 값을 가져와야 하지만, 이 방법 자체는 아직 널리 채택되지 못해서, 이 경우 사용할 수 있는 최적의 방법은 `getAttribute()` 함수를 이용하는 것이다. 즉, `myElement.getAttribute("data-load");` 와 같이 쓰는 것이다. 혹은 jQuery의 `attr()` 메소드를 이용하는 방법이 있다.

Javascripts/ch4/14-hijax.js (인용)

```
$("#tab-bar a").click(function(e){
  e.preventDefault();
  var url = e.target.href;
  var pageName = $(this).attr("data-load");
  loadPage(url, pageName);
});
```

아주 멋들어지게 잘 동작한다. `#tab-bar` 요소 안의 모든 링크들이 `loadPage()` 함수를 부르고, 현재 페이지에서 다음 페이지로의 전환 효과가 보여지게 된다. 여러분은 이 시스템을 확장하여 여러분이 원하는 대로 전환 효과를 바꿀 수도 있을 것이다.

다만 한 가지 문제점은, 불러오는 데 오랜 시간이 걸리는 페이지가 있을 경우, 사용자는 현재 어떤 상태인지 알 방법이 없다는 것이며, 사용자는 기다리지 않고 다른 페이지를 클릭할 것이다. 확실한 해결책은 불러오는 중이라는 상태를 표시하는 방법으로, 필요하다면 지금 6장으로 넘어가서 그 방법을 확인하기 바란다.

템플릿

미리 준비된 HTML 콘텐츠를 Ajax 방식으로 내려 받아서 페이지에 붙여 넣는 방법은 제법 잘 돌아가지만, 실제로 여러분이 사용할 웹 서비스나 API에서는 데이터를 이렇게 제공하지 않는다. 다시 말해서, 이들이 제공하는 데이터를 여러분이 스스로 마크업으로 바꾸어야 함을 의미하는 것이다. 만약 여러분이 이들 API나 서비스를 직접 구축할 수 있고 제어할 수 있다고 할지라도, XML이나 JSON을 HTML 대신 내보내는 것이 더 좋은 선택인데, HTML보다는 XML이나 JSON이 훨씬 더 크기가 작고, 모바일 사용자들의 네트워크 대역폭을 조금이라도 덜 소비하게 만들 수 있기 때문이다.

그렇다면 이들 데이터는 실제로 어떻게 동작할까? 우선 데이터 목록을 서버로부터 받기 시작할 것이다. 리스트의 각 항목들을 HTML 조각, 예를 들어 리스트 항목으로 표시되도록 하고, 데이터로부터 몇 가지 정보를 꺼내와야 한다. 마지막으로, 이렇게 만들어진 조각들을 페이지의 정확한 위치에 붙여 넣어야 한다. 이러한 상황을 위해서 택할 수 있는 몇 가지 공통적인 방법들이 있다.

- HTML 조각을 우리 스스로 자바스크립트를 통해 만든다.
- 템플릿으로 사용할 DOM 요소를 복제한 다음, 적절한 태그들을 대상으로 내용을 바꾸어 넣는다.
- 템플릿 엔진을 사용한다.

각각의 방법들을 간단히 살펴보고 어떤 방식이 모바일 환경에서 제일 잘 동작하는지 검토할 것이다. 여기서는 데이터 소스가 JSON의 형태이고 아래와 같다고 가정하고자 한다.

Data/spots.json (인용)

```
[{
  "id": 4,
  "name": "Planet Bollywood",
  "distance": "400m",
  "sightings": 10
}, {
  "id": 7,
  "name": "Soft Rock Cafe",
  "distance": "1.1Km",
  "sightings": 3
}]
```

데이터는 단순한 배열의 형태로, 각각의 위치에 대한 상세한 정보들을 포함하는 객체들로 배열이 구성되어 있다. 이는 우리가 수신하게 될 매우 공통적이고 단순한 형식이다. 우리 앱 안으로 이 데이터를 가져오려면, jQuery의 getJSON() 메소드를 호출하면 된다.

Javascripts/ch4/15-templating.js (인용)

```
$.getJSON("../data/spots.json", function(data){
  // JSON을 얻었으므로 이제 템플릿을 만든다.
});
```

데이터를 입수하고 난 다음에는, 이것을 실제로 보여주어야 한다. 첫 번째 방법은 데이터 배열의 각 요소들을 열거하면서 직접 HTML 문자열을 작성하여 DOM에 추가하는 방식이다.

Javascripts/ch4/15-templating.js (인용)

```javascript
$.getJSON("../data/spots.js", function(data){
  // JSON을 얻었으므로 이제 템플릿을 만든다.
  var html = "";
  for(var i = 0; i < data.length; i++) {
    html += "<li><a href='#'>";
    html += "<h2>" + data[i].name + "</h2>";
    html += "</a></li>";
  }
  $("#spots-list").append(html);
});
```

이 방식은 매우 고전적인 접근법으로, 매우 단순한 예제를 설명하기에는 좋은 형태이지만, 확장성에 있어서는 문제가 있는데, 오류를 내재하고 있을 가능성이 있으며, 유지보수하기 어렵고, HTML과 데이터가 섞인 거대하고 복잡한 코드로 변질시킬 우려가 크다.

데이터와 표현 사이를 구분 짓는 것은 매우 중요하며, 이는 특히 웹 앱에서 더더욱 중요한 일이다. 앞의 방법을 사용할 경우, 만약 디자이너가 HTML을 변경하기 원할 경우, 디자이너는 자바스크립트를 망가뜨릴 위험을 감수하면서 이에 대한 지식을 배워 직접 코드를 편집하거나, 혹은 여러분에게 엄청난 일거리를 안겨주게 될 것이다. 이러한 문제점을 피하기 위하여, HTML 페이지 안에 어떤 부분이 변경되어야 하는지를 직접 찾을 수 있도록 구조를 만드는 것이 더 나은 솔루션이 되겠다.

Ch4/16-templating-2.html (인용)

```html
<div id="tmpl-simple" style="display:none;">
  <li>
    <a href="spot.html" data-load="spot">
      <h2></h2>
      <span class="relative-distance"></span>
      <span class="sightings"></span>
    </a>
  </li>
</div>
```

데이터가 없는 비어있는 일반화된 HTML 코드 조각을 만들었다. 데이터를 서버로부터 받은 다음에는, 이 템플릿을 복제한 후 그곳에 데이터를 채워 넣는다. 필요에 따라 점점 더 복잡해질 수 있고, 데이터를 얼마나 채워 넣을 것인지에 따라 점점 더 내용이 길어질 수도 있다. 물론, 사용자에게 비어있는 행을 보여주는 것은 원하지 않으므로, 이 템플릿은 숨겨진 상태가 될 것이다. 위의 예제에서, `display: none;`이라고 CSS 속성을 지정하여 이렇게 만들 수 있다.

이 조각을 사용하기 위해서, jQuery가 제공하는 `clone()` 메소드를 사용하여 복제하고, 그 다음 모든 데이터들을 가져온 다음 정확한 위치의 요소를 선택하여 `text()` 메소드로 데이터를 채울 것이다.

Javascripts/ch4/16-templating-2.js (인용)

```javascript
$.getJSON("../data/spots.json", function(data){
  // JSON을 얻었으므로 이제 템플릿을 만든다.
  $.each(data, function(){
    var newItem = $("#tmpl-simple").clone();

    // 각 필드의 내용을 데이터로 채운다.
    newItem.find("h2").text(this.name);
    newItem.find(".relative-distance").text(this.distance);
    newItem.find(".sightings").text(this.sightings);

    // 페이지에 새 항목이 나타나도록 추가한다.
    newItem.children().appendTo("#spots-list")
  });
  transition("#spots", "show");
});
```

이 방법은 모든 HTML을 하나의 파일로 만들고 나머지는 자바스크립트로 만들도록 한 것으로 잘 작동한다. 첫 번째 방식보다 훨씬 더 나은 방법이며, 작고 정적인 템플릿에는 훨씬 더 적합한 방법이다. 그러나 HTML의 내용이 계속 바뀌는 경우 이 방법은 그다지 유용하지 않으며, 규모가 큰 페이지를 만드는 경우 자바스크립트 로직을 일반화 하여 모든 필드의 값을 자동으로 치환할 수 있도록 만들 필요가 있다.

이 코드는 우리가 자동화 하고 싶어하는 부류의 지루한 코드이다. 아마 HTML 코드 상에 몇 가지 토큰을 추가하여 특정 데이터 객체의 내용을 치환하는 데 바로 사용할 수 있도록 만들 수도 있을 것이다. 이러한 접근 방식은 매우 좋은 선택이며, 수많은 개발자들이 이미 사용하고 있는 기법으로, '**템플릿 엔진**'이라고 보통 이야기하는 방식이다. 템플릿 엔진을 선택하는 것은 마치 텍스트 편집기를 고르는 것과 같은데, 각 템플릿 긴진별로 제안하는 다양한 기능들이 있고 대체로 평균 이상의 기능성과 성능을 제공하므로, 전적으로 여러분이나 여러분의 회사가 가장 선호하는 템플릿 엔진을 사용하면 된다.

이 분야에서 끊임없이 회자되는 '물건'으로 Mustache[6]가 있다. 다양한 종류의 프로그래밍 언어를 지원하며, 모든 경우에 대해서 템플릿 상에서 사용하는 형식이 동일하기 때문에 이 템플릿 엔진을 더 친숙하게 사용할 수 있다. 다만 이는 자바스크립트의 도트 표기와 같은 특징적인 기법은 이용할 수 없음을 의미하며, 여기에 종속되는 다른 프로그래밍 언어들이 있기 때문에 그러하다.

그러나, 우리는 다행히 템플릿 엔진으로서의 역할을 수행할 수 있는 기능을 하는 jQuery를 이미 사용하고 있다. 2008년에 jQuery의 창시자인 John Resig이 자바스크립트로 약 20줄 분량밖에 되지 않는 매우 작은 자바스크립트 템플릿 엔진을 만들어 발표했던 적이 있다. 기존의 jQuery 라이브러리에 연동할 수 있었기 때문에 jQuery의 공식 템플릿 엔진으로까지 채택되었고, 현재 이 코드는 Github의 jQuery 리포지터리 페이지[7]에서 가져올 수 있고 jQuery 플러그인 페이지[8]에서 이 엔진에 대한 문서를 얻을 수 있다.

이 라이브러리를 사용하려면 Github에서 압축 파일을 다운로드 받아 Minified 버전의 파일을 가져오면 된다. 파일 이름은 `jquery.tmpl.min.js`이며, 약 8KB 이내의 파일 크기를 가지고 있고, 여러분의 프로젝트에 아래와 같이 참조를 지정하면 된다.

```
<script src="jquery.tmpl.min.js" type="text/javascript"></script>
```

템플릿을 이용한 트위터 통합

jQuery 템플릿 엔진이라는 유용한 물건을 가지고서 좀 더 재미난 것을 시도해보려고 한다. 트위터의 데이터를 앱에서 불러와 활용할 수 있는 클라이언트를 하나 만들려고 한다. 특별히, 이 앱을 요청한 고객들은 트위터가 연예인들의 사생활을 따라가서 살펴볼 수 있도록 해주는 데 매우 유용한 도구이며 이를 앱의 일부로 포함하여 더 기능을 강력

---

[6] http://mustache.github.com/

[7] https://github.com/jquery/jquery-tmpl

[8] http://api.jquery.com/category/plugins/templates/

하게 만들고자 할 것이다.

계획은 이렇다. 검색어로 'celeb spotting'이라는 검색어를 사용하여 얻은 검색 결과상의 트윗들을 모아서 화면에 보여주고자 한다. 일반적으로, 도메인 경계를 넘어서는 Ajax 요청은 보안상의 이유로 허용되지 않는데, 사실 같은 보안 문제로 인하여 file://로 시작하는 URL 위에 위치한 여러분의 앱이 다른 곳으로 요청을 보낼 수 없게 한다. 하지만, 트위터에서는 JSONP라는 형식을 제공한다. JSONP는 <SCRIPT> 요소 안에서 도메인 경계를 가로지르는 데이터를 불러오기 위한 일반적인 트릭이다. 이 작업을 위해서, URL 요청에 "callback=?" 이라는 문자열을 덧붙일 것이다.

트위터 API 문서[9]의 내용을 보면서 검색을 위해 호출할 수 있는 정확한 URL의 **형식**이 http://search.twitter.com/search.format?q=query라는 것을 찾았다. 이제 필요한 것은 이 URL을 적절한 검색 문자열과 함께 지정하여 getJSON() 메소드로 호출하는 것이다.

javascripts/ch4/17-twitter-templating.js (인용)

```
var twitQuery = "celeb+spotting",
    twitUrl = "http://search.twitter.com/search.json?q=";

$.getJSON(twitUrl + twitQuery + "&callback=?", function(data){
    // 트윗 내용을 여기에 출력한다.
});
```

이제 트위터로부터 데이터를 얻어왔다. 트위터로부터 얻어온 트윗 메시지들은 data 객체의 results 프로퍼티에 배열로 보관되어, 우리의 템플릿 시스템에 곧바로 이용할 수 있다.

템플릿 엔진에서 사용되는 템플릿들은 같은 방식으로 하나의 HTML 파일 안에 요소로서 모두 포함할 수 있는 단순한 형태로 정의된다. jQuery 템플릿 엔진은 템플릿을 포함하는 요소가 정식으로 DOM 요소에 직접 들어가는 것을 방지하기 위한 매우 지능적인 트릭을 사용하는데, type="text/x-jquery-tmpl"이라는 속성을 지정하는 <SCRIPT> 요소 안에 내용을 숨기는 방식이다. 브라우저는 <SCRIPT> 요소 안에 있는 내용을 어떻게 처리해야 하는지를 알 수 없기 때문에, 이 코드를 직접 실행하려고 하지 않지만, 이 요소 안에 있는 내용은 여전히 추출 가능하며 템플릿을 위한 용도로 활용할 수 있다.

---

[9] https://dev.twitter.com/docs

Ch4/17-twitter-templating.html (인용)

```
<script id="tmpl-tweet" type="text/x-jquery-tmpl">
  <li>
    <a class="avatar" href="#"><img src="${profile_image_url}"
 alt="${from_user}"></a>
    <a href="http://twitter.com/${from_user}"><h2>${from_user}</h2></a>
    <span class="details">
      ${text}
    </span>
  </li>
</script>
```

템플릿의 유형들

jQuery 템플릿 엔진을 사용하는 것이 아니라 할지라도, `<SCRIPT>` 요소를 사용하는 트릭을 여러분의 고유한 템플릿을 위해서 적용할 수도 있다. 이때에는 반드시 `text/x-jquery-tmpl`이라는 속성이나 `text/html`이라는 속성 대신 여러분만이 쓰는 템플릿 코드임을 명시하기 위하여 독자적인 식별자를 지정해야 한다.

HTML 안에는 몇 가지 이상하게 보이는 내용들이 있다는 것을 보았을 것이다. 이러한 내용의 토큰들은 나중에 실제 데이터로 치환되어 정확한 내용으로 바뀔 것이다. 중괄호 안에 들어있는 문자열들은 임의로 만들어낸 것이 아니라, 트위터로부터 반환되는 값들을 식별하는 이름들로부터 따온 것들이다. API 호출로부터 되돌아오는 데이터들이 어떤 내용으로 구성되어 있는지 정확하게 확인하기 위해서는, API 문서에 있는 내용을 확인하거나, 간단하게 데이터 객체를 `console.log(data);`와 같이 콘솔에 출력하도록 코드를 호출하면 내용을 확인할 수 있다.

이제 남은 일은 템플릿 함수를 부르는 것이다. 템플릿을 id 속성에 지정한 이름을 사용해서 선택하는데, 우리의 경우 `tmpl-tweet`이라는 ID를 가진 템플릿을 가져와야 한다. 그리고 `tmpl()` 메소드를 호출하면서, Ajax로 넘겨받은 `data.results` 배열을 매개 변수로 지정해줄 것이다. 엔진은 이제 배열의 여러 항목들을 살펴보면서 각 항목들 별로 선택된 템플릿 코드를 복제하여 해당되는 토큰들을 실제의 값으로 치환하여 문자열들을 보관할 것이다. 결과로 돌아오는 것은 새로 만들어진 DOM 노드들을 포함하는 jQuery 객체로, 우리가 늘 해왔던 것처럼 페이지에 직접 끼워 넣을 수 있게 되어있다.

Javascripts/ch4/17-twitter-templating.js (인용)

```
$.getJSON(twitUrl + twitQuery + "&callback=?", function(data){
    $("#tmpl-tweet")
      .tmpl(data.results)
      .appendTo("#spots-list");
      transition("#spots", "show");
});
```

반복 구문을 따로 만들거나 값을 직접 넣을 필요가 전혀 없다. 데이터 기반의 API와 간단한 템플릿 엔진을 사용하여 개발자들에게 강력한 생산성을 부여하고, 여러분의 앱을 다양한 소스로부터 도착하는 데이터 소스를 쉽게 사용할 수 있도록 강력하게 업그레이드 할 수 있다. 트위터 검색 결과가 실제로 실행된 예시 화면은 그림 4.5와 같다.

그림 4.5. 트위터로부터 연예인들의 메시지를 가져온 화면

jQuery 템플릿 엔진은 또한 {{if}}나 {{else}}와 같은 조건부 평가 식을 의미하는 태

그를 제공하므로, 만약 어떤 상황에 따라 다른 템플릿 파트를 보여주7를 원한다면 이러한 기능을 응용할 수도 있다. jQuery 템플릿의 문서10를 읽어보고 도든 사용 가능한 기능들에 대해서 살펴볼 것을 권한다.

우리만의 앱을 만들다

이제 우리의 모바일 웹 사이트를 만들었고, 이것을 사용자들이 좋아할만한 모바일 겁으로서 변형시키는 작업이 이제 막 끝이 났다. 했던 일 치고는 그리 나쁘지 않았고 이제 막 시작했을 뿐이다. 창의력과 상상력을 실험하기 위한 가능성은 무궁무진하며, 함께 갈 수 있는 길에는 그 종류의 다양성이 끝이 없음을 이제 곧 보게 될 것이다. 그러나 지금은 모바일 앱을 만드는 것에 좀 더 집중해보도록 하자.

---

[10] http://api.jquery.com/jquery.tmpl/

Chapter 5

웹 앱에서 장치의 기능 사용하기

우리가 만든 간단한 모바일 웹 사이트를 단순한 앱으로 이식하는 것에는 성공하였지만, 우리가 대상으로 하는 사용자들이나 우리에게 앱을 주문한 고객들이 원하는 기대치에 만족할 수 있게 하기 위해서는, 더 나은 일들을 해야 한다. 다행스럽게도, 이러한 일들은 쉽고 재미있는데, 왜냐하면 지금까지 우리가 살펴본 것은 우리가 수용할 수 있는 범위의 일부에 지나지 않았기 때문이다. 오늘날의 모바일 장치들은 미래 지향적인 기능들로 가득한데, 예를 들어 멀티터치 입력을 지원하는 화면이라던가 자이로스코프, 카메라, 혹은 가속 센서 등이 있다. 아마 여러분은 이러한 유형의 장치 기능들이 대개 네이티브 앱에서만 접근할 수 있는 기능이라고 생각하기 쉬운데, 그렇지는 않다. 감사하게도, 새로운 표준들이 모바일 브라우저들에 의하여 빠른 속도로 채택되기 시작하면서, 웹 앱 역시 이러한 모바일 장치들의 기능에 접근할 수 있는 최적의 위치에 들어서기 시작하였다.

이러한 기능들을 다루기 위해서 사용하는 방법은 거의 모두 같다. 장치 내의 하드웨어들로부터 얻을 수 있는 정보를 제공하는 몇 종류의 이벤트를 수신하는 방식이다. 웹 개발자로서, 우리는 이미 이벤트 기반의 프로그래밍 기법에 익숙하기 때문에, 클릭 이벤트, 키보드 누름 이벤트, 창의 시작 이벤트, 그리고 페이지 스크롤 등의 이벤트를 처리하는 기법을 잘 알고 있다. 새로운 하드웨어의 기능과 상호작용할 수 있는 API를 쓰는 것도 이와 같은 방법을 통해서 활용할 수 있다.

그러나 늘 그러했듯이 이는 단순한 작업이기만 한 것은 아니다. 데스크톱 브라우저들 사이에도 기능 차이가 존재하듯, 모바일 장치들 사이에도 큰 차이들이 있기 마련이다. 심지어 목표로 하는 장치들이 모두 WebKit 기반의 브라우저들을 이용한다고 하더라도 이 차이는 결코 좁혀지지 않는다. 이러한 차이점들을 한눈에 살펴보기를 원한다면, PPK 의 'Greate WebKit Comparison Table' 페이지[1]를 방문해서 살펴볼 것을 권한다.

감사하게도, 자바스크립트는 이런 지뢰밭을 유연하게 헤쳐나갈 수 있도록 도와주고, 수많은 종류의 장치들 사이를 가로지르는 관점을 제공한다. 사실, 멋진 스마트폰들의 기능들을 활용하여 이점을 누리는 것은 매우 쉬운 일이고, 단지 진짜 문제가 되는 것은 사용자들이 사용하는 우리 앱이 킬러 앱이 될 수 있도록 만드는 것이다.

위치 정보

StarTrackr는 요즈음 넘쳐나는 소셜 네트워크 기반의 다른 스타트업들과 마찬가지로, 사용자들의 물리적인 위치가 어디인지가 무척이나 중요한 서비스이다. 수도 없이 많은 수의 새로운 모바일 장치들에서 위치 정보를 가져오는 기능들이 포함됨에 따라, **모바일** 장치들에서는 매력적이고 유용한 앱을 만들 수 있는 길을 마련하게 되었다. 위치 기반 서비스의 가장 좋은 사례를 들자면 사용자에게 마치 마술을 부리는 것과 같은 모습을 보여줄 수 있다는 것이며, 감사하게도 대다수의 공통적인 API들이 매우 단순하기까지 하다. 우리 앱에 어떤 방법을 사용해서 이러한 위치 기반 기능들을 추가할 수 있는지 살펴보자.

위치 정보 가져오기

위치 정보는 위치 정보에 대한 데이터이다. 위도와 경도로 구성된 하나의 물리적인 데이터를 가져올 수 있지만, 어떤 상황에 맞추어 데이터를 정보로 바꿔서 보기 전까지는 큰 의미가 없는 데이터이다. 사용자의 위치를 알고 난 다음에는, 이를 실용적인 방법으로 사용해야 할 필요가 있다. StarTrackr 데이터베이스는 매일 매일 규모가 커지고 있지만, 프스퀘어[2]에 사람들이 지구촌 전세계에서 '체크 인'하는 횟수에 비하면 매우 미미한 수준이다.

---

[1] http://www.quirksmode.org/webkit.html

[2] http://www.foursquare.com

이를 따라잡기 위하여, 사용자들의 위치를 가져와 가까운 포스퀘어 데이터와 매시업 하여 우리 서비스의 Spots 페이지에 정보를 보여주어, 우리 앱이 보여줄 수 있는 관련된 위치 데이터의 수를 획기적으로 늘릴 수 있다. 본격적으로 포스퀘어 API를 활용하기 전에, 우리 사용자들에 대한 내용을 좀 더 자세히 알아볼 필요가 있다.

위치 정보 데이터를 가져오기 위하여, 한 개에서 세 개 사이의 매개 변수를 받아 비동기적으로 장치의 현재 위치 정보를 가져올 수 있도록 도와주는 `getCurrentPosition()`이라는 메소드가 있다. Geolocation 객체는 navigator 객체의 속성으로서 찾을 수 있다. getCurrentPosition() 메소드가 비동기 함수이기 때문에, 처음 두 개의 매개 변수는 콜백으로 첫 번째 매개 변수는 성공 시 호출되며, 두 번째 매개 변수는 실패할 때 호출된다.

```
navigator.geolocation.getCurrentPosition(
  function(pos) {
    // 값을 가지고 왔다.
    alert(
      pos.coords.latitude + ":" +
      pos.coords.longitude + ":" +
      pos.coords.accuracy
    );
  },
  function(error) {
    alert("Error!");
  }
);
```

자연히, 이 기능에 대해서는 보안과 프라이버시 문제가 있다. 그림 5.1과 같이 이 기능을 여러분의 앱에서 사용하려고 하면 사용자에게 정보를 가져갈 수 있는 권한을 허용하도록 할 것인지를 묻는 대화 상자가 나타나게 된다.

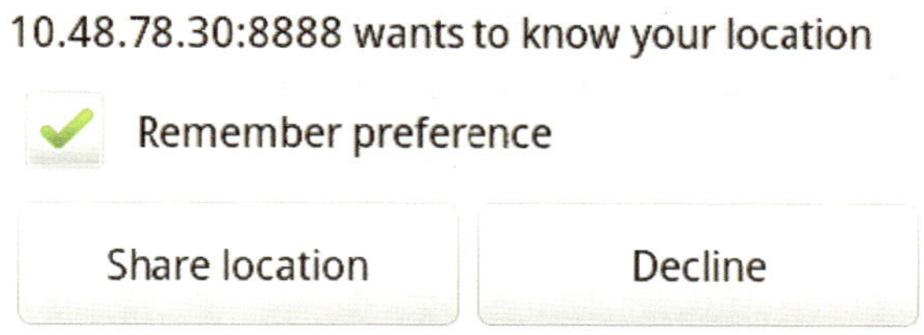

그림 5.1. 사용자에게 본인의 위치를 제공할 것인지를 묻는 대화 상자

권한 재설정하기

만약 실수로 허용하지 않도록 선택했다면, 여러분이 만든 페이지에서는 더 이상 이 사용자의 위치 정보를 물을 수 없게 된다. iOS에서는 **Settings > General > Reset > Reset Location Warnings** 순으로 이동하여 이 설정을 취소할 수 있고, 안드로이드에서는 여러분의 브라우저 콘텍스트 메뉴 등에 나타나는 브라우저 설정 페이지로 이동하여, **Clear location access** 항목을 찾으면 이 설정을 취소할 수 있다.

이러한 모든 설정의 제약이 해제되고 나면, 이제 여러분은 정보를 마음껏 활용할 수 있게 된다.

여러분이 가지고 있는 위치 정보를 전송할 수 있는 장치를 통해 여러분의 현재 위치를 실제와 가장 가깝게 얻을 수 있다. 얼마나 정확할까? 정확도를 측정하기 위하여 accuracy 프로퍼티(property)를 확인할 필요가 있다. 미터 단위로 측정되며, 약 95% 정도의 신뢰 수준을 보여준다. 만약 이 수준이 지나치게 낮다면 몇 번 다시 시도해볼 수 있지만, 사용자가 GPS를 꺼놓았거나 GPS 통신이 불가한 지역에 있을 경우 실제로 여러분이 취할 수 있는 조치는 얼마 없다. 그러나, 몇 가지 부수적인 매개 변수들을 통해서 위치 정보가 여러분에게 좀 더 정확하게 들어오도록 할 수는 있다.

Javascripts/ch5/01-geolocation.js (인용)

```
navigator.geolocation.getCurrentPosition(
  function(pos){ },
  function(error){ },
  {
    // 위치 정보에 대한 옵션
    maximumAge: 10000,
    timeout: 10000,
    enableHighAccuracy: true
  }
);
```

getCurrentPosition() 메소드의 세 번째 매개 변수는 옵션 플래그들에 대한 설정을 가능하게 하는 객체를 지정하는 것인데, enableHighAccuracy 속성은 장치에게 가능한 정확한 정보를 가져올 수 있도록 지시하는 역할을 한다. 이 설정에서의 문제점은 정보를 얻어오기까지 기본 설정에 비해서는 시간이 길어지고, 장치의 배터리 소모를 더 가속시킨다는 것이 문제점이다. 아마 가능하기만 하다면야 대부분 이 설정을 true로 지정해서 결과를 얻고자 하겠지만 보통의 대략적인 위치 정보를 필요로 하므로 false로 지정하는 것이 기본값으로 되어있다.

HTTP 요청과 마찬가지로, 가끔 위치 정보 요청은 긴 시간이 필요할 때가 있다. 이에 대한 완급 조절을 위하여 위치 정보를 회수할 때까지 기다릴 시간을 여러분이 지정할 수 있으며 이 시간보다 오래 걸리는 경우 요청을 포기하도록 할 수 있다. 이 설정은 지금 이야기하는 옵션 객체의 timeout 속성에서 지정할 수 있고, 여기서 지정한 시간을 넘어설 때까지 응답이 돌아오지 않으면 오류가 발생했을 때 콜백을 호출하여 이 사실을 알리게 된다.

마지막 옵션인 maximumAge 속성은 여러분이 얼마나 자주 최신 위치 정보를 가져와야 하는지를 설정할 수 있는 부분이다. 예를 들어, 만약 maximumAge 속성을 위의 예제에서처럼 10초로 지정하였고, 여러분이 10초 이내에 이 메소드를 여러 번 호출하면 미리 캐시된 값이 대신 반환되어 장치가 위치 정보를 새로 조사하지 않도록 할 수 있다. 만약 10초 경과 후에 다시 호출하면 캐시된 값은 만료된 상태이므로 장치는 새로운 값을 조사하기 위하여 다시 센서를 움직이게 될 것이다.

여기서 실제로 중요한 것은 성공했을 때 호출되는 콜백으로, 이를 통해 유용한 위치 정보를 포함하는 Position 객체를 넘겨받을 수 있게 된다. 아래는 이 객체의 구조를 표현한 것이다.

```
Position = {
  timestamp,
  coords: {
    latitude,
    longitude,
    accuracy,
    altitude,
    altitudeAccuracy,
    heading,
    speed
  }
}
```

timestamp 필드에는 DOMTimeStamp[3] 값을 포함하고 있어서 위치 정보 값이 언제 정확하

---

[3] http://www.w3.org/TR/DOM-Level-3-Core/core.html#Core-DOMTimeStamp

게 추출되었는지를 알 수 있다. coords 객체는 실제로 유용한 상당 수의 정보들을 포함하고 있다. 여기 있는 모든 속성들이 각각의 장치에서 모두 사용 가능한 것은 아니지만, 적어도 위치 정보로부터 위도, 경도, 정확도에 대한 값을 얻을 수 있고 이를 통하여 충분히 멋진 기능을 만들 수 있다는 것은 확실하다.

우리 앱으로 다시 돌아와서, 위치 정보를 성공적으로 수신했을 때 호출되는 성공 콜백 내의 위치 객체로부터 위도와 경도 정보를 얻어오도록 해야 하는데, fetchLocations() 메소드로 이 정보들을 보내어 포스퀘어를 활용하도록 코드를 만들 것이다.

Javascripts/ch5/01-geolocation.js (인용)

```
function fetchGeo() {
  navigator.geolocation.getCurrentPosition(
    function(pos) {
      // 위치 정보를 성공적으로 가져왔다.
      var lat = pos.coords.latitude,
          lng = pos.coords.longitude;
      // 이제 위치 정보를 활용할 수 있다!
      fetchLocations(lat, lng);
    },
    function(error) {
      alert("Error fetching geolocation.");
    }, {
      // 위치 정보를 가져오기 위한 설정을 지정한다.
      maximumAge: 10000,
      timeout: 10000,
      enableHighAccuracy: true
    }
  );
}
```

포스퀘어는 JSONP 형식의 장소 검색 기능을 지원한다. 이를 사용하기 위해서는 우리단의 특별한 **클라이언트 ID**와 **클라이언트 비밀 키**에 대한 정보를 제공해야 하므로 포스퀘어에 별도로 등록 신청을 해야 한다. https://foursquare.com/oauth/register 페이지로 이동하여 그림 5.2와 같이 나타나는 신청 양식을 채워야 한다. **Callback URL** 필드는 서버 기반의 앱에서 포스퀘어 인증 절차를 거칠 수 있도록 하기 위하여 사용되는 필드이지만, 우리의 경우 단지 공용 검색 결과를 가져오기 위함이므로 이 URL에 우리 웹 사이트의 기본 홈 페이지 URL을 넣어도 지장이 없다.

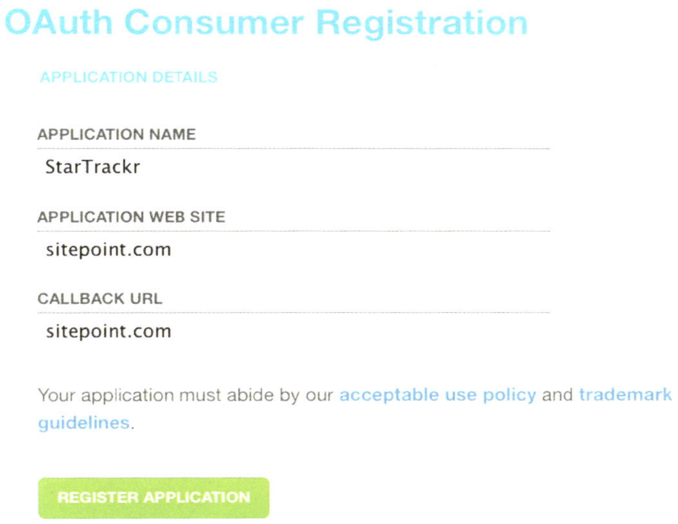

OAuth Consumer Registration

APPLICATION DETAILS

APPLICATION NAME
StarTrackr

APPLICATION WEB SITE
sitepoint.com

CALLBACK URL
sitepoint.com

Your application must abide by our acceptable use policy and trademark guidelines.

[REGISTER APPLICATION]

그림 5.2. 포스퀘어와의 상호 작용을 위한 OAuth 키 값을 얻기 위한 신청 절차

신청 양식을 제출하자마자, 인증 절차에 대한 상세 정보를 받을 것이다. 클라이언트 ID는 여러분의 앱을 통하여 포스퀘어 API를 호출할 수 있도록 호출 주체를 식별한다. 이 정보는 공용 정보이므로 여러분의 클라이언트 앱 안에 직접 넣더라도 문제될 것이 없다. 그러나 클라이언트 **비밀** 키 정보는 '정말로 중요하다.' 그러므로 자바스크립트를 포함하는 페이지 내부가 아닌, 별도의 서버 응용프로그램을 통하여 검색 절차를 수행하고 이 정보를 반환하도록 별도로 만들어야만 한다. 그렇게 하지 않을 경우, 여러분의 웹 사이트 상의 자바스크립트 소스 코드를 볼 수 있는 누군가가 여러분의 비밀 키를 가져갈 것이 자명하기 때문이다.

PhoneGap과 비밀 키

만약 여러분이 만들 앱을 우리가 7장에서 다룰 예정인 PhoneGap을 사용하여 웹 사이트 형태가 아닌 네이티브 앱으로 내보낼 것만을 고려하고 있다면 자바스크립트 안에 비밀 키를 포함해도 문제가 되지 않는다. PhoneGap은 여러분의 앱을 컴파일 하여 여러분의 소스 코드를 직접 볼 수 없게 보호해주기 때문이다.

그러나 지금은 테스트 편의상, 그리고 원활한 시연을 위하여 비밀 키를 그냥 클라이언

트 측 웹 페이지에 바로 붙여서 진행할 것이다. 코드 아카이브 상의 코드를 이용한다면 여러분의 비밀 키와 클라이언트 ID를 코드에 정확히 지정해야 하며, 이 과정을 놓치면 코드가 작동하지 않게 된다.

포스퀘어 API를 사용하기 위해서, 사용자로부터 얻은 위도와 경도 정보를 이용하여 쿼리 문자열을 만들 필요가 있고, 우리 앱이 포스퀘어 API를 호출할 권한이 있음을 인증하는 키도 여기에 포함해야 한다. 아래는 `fetchLocations()` 메소드 코드의 예시이다.

Javascripts/ch5/01-geolocation.js (인용)

```
function fetchLocations(lat, lng) {
  var url = "https://api.foursquare.com/v2/venues/search?",
      location = "&ll=" + lat + "," + lng,
      secrets = "&client_id=CLIENT&client_secret=SECRET";

  $.ajax({
    url: url + location + secrets + "&callback=",
    type: "GET",
    dataType: "JSON",
    success: function(data) {
      displayLocations(data.response.groups);
    },
    error: function() {
      alert("Error fetching locations.");
    }
  });
}
```

쿼리 URL의 구조는 한눈에 보기에도 직관적이다. **ll** 매개 변수에 우리가 위치에 대한 정보를 얻기 위해 필요한 위도와 경도 값을 쉼표로 구분하여 넣어주고, **client_id**와 **client_secret** 매개 변수를 우리가 얻은 값으로 바꿔 넣어주며, JSONP 형식으로 데이터를 얻어오기 위한 **callback** 매개 변수를 넣어주는 것으로 호출 매개 변수들이 완성된다. 이제 이 URL을 jQuery의 `$.ajax()` 메소드로 GET 방식으로 송신하기만 하면 된다.

성공적으로 호출되면 포스퀘어는 지정한 위치에 대한 도시에 관련된 정보들을 제공할 것이다. 데이터의 전체 형식에 대해서는 포스퀘어의 개발자 문서에서[4] 찾아볼 수 있지만, 지금 필요한 것은 `data.response.groups` 필드에 대한 정도이며 여기에는 사용자

---

[4] https://developer.foursquare.com/docs/

근처의 명소나 위치 정보들을 포함하고 있다.

이 데이터를 displayLocations() 메소드로 전달하여, 사용자들에게 유용한 형태로 데이터를 표현할 것이다. 우선 할 일은, 현재 목록에 표시되고 있는 위치 정보들을 우선 제거하여, 새로운 위치를 기반으로 하는 위치 목록을 표시할 수 있도록 준비하는 것이다.

Javascripts/ch5/01-geolocation.js (인용)
```
function displayLocations(groups) {
  $("#spots-list").children().remove();
  ⋮
}
```

이제 새로운 결과를 여기에 추가할 수 있다. 우리가 포스퀘어로부터 받은 위치 정보들은 그룹의 형태로 분류되어 있는데, 예를 들어 근처의 위치들이나 유행하는 위치들, 혹은 투표가 진행 중인 위치에 대한 실시간의 위치 정보들까지도 얻을 수 있다. 이러한 그룹들은 매 시간마다 다양하므로, 우리가 관심 있는 정보를 포함하는 그룹을 선택하는 것은 전적으로 우리의 선택에 달려있다. 여기서 가장 활용하기에 적당한 것은 바로 nearby 그룹일 것이다. 이 그룹을 찾은 다음에는, 목록상에 이 그룹에 대한 정보들을 표시하도록 하면 된다.

Javascripts/ch5/01-geolocation.js (인용)
```
for(var i = 0; i < groups.length; i++) {
  if(groups[i].type === 'nearby') {
    $("#tmpl-4sq")
      .tmpl(groups[i].items)
      .appendTo("#spots-list");
  }
}
```

여기서 items 객체는 정말 유용하다. 이전 장에서 살펴본 출력을 위한 템플릿 기법을 여기서 사용하려고 한다. 템플릿의 모양은 아래와 같다.

Ch5/01-geolocation.html (인용)
```
<script id="tmpl-4sq" type="text/x-jquery-tmpl">
```

```
      <li>
        <a href="spot.html">
          <h2>${name}</h2>
          <span class="relative-distance">${location.distance}m away</span>
          <span class="sightings">${hereNow.count}</span>
        </a>
      </li>
</script>
```

이 코드들이 모두 한 자리에 모이면, 마지막 단계는 fetchGeo() 함수를 호출하여 기능을 구동하기 시작하면 된다. 이 작업은 사용자가 Spots 검색 필드에 있는 'Locate me' 버튼을 클릭하는 것으로부터 출발하면 된다.

Javascripts/ch5/01-geolocation.js (인용)

```
$(".locate-me").click(function(e){
  e.preventDefault();
  fetchGeo();
});
```

브라우저에서 이 페이지가 위치 정보를 수집할 수 있도록 허용하였다면 버튼을 누르고 나면 앱의 레이아웃에 맞게 형식화된 형태로 현재 위치 근처의 위치 정브들이 그림 5.3과 같은 형태로 멋지게 나타날 것이다.

또한 위도와 경도 정보 위에 키워드를 지정할 수 있는 옵션을 이용할 수 있는데, 이미 앱의 UI에 검색을 위한 텍스트 박스를 달아놓았고, 사용자는 검색 결과를 간추리기 위하여 이 기능을 이용할 수 있다. fetchLocations() 함수 안에서 쿼리 문자열을 만들 때 키워드를 지정하도록 하기만 하면 된다.

포스퀘어만이 이러한 위치 정보를 취급할 수 있는 유일한 서비스인 것은 아니며, 수많은 스타트 업 제품들과 서비스들을 통하여 실제 세계의 실시간 데이터를 여러분의 앱에 얼마든지 추가할 수 있다.

웹 앱에서 장치의 기능 사용하기   **197**

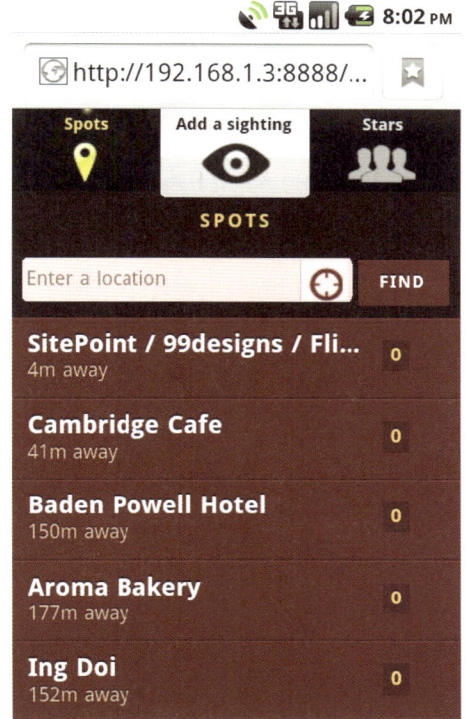

그림 5.3.   포스퀘어 API 덕분에 현재 위치 근처의 위치들이 나타나고 있다.

Javascripts/ch5/01-geolocation.js (인용)
```
var keywords = $("#address").val(),
    query = keywords ? "&query=" + keywords : "";
 ⋮
$.ajax({
  url: url + location + query + secrets + "&callback=",
   ⋮
});
```

오류 처리하기

위치 정보를 다루는 기능은 그 자체만으로 마법 같은 기능인 만큼, 가끔 원하는 결과를 얻지 못할 수도 있다는 것을 알아둘 필요가 있다. 이 때문에, 우리 앱에서는 오류에 대한 처리를 항상 유연하게 대처할 수 있도록 할 필요가 있다. 이미 이를 위하여 오류가 발생할 때 호출될 콜백 함수를 지정해두긴 했지만 실제로 의미 있는 처리를 한 것은 아니다.

오류가 발생했을 때 호출되는 콜백에는 `PositionError` 객체가 전달된다. 이 객체는 크게 두 가지 속성으로 구성되는데, 하나는 오류 코드, 또 하나는 오류 메시지이다. 오류 코드는 다음의 세 가지 경우의 수로 나눌 수 있다.

- `error.PERMISSION_DENIED`
- `error.POSITION_UNAVAILABLE`
- `error.TIMEOUT`

만약 사용자가 여러분의 앱에 대해 위치 정보를 공개하지 않도록 설정했다면 `PERMISSION_DENIED` 오류를 받게 될 것이다. 만약 특별히 위치 정보가 여러분의 앱이 필수적인 요소가 아니라면 이 오류는 지극히 평범한 것으로, 이에 대한 좋은 대처가 필요하며 사용자 경험을 통해 이 사실을 정확히 알려주어야 한다. 앞에서 언급한 대로, 사용자가 브라우저의 설정을 초기화하지 않는 한, 사용자가 위치 요청에 대한 메시지를 다시 보게 되는 일은 없으므로, 이 오류가 발생하면 항상 이 지점에서 동작이 끝나게 된다.

다른 두 가지 유형의 오류는 실제로 위치 정보를 얻어오는 것에 문제가 있는 경우로, `POSITION_UNAVAILABLE`은 확실히 더 일반적인 의미에서의 '뭔가 잘못되었음'을 시사하는 오류이고, `TIMEOUT`은 여러분이 옵션에서 지정한 것보다 더 오랜 시간이 걸리기 때문에 호출을 중도에 포기하여 발생하는 오류이다.

`error.message` 속성은 오류 코드를 좀 더 구체적으로 설명해준다. 예를 들어, 크롬에서는 'User denied Geolocation'과 같이 위치 정보를 허가하지 않았을 경우에 오류 메시지를 반환한다. 하지만, 이 메시지는 장치들마다 제각각이므로 이 메시지를 직접 여러분의 앱의 UI에 채택하는 것보다는 아래와 같이 여러분 만의 메시지를 대신 만드는 것이 더 좋다.

```
// 위치 정보를 가져오는 데 실패하였다.
var msg = "";
switch(error.code) {
  case error.PERMISSION_DENIED:
    msg = "Ooops. You have disallowed our app!";
    break;
  case error.POSITION_UNAVAILABLE:
    msg = "Sorry, we couldn't get your location.";
    break;
  case error.TIMEOUT:
    msg = "Sorry, fetch timeout expired.";
    break;
}
```

지금까지 살펴본 대로, 모바일 앱에서 기본적인 수준의 위치 정보를 가져오도록 하는 기능은 무척이나 단순하고, 여러분이 상상하는 기능을 자유롭게 만들 수 있도록 자유를 주고 있다. 그러나 이것은 생각 이외로 강력한 기능인 만큼, 사용자들로부터 이러한 정보를 얻어온 후에는 안전하게 보관하고, 책임감 있게 사용하는 자세가 꼭 필요하다.

장치 방향

이 시점에서, 그리고 아마 당연히 근시일 내의 미래에서도, 모바일 장치들은 모두 사각형의 모양을 가지고 있을 것이다. 이는 장치 디스플레이가 두 가지 방향으로 나뉠 수 있음을 의미하는데, 바로 세로 방향과 가로 방향이다.

세로 방향과 가로 방향의 비율 차이는 여러분의 디자인에 지대하고도 엄청난 영향을 끼치게 되는 만큼, 여러분이 만들려 했던 사용자 경험을 세심하게 고려해야만 한다. 우리의 경우, 백분율이나 em과 같은 상대적 단위를 사용해서 우리 앱의 레이아웃을 만들어 왔기 때문에, 우리 디자인은 어떤 화면 해상도에 던져놓더라도 별다른 노력 없이 매우 잘 보이게 될 것이다. 그러나 가끔은 여러분의 앱이 완전히 다른 레이아웃이나 다른 기능들을 통해서 다른 화면 방향에서도 잘 보일 수 있도록 하고자 할 것이다. 예를 들어, 세로 모드에서는 간단한 목록 형태로만 나타나도록 했던 것을, 가로 모드에서는 두 개의 패널을 사용하여 왼편에는 기본 목록을, 오른편에는 기본 목록에 대한 상세 보기를 제공하는 형태로 표시하고자 할 것이다.

이러한 레이아웃을 고려하기 위하여 1장에서 논의했던 미디어 쿼리로 다시 자리를 옮겨 보자. min-width를 이용하여 화면의 폭이 일정한 크기 이상을 넘어가는 경우에 적용할 스타일을 따로 지정하는 것이 가능했었다.

```
@media only screen and (min-width: 480px) {
   /* 여기에는 뷰 포트의 폭이 480px 이상이 되는 때의 화면에서만 적용할 스타일이 들어간다. */
}
```

이 방법으로, 만약 화면의 방향이 바뀌어 뷰 포트의 폭이 갑자기 480 픽셀 이상이 되는 경우, 여기서 지정한 설정이 곧바로 투입될 것이다.

더 흥미로운 것은, 미디어 쿼리를 통하여 화면의 방향을 조건으로 설정할 수도 있다는 것이다.

```
@media screen and (orientation:portrait) {
   /* 세로 화면일 때 사용할 스타일이 여기에 지정된다. */
}
@media screen and (orientation:landscape) {
   /* 가로 화면일 때 사용할 스타일이 여기에 지정된다. */
}
```

위의 코드에서 첫 번째 블록은 화면이 세로 방향일 때 사용되며, 두 번째 블록은 화면이 가로 방향일 때 사용된다.

그러나 만약 장치의 방향에 따라 직접 반응을 하도록 만들고 싶을 때에는 어떻게 하야 할까? 다행스럽게도, 이를 위한 자바스크립트 API가 마침 있다. 단순히, window 객체의 orientation 속성과 OrientationChange 이벤트를 활용하기만 하면 된다.

기능을 시험하기 위하여, 사례를 하나 만들어야 한다. 우리 앱에는 About 페이지가 아직 없고, 친구들에게 자랑할 요량으로 팀원들의 이름을 넣으려고 한다. 이 기능을 구현하기 위해서 사용자가 장치를 회전시켜 놓았을 때 전체 화면으로 보일 수 있도록 큰 화면을 사용할 것이다. 이렇게 하려면 절대적으로 위치를 정할 수 있는 요소가 필요한데, 메인 페이지 컨테이너 밖에 이 요소를 위치시켜 보통 페이지로는 보이지 않도록 만들어야 한다.

Ch5/02-orientation.html (인용)

```
<div id="about">
  <div id="header">
    <h1>About Us!</h1>
  </div>
</div>
```

그 다음, 이 페이지가 기본적으로는 보이지 않게 숨기고, 화면 전체를 가득 채울 수 있도록 하기 위하여 각 엣지의 값들을 0으로 설정할 것이다. 그리고 z-index를 설정해서 여러분의 페이지 뒤로 사라지도록 만드는 것도 필요할 것이다.

Ch5/02-orientation.html (인용)

```
#about {
  display:none;
  position: absolute;
  top:0;
  left:0;
  right:0;
  bottom:0;
  background-color: #400;
  z-index: 250;
}
```

이제 orientation 속성과 orientationchange 이벤트를 사용할 준비가 되었다. 폰에서 페이지를 로드 하자마자 속성의 값을 확인할 수 있도록 하기 위하여 간단한 경고 메시지 창을 아래와 같이 띄울 것이다.

```
alert(window.orientation);
```

여러분이 어떻게 폰을 손에 쥐고 있었는지에 따라, 페이지를 새로 고칠 때마다 다른 결과를 받게 될 것인데, 세로 모드에서는 0을, 시계 반대 방향으로 회전된 가로 화면에서는 90을, 시계 방향으로 회전된 가로 화면에서는 −90이 나타나는 것을 확인할 수 있다.

사용자들이 폰을 어떻게 보고 있는지를 계속 점검하는 코드가 필요하지 않도록, 두 번째 단계로는 orientationchange 이벤트를 통하여 화면의 방향이 바뀔 때마다 적절한 동작을 취할 수 있도록 하는 작업이 필요하다. 이 이벤트는 앞에서 본 orientation 속성의 값이 바뀔 때마다 이벤트가 일어난다. 사용자가 가로 방향으로 호면을 돌렸을 때 우리가 방금 만든 About 페이지가 보이도록 하고, 세로 화면에서는 이 페이지가 숨겨지도록 할 것이다.

Javascripts/ch5/02-orientation.js (인용)

```
$(window).bind("orientationchange", function(){
  switch(window.orientation) {
    case 0:
      $("#about").hide();
      break;
    case 90:
    case -90:
      $("#about").show();
      break;
  }
});
```

가속도 센서: 장치의 방향

가속도 센서 자체에 대해서 논의되기 시작한 것은 제법 오래된 일이지만, W3C에서는 이제 막 대부분의 모바일 장치들에서 사용할 수 있는 API의 초안을 만들어내기 시작하고 있다. 이러한 사항들은 실제로 널리 채택되기 위해서 많은 시간이 필요하지만, 실제로 일어나고 있다. 한 가지 예를 들자면, DeviceOrientation 이벤트 사양이라는[5] 것이 있다. 우리가 그 동안 살펴보았던 장치의 방향에 관하여 수신할 수 있었던 이벤트와는 다른 종류의 이벤트를 받을 수 있도록 되어있다. 이 사양은 장치의 가속도, 중력 센서, 자이로스코프를 모두 활용하도록 되어있으며, 각도와 움직임을 우리가 사용하는 앱에서 정밀하게 측정할 수 있도록 되어있는 것으로, 단순히 가로냐 세로냐를 이야기하는 것이 아니라, 예를 들어 '68.5도의 기울기로 Z 축으로 빠르게 떨어지고 있다'와 같은 정보를 얻을 수 있다.

이러한 API를 사용하는 것 자체는 여전히 제약이 많으며, 우리가 점진적인 향상 기법의

[5] http://dev.w3.org/geo/api/spec-source-orientation.html

원칙을 주의 깊게 지켜야 함을 항상 숙지해야 한다. 그러나 이런 와중에도 몇 가지 좋은 소식이 있는데, API가 모든 종류의 브라우저에서 사용 가능한 것은 아니나 대부분의 장치들이 이 기능을 하드웨어 수준에서 지원한다는 것이다. 이후에 살펴보겠지만, PhoneGap을 사용하여 우리의 웹 앱을 네이티브 앱으로 바꾸게 하면, 우리가 DeviceOrientation API를 가지고 작업했었던 내용들을 수정하는 일 없이 손쉽게 다양한 장치들과 호환되도록 앱을 업그레이드 하는 것이 가능하다.

가속도 센서

가속도 센서가 어떻게 동작하는지에 대해서는 위키피디아의 가속도 센서 항목에[6] 이미 자세히 나와있겠지만, 우선 어떻게 동작하는지를 먼저 살펴보고 나중에 이론을 읽는 것이 더 재미있을 것 같다. 어떤 것을 먼저 여러분이 택하든, 여러분이 사용하려는 장치가 가속도 API를 지원하는지 아는 것은 도움이 된다. 만약 window 객체가 DeviceMotionEvent 객체를 가지고 있다면, 운이 좋은 것이다.

```
var hasMotion = window.DeviceMotionEvent;
if(hasMotion) {
  alert("We got one!");
}
```

DeviceMotionEvent 객체는 devicemotion이라는 이벤트를 노출한다. 이는 window 객체 안에 있으므로 우리가 이 이벤트에 처리기를 연결하기만 하면 모든 준비가 끝이 난다.

Javascripts/ch5/03-accelerometer.js (인용)
```
$("window").bind("devicemotion", function( e ) {
  // 뭔가 움직임이 있었다.
});
```

이벤트에 주어지는 객체는 장치의 센서에 감지된 가속도와 방향에 대한 수많은 유용한 정보들로 채워져 있을 것이다. 우리에게 있어서 가장 흥미로운 부분은 바로 acceleration과 accelerationIncludingGravity 그리고 rotationRate 속성에 담긴 정보일 것이다.

---

[6] http://www.wikipedia.org/wiki/Accelerometer

가속도 속성 값들은 모두 acceleration 속성의 인스턴스들이고, 여기에는 X축, Y축, Z축에 대한 정보들이 담겨 있다. rotationRate는 여러분의 장치가 자이로스코프를 가지고 있는 경우에 한하여 유일하게 사용할 수 있는 특별한 속성으로, 지금부터는 가속도 센서에 대한 것에만 집중하려고 한다. jQuery가 보통의 이벤트 정보만을 넘긴다는 사실을 숙지하고, originalEvent 속성으로부터 이러한 정보를 따로 가져와야 한다는 것을 잊지 말자.

Javascripts/ch5/03-accelerometer.js (인용)

```javascript
$("window").bind("devicemotion", function( e ) {
  // 뭔가 움직임이 있었다.
  var motionEvent = e.originalEvent,
      accel = motionEvent.accelerationIncludingGravity,
      x = accel.x,
      y = accel.y,
      z = accel.z
});
```

우리는 이 이벤트가 정상적으로 잘 호출되는지 확인하기 위해서 경고 창을 띄우는 방법을 적용할 수 없는데, 왜냐하면 이 이벤트는 초당 50여 회 이상 호출되기 때문이다. 대신 화면에 직접 메시지를 출력하는 방법을 쓰기로 한다.

Javascripts/ch5/03-accelerometer.js (인용)

```javascript
$("body").html(
  "x:" + x + "<br/>" +
  "y:" + y + "<br/>" +
  "z:" + z
);
```

화면에 엄청난 양의 숫자들이 쏟아져 표시되는 꽤 흥미로운 경험을 하게 될 것이다. 들어오는 데이터들을 분석해서 사용자들이 폰을 어떻게 쥐고 있는지 면밀히 잴 수 있을 것이다. 이러한 정보들은 보통 게임이나 기포 수준기와 같은 도구를 만들기 위한 용도로 쓰일 수 있다. 너무 복잡한 수학적 계산에 연연하는 것을 원치는 않으므로, 단순히 가속도 센서를 우리 앱에서 쉽게 쓸 수 있는 방법만을 생각해볼 것이다.

수치를 시각적으로 표현하기

끝없이 쏟아져 들어오는 숫자 정보들에 기뻐하기는 사실 어렵다. 만약 이렇게 엄청나게 들어오는 데이터들을 더 시각적인 정보로 바꾸어 보기를 원한다면, http://mrspeaker. net/dev/js-accel/ 페이지를 방문해볼 것을 권한다. 여기에서 X축, Y축, Z축에 대하여 지속적으로 들어오는 데이터를 그래프의 형태로 바꾸어 여러분의 장치를 움직이거나 기울일 때마다 무슨 일이 발생하는지를 쉽게 살펴볼 수 있을 것이다.

흔들기 제스처

가속도 센서를 가지고 쓸 수 있는 소설은 바로 흔들기(shake) 제스처로, 여러분의 폰을 단순히 흔드는 것으로 연출될 수 있다. 가끔 이 기능은 기능을 실행 취소하거나 페이지를 새로 고치기 위한 동작으로 활용된다. 우리가 대상으로 삼을 수 있는 'onshake' 같은 미리 정의된 이벤트 같은 것은 없고, 우리가 스스로 이러한 동작을 감지해서 만들어내야만 한다. DeviceOrientation API는 장치가 이전보다 얼마나 움직였는지에 대한 정보를 우리에게 제공한다. 두 지점 사이를 측정하고 이 차이가 크게 나타나는지를 살펴보면 장치가 흔들리고 있는 중인지 쉽게 알 수 있을 것이다.

두 지점 사이를 추적하기 위해서 변수들이 좀 필요하고, 흔들림 이벤트를 판정하기 위하여 이 정보들을 변수들에 담아야 한다. lastX, lastY, lastZ 그리고 lastShake라는 이름의 변수를 만들 것이며, 그리고 흔들림의 정도를 상수 값으로 정의하여 얼마나 흔들림의 정도가 심해야 우리의 기능이 불릴 것인지를 결정하게 할 것인데, 이 상수 값을 담는 변수를 threshold라고 이름 붙이려 한다.

Javascripts/ch5/04-shake.js (인용)

```
var lastX,
    lastY,
    lastZ,
    lastShake = new Date().getTime(),
    threshold = 10;

$(window).bind("devicemotion", function(e){
    var motionEvent = e.originalEvent,
        accel = motionEvent.accelerationIncludingGravity,
        x = accel.x,
```

```
        y = accel.y,
        z = accel.z;
    ⋮
});
```

이제 X, Y, 그리고 Z 가속도에 대한 정보를 얻었으므로, 지난번 값과 비교해볼 수 있다. 만약 지난 번 상태를 저장하는 변수 값이 null인 경우, 이는 첫 측정 값임을 뜻하므로 아무것도 하지 않을 것이다. 그러나 이전 측정 값에 무언가 들어있다면, 지금의 측정 값과 이전 측정 값의 차를 계산할 것이다.

Javascripts/ch5/04-shake.js (인용)

```
if(lastX !== null && lastY !== null && lastZ !== null) {
  // 장치가 움직인 거리를 측정한다.
  var diffX = Math.abs(x - lastX),
      diffY = Math.abs(y - lastY),
      diffZ = Math.abs(z - lastZ);
  // 흔들림 감지에 대한 판정 코드를 여기에 넣는다.
}
lastX = x;
lastY = y;
lastZ = z;
```

흔들림에 대한 일차적인 판정이 끝나고 나면, 다음 번 계산을 위하여 새 X, Y, Z 변수의 값을 저장하게 된다.

떨어뜨림과 같은 것이 아닌 흔들림과 흔들림 사이를 위하여 두 축 사이의 일정한 양의 움직임이 있었는지 점검할 필요가 있으며, 예를 들어 X와 Y축 사이, X와 Z축 사이, 혹은 Y와 Z축 사이 등이 있겠다.

Javascripts/ch5/04-shake.js (인용)

```
if (diffX > threshold && diffY > threshold ||
    diffX > threshold && diffZ > threshold ||
    diffY > threshold && diffZ > threshold) {
    // 정말 큰 차이 값이 나타났다.
    ⋮
}
```

이로서 거의 다 된 셈이다. 그러나 여기서 멈추면 가벼운 버그 하나를 남기게 되는데, 만약 사용자가 난폭하게 쥐고 흔들면 위의 조건이 지속적으로 참인 상태가 된다. 따라서, 하나의 흔들림만을 감지하기보다는 여러 차례의 흔들림을 감지할 필요가 있다. 이를 위하여, 흔들림과 흔들림 사이에 시간 정보를 기록하여 0.5초 이내에 같은 흔들림을 재지 않도록 보완해야 한다.

Javascripts/ch5/04-shake.js (인용)

```
if (diffX > threshold && diffY > threshold ||
    diffX > threshold && diffZ > threshold ||
    diffY > threshold && diffZ > threshold) {

  var now = new Date().getTime(),
      diffTime = now - lastShake;

  if (diffTime > 500) {
    alert("Shaken!");
    lastShake = now;
  }
}
```

자체적으로 모든 테스트를 거친 후에, 사용자가 실제로 흔들었음을 판정하게 된다. 이 부분에서 실행 취소, 새로 고침, 혹은 '흔들지 말아주세요'와 같은 팝업 메시지를 띄울 수 있는 것이다. 그리고 lastShake 변수에 흔들림이 감지된 시간 정보를 넣어 다음 번 실행을 위한 준비를 해서 기능 구현을 마무리할 수 있다.

터치 제스처

터치 스크린의 등장으로 우리가 휴대용 장치와 상호작용하는 방법은 매우 자연스럽게 탈바꿈해서 그 덕분에 이제는 터치 기능을 **사용할 수 없는** 화면 위에서 위젯을 조작하는 게 어색할 정도가 되었다. 그러나 단점도 있는데, 터치 인터페이스의 단순함으로 인하여 우리가 이전에 마우스나 스타일러스로 누릴 수 있던 유연성과 정확도를 잃어버리게 된 것이다. 때문에 호버링이나 오른쪽 버튼 클릭 같은 기능이 없으며 심지어는 손가락으로는 작은 크기의 객체를 누르는 것이 쉽지 않다.

하지만 터치 스크린을 통하여 더 멋진 입력 방법을 하나 생각해볼 수 있는데 바로 제스처이다. 제한된 형태의 누르기나 드래그 대신 제스처를 사용하여 더욱 복잡한 손가락 움직임에 반응할 수 있으며, 입력 상호작용을 위한 방법의 수를 늘릴 수 있다. 우리가 목표로 하는 대부분의 장치들은 어떤 제스처가 발생했는지를 직접 알려주지 않는 대신, 몇 가지 기본적이고도 유용한 이벤트를 우리에게 제공하여 제스처를 직접 추적할 수 있도록 해주고 있다. 이들 이벤트로부터 수신되는 연속적인 데이터의 흐름으로부터 의미 있는 제스처 정보를 가져오는 것은 역시 우리의 몫이다.

지난 장에서 간단한 누르기 기능을 살펴보면서 터치 이벤트에 대해 살펴보았지만, 오늘날의 터치는 좀 더 민감하게 반응하며 멀티터치 기능까지도 지원한다. 잘 디자인된 소프트웨어들과 사용자들의 수많은 경험과 결합하여 우리 앱의 네비게이션 기능을 보조하기 위한 몇 가지 공통적인 제스처를 도입하는 것이 가능해졌다.

시작하기 전에, iOS와 안드로이드만이 현재 터치 이벤트를 지원한다는 사실과, 멀티터치를 지원하는 안드로이드 장치들이라 할지라도 한 번에 하나의 터치 이벤트만을 여러분에게 준다는 사실을 알고 있는 것이 좋다. PPK의 Touch Table 페이지를[7] 방문하여 터치 이벤트들에 대한 자세한 호환성 정보를 살펴보는 것을 권장한다.

터치 이벤트를 가지고 좀 더 재미있는 것을 하려면, 터치 이벤트가 우리에게 제공하는 핵심적인 속성들을 진단해보는 것이 좋다. 비록 터치 이벤트들이 마우스 이벤트와 비슷한 점이 있지만, 차이점들이 사실 더 중요하고, 잠재적으로 이러한 차이점들은 혼란을 일으킬 수 있다. 마우스 이벤트들은 멋지고 단순하지만, 보통 화면에 하나의 마우스 포인터만이 존재한다는 것이 문제이다. 하지만 터치 이벤트들은 우리들에게 다른 터치 이벤트들이 발생하고 있는 것에 관련된 구체적인 문맥을 제공할 필요가 있다. 이러한 문맥은 touches, targetTouches 그리고 changedTouches 컬렉션으로 구성되어 각 터치 이벤트 때마다 제공된다.

touches 컬렉션은 화면 상에 일어났던 모든 터치 이벤트들의 목록을 가져다 주지만 대개의 장치들은 한 번에 하나의 터치 이벤트만을 알려준다는 사실을 기억하자. 그 다음으로 targetTouches 컬렉션이 있는데, 여기에는 여러분이 이벤트 수신자를 지정했던 특정한 요소들에 발생한 터치 이벤트에 대한 사항만을 간추려 목록들을 따로 만든 것이다. 달리 말해서, 가령 어떤 <DIV> 요소에 대해 이벤트 수신자를 등록해놓았다면, targetTouches 컬렉션에는 여러분이 이벤트 수신자를 등록했던 <DIV> 요소에 대한 정보가 들어있는 식

---

[7] http://www.quirksmode.org/mobile/tableTouch.html

이다. 마지막으로, changedTouches는 터치 이벤트는 처음 터치 이벤트가 발생한 이후로 터치 이벤트가 바뀐 객체에 대한 목록이 보관되는데, 예를 들어 여러분이 어떤 <DIV> 요소 위에서 손가락을 끌었다면, 이벤트는 변경될 것인데, 따라서 기존에 touches나 targetTouches 컬렉션 상에 열거되었던 해당 객체가 이들 컬렉션에서는 열거되지 않고 changedTouches 컬렉션 안에 열거되는 방식이다.

이들 이벤트들과 속성들의 집합은 꽤 복잡한 것처럼 보인다. 몇 가지 코드들을 살펴보면서 실제로 어떻게 동작하는지 살펴보도록 하자.

포토 갤러리 넘기기

손가락을 휙 날리는 동작(swipe)은 짧고 빠른 드래그 동작을 말한다. 이 동작은 다양한 상황에서 활용되는데, 가령 여러분의 장치를 잠금 해제하거나, 목록 상의 항목을 삭제하는 등의 상황에서의 제스처로 쓰인다. 컬렉션 항목들 사이를 탐색할 때, 왼쪽으로 화면 위에서 손가락을 끌어 드래그 하여 다음 항목으로 넘어가거나 혹은 오른쪽으로 손가락을 끌어 드래그 하여 이전 항목으로 넘어가는 것과 같이, 책의 페이지를 넘기는 것과 같은 느낌으로 제스처를 연결하는 목적으로도 아주 멋지게 쓰인다.

어떤 종류의 장치들도 아직까지 'onSwipe' 같은 이벤트를 직접 제공하지 않으므로 직접 우리가 이 이벤트를 구현해야 한다. 이제 이 작업을 어떻게 할 수 있는지 그 방법을 생각해보자. 사용자가 터치 한 후 그냥 손을 떼는 것이 아니라 문지르는 동작을 할 때까지 기다렸다가 이를 추적해야 할 필요가 있다. 만약 가로 방향으로 손가락을 움직이기 전과 후의 짧은 시간 동안의 거리가 확인되면, 우리는 이것을 손가락 날리기 이벤트라고 정의할 수 있다.

세세한 내용을 걱정하기 전에, 손가락 날리기 이벤트를 구현하기 위한 몇 가지 장치를 먼저 만들어보자. 최근 연예인이 나타난 위치를 보여주는 페이지에서는 몇 장의 사진들로 구성되어있지만, 지금으로서는 이를 볼 방법이 없다. 간단한 갤러리로 만든다면 재미있게 만들 수 있을 것인데, 같은 크기의 이미지들을 우리 컨테이너 안에 집어넣고, 사용자가 손가락을 문지르는 방향에 따라 앞이나 뒤로 전환하면서 사진을 바꿔가며 보여줄 수 있을 것이다. 아래와 같이 간단한 마크 업 코드를 사용하여 페이지를 만들어보자.

Ch5/05-swipe.html (인용)

```
<div id="gallery">
  <img src="img1.jpg" class="current" />
  <img src="img2.jpg" />
  <img src="img3.jpg" />
  <img src="img4.jpg" />
  <img src="img5.jpg" />
</div>
```

이미지들은 화면의 폭을 100% 가득 채우도록 만들 것이다. 이미지인지 아닌지는 별로 중요하지 않지만, 만약 좀 더 작은 요소들을 가지고 있다면, `<DIV>` 컨테이너 안에 이들 요소를 포함시켜 스크롤 하여 볼 수 있도록 만들 수도 있을 것이다.

실제로 스크롤을 만들기 위해서는, 이전 장에서 만들었던 `transition()` 함수를 수정해야 한다. 이미지들이 마치 페이지로 구성된 것처럼 취급하여, 그들 사이에 전환 효과가 발생하도록 만들 것이다. 우선, 절대적인 위치를 가지도록 수정한 다음, 이미지들 가운데서 현재 보이는 이미지에 대해 라벨을 붙일 것이다.

Ch5/05-swipe.html (인용)

```
#gallery img {
  position:absolute;
  top: 0;
  left: 0;
  display: none;
  width: 100%;
}
#gallery img.current {
  display: block;
}
```

다음으로, 우리만의 고유한 날리기 이벤트 처리를 위한 프레임워크를 만들어서, 이 프레임워크가 갤러리 컨테이너 안에 터치 이벤트 처리에서 활용되도록 할 것이다. 그리고 `xStart`라는 이름을 가지는 변수를 만들어서, 사용자가 손가락으로 화면을 문지르는 동작을 했는지의 여부를 테스트 하기 위한 변수로 사용할 것이다.

Javascripts/ch5/05-swipe.js (인용)

```javascript
// 좌우 방향으로 손가락을 문지르는지의 여부를 파악한다.
var xStart;
$("#gallery").bind({
  "touchstart mousedown": function(e) {
    e.preventDefault();
    // 손가락 날리기 시작했을 때의 이벤트를 처리한다.
  },
  "touchend mouseup": function(e) {
    // 손가락을 떼었을 때의 이벤트를 처리한다.
  },
  "touchmove": function(e) {
    e.preventDefault();
  }
});
```

데스크톱 환경에서 테스트 하고, 구형 모바일 장치들에 대한 지원을 추가함으로써, 보통의 마우스 이벤트에 대한 지원도 추가할 수 있도록 만들었다. 코드가 조금 복잡한 것처럼 보이지만 테스트 기간 중에는 중요한 안전 장치로서, 데스크톱을 위한 훨씬 쉬운 프로토타이핑이기도 하다. 모바일과 데스크톱 환경 모두를 만족하는 앱을 만들기 위하여, jQuery의 원본 이벤트 객체를 가져와서 targetTouches 객체를 포함하고 있는지 확인할 것이다. 만약 가지고 있다면, 이것을 터치 객체로서 활용하며, 그렇지 않은 경우 데스크톱이나 터치 입력을 지원하지 않는 모바일 장치에서 이 이벤트 객체 그 자체를 터치 이벤트에 대응하기 위한 목적으로 활용할 것이다.

Javascripts/ch5/05-swipe.js (인용)

```javascript
// 손가락 날리기 시작했을 때의 이벤트를 처리한다.
var event = e.originalEvent,
    touch = event.targetTouches ? event.targetTouches[0] : e;
xStart = touch.pageX;
```

사실, 여기서 touchstart 이벤트 처리기 안에서 우리가 해야 할 일은 pageX 위치 값(사용자의 손가락의 화면상 위치)을 xStart 변수에 대입하는 일이다. 그 다음에는 사용자가 제스처를 끝낼 때까지 이러한 세세한 사항을 고려하지 않아도 된다. targetTouches 이벤트를 활용하기로 했으므로, 이를 통해 갤러리에 대해서 발생하는 이벤트만을 따라갈 수 있음을 확신할 수 있다. 하지만, targetTouches 속성을 touchend 이벤트에서는 사용할 수 없는데, 그 이유는 사용자가 손가락을 떼는 순간, touchTarget과 touches 컬렉션으로부터 대상이 되는 요소가 리스트에서 제거되기 때문이다. 이벤트가 끝나는 시점에서 정확히 해당되는 객체를 찾을 수 있는 곳은 changedTouches 컬렉션뿐이다.

Javascripts/ch5/05-swipe.js (인용)

```
// 손가락을 떼었을 때의 이벤트를 처리한다.
var event = e.originalEvent,
  touch = event.changedTouches ? event.changedTouches[0] : e,
  diffX = touch.pageX - xStart;

// 손가락 날리기 이벤트가 유효한지 확인한다.
if(Math.abs(diffX) > 30) {
  if( diffX > 0 ){
    alert("Swiped right");
  }
  else {
    alert("Swiped left");
  }
}
```

손가락 날리기 이벤트를 감지하는 코드 자체는 이전에 살펴본 흔들기 이벤트를 감지하던 코드와 꽤 비슷해 보인다. 현재 위치와 이전 위치 사이의 차이 값을 구하여 큰 차이가 나타나면 이것을 손가락 날리기 동작이라고 규정하는 것이다. 우리에게 있어서의 이 차이값은 사용자가 왼쪽이나 오른쪽으로 손가락을 문지를 때의 방향을 말해주는 데 가령 차이 값이 0보다 크면 사용자가 오른쪽으로 손가락을 움직였다는 것을 말하며, 차이 값이 0보다 작다면 왼쪽으로 손가락을 움직였다는 것을 뜻한다.

손가락 날리기 제스처를 갤러리에 추가하기 전에, transition() 함수를 수정해야 할 필요가 있다. 기본적으로, 우리는 페이지들 사이를 전환하기 위함이라는 가정 아래에서 이 함수를 코딩 하였기 때문에, fromPage에 대한 부분이 하드코딩 되어있다.

Javascripts/ch5/05-swipe.js (인용)

```
function transition(toPage, type, reverse) {
  var toPage = $(toPage),
      fromPage = $("#pages .current"),
      ⋮
}
```

이제 우리가 그 동안 택했던 방법에 문제가 보이므로 어디로부터 전환을 시작할 것인지를 명시적으로 지정해야 할 필요가 있으므로, 별도의 매개 변수를 하나 더 받도록 수정해야 한다.

Javascripts/ch5/05-swipe.js (인용)

```
function transition(toPage, fromPage, type, reverse) {
  var toPage = $(toPage),
      fromPage = $(fromPage),
      ⋮
```

마지막으로, 사진들의 이동에 대한 동작을 만들 차례이다. `slidePic()`이라는 함수를 하나 추가하려고 하는데, 이 함수는 이미지를 `isLeft`라는 이진 매개 변수를 통하여 좌/우로 전환하는 일을 수행하는 함수이다. 만약 손가락을 왼쪽 방향으로 문지르면, 현재 사진에서 다음 사진으로 넘어가도록 해야 하며, 손가락을 오른쪽 방향으로 문지르면 현재 사진에서 이전 사진으로 넘어가도록 해야 하므로, 왼쪽 방향으로 움직이는 경우에는 `true`, 오른쪽 방향으로 움직이는 경우에는 `false`를 지정하여 동작을 정의할 수 있다.

Javascripts/ch5/05-swipe.js (인용)

```
function slidePic(isLeft) {
  var photos = $("#gallery .photo"),
    current = photos.siblings(".current"),
    next;

  if(isLeft) {
    next = current.next();
  }
  else {
    next = current.prev();
  }

  if(next.length === 0){
    return;
  }

  transition(next, current, "push", !isLeft);a
}
```

slidePic() 함수를 호출하기 위하여, 앞에서 경고 메시지 창으로 띄웠던 코드를 slidePic() 함수에 대한 호출로 바꾸는 작업을 한다.

Javascripts/ch5/05-swipe.js (인용)

```
if( diffX > 0 ){
  slidePic(false);
}
else {
  slidePic(true);
}
```

여기서는 30픽셀을 기준으로 잡았지만 여러분이 Threshold 상수 값을 원하는 대로 조절하면 좀 더 나은 경험을 만들 수도 있다. 모바일 웹 개발에서 '더 나은 느낌'이라는 것은 무척이나 중요한 부분이며, 이 부분은 꾸준한 테스트와 실험을 통해서만 이룰 수 있는 목표이다.

핀치와 확대

두 손가락을 이용해서 만드는 또 다른 보편적인 상호 작용으로 '핀치와 확대' 제스처가 있다. 문지르기 동작보다는 좀 더 독특한 것으로, 두 손가락, 즉 엄지와 검지 손가락을 사용해서 서로 반대 방향으로 문지르거나(확대), 손가락이 한 곳으로 모이도록 문지르는 (핀치) 방식으로 제스처를 할 수 있다. 보편적인 사용법으로는 웹 페이지나, 지도 앱, 혹은 이미지 보기 앱 등에서 확대나 축소를 목적으로 사용하는 것이다. 그리고 여기서 약간 변형된 형태로는 회전 제스처가 있는데, 두 손가락을 소용돌이 모양으로 움직여서 움직이는 모양 그대로 이미지를 회전시키거나 지도의 방향을 회전시키는 용도로 사용할 수도 있다.

이들 제스처들은 문지르기 동작보다 훨씬 복잡한 것으로, gesturestart, gesturechange 그리고 gestureend와 같은 형태의 제스처 이벤트로 마침 우리에게 제공되는 이벤트들이 있다. 이들 이벤트는 터치 이벤트들과 비슷하지만, 여러 손가락이 동시에 사용되었을 때에만 이벤트가 시작된다. 안타깝게도, 이 이벤트들은 iOS에서만 제공되는 것으로, 여러분의 앱에서는 기본으로 포함할 수 없는 '위시리스트' 기능의 일부로만 존재해야 한다.

StarTrackr 앱에서는 엄청난 수의 멋진 연예인들의 사진이 엄청나게 쏟아져 들어오지만,

연예인들의 기운에 눌려 사진을 급하게 찍어 올리다보니 대부분의 사진들이 형편없는 것들이 많다. 집에 가서 편집해야 할 사진들의 양을 줄이기 위한 취지로, 사용자들이 이미지를 회전하거나 확대해서 편집할 수 있는 기능을 넣고자 한다.

우선 원본 사진을 표시할 수 있는 페이지를 하나 만들어야 한다. 새 페이지를 만들고, 테스트 목적으로 이를 기본 페이지로 만들고자 한다.

Ch5/06-pinchzoom.html (인용)
```
<div id="photoedit" class="current">
  <div id="cropper">
    <div id="photo"></div>
  </div>
</div>
```

이미지들을 줄이거나, 늘이거나, 혹은 회전시켜야 하기 때문에, 이미지를 포함하는 요소의 overflow 속성을 hidden으로 정의하여 앱 화면 영역을 벗어나는 이미지들이 화면에서 잘리도록 만들 것이다.

Ch5/06-pinchzoom.html (인용)
```
#photoedit {
  overflow: hidden;
}
```

이제 이미지를 회전시키거나 스케일링 하기 위한 준비가 끝났다. 마지막 제스처가 어디서 끝났는지의 상태를 관리하기 위한 몇 가지 변수들을 만들어야 하는데, 그렇게 하지 않으면 우리가 새로운 제스처를 끝내자마자 이미지가 초기 위치에 초기 상태로 되돌아가는 문제가 생기기 때문이다.

Javascripts/ch5/06-pinchzoom.js (인용)
```
var rotation = 0,
    scale = 1;
```

rotation 변수에는 0도로 지정되고, scale 변수에는 값이 1로 설정된다. 회전 값은 0도에서 360도 사이로 기록될 것이며, 스케일 변수 값에는 원본으로부터의 확대 비율이 보관

될 것인데 예를 들어 0.5로 지정되면 원본의 절반 크기가 되며, 2로 지정되면 원본의 두 배 크기가 됨을 의미한다. 마지막으로, 새로운 이벤트에 대한 처리를 추가해야 한다. gesturechange 이벤트에 대한 처리기를 추가해야 하는데, 왜냐하면 사용자들이 실지로 손가락을 움직이는 때가 이 이벤트 처리기가 호출되는 때이다. 그리고 gestureend 이벤트를 통하여 다음 실행을 위한 변수 저장을 수행해야 한다.

Javascripts/ch5/06-pinchzoom.js (인용)

```
$("#cropper").bind({
  "gesturechange": function(e){
    var gesture = e.originalEvent;
    // 이미지를 고친다.
  },
  "gestureend": function(e) {
    var gesture = e.originalEvent;
    // 다음 번 실행을 위하여 현재 상태를 저장한다.
  }
});
```

제스처 이벤트 처리기는 부모 컨테이너에 연결되어야 하는데, 왜냐하면 실제 사진 요소에 이들 이벤트 처리기를 연결할 경우, 크기가 작은 이미지를 비틀거나 크기를 조절하기가 무척 어렵기 때문이다. 또한 jQuery가 우리에게 주는 이벤트 객체 대신 원본 이벤트 객체에 대한 참조를 originalEvent 속성을 통하여 얻어와야 한다. jQuery의 기본 이벤트 객체가 대부분의 경우에는 더 나은 사용법을 제공하지만, 우리가 조사하기 원하는 제스처에 대한 속성들에 대한 접근 방법을 별도로 제공하지 않기 때문에 이렇게 해야 한다.

제스처 이벤트에서는 두 가지 유용한 속성을 제공하는데, 바로 scale과 rotation 속성이다. 우리는 이 두 속성을 기존의 값들, 즉 기존 스케일 값에 곱을 하거나 회전 각도에 값을 더하는 방법으로 결합시켜서 새로운 값으로 유도할 것이다.

Javascripts/ch5/06-pinchzoom.js (인용)

```
// 이미지를 고친다.
var curScale = gesture.scale * scale;
var curRotation = (gesture.rotation + rotation) % 360;
```

이들 계산이 끝난 후에는, 실제로 이미지 요소에 이 값을 적용할 차례이다. CSS3 트랜스폼을 이용하여, 이미지를 확대/축소하거나 회전시킬 수 있다.

Javascripts/ch5/06-pinchzoom.js (인용)
```
$("#photo").css(
  "webkitTransform",
  "scale(" + curScale + ")" + "rotate(" + curRotation + "deg)"
);
```

이제 사진이 편집된 상태가 되었다. 하지만 이 다음에 뭔가 다른 작업을 하려고 하면, 원래의 상태로 되돌아갈 것이다. 이것이 scale과 rotation 변수의 값을 현재 상태로 고쳐야 하는 이유이다. 이 작업을 ongestureend 이벤트 처리기에서 할 수 있다.

Javascripts/ch5/06-pinchzoom.js (인용)
```
// 다음 번 실행을 위하여 현재 상태를 저장한다.
scale *= gesture.scale;
rotation = (rotation + gesture.rotation) % 360;
```

핀치와 확대 그리고 회전에 대한 구현은 꽤 단순한 작업이었다. 여기에 몇 가지 부수적인 처리 기법을 더할 수도 있는데, 가령 확대하거나 축소할 수 있는 범위에 제한을 둔다거나 하는 일이 있을 수 있겠다. 뿐만 아니라, 이미지의 방향을 바꾸기 위하여 사용자가 손쉽게 90도씩 이미지를 회전할 수 있는 기능을 제공한다거나 할 수도 있을 것이다.

터치 인터페이스는 아직까지도 매우 기초적인 수준이고, 브라우저들이 지원하는 API 역시 여전히 갈 길이 먼 상태이다. 대부분의 웹 앱에서 핵심적인 기능으로 채택하기에는 여전히 이에 관련된 기능들을 지원하지 못하는 브라우저들의 수가 절대적으로 많은 상황이다. 그렇지만 미래의 모바일 웹 개발을 위한 아이디어를 발견하기 위한 목적으로 이러한 기능을 활용해 보는 것은 재미있을 것이다. 더 나아가서, 만약 PhoneGap을 통해서 여러분의 웹 앱을 네이티브 아이폰 앱으로 바꾸는 계획을 세우고 있다면, 이들 이벤트를 적극적으로 사용하더라도 문제될 것이 없으며, 여러분의 인터페이스를 더 쓰기 쉽고 직관적이게 만들어줄 것이다.

오프라인으로 이동하기

이제 모든 것이 멋지게 돌아가고 있다. 우리 앱은 환상적인 디자인을 가지고 있으며, 몇 가지 훌륭한 기능들이 있어서, 여러분이 어디를 가서 이 앱을 사용하든 매우 자연스럽게 이 앱의 기능들을 누릴 수 있다. 아침에 앱을 실행하여 앱의 모습을 보고, 점심에는 앱의 전환 효과에 감탄하며, 저녁에는 지하철에 오르기 전에 약간의 UX 이슈를 수정하려고 했는데, 이게 웬일인가? '서버를 찾을 수 없습니다. 응용프로그램이 종료됩니다.'

여러분이 실제로 앱을 와이파이나 3G 네트워크 환경에서 사용하려고 띄웠을 때, 아마 뼈에 사무칠 만큼 확실하게 여러분의 뇌리를 강타하는 현실적인 사실 하나를 깨닫게 될 것이다. 지금까지 우리가 만든 앱은 그저 '웹 페이지'에 지나지 않는다는 사실을 말이다. 네트워크 없이는 앱도 없는 것이다. 이 때문에 아마 가슴 속에서부터 저주의 말을 내뱉고 싶어질 것이다. 그런데, 정말로 이에 대한 대처 방법이 없는 것일까?

정답은 HTML5의 오프라인 웹 앱 API에[8] 있다. 오프라인 웹 앱은 여러분의 브라우저가 로컬 버전의 앱을 별도로 보관하는 것으로, 네트워크에 대한 의존을 하지 않음을 의미하는 것이며, 심지어 지하철 안이나[역주1] 비행기 안에서조차도 실행되는 것을 뜻한다. 오프라인으로 사용 가능한 앱을 만드는 것은 네이티브 앱을 보는 것과 같은 환상을 일으키도록 하는 데 큰 도움을 주지만, 네이티브 앱 개발자와는 달리, 상용 앱 마켓 플레이스에서의 혜택을 누릴 수 없는 것만이 차이점이다.

캐시 매니페스트

오프라인 웹 앱에서의 핵심은 바로 **캐시 매니페스트 파일**(cache manifest file)이다. 이 파일은 보통의 평범한 텍스트 파일로 앱이 실행되기 위하여 필요한 리소스들의 경로를 열거하는 목록 파일이다. 또한 네트워크가 사용 가능한 때와 가능하지 않은 때의 동작을 달리 지정할 수 있는 기능도 제공한다. StarTrackr 앱을 위한 캐시 매니페스트 파일의 내용 일부를 수록하면 다음과 같다.

---

[8] http://www.whatwg.org/specs/web-apps/current-work/multipage/offline.html
[역주1] 국내와 달리 해외 지하철은 무선 네트워크 인프라가 없거나 그 수준이 많이 미약하다.

Ch5/cache.manifest (인용)

```
CACHE MANIFEST
# v0.1

index.html
stylesheets/screen.css
javascripts/vendor/jquery-1.6.1.min.js
images/background-body.gif
```

지금 보이는 파일은 우리 앱의 루트 디렉터리 상에 `cache.manifest`라는 파일 이름으로 저장되어야 한다. 사실, 여기서 중요한 것은 파일의 확장자가 `.manifest`이기만 하면 되며, 그래서 파일 이름이 `startrackr.manifest`라도 상관이 없다.

 모든 파일을 열거하기

만약 여러분이 만드는 프로젝트에 들어가는 파일의 수가 엄청나게 많다면, 파일들의 목록을 일일이 타이핑하고 싶지는 않을 것이다. 만약 유닉스 기반의 시스템에서 작업 중이라면, 아래와 같이 명령어를 입력해서 모든 파일 이름들을 하나의 파일로 나타내도록 할 수 있다.

```
find . -type f -print | sed 's/.\///'
```

파이프 명령어를 사용하면 화면상에 나타나는 파일들의 목록을 여러분이 선호하는 텍스트 에디터의 버퍼로 바로 가게 하거나, 파일로 저장되도록 할 수 있다. 즉, 위 명령어의 끝에 " `> cache.manifest`"와 같이 더 기입해주기만 하면 되며, 이렇게 하면 현재 경로 상에 `cache.manifest` 라는 파일이 만들어질 것이다.

Windows 환경에서 위와 가장 비슷한 명령어는 아래와 같다.

```
dir /A:-D /B /S - dir /s /b>FileList.txt
```

안타깝게도, 이는 전체 디렉터리 경로를 열거하는 방식으로 내용을 출력한다. 만들어진 파일을 열고 난 다음에는 따로 찾기/치환 기능을 이용하여 절대 경로들을 상대 경로들로 치환하는 작업을 해야 한다.

매니페스트 파일의 첫 줄은 반드시 CACHE MANIFEST라는 문자열로 시작해야 한다. 그 다음 줄에서부터는 해시 기호 (#)로 시작하기만 하면 그 줄의 끝까지 어떤 문자가 와도 상관이 없는 주석을 쓰기 시작할 수 있다. 여기서 우리가 주석으로 남긴 내용은 매니페스트 파일의 버전 번호로, 여러분이 어떤 버전 번호를 넣고 시작하든 중요하지는 않지만 버전 번호를 주석으로 남기는 행위 자체가 왜 중요한지는 뒤에 이어서 살펴볼 것이다. 그리고 우리 앱에서 사용하는 모든 리소스 파일들의 목록들이 열거되도록 한다. 반드시 **모든** 리소스 파일들이 기재되어야만 한다. 만약 웹 앱에 연결된 어떤 이미지 파일이나 CSS 파일들이 하나라도 빠지면 웹 앱은 오프라인으로 실행되지 못한다. 매니페스트 파일이 준비되면, 브라우저에게 이 파일을 읽도록 지시해야 한다. 이는 여러분의 메인 페이지에 있는 `<HTML>` 태그에 manifest라는 속성을 통하여 지정할 수 있다. 이 속성의 값에는 매니페스트 파일의 상대 경로를 아래와 같이 지정하면 된다.

> Ch5/07-cache-manifest.html (인용)

```
<!DOCTYPE html>
<html manifest="cache.manifest">
<head>
 ⋮
```

여기서 정말 중요한 사항이 있는데, `cache.manifest` 파일 그 자체는 일반적인 텍스트 파일처럼 보이지만, 웹 서버를 통해서 파일이 주어질 때는 반드시 MIME 형식이 `text/plain`이나 `application/octet-stream`이 아닌 `text/cache-manifest`로 나타나야만 한다.

MIME 형식

웹 서버가 브라우저에게 파일을 전달할 때에는, HTTP 헤더에 많은 양의 메타 데이터를 한꺼번에 전달한다. 이 헤더들 가운데에서 파일의 형식을 구분할 수 있도록 해주기 위하여 사용되는데, CSS 파일에 대해서는 `text/css`, JPEG 이미지 파일에 대해서는 `image/jpeg` 등등의 정보가 담기는 부분이 있다. 보통 웹 서버들은 파일의 확장명에 맞추어 적절한 MIME 형식을 같이 내려 보내도록 미리 구성되어 있지만, 파일 확장자가 `.manifest`인 경우는 확실히 웹에서 새로운 경우이므로 대다수의 웹 서버는 정확한 MIME 형식을 이 파일에 대해서 맞추어주지 못한다.

정확한 MIME 형식을 웹 서버가 알려주는지의 여부를 파악하는 가장 쉬운 방법은 직접 데스크톱 웹 브라우저를 이용해서 파일을 내려 받아보는 방법이다. 데스크톱 웹 브라우저로 `cache.manifest` 파일의 URL로 들어간 다음, 네트워크 디버깅 도구로 서버가 반환하는 MIME 형식에 대한 정보를 확인하면 된다. 이 정보는 그림 5.4에서 보이는 것과 같이 **네트워크**나 **리소스** 탭에서 확인할 수 있다.

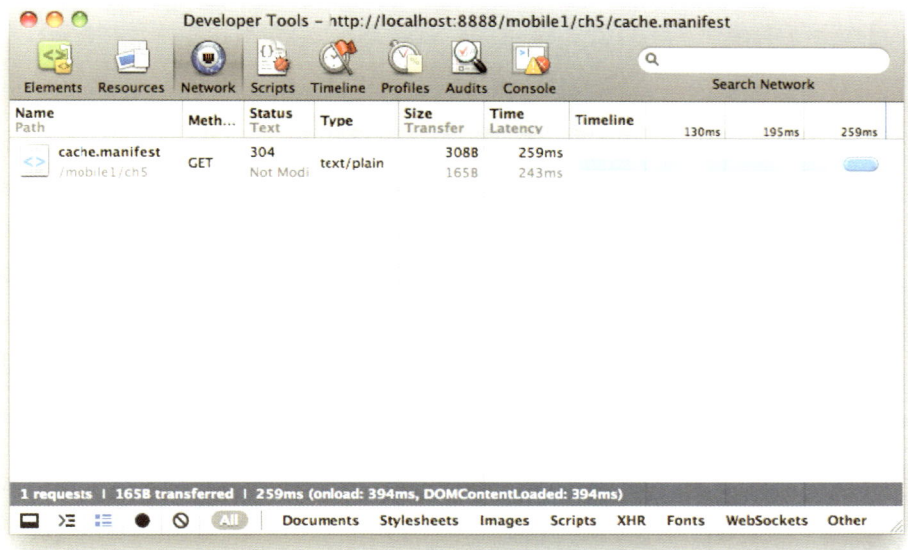

그림 5.4. `cache.manifest` 파일의 HTTP 헤더를 크롬 개발자 도구에서 살펴보는 모습

만약 MIME 형식이 잘못되어있다면, 서버의 설정을 변경하여 이를 수정해야 한다. MIME 형식 설정은 대부분의 웹 서버에서 매우 손쉽게 할 수 있는데, 만약 별도의 웹 호스팅 업체를 통해서 사이트를 운영 중에 있다면, 웹 호스팅 업체가 제공하는 제어판 서비스로 가서 직접 MIME 형식 설정을 수행할 수 있다.

모든 설정이 끝나면, 테스트를 해볼 차례이다. 우선, 여러분의 앱을 북마크에 추가하거나 첫 화면에 바로 가기 아이콘으로 등록하고, 앱을 실행한다. 여기서 실제로 마법이 일어나는데, 여러분이 방금 HTML 파일에 지정한 매니페스트 파일을 브라우저가 읽기 시작하고, 이 매니페스트 파일을 읽은 후에는 열거된 모든 리소스 파일을 캐시에 보관하기 시작한다. 그러나 이 모든 작업들은 백그라운드에서 비동기적으로 이루어지므로, 이러한 동작이 눈에 띄는 일은 없다.

잘 동작하는지 확인해보려면, 앱을 닫은 다음, 여러분 장치의 네트워크를 비활성화 하기 위하여 '비행 탑승 모드' 스위치를 활성화시키거나 모든 외부 네트워크 연결을 강제로 끊도록 설정해야 한다. 그 다음, 숨을 가다듬고 다시 앱을 실행해보자. 멋진 모습으로 잘 실행된다면 여러분의 앱이 오프라인에 잘 들어왔다는 것이고, 그렇지 않다면 그림 5.5와 같은 대화 상자를 보게 될 것이다.

그림 5.5. 오프라인 웹 앱으로 실행할 수 없을 때의 모습

'페이지를 열 수 없습니다.'라는 어둠의 대화 상자가 보인다면, 캐시 매니페스트 파일 상에 오류가 있기 때문에 이런 일이 생긴 것이다. 폰에서는 이러한 상황에 대해서 최소한의 힌트만을 알려줄 뿐, 일체의 디버깅 콘솔이나 진단 정보가 없어 별로 도움이 되지 않는다.

왜 데스크톱 환경에서도 테스트 해보는 것이 더 현명한 방법인지 이를 통해서 알 수 있는데, 우리는 그간 모바일 장치에서만 모든 테스트를 집중했지만, 오프라인 앱은 데스크톱 사용자들에게도 이점이 있는데, 예를 들어 여러분이 이 API를 다음 장에서 살펴볼 스토리지 옵션과 결합해서 잘 사용하면, 네트워크 없이도 실행되는 간단한 문서 작성 에디터를 만들어, 네트워크가 나중에 활성화 되었을 때 서버나 클라우드 상에 콘텐츠를 업로드 하고 동기화할 수 있는 앱을 만들 수도 있는 것이다. 지금은 일단 데스크톱 브라우저의 우월한 디버깅 도구들을 이용하여 문제를 진단해봐야 한다.

Google Chrome은 캐시 매니페스트 관련 문제를 디버깅 하는 데 매우 도움이 되는데, 자바스크립트 콘솔이 캐시를 하려고 했던 파일들에 대해서 캐시 성공 여부와 실패 여부를 목록으로 보여주기 때문이다. **리소스** 탭에서도 또한 캐시에 대한 섹션을 별도로 제공하고 있어서, 그림 5.6과 같이 현재 페이지에서 캐시 되는 리소스들의 상태를 보여준다.

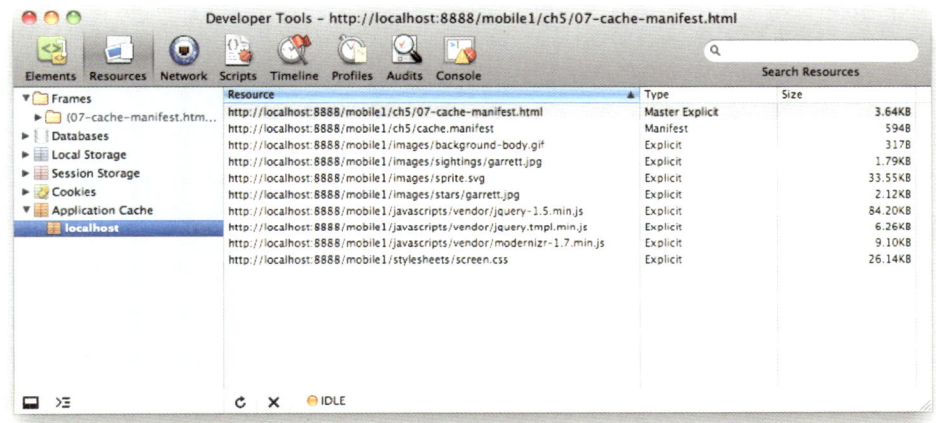

그림 5.6. 크롬의 개발자 도구를 통해 우리 앱의 캐시 상태를 진단할 수 있다.

이러한 도구들을 이용하여, 누락된 파일들을 찾아갈 수 있다. 어떤 파일들이 캐시 될 수 있는지 없는지의 여부를 파악하는 것은 사실 머리 아픈 일이므로, 가능한 모든 도움을 받아서 문제를 해결해야만 한다.

캐시 매니페스트 이벤트

파일들을 저장하는 문제를 정복했다면, 이제 다음으로 허들을 하나 넘어야만 하는데, 어떻게 파일들을 제거할 것인가에 대한 문제이다. 더 구체적으로 말해서, 새로운 버전의 파일로 교체를 해야 된다면, 이때 어떻게 업데이트를 해야 하는가에 대한 문제이다. 우리가 이전에 만들었던 캐시 매니페스트 파일에 버전 번호를 주석으로 달아두었던 진짜 이유가 바로 여기에 있다. 캐시 매니페스트 파일이 업데이트 되는 순간, 이전의 캐시들이 무효로 바뀌게 되어, 브라우저는 새로 업데이트된 캐시 매니페스트 파일 상의 모든 리소스들을 다시 캐시에 저장하기 시작할 것이다. 그러나 파일의 목록이 바뀌는 일 없이 파일의 내용만이 바뀌거나 파일 한두 개만 바뀌는 경우에는 어떻게 해야 할까?

브라우저가 캐시를 새로 고치는 것을 강제로 수행할 수 있게 하는 가장 이상적이고도 손쉬운 방법은 캐시 상에 주석으로 기재한 버전 번호의 숫자를 아래처럼 고쳐서 저장하는 방법이다.

```
CACHE MANIFEST
# v0.1.1
```

캐시 파일을 수정하고 난 후에 앱을 다시 실행하면, 모든 파일들이 새로 업데이트 될 것이다. 만약 파일의 목록이 바뀌어야 하는 경우에는 지금으로서는 특정한 파일들만을 새로 고칠 방법이 없기 때문에 앞에서 본 것처럼 파일들의 목록을 새로 만들어야만 한다. 캐시가 일어나는 것은 여러분의 앱이 로드 되고 난 다음에 비동기적으로 수행되는 것이므로, 이러한 변경 사항들은 다음 번에 **실행된 이후**에야 비로소 반영된다. 이러한 특성 자체는 꽤나 성가신 것이지만 사실 일리는 있다. 예를 들어, 가끔 많은 수의 파일 혹은 개별적으로 매우 큰 파일이 캐시에 저장되어야 할 때, 여러분들은 사용자가 모든 파일이 다운로드 될 때까지 손가락을 빨며 기다리게 하는 것을 원치 않을 것이다.

백그라운드에서 어떤 일이 일어나는지를 추적하는 것이 가능한데, 어떤 일이 일어나면 이벤트를 통해서 어떤 사실이 일어났음을 우리에게 알려주는 기능을 제공한다. 브라우저가 새 버전의 매니페스트 파일을 찾았고, 각 파일들이 캐시 되었을 때 이벤트를 호출하게 된다. 이러한 이벤트를 디버깅을 목적으로 활용할 수도 있고, 또는 캐시 해야 할 내용이 많은 경우 진행률을 알리기 위한 목적으로도 활용할 수 있다. 이제 여러분단의 디버거를 만들어 모든 내용을 콘솔에 출력하도록 해서 문제가 발생했을 때 시작점을 만들 수 있도록 할 수 있다.

Javascripts/ch5/07-cache-manifest.js (인용)

```
var cache = window.applicationCache,
    cacheStatusValues = [
      "uncached", "idle", "checking",
      "downloading", "updateready", "obsolete"
    ];
```

우선, applicationCache 객체에 대한 단축 경로를 만들었고, 그 다음 캐시를 통하여 발생할 수 있는 이벤트들의 이름을 저장하는 변수를 만들었는데, 중요한 것은 원소의 순서가 위에서 지정한 대로 기록되어 있어야 한다. 그 다음, 모든 캐시 이벤트들에 처리기를 연결하여 콘솔에 메시지를 남기도록 만들 것이다.

Javascripts/ch5/07-cache-manifest.js (인용)

```javascript
$(cache).bind({
  "cached checking downloading error noupdate obsolete progress updateready":
  function(e){
    var msg = "event: " + e.type + ", ";
    msg += "online: " + (navigator.onLine) ? "yes" : "no";
    msg += ", status: " + cacheStatusValues[cache.status];
    if (e.type == 'error' && navigator.onLine) {
        msg+= ' (probably a syntax error in manifest)';
    }
    // 메시지를 콘솔에 출력한다.
    console.log(msg);
  }
});
```

jQuery의 `bind()` 메소드를 사용하여 여덟 가지의 서로 다른 이벤트들에 대한 처리기를 지정하고 있다. `progress` 이벤트가 아마도 여러분들이 가장 먼저 보게 될 이벤트인데, 왜냐하면 캐시 매니페스트 상에 기재된 각 항목 별로 이 이벤트가 한 번씩 호출되기 때문이다. 만약 진행률 표시기를 만든다고 한다면 아마 이 이벤트가 여러분이 제일 관심을 가질만한 정보를 제공하는 이벤트가 될 것이다.

그리고 우리는 여기에서 `cache.status`를 우리가 만든 배열에서 상태를 받아오기 위한 키 값으로 사용할 것인데, 이 때문에 배열에 들어가는 원소의 순서가 중요하다고 했던 것이다. `Cache.status`에는 0부터 5까지의 값이 들어갈 수 있는데, 각각의 값들은 서로 다른 상태를 나타낸다. 좀 더 쉽게 일을 처리할 수 있도록 하기 위하여, 각각의 값들을 배열의 순서와 연관 짓게 하여 상태를 좀더 알아보기 쉽도록 하는 것이다.

온라인 또는 오프라인?

이벤트 코드 안에서, 또한 `navigator.onLine` 속성에 대한 내용을 다루는 것을 볼 수 있을 것이다. 이 속성은 플래그 값을 저장하는 속성으로 브라우저가 네트워크 상에 연결된 상태인지 아닌지를 알려준다. 그러나 이 속성의 값을 전적으로 믿고 의지해서는 안 되는데, 이 값이 `true`로 나온다고 해서 인터넷에 연결될 수 있음을 의미하는 것이 아니며, 그저 이 값은 물리적으로 다른 휴대용 장치나 컴퓨터들과 통신이 가능한 상태에 접어들었음을 표시하는 정도의 의미이기 때문이다.

각각의 이벤트들의 내용을 수신해야 하는 또 하나의 이유는 언제 우리 웹 앱이 캐시를 마쳤는지를 알아야 하기 때문이다. 이는 updateready 이벤트를 호출하게 되는 때에 알 수 있으며, 이 이벤트가 호출되고 나면 새로운 캐시가 사용 가능한 상태에 있음을 의미한다. 만약 아무것도 하지 않으면 다음 번 앱이 로딩될 때 새로운 캐시를 사용해서 오프라인 상에서 실행될 수 있도록 사용되지만, swapCache() 메소드를 호출하여 수동으로 캐시를 교환할 수 있도록 할 수 있다.

```
$(cache).bind("updateready", function(){
  cache.swapCache();
});
```

캐시를 교환한다는 의미는 다음 번에 캐시에 접근할 때에는 새로운 캐시 상의 파일을 이용하도록 지정한다는 의미이다. 이를 통해서 마치 마술처럼 이미지 파일이나 CSS 파일을 바꿀 수 있다는 것은 아니지만, 최소한의 방법은 제공을 하는 것이다.

NETWORK 섹션과 FALLBACK 섹션

이제 앱의 모든 정적인 리소스들을 캐시로 저장하는 데 성공하였지만, 앱의 데이터를 가져오기 위하여 Ajax 방식으로 호출하는 부분들이 여전히 남아있다. 만약 이러한 리소스들에 대해서 캐시를 사용하지 않고 곧바로 건너뛰어 실제 서버 상의 데이터를 바로 찾도록 만들 수 있다면 더 좋을 것이다. 그리고 실제로 이러한 데이터를 찾을 수 없을 때에는, '페이지를 찾을 수 없습니다.' 대화 상자가 나타나지 않을 것이다

매니페스트 파일에 NETWORK 섹션을 추가하면 이런 목적으로 매니페스트 파일의 기능을 재정의할 수 있다. 별다른 섹션 지정 없이 열거되는 파일들의 제일 끝에 **명시적으로** 이러한 섹션을 따로 지정하여 이 섹션 다음에 오는 파일들은 캐시로 저장하지 않고 네트워크에서 직접 파일을 가져오도록 만들 수 있다. 별도의 섹션을 정의하기 위해서는 아래와 같이 새로운 태그를 붙여 내용을 추가해야 한다.

```
CACHE MANIFEST
# v0.1.2

index.html
stylesheets/screen.css
```

```
NETWORK:
data/getJSON.php
```

NETWORK:라는 텍스트를 별도의 행에 따로 추가해서, API에게 NETWORK 섹션 이후에 나타나는 파일들은 online whitelist 섹션에 따라 추가해야 하는 파일들임을 지시할 수 있다. 이들 파일에 대한 요청들은 캐시를 조사하지 않고 항상 곧바로 서버로부터 파일을 찾도록 강제로 지정할 수 있다.

별도 목록상에 있는 항목들은 보통 여러분의 웹 앱에서 위의 예시에서 든 것과 같이 동적인 페이지들에 대한 경로이거나, 혹은 다른 도메인 상의 절대 경로가 지정될 수 있다. 추가적으로, 예를 들어 'data/'와 같이 지정해서 대상 URL의 시작 부분만을 지정하는 방식을 사용하여 해당 문자열로 시작하는 모든 항목들이 이 규칙을 따르게 할 수도 있다. 마지막으로, 와일드카드 문자 (*)를 사용하면 매니페스트 파일에서 언급되지 않은 나머지 모든 파일들이 이 규칙을 따르게 지정할 수도 있다. 이는 매니페스트 파일 상에 등장할 수 있는 또 다른 섹션인 FALLBACK 섹션과 같이 조합해서 쓰이면 무척 유용한 기능이다.

FALLBACK 섹션은 오프라인 상에서 사용 불가능한 항목을 대신하여 지정할 수 있는 규칙으로 사용자가 오프라인 상에서 앱을 실행하거나, 예기치 못한 이유로 캐시가 정상적으로 이루어지지 않았을 경우 사용할 수 있는 방법이다. 예를 들어, 포토 갤러리는 보통 이미지를 웹 서버로부터 받아오지만, 깨진 이미지 아이콘보다는 현재 사용할 수 없는 상태임을 알려주는 보다 일반적인 대체 이미지를 대신 보여주는 것이 더 나은 사용자 경험을 제공할 수 있을 것이다.

FALLBACK 섹션은 FALLBACK:이라는 문자열로 한 줄을 시작하도록 해서 설정을 열거할 수 있다. 그 다음에는, 대안으로 보여줄 항목들을 열거해야 하는데 URL의 패턴을 지정한 다음 그 패턴 끝에 공백 문자를 하나 추가하여 대체할 항목의 경로 URL을 기재할 수 있다. FALLBACK 섹션의 바람직한 용례는 다음과 같다.

```
CACHE MANIFEST
FALLBACK:
/ /offline.html
NETWORK:
*
```

이 매니페스트 파일에서는 캐시 상에서 발견되지 않은 모든 로컬 리소스들에 대해 하나의 단일 페이지로 대체하도록 하고 있다. NETWORK 섹션에 기재하는 항목들과는 달리 FALLBACK 섹션에 기재되는 각각의 URL들은 모두 앱과 같은 도메인 안에 있어야만 한다. 그리고 만약 NETWORK 섹션과 FALLBACK 섹션에서 같은 항목에 대한 동일한 설정이 발견되었다면, NETWORK 섹션에 기재된 쪽이 더 우선 순위가 높게 활용된다.

오프라인 웹 앱으로 실행되도록 만드는 기법은 사용자들에게 네이티브 앱과 비슷한 느낌을 가져다 줄 수 있는 매우 환상적인 방법이다. 다음 장에서 살펴볼 스토리지 API와 결합해서 사용하는 경우 오프라인 웹 앱은 임시적인 대체 수단이 아닌 완벽한 기능으로서 동작할 수 있게 된다.

유용한 장

멋진 이벤트 기반의 API들을 통해서, 오늘날의 모바일 장치들에 숨겨진 강력한 기능에 접근할 수 있었으며 우리의 앱이 사용자들과 고객들의 기대에 부응하도록 업그레이드할 수 있었다. 다음 장에서는 좀 더 깊이 있는 내용들을 다루면서, 우리 앱의 기능을 만드는 데 도움이 되는 더 많은 API들을 활용하는 방법을 살펴볼 것이며, 몇 가지 좋은 코딩 전략에 대해서도 살펴볼 것이다.

Chapter 6

웹 앱을 더 빛나게 만들기

모든 중요한 구성 요소들을 한 자리에 모았고, 이제 우리 앱을 더욱 빛나게 만들 차례이다. 모바일 웹 세계는 매우 똑똑한 사람들로 가득하고, 그들만의 트릭을 공유하는 것을 원한다. 지금부터는 매우 훌륭한 라이브러리, 프레임워크들과 네이티브 앱과 같은 모양으로 만들기 위해서 필요한 몇 가지 해킹 기법을 살펴보면서 새로운 종류의 모바일 웹 앱의 성격을 정의해보고 개발 과정을 살펴볼 것이다.

이번 장에서는 웹과 네이티브 사이의 경계를 허물 수 있는 여러 가지 좋은 기술과 도구들에 대해서 살펴보고, 이 모든 것들을 어떤 마켓플레이스에서도 사용할 수 있도록 하나로 묶어 제품으로 만들 수 있는지 그 방법을 살펴볼 것이다.

웹 앱의 트릭

모든 기술 분야들은 그 분야에서의 트릭 모음집들이 있는데, 여기에는 개발자들이 기술들을 다루면서 살펴본 특이한 점들이나 약점들에 대한 경험들을 집대성한 내용들로 가득 차 있다. 모바일 웹 개발자로서, 그 동안 별로 시간이 없었지만 우리는 이미 수 많은 트릭들을 경험하고 활용했다.

모바일 보일러플레이트

이러한 트릭들을 머릿속에 모두 집어넣고 기억하는 것은 별로 즐거운 일이 아니기 때문에, 언제든 커뮤니티에 도움을 요청하는 것이 더 편리한 일이다. HTML5에 대한 가장 완벽하고 훌륭한 트릭 모음집으로 모바일 보일러플레이트 프로젝트라는1 것이 있다. 여기서는 여러분의 프로젝트에서 시작될 수 있는 환상적인 밑바탕들을 제공한다. 그리고 여기서 제공하는 내용들은 언제든 쉽게 되돌릴 수 있으므로, 확인해보고 싶은 사항들을 언제든 골라서 확인해볼 수 있다.

고정된 메뉴

우리 앱에서는 상단에 내비게이션 바가 있고, 중간 섹션에는 콘텐츠가 있으며 그리고 하단 영역으로 구성되어있다. 현재는 콘텐츠가 되도록 큰 영역을 차지하도록 만들어져 있기 때문에, 스크롤을 하면 상단의 헤더가 사라지게 된다.

네이티브 폰 앱들의 보편적인 기능 중 하나는 상단부와 하단부가 고정된 위치에 있다는 것이고, 항상, 그리고 스크롤을 하는 중이더라도 제 위치에 고정된 상태로 모습을 유지하고 있다. 얼핏 보면 합당하면서도 당연한 아이디어처럼 보이지만, 곧 문제에 직면하게 된다. 모바일 장치에서의 스크롤은 전체 화면을 기준으로 이루어지다 보니, 요소들의 위치를 고정할만한 기본 방법이 없다는 것이다.

이를 수작업으로 구현하는 것은 그다지 좋은 방법이 아니다. jQuery 모바일 프로젝트 역시 매우 먼 길을 돌아서 이 어려운 문제에 대한 완전히 새로운 해결 방안을 제시하고 있는데, 여러분이 스크롤을 하기 시작하면 고정된 위치의 요소들이 페이드아웃으로 사라지게 되고, 전체 페이지와 고정된 요소가 화면에 표시되지 않고 스크롤로 움직이기 시작한다. 그리고 스크롤을 마치고 나면, 사라졌던 요소들이 페이드인으로 다시 나타나면서 제 자리를 찾는다. 훨씬 더 나은 접근 방법이기는 하지만, 여러분들이 고객들에게 보여주기에는 여전히 거리감이 있는 동작으로 남게 되고, 고객들 중 누군가 '이상하다고 이야기하면서, 경박하게 여러분에게 '꼭 그거여야만 합니다.'라고 불평을 할 것이다.

---

1 http://html5boilerplate.com/mobile/

고정된 스크롤 문제

이 문제는 여러 모바일 웹 개발 환경에서 문제를 양산하는 만악의 근원이다. 이 문제는 결코 해결하기 쉽지 않지만, 그래도 몇몇 사람들이 문제 해결을 위하여 노력을 하고 있다. 예를 들어, 어떤 누군가는 새로운 CSS 위치 값인 `device-fixed`를 소개하여 모바일 장치들이 이를 적용할 수 있도록 하고 있다.[2] 그러나 지금으로서는 완벽하게 만족스러운 해결책이 어디에도 없는 상황이다.

그렇다면 만약 이러한 상황에서 여러분이 선택할 수 있는 사항은 무엇이 있을까? 이 책이 쓰여지는 현 시점에서, iScroll 4가[3] 가장 최선이자 믿을만한, 콘텐츠를 고정된 영역 안에서 스크롤 하는 방법이다. 사용하기 위해서는 라이브러리를 웹 사이트로부터 내려받아 압축 파일을 해제하여 필요한 코드를 추가해야 한다.

`Examples` 디렉터리 안에 있는 샘플 파일들을 둘러본 후에는, `dist` 디렉터리 안에 있는 `iscroll-min.js` 파일을 찾아보자. 이 파일을 여러분의 프로젝트에 추가하고, HTML 파일 안에서 아래와 같이 추가하도록 한다.

Ch6/01-iscroll.html (인용)

```
<script src="iscroll-min.js" type="text/javascript"></script>
```

iScroll 라이브러리는 몇 가지 구조적 편의성에 상당히 의존하며, 다음과 같이 세 가지 파트로 나뉘어지게 된다.

- 포함 가능한 요소나 Wrapper
- 스크롤 영역을 위한 컨테이너
- 스크롤 가능한 콘텐츠

마크업으로는 아래와 같은 구조를 가지게 된다.

---

[2] http://www.quirksmode.org/blog/archives/2010/12/the_fifth_posit.html

[3] http://cubiq.org/iscroll-4

Ch6/01-scroll.js (인용)

```
<div id="header">Header</div>
<div id="wrapper">
  <div id="scroller">
    <ul id="contents">
      <li>Row 1</li>
      <li>Row 2</li>
        ⋮
      <li>Row 50</li>
    </ul>
  </div>
</div>
<div id="footer">Footer</footer>
```

이 뼈대를 가지고서, 몇 가지 스타일을 더할 수 있다. 집중해야 할 부분은 외곽의 Wrapper 부분으로 이 부분이 거의 모든 내용들을 포함하고 있으며 스크롤 가능한 영역의 높이를 지정하게 되는 부분이다. 그리고 또한 Wrapper에 상대적 위치 속성을 지정하기 위하여 position: relative를 지정할 것이다. 물론 position: absolute로 지정하더라도 잘 동작한다.

Ch6/01-iscroll.html (인용)

```
#wrapper {
  height:200px;
  position:relative;
  z-index:1;
  width:100%;
  overflow:hidden;
}
```

Wrapper가 제 자리에 위치하면, iScroll을 실제로 여기에 투입할 것이다. 스크롤 바를 만들기 위하여, iScroll() 함수를 호출하면서 스크롤 영역에 대한 id 속성 값을 기재해야 하는데, 우리의 경우 'scroller'를 지정하면 된다. iScroll은 이렇게 하면 우리가 만든 HTML 구조를 가지고 처리기를 추가하고, 자바스크립트를 이용하여 스크롤 바 기능을 만들 것이다. 그리고 그 결과로 스크롤러에 대한 자바스크립트 객체를 반환하여 우리가 나중에 프로그래밍 방식으로 제어할 수 있게 해준다.

Javascripts/ch6/01-iscroll.js (인용)

```javascript
var scroller = new iScroll('scroller');
```

 문서의 구조에 유의할 것!

<DIV> 요소와 함께 id="scroller" 속성으로 지정된 부분이 반드시 Wrapper 안에 위치해야 한다. 컨테이너 이름이 구분이 쉽도록 작명되지 않았다면 실수로 바깥쪽의 요소에 대한 id 속성의 값을 실수로 전달하기 쉽다.

이 기능을 모바일 장치에서 실행해보면, 멋진 스크롤 가능한 목록이 나타나는 것을 볼 수 있다. 그렇지만 데스크톱에서 이 페이지를 실행하면 전혀 작동하지 않는다는 것을 알 수 있다. 이는 데스크톱 브라우저가 터치 이벤트에 대한 지원을 보통 하지 못하기 때문이다. 만약 Chrome이나 Safari 브라우저를 사용하고 있다면, 옵션을 두 번째 매개변수에 지정해서 iScroll() 함수를 호출하여 기능을 에뮬레이션 할 수 있도록 만들 수 있다.

Javascripts/ch6/01-iscroll.js (인용)

```javascript
var scroller = new iScroll('scroller', { desktopCompatibility: true });
```

desktopCompatibility 플래그를 true로 지정하도록 하면, 리스트를 위/아래로 드래그하거나, 클릭하는 동작을 할 수 있고 여러분이 기대했던 대로 동작할 것이다. 그리고 심지어는 리스트의 끝자락에 닿았을 때 네이티브 앱이 보여주는 것과 같이 바운스 애니메이션 효과도 재생한다. 옵션 객체에는 여러분이 이러한 동작들을 좀 더 세밀하게 제어할 수 있도록 다양한 설정들을 지정할 수 있는데, 예를 들어 다음과 같다.

```javascript
var scroller = new iScroll('scroller', {
  scrollbarColor: 'rgb(0,0,0,0.1)',
  fadeScrollbar: false,
  bounce: false
});
```

이렇게 옵션을 지정하면 scrollbarColor에 지정한 알파의 값이 0.1로 적용된, 모양이 매우 희미하게 보이는 스크롤 바가 그려지며, bounce를 false로 지정했기 때문에 티스트의 끝자락에 닿아도 튕기는 애니메이션 효과가 재생되지 않고, fadeScrollbar를 false로 지정했기 때문에 스크롤 바가 페이드인 되거나 페이드아웃 되는 효과가 없다. 이 외에 더 자세한 기능 목록들을 살펴보려면 iScroll 웹 사이트를 참고하기 바란다.

스크롤 바를 만들고 나면, scrollbar 변수에 스크롤 바를 제어할 수 있는 객체에 대한 참조를 저장하고 이것을 제어할 수 있게 된다. 예를 들어, 프로그래밍 방식으로 스크롤러가 콘텐츠의 제일 위쪽을 가리키도록 scrollTo() 메소드를 호출하면서 X와 Y좌표의 값을 넣고, 이동되기까지 걸리는 시간까지 지정할 수도 있다.

```
scroller.scrollTo(0, 0, '500ms');
```

또한 스크롤을 특정 요소가 보이는 위치로 하도록 만들 수도 있는데, scrollToElemert() 함수에 CSS 선택 표현식을 지정하고, 이동되기까지 걸리는 시간을 같은 방법으로 지정할 수도 있다.

```
scroller.scrollToElement('#scroller > ul > li', '1s');
```

마지막으로, 페이지 간 전환이나 DOM 요소가 굉장히 자주 바뀌는 특성이 있는 경우, iScroll은 스크롤 영역에 대해서 그 기능을 잃어버릴 가능성이 있고 그로 인해 기능을 멈출 수 있다. 다시 기능을 복원하기 위해서 refresh() 메소드를 사용할 수 있는데, 이를 통해서 모든 iScroll 변수들에 대한 설정을 갱신한다. DOM의 기이한 타이밍 문제의 해결을 위하여, iScroll을 만든 작성자는 필요하다면 setTimeout() 메소드를 이용하여 이 작업이 정확히 끝날 수 있도록 하는 것을 권고하고 있다.

대개는 iScroll이 아주 잘 작동하지만, 네이티브한 스크롤 기능을 똑같이 에뮬레이션 하기 위하여 엄청난 작업을 할 필요가 종종 생기며, 이런 과중한 작업을 하다 보면 가끔 문제가 생기는 일이 있다. 만약 이러한 문제에 빠지는 경우, iScroll 버그 추적 웹 사이트로[4] 가서 다른 개발자들 중에 여러분이 경험하는 문제를 해결했던 이력이 있는지를 찾아보는 것이 무척 도움이 될 것이다.

---

[4] https://github.com/cubiq/iscroll/issues

iScroll Lite

아마 iScroll 다운로드 페이지에서 **iscroll-lite.js**라는 파일도 같이 봤을 것이다. 비록 iScroll을 이용하여 스크롤 기능을 대신 구현하는 것에 관심이 있었지만, iScroll 에는 더 많은 기능들이 있는데, 확대나 핀치 기능, 특정 요소 스냅핑, 새로 고침 등등 수 많은 기능들이 있다. 그러나 만약 스크롤에 대한 기능만을 원한다면 **iscroll-lite.js** 파일이 아마 여러분이 원하는 파일일 것이다. 여기에는 정말 기본적인 부분 들만이 들어있으므로, 데스크톱 호환성 기능 또한 제공되지 않으며, 테스트를 좀 더 까다롭게 만든다. 즉, 테스트를 위해서는 전체 버전을 사용하고, 앱이 준비되면 이 버 전의 라이브러리를 사용하는 것이 좋은 해결책이다.

빠르게 클릭하기

4장에서 우리는 간단하게 click 이벤트에 바인딩 하는 방법부터 처음 배웠다. 그렇지만 touchend 이벤트를 사용하는 것이 더 빠르게 동작한다는 것을 이야기했던 적이 있다. 이제 이러한 접근 방법의 장단점을 살펴보고, 더 나은 클릭 동작을 구현하기 위해서 몇 가지 더 정밀한 기법을 사용하는 것에 대한 내용으로 결론을 지을까 한다.

그렇다. 여전히 클릭에 관한 내용들을 이야기하고 있는 중이다. 아직 우리가 걸음마 단 계에서 이야기를 하고 있다는 좋은 이정표이기도 하다. Click 이벤트는 모바일 장치에 서 여러분의 클릭 이벤트에 대한 코드가 실제로 호출되기 전까지 약 300밀리초 이상의, 여러분이 손가락을 떼고 난 후에도 말도 안 되는 지연 시간을 일으킨다. 이런 일이 생 기는 이유는 장치가 여러분이 화면을 한 번만 누른 것이 아니라 두 번을 연속으로 눌렀 는지를 확인해보기 위한 요량으로 기다리는 시간 때문에 발생한다는 것을 설명했던 적 이 있지만, 이 시간은 꽤나 신경 쓰인다.

우리는 이에 대한 해결책으로서 touchend 이벤트를 대신 사용하는 것을 추천했는데, 손 가락을 떼자마자 이 이벤트가 발생하기 때문이다.

```
$("#sightings-list li").bind("touchend": function() {
  // 여기에 코드를 넣는다.
});
```

대기 시간 없이 코드가 즉시 실행되는 것을 볼 수 있지만, 여기에도 그 자체의 문제점이 몇 가지가 있다. Touchend 이벤트는 여러분이 손가락을 떼는 순간 발생하지만, 만약 여러분이 버튼에서 손가락을 뗀다는 것이 항상 클릭을 위해서 손을 떼는 것이 아닐 수도 있다는 사실이다. 아마 사용자가 하나의 버튼을 누르는 것으로 시작하여, 손가락을 취소 버튼까지 끌어서 그 자리에서 손가락을 뗀다면, 취소 버튼을 누른 것으로 인지되는 것이다. 분명 손가락이 처음 닿은 위치는 원래 의도를 맞추어줄 수 있는 버튼이었지만 손가락이 떠난 위치에 있는 버튼에 대해 touchend 이벤트가 실행되어 전혀 의도하지 않은 결과가 연출되는 것이다.

좀 더 영리하게 생각하면, 클릭을 위하여 타이밍을 약간 주는 방법이 있을 수 있겠다. Touchstart 이벤트에서 이벤트가 발생한 시각을 기록하고, touchend 이벤트가 발생한 시각과의 차이 값을 구하여 일정한 시간 이상, 즉 400밀리초 이상의 시간이 경과하였는지 확인하고, 그렇지 않은 경우 클릭으로 간주하지 않는 방법이다.

Javascripts/ch6/02-fastclick.js (인용)

```javascript
$("#sightings-list li").bind({
  "touchstart": function(e){
    $(this).data("clicked", new Date().getTime());
  },
  "touchend": function(e){
    var now = new Date().getTime(),
      start = $(this).data("clicked");
    if(now - start > 400) {
      return
    };
    // 여기에 코드를 넣는다.
  }
});
```

이렇게 해서 의도하지 않은 손가락 끌기에 대한 문제점은 방지할 수 있지만, 각각의 클릭 이벤트에 대한 복잡한 코드들을 매번 위와 같이 넣어야 하기 때문에 우리가 다루어야 할 코드의 분량이 불필요하게 늘어나는 문제가 발생하게 된다.

Ryan Fioravanti가 작성한 'Creating Fast Buttons for Mobile Web Application'이라는[5] 글에서는 더 검증된 접근 방법을 요약하고 있으며, 여러분이 활용할 수 있는 코드 조각도

---

[5] http://code.google.com/mobile/articles/fast_buttons.html

제공한다. 그리고 HTML5 보일러플레이트 도우미 파일 내부에는 동일한 아이디어를 즉시 사용 가능한 형태의 코드로 구현한 내용을 제공하고 있다.[6]

이 코드를 사용하면, 여러분은 `MBP.fastButton()` 메소드를 사용하여 보통의 버튼을 굉장히 빨리 반응하는 버튼으로 바꿀 수 있다. 빨리 반응하는 버튼은 사용자가 손가락을 일정한 거리, 즉 10픽셀 정도를 움직였다고 판단하면 클릭 동작을 취소한다. 빨리 반응하는 버튼으로 바꿀 요소를 지정하고, 여기에 대한 콜백 메소드를 지정하면 버튼이 실제로 눌렸을 때 콜백 메소드가 실행되는 것이다.

Javascripts/ch6/03-fastbutton.js (인용)

```
$("#sightings-list li").each(function(){
  new MBP.fastButton(this, function() {
    alert("super fast click!");
  });
});
```

클릭 하나를 구현하려고 엄청난 일을 하는 것처럼 보이지만, 클릭은 사실 가장 기본적인 상호작용으로, 그 중요성은 아무리 강조하더라도 지나침이 없는 사항이다.

라이브러리 로딩하기

여기에 또 하나의 단순하면서도 지능적인 해킹이라는 범주에 포함되는 기법이 하나 있다. 많은 웹 사이트와 웹 앱들이 jQuery나 Prototype 같은 자바스크립트 라이브러리를 사용하며, 그리고 이들 라이브러리의 저작자들은 자신들의 라이브러리를 콘텐츠 분배 네트워크(Content Distribution Network, 이하 CDN) 상에 게시하여 많은 수의 파일들을 굉장히 빠르게 다운로드 받을 수 있도록 해주고 있다. 이렇게 구현하면서 가장 좋은 점은 대개 이 라이브러리들이 항상 같은 URL을 통해서 제공되므로, 만약 브라우저가 특정 사이트에 대한 라이브러리를 캐시하고 있다면, 같은 CDN으로부터 내려 받는 다른 모든 사이트들 역시 같은 라이브러리를 사용할 수 있다는 것이다.

모바일 앱에 있어서는 정말 대단히 좋은 것이지만, 우리 앱의 기능을 CDN에 묶어두는 것을 원하지는 않는다. 이는 특별히 우리가 만드는 앱이 오프라인에서 실행되거나, 혹은

---

[6] https://github.com/shichuan/mobile-html5-boilerplate/blob/master/js/mylibs/helper.js

오프라인 웹 앱으로서의 사양을 이용하거나, 다음 장에서 살펴볼 PhoneGap과 같이 네이티브 앱으로 패키징 해주는 경로를 통할 경우 특별히 더욱 그렇다. 양쪽의 세계에서 만족스러운 결과를 얻기 위해서, 우선 CDN을 통하여 파일을 불러오는 것을 기본으로 하고, 만약 실패하는 경우 로컬에 저장된 버전을 대신 사용하도록 할 수 있다.

Ch6/04-smartload.html (인용)

```
<script
    src="http://ajax.googleapis.com/ajax/libs/jquery/1.6.1/jquery.min.js"
    type="text/javascript"></script>
<script>
  if(!window.jQuery) {
    document.write("<script src='vendor/jquery-1.6.1.min.js'>\x3C/script>");
  }
</script>
```

두 번째의 <SCRIPT> 요소는 만약 jQuery가 정상적으로 로드 되지 않았을 때 실행되는 조건부 실행 구문으로, document.write 메소드를 통하여 <SCRIPT> 요소를 한 번 더 렌더링 하여 로컬 버전의 jQuery를 불러오도록 만드는 것이다. 문자열 안에서 쓰인, 얼핏 보기에 암호 코드처럼 보이는 문자열은 '~보다 작음'을 표현하는 부등호 기호 (<)의 인코딩 표현식을 기재한 것으로, 몇몇 브라우저들이 코드를 오해하지 않도록 만든 트릭이다.

기능 점검하기

4장의 내용으로 다시 돌아와서, 우리 앱이 데스크톱과 모바일 장치에서 모두 잘 동작할 수 있도록 하기 위하여 기능 점검 코드를 넣었던 것을 기억할 것이다. 만약 브라우저 창이 touchend 객체를 포함하고 있다면, 실행 중인 환경이 터치 이벤트를 잘 지원하고 있다고 가정할 수 있을 것이다.

기능 점검에 대한 아이디어는 웹 개발 환경 안에서 모든 상황에서 가장 최적의 선택을 할 수 있도록 하자는 표준화 운동의 일환으로 시작된 것이다. 이전에는, 웹 브라우저에 대해서 어떤 기능을 지원하는지 아닌지를 판정하기 위하여 **브라우저 스니핑**(sniffing)을 주로 이용했었는데, 가령 '어떤 사용자가 가지고 있는 브라우저가 X이면 또는 기능 Y를 선택할 것이고, 그러므로 우리는 기능 Y에 대한 지원을 활성화한다.'는 식의 접근법이다. 이 방법은 브라우저 X가 예고 없이 웹 앱이 원했던 기능을 바꿀 경우 그 문제가 언제 어디서나 지속적으로 발생하게 된다.

 스니핑의 회귀

> 흥미롭게도, 브라우저 스니핑이 모바일 웹과 HTML5의 확산으로 다시금 토론 단상 위로 돌아왔다. 현재의 모바일 장치들에 대한 지형은 정말 광활하며, 그리고 이러한 지형 속에는 잘 보이지 않지만, 또 한편으로는 분명히 문제점들이 도처에 널려있는 상황이기에, 기능들의 존재 여부를 검사하는 것만으로는 더 이상 충분하지 않게 되었다. 그러나 장기적으로, 기능 점검을 사용하는 것이 더 좋은데, 가능하다면 브라우저의 종류에 연연하는 내용으로 코드를 채우는 것을 피하고 좀 더 알아보기 쉬운 코드를 만들도록 해야겠다.

왜냐하면, 우리는 보통 이러한 기능 검사 방법을 매 프로젝트를 진행할 때마다 활용해 왔고, 모든 기능 점검을 한번에 끝낼 수 있었기 때문이다. 그 다음 언젠가 우리의 방법이 바뀌거나, 새로운 테스트를 발견하거나, 새로운 기능 검사 라이브러리를 추가할 수 있다. 가장 간단한 방법은, 모든 것을 하나의 객체로 포함시키는 것이고, 그리고 이 객체를 모든 테스트가 필요한 상황에서 활용하는 것이다.

Javascripts/ch6/05-feature-detection.js (인용)

```
var $has = {
  touch: "ontouchend" in document,
  orientation: "onorientationchange" in window
};

// 기능 검사 코드를 여기에 넣는다.
if($has.touch) {
  alert("we've got touch!");
}
```

현재까지 우리가 만든 이 객체에는 두 가지의 테스트만이 제공되는데, 하나는 터치에 대한 것이고 또 하나는 5장에서 살펴본 화면의 방향 전환에 관한 테스트이다. 이제, 이 객체를 좀 더 완성도 있게 만들고 우리가 장치의 기능을 평가하기 위해서 필요한 모든 테스트를 넣어보자.

Javascripts/ch6/05-feature-detection.js (연용)

```
var $has = {
  touch: "ontouchend" in document,
  orientation: "onorientationchange" in window,
  geolocation: typeof navigator.geolocation != "undefined",
  transitions: "WebKitTransitionEvent" in window,
  canvas: !!document.createElement("canvas").getContext,
  audio: !!document.createElement("audio").canPlayType
};
```

대다수의 테스트들은 그저 브라우저 창 객체를 통하여 해당되는 속성이 존재하는지의 여부를 판정하는 정도의 수준이지만, 그 외의 기능들은 다소 까다롭게 되어있으며, 문서의 조각을 만들고 그 결과를 얻어오기 위한 방법을 독특한 방식으로 설계해야 한다. jQuery Mobile이나 Sencha Touch와 같은 오픈 소스 프로젝트들을 살펴보면 매우 훌륭한 방법으로, 그리고 흥미로운 접근으로 기능 검사를 수행한다. 그리고 당연히 우리가 3장에서 사용한 Mondernizr 라이브러리 역시도 영리한 방법으로 이런 문제를 해결해 나가는 대표적인 사례이다.

위젯

모바일 장치에서의 '위젯'이라 함은 데스크톱 환경에서 말하는 것과 조금 다른데, 데스크톱 환경에서는 전체 페이지에 대해 작은 크기를 차지하는 위젯을 말하며, 각각의 구성 요소들이 제공하는 기능이 더욱 돋보이게 만드는 것을 목표로 하고 있다. 모바일 장치에서의 위젯은 이와 달리 좀 더 큰 공간을 사용하며, 우리 앱의 디자인의 주요한 부분을 만들기 위해서 시작 단계에서부터 사용하는 구성 요소가 된다. 많은 거대한 프레임워크들의 주된 목표는 그들이 자체적으로 제공하는 위젯 컬렉션과 그에 연관된 시각적 테마에 집중하고 있다. 이러한 위젯이 멋진 모습의 웹 앱을 빠르게 만들 수 있도록 해주지만, 처음에는 그냥 일반적인 기능 같다는 느낌을 줄 수도 있다.

우리 앱에서는 독특한 개성을 부여하여, 우리만의 고유한 요소를 만들어 나갈 수 있도록 하고자 한다.

대화 상자

대화 상자는 가장 거친 물건 중 하나이다. 만약 우리가 네이티브 앱을 만드는 방향을 선호했다면 아마 매번 목표로 하는 대상 플랫폼에 맞추어서 네이티브 플랫폼과 비슷한 느낌의 대화 상자를 새로 만들어야만 했을 것이다. 이렇게 하면 작업의 양 자체가 많아지고, 전체적인 만족을 이끌어내는 것마저 쉽지 않을 것이기에, 개별 장치보다는 우리 앱의 목표에 더 잘 부합하는 대화 상자를 만드는 방향으로 다른 접근을 해보려고 한다.

대화 상자는 몇 가지 구성 요소들로 이루어져 있는데, 하나는 대화 상자가 열렸을 때 다른 동작을 할 수 없도록 막는 메커니즘에 대한 것이고, 두 번째는 대화 상자를 끌 수 있게 하기 위하여 메시지와 함께 최소한 하나 이상의 버튼이 같이 들어있어야 한다는 것이다. 우리 대화 상자는 보통의 오래된 HTML 코드를 가지고 만드는 것이지만 우리가 원하는 대로 동작하도록 만들 수 있다. 그러나 사용자들은 대화 상자가 어떻게 동작할 것인지에 대한 기대를 가지고 있으므로, 기본적인 형식에서 너무 멀어지면 안 된다. 적어도, 작은 크기의 창이 화면 정 중앙에 나타나고 메시지를 포함하고 있으며, 하나 이상의 큼지막한 버튼을 포함하고 있어야 한다.

이제 두 가지 할 일이 생겼는데, 하나는 어떻게 우리 대화 상자를 모달(modal) 대화 상자, 즉, 다른 기능을 정지시키고 대화 상자에만 사용자를 집중시킬 수 있도록 하는가에 대한 것이고, 또 하나는 화면 정 중앙에 표시하는 방법에 대한 것이다. 모달 대화 상자로 만드는 작업은 우리 웹 페이지에 새로운 요소를 만들어 화면 전체를 덮기 위한 용도로 활용할 수 있는데, 데스크톱에서 사용하는 lightbox 효과와 같은 방법이다. 이에 대해서 해야 할 일은 어두운 배경색을 지정하는 것과, 반투명 상태로 표시될 수 있도록 투명도를 1보다 작은 실수 값으로 지정하는 것이다. 왜 이렇게 만드는가 하면 이 요소가 화면 전체를 덮어서 터치 이벤트가 밑에 깔려있는 UI 객체들로 전달되는 것을 막을 수 있기 때문이다.

Ch6/08-dialog.html (인용)

```
#mask {
  display: none;
  position: absolute;
  background-color: #000;
  opacity: 0.6;
  z-index: 500;
  top:0;
```

```
  bottom: 0px;
  left: 0;
  right: 0;
}
```

마스크를 위한 <DIV> 요소는 페이지 상의 마크업 어느 곳에나 들어갈 수 있지만 보통 끝자락에 넣는다.

Ch6/08-dialog.html (인용)
```
<div id="mask"></div>
```

다음으로, 마스크 바깥에 대화 상자를 위한 레이아웃을 추가해야 한다. 레이아웃 요소 안에 <SPAN> 요소를 추가하여 이 안에 대화 상자에 표시할 메시지를 넣는다.

Ch6/08-dialog.html (인용)
```
<div id="dialog">
  <h3 class="heading"></h3>
  <span class="content"></span>
  <button id="ok">OK</button>
</div>
```

대화 상자의 위치를 정의하기 위한 몇 가지 스타일도 아래와 같이 만들 수 있다.

Ch6/08-dialog.html (인용)
```
#dialog {
  display: none;
  position: absolute;
  background-color: #fff;
  width: 90%;
  height: 200px;
  z-index: 600;
  -webkit-border-radius: 10px;
  -webkit-box-sizing: border-box;
}
```

이제 대화 상자를 보여지게 하기 위하여, 마스크와 대화 상자 콘텐츠가 화면 상에 나타나도록 해야 한다. 가장 멋지고 단순한 방법은 jQuery의 `fadeIn()`과 `fadeout()` 메소드를 활용하는 방법이다.

Javascripts/ch6/08-dialog.js (인용)
```
$("#dialog,#mask").fadeIn();
$("#ok").one("click", function(){
  $("#dialog,#mask").fadeOut();
});
```

이 대화 상자는 재사용에 그다지 적합한 형태는 아닌데, 텍스트가 정적으로 기재되어 있으며, 대화 상자를 나타내고플 때마다 같은 코드를 계속 복사하고 붙여 넣어야 하는 반복 작업이 필요하다. 이러한 기능들을 수행할 수 있는 하나의 메소드를 만들어 이 안에 내용을 통합하는 것이 더 깔끔한 정리가 될 것이며, 우리는 이렇게 만들 메소드의 이름을 `showDialog()`라고 정할 것이다. 빠른 이해를 돕기 위하여, 우리가 방금 만든 마크업 코드를 그대로 사용하도록 만들겠지만, 만약 별도의 대화 상자 클래스를 만들려고 한다면 하드코딩 된 콘텐츠를 사용하기보다 앱의 외부에서 DOM 요소를 참조하거나 만드는 방법을 써도 된다.

Javascripts/ch6/08-dialog.js (인용)
```
function showDialog(options, OKCallback, CancelCallback) {
  var dialog = $("#dialog");
  ⋮
}
```

매개 변수들을 받을 때 객체를 하나 받을 것인데, 대화 상자의 제목, 메시지 본문, 그리고 참/거짓 값으로 선택할 수 있는 플래그 변수를 하나 두어 취소 버튼을 표시할 것인지의 여부를 결정할 수 있게 할 것이다. 그리고 뒤 이어 오는 두 개의 매개 변수는 각각 **확인** 버튼과 **취소** 버튼이 선택되었을 때 실행될 콜백 메소드를 지정하는 부분이다.

몇 가지 기본 값들을 jQuery의 `extend()` 메소드를 사용하여 설정한 다음, 간단한 템플릿 치환 기법을 이용하여 대화 상자의 실제 UI에 나타날 텍스트를 지정한다.

Javascripts/ch6/08-dialog.js (인용)

```
// 기본 값을 설정한다.
var settings = $.extend({
    heading: "Notice",
    content: "",
    cancel: false
}, options);

// 실제 보여질 텍스트를 설정한다.
dialog.find(".heading").text(settings.heading);
dialog.find(".content").text(settings.content);
```

이제 확인 버튼을 클릭했을 때 실행할 이벤트 처리기를 연결하고, 대화 상자를 숨기면서 콜백 메소드를 호출하도록 설정한다.

Javascripts/ch6/08-dialog.js (인용)

```
dialog.find("#ok").one("click", function() {
  $("#dialog,#mask").fadeOut();
  OKCallback && OKCallback();
});
```

만약 사용자가 대화 상자에서 취소 버튼을 눌렀을 경우, 위와 같은 패턴의 코드를 다시 사용하여 취소 버튼이 선택되었음을 알린다.

한 줄에 쓰는 동적 형식 점검 (Duck-type Checking)

OKCallback 변수가 함수로서의 기능을 하는지 확인하고 즉시 실행하는 것까지 한 줄에서 해결하기 위한 취지로, 논리 AND 연산자를 활용한 트릭을 위의 코드에서 사용하였는데, 즉 **OKCallback && OKCallback();** 과 같이 코드를 썼다. 이 문장 자체는 마치 조건부 평가식처럼 판정되는데, 우선 첫 번째 조건은 선택된 항목이 함수인지 아닌지를 판정하며 함수가 아닐 경우 평가식 전체의 결과가 **False**로 끝을 맺게 됨과 동시에 함수로서 뒤의 판정식을 실행하지 않고 즉시 문장을 종료한다. 그러나 만약 함수가 정확히 **들어왔다면**, 평가식의 두 번째 부분에 지정한 대로 함수로서 취급하여 실제로 호출을 시도하고 그 결과값을 반환한다. 간결하고 짧은 코드를 만드는 것에는 확실히 이상적인 면이 있지만 표기법 자체가 마치 암호 같은 느낌을 주며, 함수의 실행 결과가 무엇이든, 심지어 숫자로 결과값을 내는 함수라고 할지라도 항상 **True**로 식의 값이 나타날 것이다.

그리고 또한 같은 코드 블록을 사용하여 버튼을 처음부터 표시하거나 숨길지를 결정할 것이다.

Javascripts/ch6/08-dialog.js (인용)

```javascript
if(options.cancel) {
  dialog.find("#cancel")
    .one("click", function(){
      $("#dialog,#mask").fadeOut();
      CancelCallback && CancelCallback();
    })
    .show();
}
else {
  dialog.find("#cancel").hide();
}
```

그 다음, 다이얼로그를 표시하기 위하여 아래와 같이 코드를 쓰면 된다.

Javascripts/ch6/08-dialog.js (인용)

```javascript
$("#dialog,#mask").fadeIn();
```

스피너

데스크톱에서 해왔던 것과 마찬가지로, 우리 앱이 어떤 데이터를 받아올 때 시각적인 구분을 사용자들에게 주는 것은 매우 중요하다. 보통 영리하다고 느껴지는 앱들은 사용자들에게 좋은 사용자 경험을 제공함과 동시에 멋진 스피너, 혹은 로더나 상태 표시기로도 불리는 구성 요소를 채택하여 통찰력을 가질 수 있도록 도움을 준다.

Ajax 요청이 발생하는 동안 버튼을 누를 수 없도록 하기 위하여 마스크를 이용할 생각이지만, 대화 상자 대신 스피닝 아이콘을 사용하려고 한다. 스피너를 위한 마크업 코드를 살펴보자.

Ch6/09-spinner.html (인용)

```html
<div id="spinner">
  <img src="images/spinner.gif" />
</div>
```

사실 이 기능 자체는 엄청나게 단순한 것으로, 보이는 상태와 보이지 않는 상태 두 가지로만 구성된다. 간단한 함수 하나를 만들어서 우리가 표현하고픈 상태를 매개 변수로 지정할 때 `true`로 지정하면 스피너 아이콘이 보이도록 하고, `false`로 지정하면 스피너 아이콘이 보이지 않도록 하는 방법으로 제어하려고 한다.

Javascripts/ch6/09-spinner.js (인용)

```javascript
function spinner(blnShow) {
  var elements = $("#spinner,#mask");
  if(blnShow) {
    elements.fadeIn();
  }
  else {
    elements.fadeOut();
  }
}
```

복잡한 상황을 만들 필요 없이 그저 페이드인과 페이드아웃만을 한다. 그리고 사용법 자체도 무척 단순해서, 요청이 발생하면 보이도록 하고, 이에 대한 성공이나 실패 등의 상태를 확인하고 나면 숨기도록 하면 된다.

Javascripts/ch6/09-spinner.js (인용)

```javascript
spinner(true);
$.ajax({
  url: "http://search.twitter.com/search.json?q=stars&callback=?",
  success: function(data){
    // 데이터를 가지고 뭔가 처리하는 코드를 넣는다.
  },
  complete: function(){
    spinner(false);
  }
});
```

이것이 스피너의 전부이다.

클라이언트에 데이터 저장하기

웹 앱과 Ajax의 시대가 오기 이전에도, 브라우저가 단순히 HTML 페이지를 보여주는 정도의 역할에 그치던 때에도, 로컬 스토리지에 대한 메커니즘은 그때나 지금이나 꾸준히 필요한 기능이었다. 기본적으로 쿠키가 이러한 역할을 수행했으며, 웹 사이트가 개인 설정을 저장하여 언제 어느 때 방문하더라도 항상 일관성 있는 상태를 사용자에게 제공하기 위한 목적으로 많이 이용하곤 하였다. 유용하기는 하나, 쿠키 자체가 저장할 수 있는 데이터의 양은 극히 작은 양에 한정된다.

로컬 스토리지

HTML5가 소개되면서 로컬 스토리지가 새롭게 등장하였다. 로컬 스토리지는 클라이언트에서 키와 값을 연관 지어 크기가 큰 데이터를 저장할 수 있도록 해주는 저장소 메커니즘인데, 얼마나 많이 저장할 수 있을까? 여전히 5MB 정도의 작은 크기만을 취급할 수 있지만 쿠키를 가지고서는 고작 수십 킬로바이트 정도에 만족했던 것에 비해서는 장족의 발전을 이루게 되었다. 그렇다면 왜 이렇게 큰 스토리지가 필요하게 된 것일까? HTML5 로컬 스토리지의 사양에서 소개하는 사례 하나를 들어보면 다음과 같다.

> "웹 앱은 보통 수 메가바이트 이상의 사용자 데이터를 저장하는 기능이 필요할 수 있다. 예를 들어 특정 사용자에게만 보이는 문서나 사용자의 전자 메일 개인 사서함을 클라이언트 측에서 성능 상의 목적으로 따로 만들어야 할 경우 유용하게 쓰일 수 있다."

그래서 로컬 스토리지는 엄청난 크기의 쿠키와도 같지만 사실 더 나은 메커니즘인데, 왜냐하면 데이터가 쿠키처럼 클라이언트와 서버 사이의 통신 도중 클라이언트가 서버에 요청을 보낼 때마다 로컬 스토리지 상의 콘텐츠를 일일이 업로드 하지 않기 때문에, 대역폭을 낭비하거나 페이지를 불러오는 데 속도 저하가 발생할 걱정이 전혀 없다. 그러면서도 쿠키를 다루던 것보다 더 재미있고 쉬운 방법으로 로컬 스토리지를 다룰 수 있는 이점을 누릴 수도 있다.

본격적으로 사용하기에 앞서서, 로컬 스토리지가 장치에서 분명히 지원되는지 확인해두어야 한다. 이를 확인하는 방법은 이미 여러분이 알고 있는 것과 같으며, 이에 대한 테스트를 여러분이 원한다면 아래 코드와 같이 간단한 평가 식을 실행하도록 기능 점검 객체의 코드에 넣어둘 수 있다.

Javascripts/ch6/10-storage.js (인용)

```
var hasStorage = "localStorage" in window;
```

만약 위의 식에 대한 결과가 true로 판정되면, 로컬 스토리지가 사용 가능함을 의미한다. 로컬 스토리지는 키와 값의 쌍으로 구성된 저장소 시스템이며, 문자열만을 저장할 수 있게 되어있다. 따라서, 만약 자바스크립트 객체를 예를 들어 저장하려고 한다면 우선 객체를 문자열로 직렬화 하는 작업을 거쳐야 한다.

데이터를 가져오거나 저장하는 방법은 크게 두 가지가 있으며, 그 중 하나는 전적으로 여러분의 코딩 취향에 의존하여 구성하는 방법이다. 여러분이 직접 setItem()과 getItem() 메소드를 호출하는 방법을 사용할 수 있으며 그 사용법은 다음과 같다.

Javascripts/ch6/10-storage.js (인용)

```
var store = window.localStorage;
store.setItem("fav-celeb", "Johnny Deep");
var fav = store.getItem("fav-celeb");
```

편의를 위하여, window.localStorage 객체에 대한 단축 경로를 하나 만들었고 이를 통해서 코드를 최대한 짧고 간결하게 만들며, 불필요하게 중복되는 내용을 타이핑하지 않도록 도와준다. 그 다음, setItem() 메소드를 사용하여 데이터를 저장하는데, 두 개의 매개 변수를 지정해야 한다. 코드 상에 있는 항목과 대조해보면, "fav-celeb"이 키이고, "Johnny Deep"이 값에 해당된다. 이렇게만 하면 사용자가 명시적으로 로컬 스토리지 캐시를 초기화하기 전까지 영구적으로 데이터를 저장할 수 있는 모든 작업이 완료되는 것이다. 값을 다시 받아오려면 getItem() 메소드를 사용할 수 있는데, 이 메소드에는 매개 변수를 하나만 지정하는데 바로 키를 지정해야 한다. 이렇게 하면 키에 연결된 값이 결과로 반환된다. 만약 키에 연결된 값이 없는 경우 null을 대신 반환한다.

 창

쿠키와는 달리 로컬 스토리지는 여러 창에 걸쳐서 공유될 수 있다. 우리가 다루는 모바일 앱에 있어서는 그다지 큰 감흥을 주는 부분은 아니지만, 보통 하나 이상의 창을 열고 관리할 수 있는 데스크톱 브라우저에서는 어떤 창에서 접근을 하든 동일한 항목을 읽고 쓰는 것이 가능하다.

로컬 스토리지 사양에서는 getItem()과 setItem() 메소드를 정의하고 있지만, 현재 제공되는 버전의 로컬 스토리지 구현에서는 인덱서나 멤버 접근자를 이용해서 값을 가져오거나 설정하는 동작도 아래와 같이 지원한다.

Javascripts/ch6/10-storage.js (인용)

```javascript
// 값 설정하기
store["lastSpot"] = new Date();
store.lastLocation = "Hollywood";

// 값 가져오기
var spotTime = new Date(store["lastSpot"]),
    spotPlace = store.lastLocation;
```

데이터를 편집하기 위한 명시적인 방법은 별도로 제공되는 것이 없다. 만약 로컬 스토리지에 저장된 데이터를 고치고 싶다면, 같은 이름으로 새로운 값을 지정하기만 하면 된다. 이렇게 하면 기존에 있던 값을 지우고 새로운 값으로 덮어씌워 준다. 무척 단순한 방식이다. 만약 기존 값을 완전히 지우고 싶다면 그냥 null을 바로 대입해도 되고, removeItem() 메소드를 지우려는 키 값을 매개 변수로 지정하여 실행해도 된다. 만약 모든 항목들을 초기화 하기를 원하면 clear() 메소드를 부르기만 하면 로컬 스토리지에 등록된 모든 항목들을 지울 수 있다.

Javascripts/ch6/10-storage.js (인용)

```javascript
// fav-celeb 항목을 지운다.
store.removeItem("fav-celeb");
// 모든 항목을 지운다.
store.clear();
```

저장하려는 값이 문자열이 아닐 때에는 어떻게 해야 할까? 앞에서 든 예시에서, Date 객체를 직접 저장하려고 했던 부분이 있었는데, 사실 이렇게 하면 내부적으로 Date 객체에 대해 toString() 메소드를 호출하고 이 메소드에 의하여 변환된 날짜에 대한 문자열 표현으로 바뀌어 실제 스토리지에 저장되는 것이다. 그래서 값을 다시 받아올 때 Date 객체를 새로 만드는 방식으로 받아오게 되는 것이다. 만약 숫자를 저장하려고 한다면 이때에도 같은 방법을 사용해야 한다.

Javascripts/ch6/10-storage.js (인용)

```
// 방문 횟수를 가져온다.
var hits = store["hitCount"];
if( hits == null) {
  hits = 0;
} else {
  hits = parseInt(hits, 10);
}

// 기존 방문 횟수에 1을 더하여 저장한다.
store["hitCount"] = hits + 1;
```

이 예제에서는, 사용자가 페이지를 방문한 횟수를 계속 업데이트하도록 하고 있다. 사용자가 페이지를 방문할 때마다 현재 방문 횟수에 대한 숫자를 분석하고, 여기에 1을 더하여 로컬 스토리지에 기록하고 있다. 매우 단순하지만 또한 유연한 시스템이다.

성가신 부분들에 대해서 모두 이해했다면, 이제 좀 더 실용적인 것을 다루어보자. 3장의 내용으로 되돌아와서, 사용자에게 폰의 첫 화면에 바로 가기를 등록할 것을 권유하는 메시지를 띄웠던 동작을 기억할 것이다. 그러나 이 동작은 매번 우리 사이트를 방문할 때마다 일어날 것이므로 사용자를 매우 귀찮게 하는 부분이므로, 로컬 스토리지에 사용자의 선택을 기억하도록 해서 이런 불편을 덜어내고자 한다.

원래의 코드에서는 브라우저가 단독 실행 모드를 지원하고 있으며, 만약 현재 단독 실행 모드로 실행 중인 경우에는 첫 화면에 바로 가기를 등록할 것을 권유하는 메시지를 띄우지 않도록 했었다.

여기에 한 가지 더 점검 사항을 넣어서, seen 변수에 사용자가 메시지 박스를 봤던 적이 있는지에 대한 정보를 로컬 스토리지의 항목 중 seen이라는 항목으로부터 가져와서 판정하고, 다시 이 항목에 값을 저장할 것이다.

Javascripts/ch6/10-storage.js (인용)

```
var seen = false;
if($has.localStorage) {
  seen = window.localStorage["seen"] || false;
  window.localStorage["seen"] = "seen";
}
if(navigator.standalone != undefined && !!!navigator.standalone && !seen) {
  $("#addToHome").show();
}
```

우선 브라우저가 로컬 스토리지 기능을 지원하는지의 여부부터 점검해서, seen 변수의 기본값이 false로 설정되도록 할 것이다. 그 다음, 로컬 스토리지에서 seen이라는 항목을 찾을 것이다. 만약 아직 저장되지 않은 경우 이를 통해 우리가 seen 변수에 false 값을 설정할 수 있도록 코드가 진행될 것이다. 만약 설정된 값이 있다면, 로컬 스토리지 상에 저장된 정보 그대로를 가져오게 될 것이다.

이제 로컬 스토리지에 있는 내용을 가져왔으니, 사용자가 메시지 박스를 봤다는 사실을 로컬 스토리지에 새로 기재해야 한다. 마지막으로, 프롬프트를 띄울 필요가 있는지를 확인한다. Seen 변수의 기본값이 false로 지정되어있기 때문에, 브라우저가 로컬 스토리지를 지원하지 않는 경우, 매번 메시지 박스가 뜨는 상태로 만들 수 있다.

여기서 중요한 것은 이진 값 대신 "seen"이라는 문자열을 직접 저장하고 있다는 부분으로 로컬 스토리지가 문자열만을 저장하고 가져올 수 있다는 사실을 잊지 말자. 다행스럽게도, 자바스크립트는 비어있지 않은 문자열 그 자체를 '참' 값으로 보는 경향이 있으므로 위와 같은 코드는 아주 잘 작동하게 되어있다.

웹 SQL 데이터베이스

로컬 스토리지가 단순하고 유연한 방식으로 정보를 클라이언트 수준에서 저장하고 관리할 수 있도록 하는 메커니즘을 제공하지만, 단순한 키/값 쌍으로 구성된 컬렉션 이상의 정교한 데이터 저장소를 필요로 한다면 어떨까? 아마 분명히 단순한 문자열을 저장하는 것 이상으로 더 많은 기능이 필요할 때가 있을 것이다. 웹 개발자들은 서버 사이드 앱을 만드는 일에도 보통 익숙해져 있는데, 이는 곧 데이터베이스의 사용을 의미한다. 좋은 소식은 단순하면서도 활용하기 매우 편리한 데이터베이스 API가 여러분이 목표로 하는 장치들에서 사용 가능하다는 것이다. 그리고 나쁜 소식은 이 기능이 정상적인 궤도에 오르지 못할 수도 있다는 것이다.

만약 Web SQL 데이터베이스에 대한 W3C 사양을 다루는 페이지를7 방문했던 적이 있다면, 아직 개발이 진행 중인 사양이라서 권고안이 아님을 경고하는 더문짝만한 경고 아이콘을 마주했던 적이 있었을 것이다. 그 이유를 보면, 모든 브라우저 제조사들이 SQLite 데이터베이스 시스템으로 이 사양을 구현해야만 하며, 하나의 구현으로 표준안을 만드는 것이 불가능하기 때문에 제조사들이 참가하는 위원회의 일정 자체가 교착 상태에 있다는 설명을 볼 수 있다. 이상하게 들릴지 모르지만 이것이 규칙이다.

구현 자체는 굉장히 넓게 퍼져있으며, 지금 우리가 쓸 수 있는 것이 가장 최상의 기능을 제공하는 버전이다. 그리고 SQL을 통하여 클라이언트 수준의 데이터베이스를 다룰 수 있는 API도 제공되고 있다. 우리는 이 기능을 사용자들이 추적하는 좋아하는 연예인들에 대한 랜덤 노트를 쓸 수 있도록 하기 위한 용도로 활용하고자 한다.

SQL

웹 SQL이라는 이름에서 알 수 있듯이, 기본은 SQL로, 관계형 데이터베이스 상에서 사용 가능한 구조화된 질의 언어를 뜻한다. SitePoint에서 SQL에 대하여 출간한 Simply SQL이라는 책을8 통하여 SQL을 빠르게 익힐 수 있으므로, 이번 섹션에서는 여러분이 어느 정도 이 언어를 잘 다룰 수 있을 정도로 익숙해져 있다는 것을 전제로 설명을 하려고 한다. 만약 여러분이 INSERT 문으로 데이터를 삽입하는 방법, 여러 테이블에 걸쳐서 JOIN 질의를 수행하는 방법, 혹은 데이터를 가져오는 SELECT 구문 자체에 익숙하지 않다면 이번 섹션은 그냥 건너뛰어도 좋다. 혹은 웹 상에 널려있는 수 많은 훌륭한 SQL 튜토리얼들을 살펴보면서 익히는 것을 권한다. 이 기술을 배운다고 해서 손해를 볼 일은 결단코 없다.

웹 데이터베이스를 사용할 수 있는지 점검하기 위해서는 openDatabase() 메소드가 존재하는지 확인해보면 된다.

Javascripts/ch6/11-websql.js (인용)
```
var hasWebDB = "openDatabase" in window;
```

---

[7] http://www.w3.org/TR/webdatabase/

[8] http://www.sitepoint.com/books/sql1/

openDatabase() 메소드는 우리가 쉽게 이해할 수 있는 종류의 매개 변수들을 받아서 새롭게 만들어진 데이터베이스 객체를 반환하며, 이 객체를 이용해서 데이터베이스 작업을 수행할 수 있다. 필요한 매개 변수들은 데이터베이스의 인스턴스 이름, 버전, 알기 쉬운 이름이며 모두 문자열로 지정한다. 그리고 마지막으로 숫자 값 하나를 받을 수 있는데 데이터베이스의 예상 크기를 바이트 단위의 숫자로 지정할 수 있다.

Javascripts/ch6/11-websql.js (인용)

```
var db = window.openDatabase(
  "celeb-notes",
  "1.0",
  "Celeb Notes",
  4 * 1024 * 1024
);
```

우리는 이 데이터베이스의 인스턴스 이름을 celeb-notes라고 짓기로 하였고 예상되는 크기를 약 4MB, 즉 1024 바이트(1 킬로바이트) × 1024 킬로바이트(1 메가바이트) × 4 메가바이트로 지정하였다. 표시되는 이름에는 크기 값은 브라우저를 위한 힌트로서 사용된다. 예상 데이터베이스 크기를 따로 지정하면, 만약 여러분의 앱이 많은 공간을 요청할 때, 사용자가 이 사실을 확인하고 동의할 수 있도록 할 수 있다.

데이터베이스가 만들어지고 나면, 그 외 나머지 모든 내용들은 보통의 SQL 구문들로 작업이 이루어진다. 테이블을 생성하고, 행을 삽입하거나 삭제할 수 있으며, SELECT 질의를 사용하여 데이터를 가져올 수 있다. SQL 구문을 실행할 때에는 두 개의 구성 요소가 필요한데, 하나는 transaction 객체이고, 그리고 transaction 객체 안의 executeSql() 메소드다. 트랜잭션을 시작하기 위해서, 데이터베이스 객체의 transaction() 메소드를 호출하고, 이 메소드에 대한 콜백을 인자로 하나 지정하여 트랜잭션이 사용 가능한 상태가 되면 콜백 안에서 질의를 수행할 수 있게 지정할 수 있다. 트랜잭션의 executeSql() 메소드에서는 우리가 실행하려는 SQL 구문에 대한 문자열과 성공과 실패 때 각각 호출될 콜백을 지정하여 실행하게 된다. 이 메소드를 통해 쿼리를 실행하고 난 후에 오류가 없다면 성공 시점에 호출될 콜백을 호출하고, 오류가 있다면 오류 시점에 호출될 콜백을 호출하여 결과를 알린다.

Javascripts/ch6/11-websql.js (인용)

```
// 테이블을 만든다.
```

```
db.transaction(function(t) {
  var sql = "CREATE TABLE IF NOT EXISTS notes ";
  sql += "(id INTEGER PRIMARY KEY ASC, celeb, note)";

  t.executeSql(sql, function(){
    selectNotes();
  }, function(){
    selectNotes();
  });
});
```

notes라고 불리는 테이블을 새로 만들면서 칼럼을 세 개 포함하도록 하였는데, 숫자 형식을 저장하는 `id` 열, 문자열 형식을 저장하는 `celeb` 열과 `note` 열로 구성하였다. 만약 이 트랜잭션을 실행하는 시점에서 테이블이 없을 경우, 테이블을 생성하고 성공 시 호출하는 콜백을 호출할 것이며, 이미 테이블이 존재하는 경우 오류 발생 시 호출하는 콜백을 호출할 것이다. 양쪽 모두, 계속해서 테이블 상의 기존 데이터를 불러와서 그 데이터를 화면에 출력하는 작업을 다음 단계로 진행하는 것을 필요로 할 것이다.

Javascripts/ch6/11-websql.js (인용)

```
function selectNotes() {
  db.transaction(function(t){
    t.executeSql('SELECT * FROM notes', [], function (t, data) {
      // 데이터를 출력한다.
    });
  });
}
```

이 코드 조각은 앞의 것과 매우 비슷하지만, CREATE 명령을 사용하지 않는 대신, SELECT 명령을 사용한다는 것이 차이점이다. 이 명령문에서는 매개 변수들을 배열의 형태로 넘겨야 할 필요가 있는데, 지금은 필요한 매개 변수들이 없으므로 그냥 빈 배열을 전달하고 있다. 성공 시점에 호출되는 콜백에서는 트랜잭션 객체와 함께 데이터베이스 상에서 검색된 행들에 대한 객체도 함께 전달된다. 이제 이 내용들을 페이지에 보여줄 수 있다.

Javascripts/ch6/11-websql.js (인용)

```
// 데이터를 출력한다.
for (var i = 0; i < data.rows.length; i++) {
```

```
    var item = data.rows.item(i);
    $("<li></li>")
      .append("<span>" + item.celeb + "</span>")
      .append("<span>" + item.note + "</span>")
      .appendTo("#notes-list")
}
```

반환된 데이터 객체의 형식은 **SQLResultSet**이라는 형식으로, rows라는 속성을 가지고 있다. 각 행들을 가져오기 위하여, rows.item() 메소드를 호출하면서 행의 번호를 지정하여 특정 행에 대한 객체를 가져올 수 있다.

코드를 처음 실행하면, 디스플레이 상에 출력할 데이터가 전혀 없는 상태이므로, 버튼을 페이지 상에 하나 추가하여, 사용자로 하여금 새 노트 데이터를 입력하도록 프롬프트를 띄워보도록 해보자.

Javascripts/ch6/11-websql.js (인용)
```
$("#addNote").click(function(){
  var celeb = prompt("Celeb's name"),
      note = prompt("Note contents");
  if(celeb && note) {
    insertNote(celeb, note);
  }
});
```

이제 마지막으로 데이터베이스에 데이터를 추가하는 단계가 남았다. 이 또한 앞의 두 가지 데이터베이스에 대한 호출과 비슷한 코드 모양을 하고 있지만, 이번에는 배열을 통하여 celeb과 note 변수를 매개 변수로 전달해야 하는 것이 차이점이다. 쿼리 문자열을 만들 때에는 문자열과 매개 변수를 분리하는 것이 좋은데, 이렇게 해야 브라우저를 통해서 나타날 수 있는, 악의적인 스크립트나 사용자가 쿼리를 잘못된 방향으로 실행시키거나 시스템을 망가뜨리기 위한 목적으로 시도하는 SQL Injection 공격을 사전에 예방할 수 있기 때문이다.

Javascripts/ch6/11-websql.js (인용)
```
function insertNote(celeb, note) {
  db.transaction(function(t) {
```

```
    var sql = "INSERT INTO notes (celeb, note) VALUES (?, ?)";
    t.executeSql(sql, [celeb, note], function(){
      alert('Saved!');
    });
  });
}
```

이제 페이지를 새로 고치면, 새로운 노트가 저장될 것이다. 물론, 이는 우리가 만들 노트 기능의 뼈대에 지나지 않는다. 하지만 완전한 기능을 수행하는 SQL 데이터베이스를 여러분이 마음껏 쓸 수 있다는 사실을 봤으므로 여러분이 모바일 앱의 잠재적 가능성을 크게 넓혀 데스크톱과 경쟁할 수도 있다는 사실을 확인했다는 것은 큰 의미가 있다.

모든 것을 한데 묶기

이제 우리가 상상할 수 있는 다양한 앱들이 흔히 사용하는 모든 종류의 기본 재료들을 가져왔다. 페이지를 보여주면서 전환 효과를 낼 수도 있고, Ajax를 사용하여 비동기적으로 데이터를 가져올 수도 있으며, 데이터베이스에 데이터를 저장하고 불러올 수 있다. 이러한 능력과 기능들은 점차 개선되고 확장되면서 우리의 코드를 유지보수하기 힘든 스파게티 식의 어지러운 코드로부터 벗어나게 해줄 수 있을 것처럼 보인다. 이러한 싸움에 대응하기 위하여, 우리는 우리 나름대로의 추상화를 통하여 우리의 코드를 논리적인 컴포넌트들로 분할하고, 각자의 종속성을 최소화 하려고 한다. 이번 섹션에서는 이것을 가능하게 하는 몇 가지 기법들을 살펴보고, 이런 일을 더 쉽게 할 수 있도록 도와주는 서드파티 프레임워크들에 대해서도 살펴보려고 한다.

모듈

이 책에서 열거된 수 많은 예제들은 대개 위젯의 상태를 관리하거나, 상호 작용 상태를 관리하기 위한 목적으로 전역 변수를 많이 활용하고 있다. 이렇게 함으로써 코드를 이해하기 쉬운 형태로 만들 수는 있지만, 실전에서는 이 방식을 사용할 경우 전역 변수들 사이에 이름이 겹치게 될 확률이 기하급수적으로 증가하여 의도하지 않은 동작을 유발하거나 버그를 만들어낼 가능성이 높아지게 된다. 이런 식의 초보적인 코드를 만들어내거나, 우리가 만든 코드가 초보적이라는 평가를 받는 것은 아무도 원치 않을 것이다.

이제 우리는 응용프로그램 아키텍처라는 영역으로 이동해서, 자바스크립트의 유연성 덕택에 누릴 수 있는 여러 가지 혜택들을 살펴보려 한다. 가령, 전역 범위 상의 모든 내용들을 덤프(dump)하거나, 전지적 시점에서 무언가를 만들거나, 여러분이 작품을 만들기 위해서 필요한 완벽한 프레임워크를 제작하는 등의 일을 할 수 있다. 그리고 물론 이러한 일들을 해주는 서드파티 프로젝트들이 있으므로 여러분의 앱이 가지는 응용프로그램 아키텍처가 좀 더 포괄적인 위치를 가질 수 있게 할 수 있는데 이는 다음 섹션에서 좀 더 자세히 살펴볼 것이다.

하지만 우리 앱의 경우, 자바스크립트 객체 리터럴(literal)을 통해서 전역이 아닌 이름 공간을 별도로 만들거나 변수를 캡슐화하는[역주1] 등의 작업에 대한 단순한 접근법을 살펴볼 것이다. 전역 네임스페이스 상에 상태 변수들을 띄워놓지 않는 대신, 객체 안에 모든 내용들을 포함하고자 한다.

Javascripts/ch6/12-modules.js (인용)

```
var startrackr = {
  init: function(){
    alert("Ready for action");
  }
};
```

이제 하나의 컨테이너 안에서 우리 앱의 기능에 관련된 모든 내용들을 담을 수 있게 되었다. 이는 하나의 작은 컨트롤러가 되기도 하는데, 이 컨트롤러를 통하여 앱의 상태를 정확하게 추적할 수도 있고, 앱에서 전환 효과를 그리며 나타내어야 할 페이지를 직접 지정할 수도 있다.

페이지들 그 자체는 모두 객체로 취급할 수 있다. 각각의 페이지들은 적어도 두 가지 이상의 메소드를 포함할 수 있는데 바로 init()과 load() 메소드다. Init() 함수는 응용프로그램이 시작될 때 같이 호출되며, 이벤트 처리기를 처음 바인딩 하거나 각종 변수 값들의 초기값 설정을 담당하는 역할을 수행한다. 그리고 load() 함수를 통해서 페

[역주1] 객체 지향의 한 개념으로, 변수의 상태를 직접 제어하도록 내버려두지 않고 객체 안의 함수들을 이용하여 변수들의 상태를 논리적으로 일관성 있게 관리할 수 있도록 보호하는 프로그래밍 방식 중 하나.

이지에 보여줄 데이터를 가져오고 화면에 출력하는 역할을 수행한다.

Javascripts/ch6/12-module.js (안동)
```javascript
var spots = {
  init: function(){
     // DOM 이벤트 바인딩을 수행한다.
  },
  load: function(){
     // 데이터를 불러오거나 페이지를 화면에 표시할 때 필요한 로직을 수행한다.
  }
};

// 또 다른 페이지
var spot = {
  init: function(){},
  load: function(){}
};
```

우리의 startrackr 객체는 이제 페이지를 제어할 수 있는 기능을 제공한다. 각 페이지들의 객체에 대해서 우리가 직접 상태를 초기화 하고 그 중 첫 번째로 나타낼 페이지를 선택하도록 직접 지시할 것이다. Startrackr.init() 메소드를 이용해서 각 페이지들을 내부 목록에 추가하고, 이전에 봤던 것과 같은 트릭을 이용하여 init() 메소드가 호출된 적이 있는지를 검사하고 필요할 때 init() 메소드를 호출하여 초기화 하는 작업을 하게 할 것이다.

loadPage() 함수는 다음에 올 페이지에 대해서 load() 메소드를 호출하는 역할만을 한다. 이 메소드를 컨트롤러 객체에 넣어서 나중에 페이지 탐색 이력 추적이나 다른 기능을 구현할 때 더 쉽게 구현하고 활용할 수 있도록 할 것이다.

Javascripts/ch6/12-module.js (안동)
```javascript
var startrackr = {
  pages: [],
  init: function(){
    $.each(this.pages, function(){
      this.init && this.init();
    });

    if(this.pages.length){
```

```
      this.pages[0].load();
    }
  },
  addPage: function(page) {
    this.pages.push(page);
  },
  loadPage: function(page, data) {
    page.load(data);
  }
};
```

Startrackr 컨트롤러는 또한 우리가 추적하기 원하는 페이지를 추가하기 위한 기능도 제공한다. 이 기능을 사용하여 이전에 만든 Spot가 spots 페이지를 추가할 것이다.

Javascripts/ch6/12-module.js (인용)

```
startrackr.addPage(spots);
startrackr.addPage(spot);
```

마지막으로, 지금까지 한 작업들이 실제로 실행되도록 만들기 위하여, DOM 객체가 준비되면 메인 객체의 init() 메소드를 호출할 것이다. 이렇게 하면, 우리가 추가한 페이지들을 각각 탐색하면서 각 페이지마다 존재하는 init() 메소드를 호출하고, 첫 번째로 보여줄 페이지를 화면 상에 먼저 나타낼 것이다.

Javascripts/ch6/12-module.js (인용)

```
$(document).ready(function() {
  startrackr.init();
});
```

지금까지는 구조를 만들었지만 아직 실제 기능이 들어있지 않다. 이제 실제로 페이지가 제 기능을 할 수 있도록 구성하려고 한다. 각 페이지의 init() 메소드 안에서 몇몇 UI 요소들에 대해 이벤트 바인딩을 추가하고, load() 메소드 안에서 Ajax를 사용하여 비동기적으로 데이터를 가져오는 작업을 추가할 것이다.

Javascripts/ch6/12-module.js (인용)

```javascript
var spots = {
  init: function(){
    // 이벤트 처리기를 추가한다.
    $("#spots li a").live("click", function(e){
      e.preventDefault();
      spot.load($(e.target).attr("data-id"));
    });
  },
  load: function(){
    showSpinner();
    $.ajax({
      url: "/spots/",
      complete: function(){
        hideSpinner();
        transition("#spots", "fade");
      }
    });
  }
};
```

Spot 페이지에 대해서도 비슷한 설정을 할 것이다. 거의 비슷하지만, 여기서는 뒤로 가기 버튼에 대해서도 전환 효과를 재생하도록 만드는 것이 차이점이다.

Javascripts/ch6/12-module.js (인용)

```javascript
var spot = {
  init: function() {
    $("#spot-back").click(function(){
      transition("#spots", "push", true);
    })
  },
  load: function(id) {
    $.ajax({
      url: "/spot/" + id,
      complete: function(){
        // 제목을 설정한다.
        $("#spot .page-header h1").text(id);
        transition("#spot", "push");
      }
    });
  }
};
```

지금 나온 코드들은 이해를 돕기 위한 예제이며, 5장에서 만들었던 탐색 이력 관리 기능을 여러분이 원하는 대로 따로 여기에 구현해야 한다. 만약 그렇게 하고자 한다면, `transition()` 함수 안의 탐색 이력 관리에 대한 기능을 컨트롤러 객체 상의 메소드로 따로 빼내어야 한다.

이와 같이 페이지를 포함하는 컨트롤러 모델 자체는 매우 단순하지만, 차이점은 여러분의 앱이 좀 더 획기적인 확장성을 지니게 된다는 것이다. 각 페이지는 이제 독립적으로 동작하며, 내용을 자체적으로 관리하므로, 이전보다 더 유지보수하고 확장하기가 쉬워지게 될 것이다.

커스텀 이벤트

여러분이 만드는 응용프로그램에서 구성 요소들 사이의 결합도를 낮추거나 각각의 격리된 응용프로그램 엔터티들 사이를 이어주기 위한 방법으로 자주 사용되는 기법이 바로 이벤트를 통하여 프로그래밍 하는 것이다. 클릭, 페이지 로드, 위치 변동과 같은 상황별 이벤트 프로그래밍을 하는 데 있어서 우리 모두는 아주 능숙하고 앞으로도 그럴 것이다. 지금까지, 우리는 주어지는 이벤트만을 처리하는 것을 선호했지만, 좀 더 많은 일을 할 수도 있는데, 우리만의 고유한 이벤트를 만들어 우리 앱에서 이러한 이벤트를 직접 일으키는 것이다.

여러분만의 고유한 커스텀 이벤트를 만들면, 상호 간에 많은 정보를 알 수 없는 대상에 대해서 결합도를 줄일 수 있다. 예를 들어, 가령 우리 앱에서 사용할 공용 헤더 구성 요소가 있다고 가정해보자. 이 컴포넌트는 페이지에 변경이 있을 때마다 바뀌어야 한다. 페이지에 변경이 일어나면, 헤더의 제목을 새로운 텍스트로 바꾸어야 하는 기능을 넣어야 한다. 그리고 같은 맥락에서, 페이지가 변경되면 전환 효과도 같이 다루기를 원한다.

이러한 모든 기능을 하나로 모을 수 있다. 그러나 만약 페이지가 변경될 때 많은 일들이 일어난다면, 이러한 작업들의 목록을 하나의 함수 호출로 묶어 매번 호출이 일어날 때마다 관리를 해야 한다. 대신, 만약 우리만의 `page-change` 이벤트를 만들어서 페이지가 변경되었다는 사실을 알아야 할 필요가 있는 다른 모든 파트에서 활용 가능하도록, 즉, 우리가 이전에 사용했던 이벤트와 같은 형태로 만든다면 어떨까? 이러한 종류의 시스템은 **발행/구독** 모델 패턴으로 잘 알려져 있다.

우리만의 `page-change` 이벤트를 발생하기 위해서, jQuery의 `trigger()` 메소드를 사용할 것이다. 이 이벤트는 우리가 Ajax 호출을 할 때마다 콜백을 통하여 발행될 것이며, 이벤트 호출 뒤에는 페이지를 위하여 필요한 데이터를 요청하게 된다.

Javascripts/ch6/13-custom-event.js (인용)
```
$(document).trigger("page-change", {
  $el: $("#spot"),
  name: "Spot " + id,
  transition: "push"
});
```

이 이벤트는 document 객체 위에서 호출되며, 이벤트 이름과 함께 이벤트 처리기에 전달하고자 하는 임의의 이벤트 관련 데이터가 포함된 데이터 객체를 전달받게 된다.

발행된 이벤트를 구독하기 위해서, 우리가 이미 다른 이벤트의 구독을 위하여 사용해봤던 적이 있는 친숙한 bind() 메소드를 사용할 것이다. 이벤트를 발행한 곳으로부터 넘겨받은 데이터는 이벤트 처리기 콜백 메소드 안에서 두 번째 매개 변수로 사용 가능할 것이다.

Javascripts/ch6/13-custom-events.js (인용)
```
$(document).bind("page-change", function(e, data){
  data.$el
    .find(".page-header")
    .text(data.name);
});
```

여기서, page-change 이벤트를 구독하도록 만들었으며, 그리고 페이지의 제목을 정확한 값으로 설정하게 된다.

우리 코드의 또 다른 파트는 페이지 전환에 관한 역할을 수행해야 하는 부분을 담당하고 있다. 지금 추가한 이벤트 처리기는 순수하게 페이지의 제목을 설정하는 역할을 하지만 별도로 분리된 또 다른 이벤트 처리기로 이 기능을 분리하고자 한다.

Javascripts/ch6/13-custom-event.js (인용)
```
$(document).bind("page-change", function(e, data){
  transition(data.$el, data.transition);
});
```

발행-구독 모델의 가장 큰 이점은 우리가 만든 컴포넌트들의 결합 정도를 낮추는 것에 있는데, 전환 효과 관련 모듈들은 템플릿 모듈에 대해서 알고 있지도 않고 자신의 기능을 수행하는 데 그다지 관련이 없기 때문에 고려할 것이 없으며, 서로 독립적으로 반응할 수 있다. 효율적인 모듈 분할 기법을 접목해서 더욱 잘 설계된 이벤트 시스템을 통하여 더욱 크고, 복잡한 자바스크립트 응용프로그램을 그 어느 때보다도 단순하게 만들고 유지보수와 수정이 용이하게 만들 수 있다.

다른 프레임워크들

복잡하고 거대한 자바스크립트 앱을 관리하거나 유지보수 하는 개발자들이 많고, 모바일 앱에 적용 가능한 솔루션들 역시 매우 많다. 우리는 이미 Sencha나 jQuery Mobile과 같은 모노리딕(monolithic) 프레임워크의 장단점을 논의했던 바 있지만, 좀 더 작은 단위의 하나의 일만을 전문적으로 해내는 자체적인 프레임워크들에 대해서도 이야기를 했던 적이 있다.

이러한 프레임워크들이 여러분의 앱의 구조를 잡는 데 도움을 주지 못하리라는 이야기는 결코 아니다. Sencha Touch를 사용한다면, MVC 프레임워크를 내장하고 있기 때문에 이에 대한 이점을 충분히 누릴 수 있다. 하지만, 몇몇 작은 라이브러리들을 채택함으로써 여러분의 코딩 스타일을 유지하면서도, 앱의 뼈대를 잡는 데 도움을 더할 수 있다.

Sammy.js[9] 프레임워크는 URL을 해시 값으로 사용하여 소규모 라우팅 기능과 이벤트 프레임워크 기능을 제공하는 프레임워크로, 특정 URL에 대한 요청을 보내면 정확한 코드로 실행 경로를 돌린다. 아래의 예제에서, URL로 지정한 '#/stars'는 여러분의 Stars 페이지를 불러올 것이다. 이러한 방법으로 모든 내비게이션을 정규화된 URL로 통일할 수 있다.

```
Sammy("#page-stars", function() {
  // URL "#/stars" 에 의하여 트리거 된다.
  this.get("#/stars", function() {
    this.$element() // #page-stars 페이지 요소를 선택한다.
        .html("The stars!");
  });
}).run();
```

---

[9] http://sammyjs.org/

만약 Sammy.js 만으로 충분하지 않다면 Backbone Project를[10] 검토해볼 수도 있다. Backbone Project는 여러분의 앱을 모델과 모델들의 컬렉션, 그리고 뷰로 정리하는 방법을 제공한다. UI와 모델 사이의 상호 간의 데이터 변경이 용이하며, 서버로 데이터 관련 변경 사항을 보낼 때에는 Ajax 방식으로 통신한다.

Backbone은 또한 모든 이벤트에 대해서 바인딩 할 수 있는 이벤트 시스템을 포함하는데, 우리가 이전에 만들었던 커스텀 이벤트 시스템과 유사하다. 그리고 Sammy.js와 같이 URL을 검토하여 적절한 코드로 라우팅을 해주기도 한다.

여러분의 앱을 구조화하기 위한 방법에는 여러 가지 길이 있을 수 있다는 것을 항상 염두에 두고, 적절한 추상화와 캡슐화를 적용하면 여러분의 코딩 스타일과 기호를 유지하면서도 훌륭한 앱을 만들 수 있다.

결론

HTML5의 데이터 저장에 관련된 몇 가지 강력한 API들을 사용하여 클라이언트 장치 상에 데이터를 저장하고, 몇 가지 커스텀 사용자 인터페이스 구성 요소와 모듈화, 그리고 이벤트 기반 앱 아키텍처들을 짧은 시간 동안 모두 살펴보았다. 아마 진정한 의미에서의 클라이언트 기반 앱을 지금까지 다루던 모바일 웹 사이트나 모바일 웹 기반 앱 대신 만들고 싶은 느낌을 강하게 받게 될 것이며, 지금껏 살펴본 내용이 사실 완전한 클라이언트 앱 개발에 대한 내용이었다. 몇몇 플랫폼에서만 한정되는 내용이지만 오프라인에서도 잘 작동하면서도 브라우저 프레임이 없는 전체 화면 기반의 앱을 이미 가지고 있으며, 하드웨어 기능의 이점을 누리면서 데이터를 로컬에 저장하거나 서버로 비동기적으로 송신할 수 있는 기능도 만들어 보았다.

대다수의 개발자들에게 있어서 이 정도면 충분한 기능이며 사용자들이나 고객들 역시 마찬가지이다. 그러나 아직 네이티브 앱만의 고유한 성지라고 불리는 앱 마켓플레이스에는 한 발자국도 들여놓지 못하였으며, 카메라나 연락처 목록 다루기와 같은 기능 또한 지금은 사용할 수 없다. 이 책의 나머지 부분에서는, 우리가 만드는 웹 앱이 택할 수 있는 가장 최상의 방법을 실현할 수 있도록 도와주는 멋지고 새로운 방벽을 살펴볼 것

---

[10] http://documentcloud.github.com/backbone/

이며, 네이티브 앱의 세계에 최소한의 노력을 가지고 우리가 진출할 수 있는 방안을 찾아보고자 한다.

Chapter 7

PhoneGap 소개

지금 책을 통하여 만들어가는 과정을 소개하고 있는 StarTrackr 모바일 앱의 진척률에 고객은 매우 감동하고 있지만, 최근에 추가적인 요구 사항을 하나 더 들고 왔다. 최근 어떤 블로그 글을 통하여 모바일 앱을 획기적인 방법으로 판매할 수 있고 이를 통해 더 많은 수입을 얻을 수 있다는 사실을 알게 된 것이다. 사실, 웹 앱으로서, 지금껏 우리가 만들어왔듯이 웹 상에 배포하거나 웹을 통하여 접근하기는 쉬웠지만, 사실 다른 한편으로 문제가 되는 점은 이를 접근하는 사용자들에게 이용 요금을 부과할만한 방법이 딱히 없다는 것이다.

만약 정말 연예인들의 사생활을 밀접하게 쫓아다니는 스토커들이나, 거리에서 본 연예인들의 사진을 즉시 촬영해서 우리 웹 사이트에 올리고자 하는 광적인 **팬들**까지도 사용자로 확보하고 싶다는 제안을 했다. 지금까지, 우리는 이러한 기능이 기본적인 기능이 아니고 지금 현 시점에서 사용할 수 있는 모바일 브라우저의 기능이 아니라는 점을 설명하며 고객들을 달래왔었다.

불가능할까?

사실, 꼭 그런 것만도 아니다. 안드로이드 3.0이 W3C의 미디어 캡처 API를[1] 모바일 브라우저들 가운데서 가장 최초로 구현한 플랫폼으로, 장치의 카메라로부터 이미지나 비디오를 촬영하거나, 장치의 마이크로 폰으로부터 오디오를 녹음할 수 있다. 그러나 이 책이 집필중인 현 시점에서 허니컴 버전은 아직 대중적이지 않다.[역주1]

카메라, 파일 시스템, 연락처 목록과 같은 장치의 자원이나 기능들에 진짜로 접근할 수 있게 하고, 또한 우리 앱이 각 장치들이 제공하는 앱 마켓플레이스 상에서 판매될 수 있게 하기 위해서, 결론은 네이티브 앱으로 이행해야만 하지 않느냐는 생각을 가지게 된다. 고객 역시도 그들의 앱을 가능한 많은 스마트폰 장치들에 걸쳐서 사용할 수 있는 형태로 배포하기를 원하며, 사실 이 때문에 우리는 네이티브 앱보다는 웹 앱을 통하여 이러한 과제를 해결하려고 하였다. 그러나 이제, 모바일 웹 앱의 또 다른, 흥미로운 문제에 봉착하게 되는데, 네이티브 앱을 만들기 위해서 우리가 얼마나 많은 수의 낯선 프로그래밍 언어들과 어떻게 씨름해야만 하는 것일지, 그리고 이런 문제를 차치해두더라도 이 프로젝트를 진행하기 위한 예산 안에서 이러한 일들을 수행할 수 있는지가 문제가 되므로, 우리가 현실적으로 이러한 앱들을 지정된 기한 내에 모두 다룰 수 있는지를 따져볼 필요가 있다.

네이티브 앱에 웹 페이지를 끼워넣기

우리의 앱을 네이티브 앱처럼 보이게 만드는 방법은 여러 가지가 있을 수 있다. 가장 분명하고 확실한 해결 방안은 각각의 플랫폼들이 사용하는 각자의 언어어 맞추어 앱을 다시 작성하는 것이다. 이렇게 하려면 매번 새로운 프로그래밍 언어들을 익혀야 한다는 것을 알고 있지만, 또한 여러 버전의 앱에 대해 버전 관리를 하고 테스트를 진행해야 한다는 전제도 따르게 된다. 뿐만 아니라, 각각의 플랫폼들에 대해서 새토운 기능을 추가하거나 버그를 수정하는 작업을 각각의 버전들에 대해서 여러 차례 시도해야만 한다.

---

[1] http://www.w3.org/TR/2010/WD-media-capture-api-20100928/

[역주1] 이 책이 번역 출간된 현 시점에서, 안드로이드에 대응되는 전용 웹 앱을 만들 계획이 있는 개발자들이라면 검토해볼 수 있는 또 다른 옵션이 될 것이다.

다행스럽게도 더 나은 방법이 있다. 거의 모든 주류 스마트폰 플랫폼들, 그러니까 iOS, 안드로이드, 블랙베리 그리고 webOS와 같은 플랫폼들은 네이티브 앱에 HTML 뷰를 추가하는 기술을 지원하고 있다. 이것이 뜻하는 의미는 네이티브 앱 개발자가 그들이 만든 앱 위에 웹 페이지를 추가할 수 있으며, 예를 들어 로그인 폼이나 네이티브 환경에 맞추어 다시 구현할 필요가 없는 기존 웹 사이트의 특정 파트를 활용하는 용도로 사용할 수 있다.

이를 통해 매우 흥미로운 가능성을 얻게 되는데, 만약 우리의 기존 웹 앱을 '웹 뷰' 컴포넌트의 형태로서 네이티브 앱에 추가할 수 있다면 어떨지에 대한 것이다. 여기서 말하는 웹 뷰라는 것에 대한 정확한 이름은 플랫폼들마다 각기 다른데, 안드로이드의 경우 WebView라고 부르고 있으며, iOS에서는 UIWebView라고 이야기하며, 블랙베리에서는 BrowserField라고 부른다. 이들 모두를 한번에 지칭하는 말로 웹 뷰 혹은 임베디드 브라우저로 일반화 하여 말하려고 한다.

웹 뷰 컴포넌트의 형태로서 네이티브 앱에 추가 한다 해도 사실 여전히 우리가 만드는 HTML 페이지를 보이게 하기 위해서 각 플랫폼에 맞춘 네이티브 앱에 대한 코드를 작성해야 한다는 사실에는 변함이 없겠지만, 모든 핵심적인 앱의 로직들이 자바스크립트를 통하여 크로스플랫폼으로 지원되면서도 이미 상당 부분이 기존의 코드를 사용하도록 맞추어진 것들이다.

당연하게도, 여전히 우리가 웹 **앱만으로는** 접근할 수 없는 하드웨어 장치 연동에 관련된 기능들에 대해서는 역시 각각의 네이티브 코드를 좀 더 작성해야만 하며, 모바일 브라우저들이 앞에서 논의 했던 것처럼 장치 내의 파일이나 연락처 정보를 직접 가져오는 것을 허용하지 않는다는 사실을 기억해야 한다. 그래서 이를 중계할 수 있는 일종의 브리지를 새로 만들어야 할 필요가 생긴 것이다.

 브리지로 어려운 문제 풀기

'브리지(bridge)'는 하나의 언어로 작성된 메소드를 이용하여 또 다른 언어에서 사용할 수 있도록 기능 집합을 열어주는 방법론이다. 예를 들어, 만약 PHP에서 ImageMagick과 같은 라이브러리를 이용해봤다면, 여러분은 C/C++로 작성된 ImageMagick 라이브러리를 PHP에서 사용할 수 있도록 확장된 브리지를 통하여 기능을 활용하고 있는 것이다. 개발자 관점으로 보면 겉보기에 ImageMagick 라이브러리 자체는 여타 PHP 라이브러리들과 큰 차이가 없는 것처럼 보일 것이다. 그러나 내부적으로는 여러분이 호출하는 각 함수들이 내부적으로 ImageMagick 라이브러리의 핵심에 위치한 C 코드를 호출하고 있는 것이고, 그 결과값을 PHP 변수의 형태로 바꾸어 받게 되는 것이다.

우리가 원하는 브리지는 앞서 말했던 기능들을 자바스크립트 API의 형태로 넘겨 받는 것으로, 각각의 서로 다른 플랫폼들이 제공하는 네이티브의 기능들을 하나로 묶어주게 된다.

그리고 이러한 브리지들을 우리 스스로 작성하는 일도 피하고자 한다. 언뜻 보기에도 일이 많을것처럼 보이기 때문이다.

이런 복잡하고 어려운 일을 해결해줄 우리의 새 친구, 'PhoneGap'을 소개한다.

PhoneGap

PhoneGap은 우리가 필요로 하는 기능을 정확히 구현하고 있는 오픈 소스 프로젝트로서, 몇 가지 유용한 확장 기능들도 가지고 있다. PhoneGap은 카메라, GPS 그리고 가속 센서와 같은 하드웨어와의 연동을 중계하는 자바스크립트 브리지 API를 제공한다. 그리고 iOS, 안드로이드, 블랙베리, webOS를 지원하며, 머지 않은 시일 내에 Windows Phone 7 이외에 시장에 새롭게 등장할 다양한 종류의 스마트폰들까지 지원 대상을 확대해 나가게 될 것이다.

우리의 기존 웹 앱을 PhoneGap으로 포장하고, 몇 가지의 트윅을 적용하기만 하면, StarTrackr 모바일 웹 사이트를 별도의 추가적인 언어에 대한 학습이나 복잡하고 까다로운 코드의 작성 없이도 손쉽게 멋들어진 네이티브 앱으로 바꿀 수 있다. 마치 이미 게임에서 승리한 것과 같은 기분이다.

 PhoneGap의 기능들

PhoneGap은 장치의 주요 기능들을 대부분의 주류 장치들에 대해서 지원하고 있지만, 이른바 이들 사이에 존재하는 '갭'이 영향을 줄 수 있다. http://www.phonegap.com/features/ 페이지에 가서 PhoneGap의 최신 버전이 제공하는 기능 제공 표를 확인하고, 여러분이 목표로 하는 플랫폼에 대해서 PhoneGap이 해당 기능을 제공하는지 확인하는 것이 좋다.

PhoneGap은 정말 획기적으로 사용하기 쉽다. 우선, 다음 섹션에서도 살펴볼 예정이지단 여러분이 목표로 하는 플랫폼들에서 네이티브 앱을 개발하기 위하여 필요한 각종 개발 환경을 설치해야 한다. 그리고 각각의 플랫폼들에 대해서 새로운 앱을 만든 다음, 프로젝트 내의 특정한 폴더에 여러분의 HTML, CSS 그리고 자바스크립트 코드들을 넣는다. PhoneGap은 이렇게 만들어진 파일들을 파일 시스템으로부터 로드 하여 내장된 브라우저에 표시하게 된다.

이론상으로는, 그저 임베디드 브라우저가 웹 상의 모바일 사이트를 가리키도록 하는 것과 비슷하게 보이지만, 사실 이는 여러 가지 이유에서 별로 좋은 생각이 아니다. 무엇보다도 우선, 네트워크에 장애가 발생하면 앱의 기능 전체가 작동하지 않게 될 가능성이 크다. 하지만 이렇게 함으로써 6장에서와 같은 오프라인 기능을 이미 자체적으로 구현하게 된다. 그런데 아마도 여러분은 더 나아가서 네트워크 상의 데이터를 중심으로 움직이는 StarTrackr와 같은 앱이 오프라인에서도 움직이도록 만드는 것은 어떤 형태로든 가능하지 않겠냐고 말할 수 있다. 틀린 말은 아니지만, 네트워크보다 장치 내부에서 페이지를 로드 하도록 만들게 된다면 사용자가 빈 페이지를 보게 될 확률을 없애고 최소한 앱의 기본 껍데기는 보여질 수 있도록 배려할 수 있다.

오프라인에서의 기능 때문이 아니더라도, 여러분이 만든 HTML 파일을 로컬에서 로드 하도록 해야 할 또 다른 이유가 있다. 일부 앱 마켓 플레이스들은 본격적으로 마켓플레이스 상에 여러분이 판매할 앱을 등재하기 전에 승인 절차를 거치게 되는데, 이 과정에서 앱 자체가 스스로 업데이트를 하는 것을 허용하지 않는다. 이로 인해서 승인 절차를 거치지 않고 앱을 업데이트할 수 있게 되기 때문이다. 만약 원격 웹 사이트로부터 앱의 모든 콘텐츠를 로딩하도록 만들었다면, 여러분은 이러한 동작을 통해 앱을 업데이트할 수 있게 될 것이며, 이러한 사실 때문에 앱의 마켓플레이스 등재가 거절될 것이다.

고려 사항

훌륭한 솔루션처럼 보인다. 하지만 PhoneGap의 몇 가지 잠재적인 단점을 고려하지 않으면 안 되며, 이러한 단점을 수용하기 위하여 기억해 두어야 할 고려 사항들도 있다.

콜백에 친숙해질 것

우리가 앞서 이야기한대로 PhoneGap은 네이티브 앱만이 접근 가능한 장치의 기능들을 자바스크립트 API로 제공하는 브리지라고 하였는데, 단일 스레드 모드로 실행되는 브라우저 상의 자바스크립트 엔진과 네이티브 장치 하드웨어 사이를 연동하는 것은 꽤 까다로운 작업이다. 스크립트의 실행이 얼어버리는 것을 예방하기 위하여, PhoneGap API는 네이티브 호출에 대한 결과 반환을 모두 콜백으로 관리한다.

웹 개발자들은 Ajax 호출에서 주로 사용되는 이러한 형태의 콜백을 사용하는 데 매우 친숙해져 있지만, 파일의 존재 여부를 확인하는 작업과 같이 단순한 기능들에 대해서도 이렇게 콜백을 사용하는 것은 프로그래밍 난이도를 올리는 요인이 될 수 있다. 보통은 아래와 같은 방식으로 코드를 만들 것이다.

```
if(File.exists('/tmp/filename.txt')) {
  // 코드를 추가한다.
}
```

그러나 PhoneGap에서는 전혀 다르게 다루어야 한다. 장치의 호출에 대한 모든 동작을 Ajax에 대한 호출을 다루던 것과 마찬가지로 아래와 같이 바꾸어야 한다.

```
navigator.fileMgr.testFileExists('/tmp/filename.txt', function exists) {
  if(exists) {
     // 코드를 추가한다.
  }
});
```

여러분의 배경 지식에 따라, 그 중에서도 여러분이 서버 사이드 프로그래밍으로부터 출발해 왔다면, 이러한 방식에 적응할 수 있도록 노력해야 할 것이다.

디버깅의 어려움

웹 환경에서는 Firebug가 있었다. 그리고 네이티브 앱 개발자들은 각 환경에 맞게 잘 설계된 단계별 진행이 가능한 디버거와 조사 도구가 있다. 그러나 PhoneGap은 디버깅에 관한 기능이 전무하다. 그저 믿을 수 있는 것은 debug.log() 메소드를 이용하여 메시지를 남길 수 있는 기능과 간단한 콘솔이 전부이다. 컴파일 하고 시뮬레이트 나 실제 장치 안에서 다시 로드하고, 변경된 사항을 테스트 하기 위해서는 시간이 필요하다. 그리고 변경하고 새로 고치는 테스트 주기는 웹에서 작업하던 것에 비하여 매우 느리기 때문에,

코드를 변경하고 테스트 하는 방법에 있어서 더 효율적이고 지능적인 방법을 고려해야 한다.

보통은 파이어폭스와 파이어버그를 사용하여 첫 시작을 끊는 것이 좋은 방법이고, 이를 통하여 가능한 비즈니스 로직을 모두 구현하는 것이 좋다. 그 다음, 웹킷 기반 데스크톱 브라우저로 작업 환경을 전환하고, 마지막으로는 모바일 브라우저로 이동하여, 난잡하고 정신없는 CSS3 속성과 애니메이션들에 대한 디버깅을 할 수 있다.

마지막으로, 테스트를 할 준비가 다 되면, PhoneGap 안으로 로딩 하여 여기서 테스트를 해야 한다. 안타깝게도, 여러분이 PhoneGap이 제공하는 API를 사용할 경우 데스크톱과 모바일 브라우저들이 이러한 기능을 지원하지 않기 때문에 여기에 종속될 수밖에 없다. 그런 이유로, 시작할 때부터 가능하면 PhoneGap과의 테스트를 병행할 필요가 있다.

언캐니 밸리

로봇 공학에서, 연구자들은 언캐니 밸리 현상에 대해서 자주 이야기를 하는데, 언캐니 밸리는 2장에서 이미 논의한 바 있는 모바일 웹에서도 적용 가능한 주제의 이야기이다. 이 현상은, 로봇이 점점 사람을 닮아갈 경우, 어떤 기준점까지는 사람들에게 매우 친숙하게 느껴진다는 것이다. 그러다가 이 기준점을 넘어서서 로봇이 거의 사람의 형태에 가까워지는 어느 순간, 사람들은 좋은 감정 대신 강한 거부 반응을 느끼기 시작하게 된다는 것이 이 현상에서 말하는 내용이다.

브라우저를 랩핑하는 앱을 대할 때에도 여러분은 비슷한 느낌을 받을 수 있다. CSS로 개발자들이 네이티브 위젯을 흉내 내려고 하면, 이런 모습이 사용자들이 눈치챘을 때에는 전혀 온당하게 보이지 않는다. 가장 완벽한 예로, iOS나 안드로이드 장치의 스크롤 바를 흉내 내는 경우를 들 수 있다. iScroll과 같은 라이브러리는 네이티브 스크롤 바를 흉내 내는 것에 관해서는 매우 이상적인 모습을 보여주지만, 이는 결코 네이티브 스크롤 바 구성 요소가 아니다.

이러한 현상을 피하기 위해서는 네이티브 위젯을 흉내 내려고 하는 시도를 하지 말고, 되도록 간결한 모양을 가지는 여러분만의 UI를 만드는 것이 좋다. 그럼에도 불구하고, 조심해야 할 것이 있는데, 수많은 네이티브 위젯들의 UI 패러다임은 각자 나름의 이유를 가지고 그 존재 가치를 대변하고 있기 때문이다.

앱 마켓플레이스의 복잡성

무언가 웹을 통하여 배포하는 것은 매우 손쉽다. 서버에 무언가 업로드를 하고 나면, 곧바로 사용할 수 있기 때문이다. 앱 마켓플레이스에서 앱을 배포하는 것은 이보다 좀 더 복잡한데, 여러분이 목표로 하는 마켓플레이스에서 앱을 배포하기 위하여 테스트 과정을 거쳐야 하는 경우 특별히 더 그렇다.

무엇보다도 우선, 여러분은 개발자 라이선스를 취득해야 하는데 실제로 돈이 드는 부분이다. 플랫폼에 따라, 그리고 연간 갱신 방식을 채택하는지 아닌지에 따라 여기에 드는 비용은 저렴할 수도 있고 비쌀 수도 있다. 다음으로, 여러분이 배포하는 코드는 반드시 서명된 코드여야 하는데, 이를 위해서 인증서와 키 체인 그리고 프로비져닝 프로필 등의 복잡한 보안 정보들을 다루어야만 한다.

그 다음, 앱이 한 번 올려지고 나면, 앱의 승인 여부가 나올 때까지 게임이나 하면서 노닥거리며 기다려야만 한다. 만약 후자의 경우라면, 다시 마음을 가다듬고 재도전을 해야 한다. 이러한 승인 프로세스는 만약 여러분이 긴급하게 수정해야 할 큰 버그가 있을 경우 여러분에게 재앙을 가져다줄 수도 있는데, 왜냐하면 업데이트 절차 역시 승인이 필요하기 때문이다.

대안

지금 이야기한 방법 말고도, 그리고 자바, C++, Objective-C와 같은 새로운 프로그래밍 언어를 배우는 일 없이 크로스 플랫폼을 지원하는 네이티브 앱을 만드는 또 다른 방법을 이야기해보는 것도 의미가 있다. 이러한 방법들에 대한 상세한 사항들을 살펴보는 일 없이, 자바스크립트, HTML, CSS를 기반으로 할 수 있는 일반적인 웹 프로그래밍의 이점을 누리면서도, 웹 뷰로는 얻을 수 없는 수많은 기능을 가져갈 수 있다.

이러한 시스템 중에 하나는 Titanium이[2] 있는데, 네이티브 함수들을 자바스크립트 브리지를 통하여 부를 수 있다. 웹 사이트를 만드는 대신, Titanium은 네이티브 UI 위젯을 만들 수 있도록 해주며, 이렇게 하더라도 Objective-C나 자바로 만들던 것에 비해서 성

---

[2] http://www.appcelerator.com/

능 상에 손해가 거의 없도록 해준다. 그리고 이 책을 작성하는 현 시점에서는 iOS와 안드로이드를 지원하며, BlackBerry에 대한 지원도 추가할 예정에 있다.

이러한 방식의 시스템들이 가지는 이점은 사용자 인터페이스가 네이티브 방식으로 만들어지기 때문에, 마치 실제 네이티브 앱처럼 동작한다. 그리고 또한 다중 스레드를 기반으로 하기 때문에, 메소드의 실행이 중단될 것을 우려하여 콜백을 활용하는 것을 걱정할 필요가 없다. 이 프레임워크 역시 PhoneGap과 비슷한 문제점을 가지고 있는데, 단계별로 실행 가능한 디버거가 없으므로, 여러분의 코드를 역시 데스크톱 브라우저에서 먼저 확인해봐야만 한다.[역주2] http://developer.appcelerator.com/blog/2011/04/titanium-studio-1-0-preview-with-titanium-mobile-debugging.html

SDK 설치하기

PhoneGap을 이용하여 우리 앱을 포함할 각각의 플랫폼에 대응되는 네이티브 앱을 본격적으로 만들기 전에, 각 플랫폼들을 위한 개발 도구들을 설치해야 한다. PhoneGap은 기본적으로 브리지 역할만을 수행한다는 사실을 기억하자. 그렇기 때문에 여전히 여러분의 HTML과 자바스크립트를 끼울 수 있는 네이티브 앱을 만들어야 할 필요가 있다.

만약 웹 이외의 플랫폼을 개발하는 것이 처음이라면, 아마 **소프트웨어 개발 킷**(Software Development Kit, 이하 SDK)이라는 것을 한 번 즈음 들어봤을 것이다. SDK는 기본적으로 라이브러리, 컴파일러, 시뮬레이터, 그 외 특정 플랫폼에서 필요한 모든 요소들을 담고 있는 기능 집합이다.

기본적으로 PhoneGap 앱은 네이티브 앱의 임베디드 브라우저 안에서 실행되는 것이므로, 목표로 하는 플랫폼에서 실행되는 앱을 만들기 위하여 해당 SDK를 설치해야 한다. SDK를 설치하기 전에, 필요로 하는 개발 도구들이 우선 설치되어있는지 확실히 확인하는 것이 좋다.

[역주2] 2011년 1월에 Appcelerator사는 Aptana사를 인수하여 Aptana Studio를 기반으로 하는 새로운 IDE를 만들었고, 이를 통하여 통합 디버깅 환경을 Titanium Mobile에 대해서도 지원하기 시작하였다. 하지만 아직 베타 스테이지에 있는 제품으로 일부 문제가 있을 수 있다는 것도 Announcement에서 언급하고 있다. 자세한 정보는 http://developer.appcelerator.com/blog/2011/04/titanium-studio-1-0-preview-with-titanium-mobile-debugging.html에서 확인 가능하다.

운영체제

모바일 웹 사이트나 모바일 웹 앱을 만들고 배포할 때에는 어떤 운영체제를 사용하든 전혀 상관이 없었는데, 네이티브 앱의 경우는 조금 다르다. 비록 코드들이 여전히 HTML과 CSS, 그리고 자바스크립트를 중심으로 만들어지는 것에는 변함이 없지만, 각각의 플랫폼을 위한 SDK를 설치해야 하는데 이때 해당되는 SDK들이 필요로 하는 운영체제에는 제약이 존재할 수 있다. 가장 대표적으로 iOS SDK는 Mac OS X에서만 실행되는 것으로 유명한데, 이는 여러분이 Linux나 Windows를 사용하고 있을 경우, iPhone이나 iPad 앱을 이들 운영체제상에서는 개발할 수 없음을 의미한다. 그 외에도, BlackBerry SDK는 Windows에서만 지원된다.

다행스럽게도, 안드로이드와 webOS SDK는 Windows, Mac OS X 그리고 Linux까지 지원한다.

필요한 모든 소프트웨어들을 설치하기 위해서, OS X의 MacPorts와 리눅스의 APT를 사용할 것이다. APT 대신 여러분이 사용하기에 편한 다른 패키지 매니저를 이용해도 된다. Windows 운영체제에서는 MacPorts나 APT와 완전히 같은 일을 하는 소프트웨어가 없으므로, 우리가 필요한 추가 요소들을 인터넷을 뒤져서 찾아야 한다.

Linux 사용자들은 반드시 build-essentials 패키지를 설치하는 것으로 시작해야 한다.

```
sudo apt-get install build-essential
```

다음의 두 단계는 Mac OS X에 한정되는 내용으로, 만약 Windows나 Linux 사용자인 경우 다음에 등장하는 Git 섹션으로 건너뛰어 내용을 탐독하기 바란다. 그리고 만약 여러분의 앱을 특정 플랫폼에서만 배포하기 위하여 SDK만이 필요한 경우에도 이 단계를 생략할 수 있다. 그리고 예를 들어 iOS와 안드로이드 앱을 대상으로 하는 경우에도 BlackBerry와 webOS SDK를 설치하는 절차를 생략해도 된다. 물론, PhoneGap의 장점은 이러한 추가적인 플랫폼들을 개발하기 위하여 약간의 노력을 기울이기만 하면 된다는 것이므로, 필요한 것만을 택하더라도 문제되지 않는다.

역주3 Windows Phone 7 SDK 역시 현재 Windows 전용이다.

Xcode(OS X)

OS X를 위한 첫 단계는 Xcode를 설치하는 것이다. Xcode는 애플의 앱 개발 도구로, Mac Desktop용 앱과 iOS 앱을 동시에 개발할 수 있다. 이 소프트웨어를 통하여 많은 수의 도구가 설치되는데 여기에 iOS SDK도 포함되어있다.

다운로드를 별도로 할 수도 있지만, Apple developer로 등록하는 절차가 필요하다. 다행히, 이 등록 절차 자체는 무료이다. http://developer.apple.com/programs/register 페이지로 이동하여 'Get Started' 버튼을 클릭한다. 만약 이미 Apple ID(iTunes, MobileMe, 혹은 애플 온라인 스토어에서 구입을 목적으로 서비스를 이용할 때 만든 ID)를 사용하여도 된다. 그러나, 만약 앱을 나중에 마켓플레이스에 등록할 계획을 세우고 있다면, 새로운 Apple ID를 만들어 여러분의 개인 계정과 비즈니스 계정을 분리하는 것을 고려할 수도 있다.

개발자로 등록하고 로그인 하고 나면, **Dev Centers** 아래의 **iOS** 링크를 클릭 한다. 그러면 최신 버전의 Xcode와 iOS SDK를 다운로드 할 수 있는 링크가 페이지 하단에 보여질 것이다. 약 4GB 이상의 파일을 다운로드 해야 하므로 다운로드를 시작하고 나서 잠시 쉬었다 와도 좋다.

다운로드가 끝나고 나면, .DMG 파일을 열고, 'Xcode and iOS SDK' 파일을 더블클릭 한다. 그 다음, 마법사를 통하여 설치를 진행할 수 있는데 각 단계의 모든 설정들을 기본값으로 유지한 채 다음 버튼만을 눌러 진행해도 무방하다.

MacPorts(OS X)

Xcode를 설치하고 난 다음에는, MacPorts를 설치할 수 있는데, OS X를 위한 훌륭한 패키지 매니저이다. MacPorts를 통하여 UNIX 유틸리티들을 OS X 상에서 미리 완성된 패키지를 찾아 돌아다니는 일 없이 손쉽게 설치할 수 있도록 해준다.

http://www.macports.org/ 페이지로 가서 'Download' 링크를 클릭한다. 다운로드 페이지가 나타나면, 여러분의 OS X 버전에 맞는 .dmg 파일을 찾아 다운로드를 시작한다. Xcode를 설치할 때와 마찬가지로, DMG 파일을 더블클릭하여 연 다음, 패키지 파일 안에 있는 파일을 더블클릭 한다. 그리고 아까 전과 마찬가지로 설치 마법사가 나타나는데, 역시 기본값 상태로 둔 채로 다음 버튼만을 눌러서 진행해도 무방하다.

마지막으로, 터미널 창을 열어 아래와 같이 명령어를 실행한다.

```
sudo port sync
```

이렇게 하면 인터넷 상의 최신 패키지들을 모두 다운로드하기 시작한다. Port를 사용하여 프로그램들을 설치하면 가장 최신이면서도 가장 훌륭한 버전을 내려 받을 수 있다. 이 명령어를 정기적으로 실행하여 최신 버전의 소프트웨어를 받아두는 것은 매우 유용하며, 만약 여러분이 사용하는 패키지의 최신 버전이 발표되었다는 사실을 알게 될 때에도 이 명령어를 한번씩 실행하여 최신 버전을 쉽게 받아올 수 있다.

Git

Git은 리눅스 커널을 개발하던 팀에 의하여 개발된 **버전 관리 시스템**(revision control system)의 한 종류이다. 최근 몇 년 사이에 많이 유명해진 버전 관리 시스템이기도 하다.

만약 여러분이 버전 관리 시스템의 사용에 친숙하다면, 여러분이 만드는 코드에 대한 버전의 관리를 단순화 하기 위하여 몇 가지의 소프트웨어로 구성되어 있다는 것을 알고 있을 것이다. 만약 여러분이 디렉터리의 사본을 만들었고 그 위에 버전 번호의 숫자를 더하면 여러분만의 변경 사항을 만들 수 있으며, 기본적으로 여러분만의 고유한 버전 관리 시스템을 가지게 되는 것이다. 당연히, Git과 같은 소프트웨어 시스템은 여러분에게 더욱 강력한 기능과 더불어 변경되는 파일들에 대한 유연한 추적을 가능하게 해주어, 이러한 변경 사항들을 여러분의 동료와 공유할 수 있는 방법을 제공한다.

또 다른 유명한 버전 관리 시스템으로 서브버전(Subversion, 이하 SVN)이 있다. 여기서는 Git을 선택하였는데, 타 플랫폼들에 대한 지원을 위하여 개발되는 몇몇 PhoneGap 플러그인들을 비롯하여 PhoneGap의 핵심 소스 코드들이 Git을 사용하여 버전 관리를 하고 있기 때문이며, 이를 담당하는 서버가 오픈 소스 Git 리포지터리(repositories)에 대한 무료 호스팅을 제공하는 GitHub 상에서 제공되고 있다.

이 단계가 반드시 필요한 것은 아니지만, 작업을 하는 데 큰 어려움이 있는 것은 아니므로 한 번은 해볼 수도 있다. 너무 많은 내용을 다루거나 학습하지는 않을 것이지만, Git을 배우고 여러분의 프로젝트의 변경 사항을 관리할 수 있도록 기능을 알려주는 것은 매우 유용하고 도움이 될 것이다.

리눅스

리눅스 환경에서 Git을 설치하려면, 터미널 창에서 아래와 같이 명령어를 입력한다.

```
sudo apt-get install git-core
```

OS X

OS X에서는 MacPorts를 이용할 것이다.

```
sudo port install git-core
```

Windows

http://code.google.com/p/msysgit/downloads/list/ 페이지로 이동하여 최신 버전을 다운로드 하고, 설치 마법사를 실행한다. 'Adjusting your PATH environment'에 대한 옵션이 나타나면, 선택할 수 있는 옵션이 두 가지가 나타나는데, 'Git Bash only'는 Git shell을 여러분이 Git을 필요로 할 때 언제든지 사용할 수 있도록 설정해주는 것이고, 'Run Git from the Windows Command Prompt'는 대부분의 사람들에게 더 권장할만한 옵션인데 Git을 어떤 셸에서든 사용할 수 있도록 설정해주는 것이다.

개행 관련 옵션을 물어보는 단계가 나타나면 'Checkout Windows-style, commit Unix-style line endings' 옵션을 선택한다.

자바 개발 킷

많은 수의 모바일 플랫폼들이 자바 앱을 실행할 수 있는데, 안드로이드와 블랙베리가 그 중에서도 대표적이다. 그 결과, 이러한 플랫폼들을 위한 앱을 만들 때에는 자바 개발 킷(Java Development Kit, 이하 JDK)이라는 것을 설치해야 하는데, http://java.oracle.com/에서 설치할 수 있다. Java SE Development Kit을 여러분의 운영체제에 맞게 다운로드하고 실행한다. 기본 설정만을 사용하여 설치를 완료하더라도 별 다른 문제는 없을 것이다.

이클립스

자바 환경에서 모바일 프로젝트를 위한 개발 환경을 만드는 것은 꽤 복잡할 수 있는데, 이를 간단히 정리하기 위하여 이클립스를 사용하려고 한다. 이클립스는 자바 기반의 통합 개발 환경(Integrated Development Environment, 이하 IDE)으로 여러분이 자바를 이용하여 프로그래밍 할 때 다루어야 할 XML 파일의 양이나 명령줄 도구의 사용 빈도를 줄여주어 쉽게 앱을 만들거나, 설정하거나, 빌드 할 수 있도록 도움을 준다.

이러한 작업들을 손수 하려면, 여러분이 자바에 익숙하지 않은 경우 그 시간이 더 오래 걸릴 수 있다. 그래서 이러한 상황, 즉 프로젝트를 위한 설정을 만들거나 구성할 때 손쉽게 작업할 수 있도록 이클립스를 사용할 것이고, 이를 통해 여러분의 앱을 여러분이 어떤 환경에서 개발하는가에 관계없이 항상 편안하게 작업할 수 있도록 할 수 있다.

OS X와 Windows 사용자들은 http://www.eclipse.org/downloads/ 페이지로 이동하여, 'Eclipse IDE for Java Developers' 상의 패키지를 다운로드 하면 된다.

리눅스

이클립스는 apt-get을 통하여 설치할 수 있다.

```
sudo apt-get install eclipse
```

OS X

압축 파일을 /eclipse 디렉터리에 풀고, 이클립스 아이콘을 더블클릭 하여 프로그램을 실행할 수 있다.

Windows

ZIP 압축 파일을 C:\Eclipse에 풀고, PATH 환경 변수에 C:\Eclipse 경로를 추가한다.

Windows PATH 환경 변수 수정하기

PATH 환경 변수를 Windows 7에서 수정하려면, 제어판을 우선 연다. 그 다음 '**시스템 및 보안**'을 선택하고 '**시스템**'을 선택한 다음, '**고급 시스템 설정**'을 클릭 한다. 마지막으로 '**환경 변수…**' 버튼을 클릭 한다. 하단의 시스템 변수 그룹 안에서 PATH 변수를 찾아 선택하고, '**편집**' 버튼을 클릭한다. 변수 값 입력란의 제일 끝으로 가서, 세미콜론(;)을 붙이고 위의 경로를 입력하여 값을 수정한다.

정상적으로 반영되었는지 확인하려면, 시작 메뉴에서 '프로그램 및 파일 검색' 입력란에 `CMD.EXE`를 입력하여 명령줄을 열고 아래와 같이 타이핑 한다.

```
set path
```

그 다음 'Enter' 키를 눌러 PATH 변수에 대한 내용이 콘솔에 **나타나면** 방금 추가한 설정이 포함되어 있는지 확인하면 된다.

Apache Ant

Ant는 자바 기반의 빌드 도구(build tool)이다. 빌드 도구는 우리가 반복적으로 수행해야 하는 작업들을 만들기 위한 한 방법이다. 보통은 우리가 프로젝트를 빌드 하기 위하여 필요한 것을 중심으로 이러한 작업들을 만드는데, 예를 들어 Java나 Objective-C와 같은 언어들의 경우 코드가 장치에서 읽혀지거나 설치 가능한 형태로 컴파일 되는 작업에 대한 내용들이 많다.

보통 이러한 유형의 작업들은 따분하고 오류가 발생하기 쉽기 때문에, 빌드 시스템을 통하여 이러한 귀찮은 일들을 덜어줄 수 있다. Xcode가 Objective-C 기반의 iOS 개발을 위한 빌드 도구를 내장하고 있다면 Java 기반의 플랫폼에서는 Ant를 설치해야만 이러한 혜택을 누릴 수 있다.

리눅스

리눅스 사용자는 `apt-get`을 통하여 Ant를 설치할 수 있다.

```
sudo apt-get install ant
```

OS X

OS X 사용자는 Xcode와 함께 Ant가 이미 설치되어 있으므로 따로 할 일이 없다.

Windows

http://ant.apache.org/로 이동하여 Download 섹션 아래의 **Binary Distributions**을 선택하고, 가장 최신 버전의 ZIP 파일을 **다운로드** 한다. 디렉터리 이름이나 경로상에 공백이 포함되지 않도록 유의하여 ZIP 파일을 특정 위치, 가령 **C:₩Ant**와 같은 위치에 압축 해제한다. 그리고 이 디렉터리를 PATH 환경 변수에 앞서 이야기한 방법과 같이 등록한다.

Apple iOS SDK

Apple iOS SDK는 Xcode와 함께 설치되므로, 만약 이미 설치한 경우 모든 준비가 된 것이다. 앞에서 언급한 것처럼 iOS SDK는 오로지 OS X에서만 사용이 가능하므로, 만약 iPhone이나 iPad 앱을 개발하려면 꼭 Mac 컴퓨터가 필요하다.

안드로이드 SDK

안드로이드 플랫폼을 위한 네이티브 앱은 Java로 작성되므로, 그 결과 SDK는 Windows, OS X, Linux 등 거의 모든 플랫폼에서 지원된다. 계속 진행하기 전에 앞에서 언급한 것과 같이 JDK와 Apache Ant가 필요할 것이다.

안드로이드 SDK 설치하기

안드로이드 SDK 페이지로[3] 이동해서, 여러분의 운영체제에 알맞은 설치 프로그램을 선택한다. Windows 사용자의 경우 설치에 관련된 **EXE** 파일을 받을 수 있으며, OS X와 리눅스 사용자의 경우 압축 파일의 형태로 제공되며, 기억하기 쉬운 위치에 이 파일을 해제하면 된다.

---

[3] http://developer.android.com/sdk/

Java SE 개발 킷의 위치를 찾을 수 없다고 나오면?

안드로이드 SDK 설치 프로그램을 Windows에서 실행할 때, JDK의 위치를 찾을 수 없다는 오류 메시지가 나타나는 문제에 봉착할 수도 있다. 만약 이미 JDK를 설치하였다면, 이 메시지가 나타난 마법사 페이지를 기점으로 '뒤로' 버튼을 누르고 다시 한 번 '다음' 버튼을 눌러 상태를 새로 고치도록 하여 문제를 해결할 수 있다.

다음으로, 여러분의 PATH 환경 변수에 SDK 폴더 안의 디렉터리 중에 **platform-tools** 디렉터리를 추가해야 한다. Windows 환경에서는 앞에서 본 것처럼 환경 변수 설정을 편집하면 된다.

OS X과 리눅스 환경에서는 여러분의 셸 프로파일에 한 줄을 추가하는 것으로 이 작업을 끝낼 수 있다. 아래의 /home/user/android-sdk/platform-tools 부분을 여러분이 실제로 압축 해제한 위치로 바꾸어 저장하면 된다.

```
export PATH=$PATH:/home/user/android-sdk/platform-tools
```

SDK Manager 사용하기

안드로이드 웹 사이트로부터 내려 받을 수 있는 SDK는 단순히 기본적인 뼈대에 지나지 않으며 실제 SDK 파일을 포함하고 있지는 않은데, 왜냐하면 아직 구체적으로 어떤 버전의 안드로이드 플랫폼을 사용할 것인지 작업 과정 중에 정의한 적이 없기 때문이다.

하지만 안드로이드 SDK 안에 Android SDK and AVD Manager라고 불리는 도구가 같이 포함되어있는데, 이를 통해서 플랫폼의 버전에 받는 SDK 관련 파일들을 간단한 인터페이스를 통하여 쉽게 내려 받을 수 있다.

Windows에서는 SDK 설치가 끝나는 즉시 이 관리자가 실행된다. 그리고 기본적으로, 모든 안드로이드 패키지가 선택된 상태로 나타나서, 관리자가 하려는 일에 대해 동의만 하면 여러분이 필요한 모든 SDK 관련 파일들을 다운로드 하고 시스템에 설치할 수 있다.

OS X과 리눅스에서는 이전 단계에서 여러분의 PATH 환경 변수상에 SDK의 **tools** 디렉터리에 대한 경로를 추가했을 때, 어느 위치에서든 Android SDK and AVD Manager를 터미널 상에서 'android'라고 명령어를 입력하여 시작할 수 있다. 'Available Packages'를 왼쪽 패널에서 선택하고, 'Android Repository'를 연 다음 여러분이 앱을 테스트 하려고 하는 플랫폼 버전들에 대해서 모두 선택한다. 그림 7.1에서 보는 것과 같이, 2.1 이상의 모든 버전들을 지정하면 된다. 'Install Selected'를 선택하여 계속 진행한다.

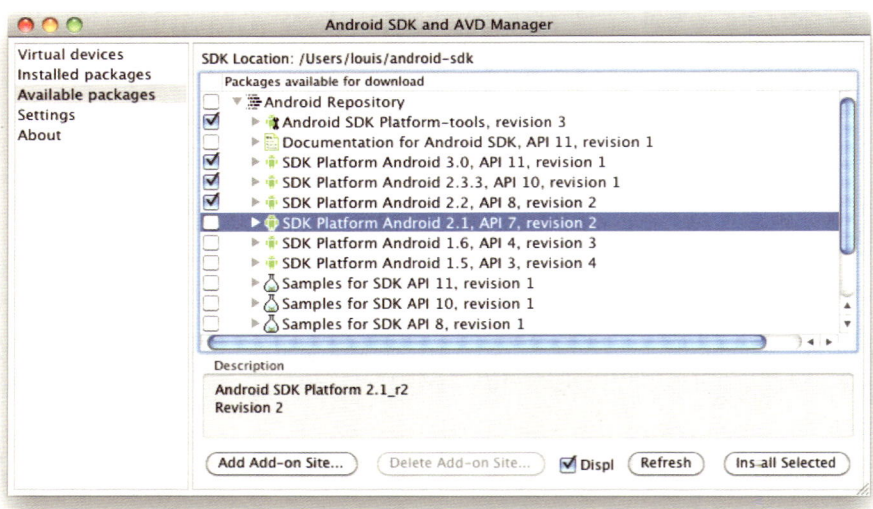

그림 7.1. Android SDK and AVD Manager를 사용하여 여러 버전의 SDK들을 설치하는 모습

이클립스 플러그인 설치하기

이제 거의 다 되어간다. 안드로이드 앱을 만들기 위한 안드로이드 설치의 마지막 단계는, 이클립스 플러그인을 직접 설치하는 일이다. 이 단계는 운영체제나 플랫폼에 관계없이 이클립스를 시작한 다음, 'Help' 메뉴의 'Install New Software'를 통하여 진행할 수 있다.

기본적으로, 이클립스는 공식 플러그인들을 위하여 이클립스 리포지터리를 확인하도록 구성되어있다. 여기에 구글이 운영하는 리포지터리를 검사하도록 설정하여 안드로이드 플러그인도 찾을 수 있게 해야 한다. https://dl-ssl.google.com/android/eclipse/ 주소를 'Work with' 텍스트 입력란에 지정하고 'Add…' 버튼을 클릭 한다. 그 다음 'Add Repository' 대화 상자 안에서 리포지터리에 대한 이름으로 알아보기 쉽도록 'Android'라고 지정하고 'OK' 버튼을 클릭 한다.

'Developer Tools' 옆의 체크 박스를 체크한 후 'Next' 버튼을 클릭 한다. 그리고 선택된 내용이 정확한지를 묻는 단계에서 다시 한 번 'Next' 버튼을 클릭 한다. 라이선스 동의 여부에서 라이선스에 동의함을 표시하고 'Finish' 버튼을 클릭 한다. 서명되지 않은 콘텐츠라는 경고 메시지를 받더라도 그냥 'OK' 버튼을 클릭 하여 진행하면 된다. 그리고 이클립스를 다시 시작해야 한다는 메시지가 나타나면 반드시 다시 시작해야 한다는 것을 기억하자.

이제 이클립스 플러그인의 설정을 변경하여 안드로이드 SDK가 어느 위치에 설치되어 있는지 지정해야 한다. OS X 버전의 이클립스에서는 'Eclipse' 메뉴, 기타 버전의 이클립스에서는 'Window' 아래에서 'Preferences' 메뉴를 클릭한다. 'Android'를 왼쪽 패널 항목들 중에서 선택하고, Android SDK의 경로를 입력한 다음 'Apply' 버튼을 클릭한다. 정상적으로 설정되었다면, 여러분이 대상으로 지정할 수 있는 플랫폼들의 목록이 열거될 것이다.

안드로이드 가상 장치 만들기

마지막으로, 안드로이드 가상 장치(Android Virtual Device, 이하 AVD)를 만들어야 한다. AVD는 에뮬레이터로서 특정 하드웨어 플랫폼에 대한 사양을 흉내 내면서 이 환경 아래에서 지정된 버전의 안드로이드 운영체제를 가상으로 실행한다. 다양한 하드웨어 구성과 운영체제 버전을 조합하여 많은 종류의 에뮬레이터를 만들 수 있고 또 그렇게 해야 하는데, 예를 들어 화면의 크기, 해상도, 레이아웃 그리고 세부 설정 등을 하드웨어 매개 변수로 지정할 수 있다.

 에뮬레이터에 의존하지 말 것

여러분의 앱을 에뮬레이터 환경에서 실행하는 것은 실제 하드웨어 상의 테스트를 결코 대체하지 못한다. 에뮬레이터는 단지 목표로 하는 장치를 최선을 다하여 **흉내를 내는 것**에 지나지 않으며, 데스크톱에서 매우 다른 하드웨어 환경을 가지고 실행된다. 에뮬레이터가 화면 위치 변경이나 GPS 위치 수신, 전화 수신 등의 이벤트를 시뮬레이션 할 수 있지만, 마켓에 공개하기 전에 실제 하드웨어에서 테스트 하는 작업을 잊지 말아야 한다. 항상 이 부분에 주의를 기울이도록 한다.

앞에서 설명한 Android SDK and AVD Manager에서 AVD를 만들 수 있다. 터미널에서 이 프로그램을 실행하지 않는 대신, 이클립스에서 직접 이를 시작할 수 있는데, 안드로이드 플러그인이 이클립스의 메뉴에 이 프로그램을 실행할 수 있는 단축 경로를 만들어두었다. 'Android SDK and AVD Manager'를 'Window' 메뉴 아래에서 클릭한다. 그 다음 'Virtual Devices'를 선택하고 'New' 버튼을 클릭한다. 가상 장치의 이름을 나중에 알아보기 쉽도록 지정하는데, 이때 버전 번호를 'Android_2_3_2'와 같은 식으로 이름에 붙여두면 나중에 어떤 버전의 안드로이드 플랫폼을 실행하고 있는 가상 장치인지 확인하는 데 도움이 된다. 여러분이 지원할 수 있는 최소 버전의 플랫폼을 우선 테스트 하고, 테스트가 완료된 버전을 기준으로 점점 높은 버전들을 테스트 하는 식으로 진행하는 것이 좋다.

가상 장치에 대한 하드웨어 사양을 지정할 수 있는 옵션의 종류는 많지만, 대개는 기본 설정만으로도 문제가 없다. SD 카드의 크기를 32MB 정도로 지정하면 우리의 목적에는 충분한 크기이므로 SD 카드의 크기를 확인한 다음 'Create AVD' 버튼을 클릭 한다.

이제 안드로이드 플랫폼을 가지고 개발을 시작할 수 있다. 목록에서 살펴보려고 하는 AVD를 선택한 다음 'Start' 버튼을 클릭하면 에뮬레이터가 실행되는 것을 볼 수 있다. 에뮬레이터가 처음 시작될 때에는 시간이 다소 걸릴 수 있으며, 작업이 끝나면 데스크톱에서 실행되는 AVD를 그림 7.2와 같이 볼 수 있다.

그림 7.2. 안드로이드 에뮬레이터 안에서 실행되는 AVD의 모습

블랙베리 SDK

블랙베리 앱 역시 자바를 기반으로 하므로, JDK와 Ant를 설치해야 한다. 그리고 또한 BlackBerry WebWorks SDK가 필요한데, 안타깝게도 이 SDK는 Windows에서만 실행된다.

블랙베리 SDK는 http://us.blackberry.com/developers/browserdev/widgetsdk.jsp에서 다운로드 할 수 있다. 양식을 모두 기입하면 설치 프로그램을 다운로드 할 수 있으며 파일을 실행하면 마법사가 시작된다. 마법사가 제안하는 기본값만으로 설치를 완료해도 무방하다.

WebOS SDK

webOS에서는 네이티브 위젯이 HTML, CSS 그리고 자바스크립트로 쓰여진다. PhoneGap이 제안하는 모든 내용들을 종합해보면 다른 모바일 장치들에서도 webOS 장치에서 실행되는 코드를 실행할 수 있게 해준다는 것으로 볼 수 있다. webOS용 SDK를 사용하여 개발되는 앱들 역시 컴파일 과정이 필요 없다는 사실을 알아두면 도움이 될 것이다. webOS에서 실행되는 앱들은 컴파일을 할 필요가 없고 OS X와 리눅스에서는 SDK를 간단히 설치하기만 하면 되며, Windows에서는 약간의 추가 작업이 필요하다.

webOS 에뮬레이터는 VirtualBox 가상 PC 환경에서 실행되므로, 우선 VirtualBox를 시스템에 설치해야 한다. 이 책을 집필하는 시점에서 VirtualBox 4.0 이상의 환경에서는 webOS 환경을 실행할 수 없었으며, 이를 위하여 VirtualBox 3.2 버전을 http://www.virtualbox.org/wiki/Download_Old_Builds_3_2에서 내려 받아 설치할 필요가 있었다.[역주4]

VirtualBox를 OS에 알맞은 버전으로 다운로드 한다. Windows 환경에서는 webOS SDK가 자바를 필요로 하므로, 자바 런타임과 SDK를 우선 설치해야 한다.

http://developer.palm.com/으로 이동하여 SDK 다운로드 링크를 클릭 한다. 이 페이지에서는 Windows, Mac 그리고 우분투(Ubuntu) 리눅스 환경에서 설치하기 위하여 필요한 모든 내용들을 담고 있다. 설치 프로그램을 다운로드 하고 나면 전체 설치 옵션을 선택하여 설치를 진행한다.

[역주4] webOS SDK 3.0.2 버전 이후부터는 VirtualBox 4.0 이상에서도 실행된다.

MAKE

PhoneGap 앱을 webOS 환경에서 만들기 위해서는 또 다른 종류의 빌드 도구인 make가 필요한데, 이 도구는 Windows에서 사용할 수 없다. 설치하기 위해서는 Cygwin이 필요한데, Cygwin은 Windows 환경에서도 UNIX 도구들을 실행할 수 있도록 해주는 라이브러리 집합이다. http://www.cygwin.com/으로 이동하여 'Install Cygwin' 버튼을 클릭하여 setup.exe 파일을 받아 설치를 시작한다. 마법사의 기본값들을 사용하면서, 미러 사이트를 선택할 때에는 현재 인터넷에 접속하고 있는 위치에 가장 가까운 미러 사이트를 택하면 더 빠르게 다운로드를 할 수 있다. 패키지 선택 단계에서는 make를 선택하도록 주의해야 하는데, 이 패키지는 기본적으로 선택에서 빠져 있다. 그리고 역시 C:\cygwin\bin 경로를 PATH 환경 변수상에 지정해두어야 한다.

CYGWIN

CYGWIN의 셸은 유닉스 스타일의 디렉터리를 사용하므로, 여러분이 기대했던 디렉터리 레이아웃과는 사뭇 다르다. C: 드라이브의 파일들은 Cygwin 환경에서 /cygdrives/c/ 경로에서 접근할 수 있으므로, 만약 PhoneGap 디렉터리를 C:\phonegap에 만들고 여기에 파일들을 저장했다면 아래와 같이 접근할 수 있다.

```
cd /cygdrives/c/phonegap
```

PhoneGap 설치하기

지금까지 많은 일들을 했지만 아직 할 일들이 좀 더 남아있다. SDK를 설치했으니, 이제 PhoneGap을 설치하는 일이 남았다. 플랫폼에 관계없이 http://www.phonegap.com/으로 이동하여 최신 버전의 PhoneGap SDK ZIP 파일을 받아 파일을 압축 해제한다.

Xcode

PhoneGap 폴더에 압축을 풀면, IOS 디렉터리를 찾아 연다. PhoneGapLioInstaller.pkg 파일을 더블클릭하고, 나타나는 마법사를 실행하면 설치가 완료된다. Xcode 상에서의

PhoneGap은 다른 플랫폼들과는 조금 다른데, Xcode에서 프로젝트의 형태로 PhoneGap 앱을 만들 수 있도록 되어있기 때문이다. 그래서 Xcode에서는 PhoneGap 프로젝트를 클릭 한 번으로 새로 만들 수 있다.

Xcode를 실행하고, 'Create a new Xcode Proejct'를 클릭한다. 설치가 잘 되었다면, 그림 7.3과 같이 'User Templates' 섹션의 'PhoneGap' 항목이 나타날 것이다.

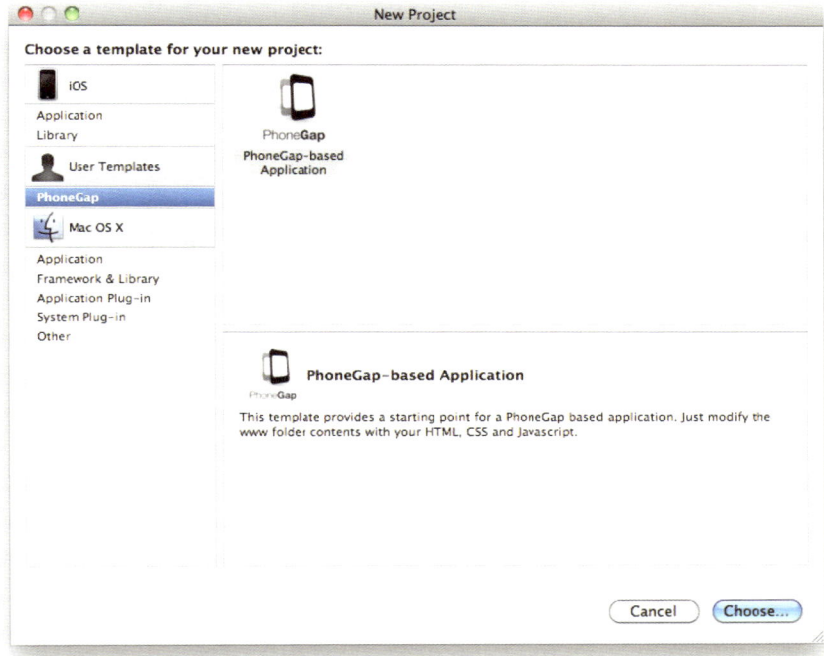

그림 7.3. PhoneGap이 설치되면, Xcode 상에 PhoneGap 프로젝트 템플릿이 나타난다.

PhoneGap 프로젝트를 만들도록 선택하면 새로 만들 프로젝트 폴더의 이름을 묻는데 'startrackr'라고 이름을 짓고자 한다. PhoneGap은 앱의 모양을 갖추도록 아무런 코드를 추가하지 않아도 실행이 가능하도록 최소한의 뼈대 코드만을 넣어 프로젝트를 만들어준다. 'Build and Run'을 클릭 하면 시뮬레이터 상에서 PhoneGap 앱이 실행되는 것을 볼 수 있다.

프로젝트 실행 중 오류가 발생하는 경우

만약 'Build and Run'을 클릭했을 때 시뮬레이터 실행이 실패하는 경우, Xcode 왼쪽 상단의 드롭 다운 메뉴를 확인하도록 하자. 만약 'Base SDK missing'이라고 나타나면 'Project' 메뉴 아래의 'Edit Project Settings' 메뉴를 클릭하고, 'General' 탭을 선택한다. 'Base SDK for All Configurations' 항목 아래에서 iOS Device 4.1 혹은 그 이후 버전을 선택하고 Xcode를 다시 시작하면 정상적으로 빌드 하고 실행할 수 있을 것이다.

안드로이드

Xcode에서 했던 것과는 다르게 이클립스에서 PhoneGap 프로젝트를 만드는 절차는 좀 더 복잡하다. 우선 새 안드로이드 프로젝트를 만들고, PhoneGap 앱을 만들기 위하여 필요한 파일들을 수동으로 가져와야 한다. 앱을 만들기 위하여, 이클립스를 시작하고 'File' 메뉴의 'New > Projects'를 선택한다. 나타나는 항목 중에서 'Android Project' 항목을 선택하여 진행한다.

프로젝트 이름을 'StarTrackr'라고 지정하고, 빌드 대상을 지정한다. 여러분의 앱이 지원하려는 플랫폼의 가장 최소 버전을 선택하는데, 이 책에서는 2.1버전으로 시작할 것이다. 'Properties' 섹션에 있는 내용을 채우는데, 앱의 이름과 패키지의 이름을 지정한다. 패키지 이름은 반드시 고유한 이름을 사용해야 하는데, 웹 사이트 도메인 이름을 역순으로 지정하면 편리하다. 예를 들어 startrackr.sitepoint.com이라는 도메인을 사용 중이라면 com.sitepoint.startrackr와 같은 패키지 이름을 사용하면 편리하다. 마지막으로, 'Create Activity'에서 값을 입력한다. 네이티브 안드로이드 앱들은 Activites로 구성되어 있는데, 기본적으로 화면들이나 앱의 동작들을 뜻한다. 우리의 경우, 자바스크립트 안에서 모든 작업이 이루어지므로 단 하나의 Activity만이 필요하다. 이것을 간단히 '앱'이라고 부르기로 하겠다.

'Finish' 버튼을 클릭 한다. 이렇게 하여 새 프로젝트를 여러분의 워크스페이스 안에 만들게 된다. 이제 PhoneGap을 프로젝트 안에 가져올 차례인데, 프로젝트 폴더 안에 새 디렉터리 두 개, 'lib'과 'assets/www' 디렉터리를 만들어야 한다. 이클립스의 Project Explorer에서 이 작업을 간단히 할 수 있는데, 프로젝트 항목을 오른쪽 버튼으로 클릭하고 'New > Folder' 메뉴를 클릭한 다음, 폴더의 이름을 입력하면 된다.

이제 아까 전에 압축 해제한 PhoneGap 디렉터리 안에서 Android 폴더를 연다. Phonegap.

jar 파일을 libs 디렉터리에 복사하고, phonegap.js 파일을 assets/www 디렉터리 안에 넣는다. 이클립스 프로젝트를 F5키를 눌러 새로 고치면 Project Explorer 안에 파일 두 개가 나타날 것이다.

그리고 잠시 시간을 내어 지금까지 한 일들이 정확하게 되었는지 알아보기 위하여, 'assets/www' 디렉터리 안에 뼈대만 있는 index.html 파일을 만든다.

(인용)

```
<!doctype html>
<html>
  <head>
    <title>StarTrackr</title>
  </head>
<body>
<h1>It Works!</h1>
</body>
</html>
```

그 다음, src 디렉터리 안에서 App.java를 연 다음, import com.phone.*; 문장을 다른 import 문장 아래에 추가한다. 그리고 상속받는 기본 클래스를 extends Activity 대신 extends DroidGap으로 변경한다. 그리고 setContentView(); 문장을 super.loadUrl ("file:///android_asset/www/index.html");과 같이 바꾼다. 아래와 같이 코드가 나타나면 된다.

(인용)

```
package com.sitepoint.startrackr;

import android.app.Activity;
import android.os.Bundle;
import com.phone.*;

public class App extends DroidGap {
  /** Activity가 처음 만들어지면 호출된다. */
  @Override
  public void onCreate(Bundle savedInstanceState) {
    super.onCreate(savedInstanceState);
    super.loadUrl("file:///android_asset/www/index.html");
  }
}
```

PhoneGap은 어디에?

만약 이클립스에서 방금 추가한 import 문장에 대해 빨간 밑줄을 표시하고 있다면, 이클립스에 JAR 파일의 경로를 직접 지정해야 한다. 이 문제를 해결하려면 Project Explorer 상에서 libs 디렉터리를 오른쪽 버튼으로 클릭한 다음 'Build Path > Configuration Build Path…'를 선택한다. 그리고 'Libraries' 탭에서 'Add JARs'를 클릭하고, libs 디렉터리에서 phonegap.jar 파일을 추가한다.

이제 거의 다 되어간다. 마지막 단계는 AndroidManifest.xml 파일에 권한을 부여하는 일이다. 파일을 열고, <manifest> 태그 안에 아래의 코드를 넣는다.

```xml
<supports-screens
  android:largeScreens="true"
  android:normalScreens="true"
  android:smallScreens="true"
  android:resizeable="true"
  android:anyDensity="true"
/>
<uses-permission android:name="android.permission.CAMERA" />
<uses-permission android:name="android.permission.VIBRATE" />
<uses-permission android:name="android.permission.ACCESS_COARSE_LOCATION" />
<uses-permission android:name="android.permission.ACCESS_FINE_LOCATION" />
<uses-permission android:name="android.permission.ACCESS_LOCATION_EXTRA_COMMANDS" />
<uses-permission android:name="android.permission.READ_PHONE_STATE" />
<uses-permission android:name="android.permission.INTERNET" />
<uses-permission android:name="android.permission.RECEIVE_SMS" />
<uses-permission android:name="android.permission.RECORD_AUDIO" />
<uses-permission android:name="android.permission.MODIFY_AUDIO_SETTINGS" />
<uses-permission android:name="android.permission.READ_CONTACTS" />
<uses-permission android:name="android.permission.WRITE_CONTACTS" />
<uses-permission android:name="android.permission.WRITE_EXTERNAL_STORAGE" />
<uses-permission android:name="android.permission.ACCESS_NETWORK_STATE" />
```

<user-permission> 태그들은 여러분의 앱이 필요로 하는 사항들을 정의하는 부분들이다. 여러분의 앱을 설치하려고 했을 때 사용자들은 필요로 하는 기능들에 대한 안내 메시지들을 받게 된다. 가능한 꼭 필요한 기능들만을 요청해야 하며, 그렇지 않을 경우 사용자들이 여러분의 앱을 의심할 수 있다. PhoneGap을 사용하려면 READ_PHONE_STATE와

INTERNET 권한을 지정해야 하며, 그 외 나머지의 기능들은 전적으로 여러분의 재량에 따른 것들이다.

`<activity>` 태그를 찾은 다음, 속성에 `android:configChanges="orientation|keyboardHidden"` 속성이 지정되어 있는지도 확인한다. 이 속성을 지정하여 화면의 방향이 바뀌거나 키보드가 숨겨질 때 `index.html` 파일을 다시 불러들이지 않도록 해야 하며, 이렇게 지정하면 PhoneGap이 그 다음 일은 알아서 처리해준다.

이제 여러분이 기다리던 순간이다. 시뮬레이터를 시작하기 위하여, 왼쪽 패널에서 프로젝트 이름을 오른쪽 버튼으로 클릭하고, 'Run As' 메뉴의 'Android App' 메뉴를 클릭한다. 에뮬레이터가 완전히 시작되기까지는 시간이 다소 걸리므로 침착하게 기다리자.

블랙베리

블랙베리에서는 이클립스를 사용할 필요가 없으며, Ant에서 사용할 빌드 파일을 만들 수 있다. 그리고 마지막으로 이클립스에서 프로젝트 파일을 가져올 수 있다.

콘솔(CMD.EXE)을 실행하고, PhoneGap ZIP 파일의 압축을 해제한 곳으로 디렉터리 경로 이동을 수행한다.

```
cd C:\phonegap\BlackBerry\WebWorks
```

그 다음, ANT를 사용하여 새 프로젝트를 만드는데, 여기서는 C:\Projects 디렉터리를 사용할 것이다.

```
mkdir c:\Projects
ant create -Dproject.path="C:\Projects\startracker"
```

BlackBerry WebWorks Packager의 경로를 project.properties 파일 상에 지정해야 한다. 만약 ANT 명령을 통해 프로젝트를 빌드 할 때 실패한다면 정확한 디렉터리 위치를 가리키고 있는지 확인해야 한다.

프로젝트를 빌드 하기 위해서는 다음과 같이 입력한다.

```
ant build
```

그리고 시뮬레이터를 시작하려면 아래와 같이 입력한다.

```
ant load-simulator
```

액세스 거부됨 오류가 발생하는 경우

만약 시뮬레이터가 액세스 거부됨 오류 메시지를 나타내면서 실행되지 않을 경우, CMD.EXE를 권한 상승 상태로 시작하거나 시스템 관리자 계정으로 다시 로그인 하여 작업을 시도한다.

webOS

앞서 우리가 다운로드한 PhoneGap 패키지 안의 webOS 디렉터리에는 Makefile이라는 파일이 들어있으며, 이 파일을 통하여 프로젝트를 컴파일 하거나 배포하는 작업을 할 수 있게 되어있다. 그리고 뼈대가 되는 앱이 역시 포함되어 있어서 즉시 사용할 수 있으므로, 모든 설정들이 정확하게 구성되었는지 확인해볼 수 있다.

Windows

Windows 사용자들은 Makefile을 약간 수정해야 하는데, Windows 환경에서 배치 파일은 .bat 확장명을 가지고 있어야 한다. Makefile을 여러분이 선호하는 텍스트 편집기로 연 다음, palm-install, palm-launch, palm-package로 되어있는 모든 단어들 뒤에 .bat 확장명을 붙이도록 수정해야 한다. 그리고 이 Makefile은 Windows 환경에서는 Cygwin의 make를 사용하여 빌드 해야 함을 기억하자.

우선, 에뮬레이터를 실행해야 하는데, 아래와 같이 터미널에서 입력하여 시작할 수 있다.

```
palm-emulator
```

Windows 환경에서는 아래와 같이 입력한다.

```
palm-emulator.bat
```

그리고 다시 터미널에서, PhoneGap webOS 디렉터리로 이동하여 make 명령을 실행해야 한다. 물론, 디렉터리 경로는 여러분의 환경에 맞게 바꾸도록 한다.

```
cd ~/Downloads/phonegap/webOS
make
```

리뷰

우리가 앞에서 살펴본 대로, PhoneGap과 같은 시스템을 사용하여 여러분의 모바일 웹 앱을 실제 앱 마켓플레이스에서 바꿀 수 있도록 변경하는 작업은 매우 단순하다. 만약 여러분이 웹 개발자라면, PhoneGap을 지렛대로 삼아서 새로운 프로그래밍 언어를 배우지 않고 모바일 플랫폼들을 위한 네이티브 앱을 개발하는 일에 본격적으로 뛰어들 수도 있다. 기존의 자바스크립트나 CSS에 대한 지식을 네이티브 환경에서도 그대로 활용할 수 있게 되는 것이다.

지금까지는 개발 환경을 구축하는 것에 집중했고, PhoneGap 프로젝트를 서로 다른 종류의 플랫폼들에서 어떻게 구축할 수 있는지에 대한 방법들을 살펴보았다. 다음으로, PhoneGap API를 본격적으로 살펴보면서 구체적으로 우리가 무엇을 할 수 있는지, 그리고 웹 앱의 코드를 설치 가능한 앱의 형태로 바꾸기 위한 본격적인 작업에 들어가보기로 하겠다.

Chapter 8

웹 앱을 네이티브 앱으로 만들기

지금까지 PhoneGap을 설치하였고 우리가 목표로 하는 플랫폼들에 필요한 개발 도구들을 모두 설치하였다. 이제 실제로, 지금까지는 웹 서버 위에서 실행되었지만 네이티브 환경 안에서 실행될 수 있도록 웹 앱을 네이티브 앱으로 바꿀 차례이다. 그 동안은 단일 HTML 페이지를 만들어 Ajax로 서버에 필요한 내용을 요청하는 정도로 만들었고 이를 통하여 페이지 간에 부드러운 전환 효과를 낼 수 있었다. 그리고 이러한 방식으로 앱을 만들면서 PhoneGap으로 이동하는 데에도 도움을 주고 있다.

PhoneGap 앱 해부하기

이전 단원에서, PhoneGap이 여러분이 선택한 플랫폼에 알맞은 뼈대 앱을 만들어주는 것을 보았을 것이다. 이 앱의 내부 폴더 구조는 www 디렉터리 안에 구축되며 PhoneGap은 index.html 파일을 찾아 이를 임베디드 브라우저 상에 로드하고, 화면 상에 렌더링 하려고 할 것이다. 이는 보통의 HTML 페이지와 다를 것이 없는 동작이다.

이제 여기서부터 실제 웹 서버와 PhoneGap 앱 내부에서 페이지를 불러오는 것이 어떤 차이가 있는지를 설명하기에 좋은 부분이 될 것이다. 외부의 웹 서버로 요청을 보내지 않는 대신, 보통의 웹 페이지의 경우 브라우저는 로컬 파일 시스템에서 웹 페이지를 직접 불러오도록 하고 있는데, 다른 말로 표현하면 데스크톱에서 HTML 파일을 더블클릭하여 여는 것과 같은 이치라고 볼 수 있다. 그리고 아마 URL이 http://가 아닌 file://와 같이 시작하는 것을 보았을 것인데, 이것만을 보더라도 서버가 아닌 로컬 파일 시스템에서 불러오고 있다는 것을 파악할 수 있다. 이것이 PhoneGap이 하는 일을 잘 설명해주고 있다.

그렇다면 이것이 우리에게 어떤 영향을 주게 될까? HTML 파일들을 파일 시스템으로부터 불러오는 것의 장단점이 있는데, 이는 PhoneGap을 사용하면서 여러분들이 숙지해야 할 사항들이기도 하다. 무엇보다도 우선, 데이터베이스와 상호작용 하거나 Header나 Footer 템플릿 렌더링을 할 때, 혹은 여러분이 서버 사이드에서 익숙하게 다루어오던 기술들을 구현하기 위해서 꼭 필요한 PHP나 레일즈와 같은 서버 사이드 언어는 일절 존재하지 않는다는 것이다. 그저 오래된 정적인 HTML 페이지의 형태로 보여지는 것이 전부이다. 물론, 자바스크립트를 사용하여 여러분이 필요로 하는 동적인 기능을 구현할 수도 있고, 웹 서버를 Ajax 방식으로 통신하여 데이터베이스로부터 데이터를 받아오는 일을 할 수는 있지만 일차적으로는 그렇다는 의미이다.

그리고 로컬 파일 시스템으로부터 파일을 불러들이는 것의 가장 큰 장점을 얻을 수 있는데, 어떤 서버로든 자유롭게 Ajax 요청을 수행할 수 있다는 것이다. 이 책의 앞 부분에서 본 것과 같이, 파일 시스템이나 데스크톱 브라우저 상에서는 보안 상의 문제를 예방하기 위하여 크로스 도메인 설정을 지정해야만 Ajax 요청을 할 수 있었다. 하지만, 이는 PhoneGap에서는 영향을 주는 부분이 아니므로, 언제 어디서든 Ajax 요청을 아무 웹 사이트에 대해서나 호출할 수 있다.

이제 머뭇거리기만 하지 말고, 실제 HTML 파일들과 PhoneGap 앱의 뼈대로 주어진 파일들을 실제로 한번 살펴보자. 우선 여러분이 목표로 하는 하드웨어에 맞는 새 프로젝트를 만드는 작업을 해야 한다. 이전 단원에 있는 내용대로 진행했다면 이미 새 프로젝트를 가지고 있는 상태일 것이다. 그 다음으로, HTML 파일들, 자바스크립트 파일들 그리고 CSS 파일들을 우리가 앞서 만든 프로젝트 내의 www 디렉터리 안으로 가져온다. 그리고 첫 화면으로 보여질 HTML 페이지의 파일 이름은 반드시 Index.html로 지정되도록 해야 하며, CSS와 이미지들을 비롯한 모든 관련 리소스들은 상대 경로의 형태로 참조할 수 있도록 신경쓰기만 하면 여러분이 원하는 대로 www 디렉터리 안에서 자유롭게 배치해도 된다.

상대 경로와 절대 경로

여러분이 스타일 시트나, 이미지 파일, 혹은 자바스크립트 파일 등을 HTML 파일로부터 참조할 때에는 사이트의 루트 경로부터 시작하여 절대 경로로 지정하는 방법이 있을 수 있고, 혹은 현재 HTML 파일이 위치한 디렉터리 경로를 기준점으로 지정하는 상대 경로로 지정하는 방법이 있을 수 있다. PhoneGap이 HTML 파일을 파일 시스템으로부터 로드 하기 때문에, 루트 디렉터리에 해당하는 개념은 사실 존재하지 않으므로, 상대 경로로 지정하는 것이 좋다. 다시 말하여, 상대 경로로 지정되기 위해서는 경로 문자열의 시작이 '/'가 되면 안 된다는 것이다.

이제 여러분의 파일들이 프로젝트 안으로 복사되었으므로, 이전 단원에서 했던 것처럼 앱을 테스트 하기 위하여 시뮬레이터를 기동한다. 만약 정상적으로 잘 구성했다면 시뮬레이터 안에서 실행되는 여러분의 앱을 볼 수 있을 것이다.

불필요한 사항들을 모두 정리하고 정상적으로 모든 것이 구동되도록 완성하였다면, 실제로 마켓플레이스에서 앱을 팔기 전에 좀 더 가다듬고, 제 값을 할 수 있도록 때를 빼고 광을 내야 한다.

만약 여러분의 앱을 Xcode가 제공하는 iOS 에뮬레이터를 통하여 테스트 해보았다면, 앱이 로딩 될 때 자세히 살펴보면 PhoneGap 스플래시 화면이 반짝였다 사라지는 것을 볼 수 있을 것인데, 클라이언트들의 심기를 거스를만한 부분이 되겠다. 첫 화면에 등장하는 아이콘들도 전부 예쁘지 않고, 거기다 app의 이름마저도 볼품이 없다. 다행스럽게도, 몇 종류의 간단한 환경 설정 파일들을 수정함으로써 네이티브 앱답게 가꾸는 것이 가능하다.

아이콘, 스플래시 스크린 그리고 이름

PhoneGap에서 만드는 기반 앱은 각 플랫폼들마다 몇 가지 기본적인 설정들을 가지고 있어서, 여러분이 실제로 앱을 마켓플레이스에 게시하기 전에 이런 사항들을 반드시 여러분의 앱에 맞게 바꾸어야 한다. 우리 앱을 커스터마이징 하기 위한 과정들을 따라가 보면서, 우리가 목표로 하는 각 플랫폼들마다 차이가 있는 부분들을 살펴보고자 한다.

iOS

iOS에서 사용하는 스플래시 스크린과 아이콘들은 iPhone3와 고해상도 레티나 디스플레이를 사용하는 iPhone4, 그리고 iPad 모두 제각각 다른 형태를 가지고 있다. 그러므로, 본격적으로 마켓플레이스에 앱을 게시하기에 앞서, 여러분의 앱을 iPad 용으로도 준비할 것인지 아닌지를 결정해야 한다. 우리 앱은 현재 큰 화면에는 최적화 되어있지 않으며, 작은 화면 크기의 핸드헬드 장치를 위하여 단일 칼럼 목록을 사용하는 인터페이스로 구성되어 있다는 점을 상기하자. 그러나 em 단위나 백분율을 사용하여 객체들의 크기를 정의하였기 때문에, iPad의 화면에도 일단은 정확하게 들어맞는다. 좀 더 나은 결정을 하기 위하여, iPad 시뮬레이터에서 우리 앱이 어떤 모습으로 보여지는지 한번 실행해보자.

여러분의 앱을 iPad 환경에서 시뮬레이션 해보기 위하여 Xcode 창의 좌측 상단의 메뉴, 혹은 iPad 시뮬레이터를 그림 8.1에서와 같이 선택하면 된다.

그림 8.1. 시뮬레이션 하기 원하는 장치들을 선택할 수 있다.

이제 'Build and Run'을 클릭 하여 iPad 시뮬레이터를 시작하자. 그 결과는 그림 8.2와 같이 다소 볼품없을 것이다.

웹 앱을 네이티브 앱으로 만들기 **301**

그림 8.2. iPad 화면 한 가운데 iPhone 크기 정도의 화면으로만 보인다!

무엇이 잘못되었을까? 기본적으로, PhoneGap으로 만들어지는 앱들은 iPhone에 맞추어져 있다. iPad에 맞추어져 있지 않은 앱이 iPad 상에서 실행될 때 문제가 발생하지 않도록 하기 위하여 iPad는 이런 경우 iPhone 크기의 화면을 화면 정 중앙에 만들고 이를 대신 표현하도록 하고 있다. 그러나 우리의 경우, 우리 앱을 임의의 화면 해상도에서도 자유롭게 실행할 수 있도록 만들어야 할 필요가 있기 때문에, 실제 iPad 앱처럼 보이도록 하고자 한다.

이를 위해서 Xcode의 'Project' 메뉴의 'Edit Project Settings' 메뉴를 클릭 한다. 그 다음, 'Build' 탭을 클릭하고, 'Deployment' 아래에서 'Targeted Device Family' 항목을 찾는다. 'iPhone'이 기본적으로 선택되어 있는데, 이것을 'iPhone/iPad'로 바꾼다. 이제 iPad 시뮬레이터를 이용하여 앱을 다시 시작하면 그림 8.3과 같이 전체 화면으로 확장된 앱이 나타나는 것을 볼 수 있다.

그림 8.3. 이제 iPad 시뮬레이터 상에서 전체 화면으로 동작하는 것을 볼 수 있다.

여전히 최적화된 상태는 아니지만, 앞서 본 것처럼 큰 화면 한 가운데 나타난 어색한 모양의 작은 창보다는 훨씬 더 나은 모습을 보여주고 있다. 만약 iPad용으로 최적화된 앱을 만들 계획이 있다면, iPad에 최적화된 버전의 우리 앱을 만들 때, iPad의 실제 화면 해상도를 충분히 고려한 새로운 형태의 앱을 만들어 사용자들을 만족시킬 수 있을 것이다. 그렇지만 이 프로젝트는 지금 다루지 않겠다.

이제 iPad 버전에 대응되도록 만들었으므로, 스플래시 화면과 아이콘에 대한 설정을 바꿀 차례이다. iPhone 스플래시 화면은 두 가지 다른 유형의 버전으로 제공되는데, 기본 크기와 더블 크기, 그리고 iPad의 경우 가로 방향과 세로 방향 스플래시 화면이 각각 제공된다.

앱의 스크린 샷

3장에서 논의한 것처럼, iPhone 스플래시 화면은 앱의 빈 껍데기만 있는 화면을 사용하는 것으로 지정하는 것이 좋다고 했었다. 앱을 위하여 독자적인 브랜드 이미지를 붙여야 하지 않는 한, 이것이 앱을 가능한 한 더 빠르게 실행되는 것처럼 보이게 하는데 있어서는 가장 최적의 방안이라고 할 수 있다.

다음의 목록들이 크기 별로 필요한 파일들이다.

- Default.png: 320×480, 표준 iPhone 디스플레이용
- Default@2x.png: 640×960, iPhone4의 레티나 디스플레이용
- Default-Portrait.png, 768×1004, iPad의 세로 방향 상태
- Default-Landscape.png, 1024×768px, iPad의 가로 방향 상태

그 다음으로 아이콘에 대해 따져볼 때이다. 표준 iPhone 홈 스크린 아이콘은 57×57 크기의 아이콘이 필요하며, 레티나 디스플레이 아이콘에서는 114×114 크기가 필요하며, iPad 아이콘의 경우 이와는 달리 72×72 크기의 아이콘이 필요하다. 다행스럽게도, 2장에서 만든 웹 앱을 위한 홈 스크린 아이콘들이 이러한 해상도를 맞추기에 알맞게 되어있다. 다음은 필요한 파일들이다.

- icon.png: 57×57
- icon-72.png: 72×72
- icon@2x.png: 114×114

새로운 그래픽들을 만들었다면, 이제 Xcode 프로젝트의 **Resources** 섹션에 이 파일들을 추가해야 한다. 이 작업을 하려면 Finder에서 이 파일들을 찾아 Xcode의 Resources 디렉터리 화면 위로 드래그앤드롭(drag and drop) 하면 자동으로 프로젝트 상에 파일들이 추가된다. 이렇게 하면 어떻게 파일을 복사할 것인지 묻는 대화 상자가 나타나는데, 기본값인 'Add' 버튼을 눌러서 추가하면 된다. 이 시점에서, 만약 시뮬레이터를 실행하고 홈 스크린으로 되돌아가보면 멋진 모양의 아이콘이 나타나는 것을 볼 수 있을 것이다.

문제 해결

Xcode는 아이콘과 같은 리소스들을 속도 향상을 목적으로 Build and Run을 실행할 때 캐시에 보관하게 된다. 만약 아이콘 파일들을 변경하고 나면 여전히 이전 아이콘들이 시뮬레이터 상에 나타나는 경우가 있는데, Build 메뉴의 Clean All Targets 메뉴를 클릭하여 이 문제를 해결할 수 있다.

마지막으로, 홈 스크린에 나타낼 앱의 이름을 수정해야 할 필요가 있다. 프로젝트의 Resources 섹션에서 PLIST file을 찾는다. 여기서 우리 앱의 이름을 짓기 위하여 필요한 파일을 찾아야 하는데 우리의 경우 startrackr-Info.plist 파일이 될 것이다. 이 파일을 열고, 'Bundle Display Name' 설정을 찾을 때까지 스크롤 하여 항목을 찾는다. 그리고 이 항목의 이름을 'StarTrackr!'라고(혹은 원하는 대로) 바꿀 것이다. 입력할 수 있는 문자열의 길이에는 특별한 제약이 없지만, 시각적인 수준의 제약은 고려해야 할 필요가 있다. 홈 스크린에서 사용되는 서체는 가변폭이며, 글자마다 다른 폭을 가지고 있음을 뜻한다. 보통은 이름으로 12글자에서 15글자 사이를 지정할 수 있지만 의도한 바를 맞추기 위해서는 시행착오 과정이 필요하다.

레티나 디스플레이 상에서 앱을 테스트 하려면, 'Hardware 〉 Device 〉 iPhone 4'를 시뮬레이터 메뉴에서 선택한다. 이렇게 하면 고해상도 버전의 아이콘이 동작하는 모습을 보게 될 것이다.

 iPhone 4

몇 가지 이유로, 레티나 디스플레이 시뮬레이터는 마치 iPad 시뮬레이터처럼 보일 수 있다. 그러나 왜 그런지는 묻지 말기를 바란다.

안드로이드

안드로이드 앱은 기본 스플래시 화면이 없으므로, 이 문제를 잠시 논외로 할 수 있지만, 아이콘과 앱의 이름에 대해서는 커스터마이징이 필요하다.

안드로이드는 네 가지 유형의 화면 크기를 고려해야 하는데, 저밀도(LDPI), 중간 밀도

(MDPI), 고밀도(HDPI), 그리고 초고밀도(XHDPI)로 나뉠 수 있으며 아이콘들의 크기를 이 각각의 경우에 모두 맞추어야 한다.

화면 크기에 대해서 논의할 때에는, 화면이 가지고 있는 픽셀의 수에 대해서만 이야기 하는 것은 쉬운 문제가 아니므로, 물리적인 화면의 크기에 대해서도 같이 고려를 해야 한다. 예를 들어 여러분이 480×800픽셀의 해상도를 지원하는 장치 두 개를 가지고 있다고 하더라도, 한 쪽은 3×5" 디스플레이를, 또 한쪽은 2×3.3" 디스플레이로 이를 구현했을 수 있다. 양쪽의 장치들은 같은 크기의 픽셀 단위 해상도를 지원하고 있지만, 크기가 큰 장치는 크기가 작은 장치에 비해서 1.5배 정도 더 큰 모양으로 그려지게 된다.

아이콘과 텍스트의 크기가 쉽게 읽기에 충분할 정도로 크게 그려지게 하기 위하여, 안드로이드에서는 두 장치들을 다른 종류로 분류하고 있다. 3×5" 장치는 중간 밀도크기로 분류하며, 160DPI를 가진다. 그 반면, 2×3.3" 장치는 고밀도 크기로 분류하며 240DPI를 가진다.

그렇다면 안드로이드는 장치마다 제각각인 다른 화면 크기와 해상도 전부를 어떻게 분류하는 것일까? 확실히 이를 정확하게 분류할만한 견고하고 손쉬운 규칙들이 있는 것은 아니지만, 궁극적으로는 우리가 서로 다른 크기의 아이콘을 만들기 위하여 필요한 규칙들은 화면의 밀도에 따라 네 종류로 구분을 할 수 있다.

- 저밀도(120DPI): 36×36
- 중간 밀도(160DPI): 48×48
- 고밀도(240DPI): 72×72
- 초고밀도(320DPI): 96×96

각 아이콘들은 res 디렉터리('resources'의 축약어로 봐도 무방하다)에 화면 밀도 별로 하위 디렉터리들을 만들어 저장할 수 있는데, 각 디렉터리의 이름은 drawable-ldpi, drawable-mdpi, drawable-hdpi, drawable-xhdpi와 같다.

앱의 이름을 바꾸기 위해서는, XML 파일의 값을 수정하기만 하면 된다. res/values 디렉터리로 가서, strings.xml 파일을 편집기나 이클립스 플러그인으로 작업 중인 경우 이클립스 프로젝트에서 더블클릭 하여 열어 본다. 그 다음, app_name 키를 찾아 여기에 대한 문자열 값을 StarTrackr! 혹은 여러분이 원하는 값으로 바꾸어 저장하면 된다.

블랙베리

블랙베리 앱은 스플래시 화면과 아이콘을 모두 사용할 수 있지만, 아이콘에는 사실 두 종류가 있는데 보통 상태의 아이콘과 mouseover로 재현하는 호버 상태와 같은 용법에 대응하는 하이라이트 버전의 아이콘으로 나뉜다. 안드로이드 환경에 맞추기 위하여 네 가지의 다른 아이콘들을 생각해야 했던 것만으로도 충분히 머리가 복잡하지만, 각각의 블랙베리 장치들은 서로 다른 화면 크기와 아이콘 크기들을 가지고 있다. 그리고 안드로이드의 경우 다양한 아이콘들을 만들 수 있는 쉬운 방법을 제공하고 있지만, 블랙베리의 경우 단 하나의 아이콘만을 연결할 수 있도록 되어있다. 블랙베리의 경우 이미지를 분석하여 이미지에서 필요하지 않은 투명한 부분을 제외한 실제 높이와 폭을 재어 그 부분만을 사용한다. 개발자들은 그래서 간신히 이러한 숫자들을 맞추느라 머리를 써야 했으며 마치 부두교의 주술을 다루는 것 마냥 어떤 마법의 숫자에 대해 연연하게 된다.

가장 최신 버전에 해당하는 블랙베리 6 장치들의 경우, 이 마법의 숫자는 68×68 픽셀 크기 정도로 보이며, 이 정도 크기의 이미지 안에서 실제 아이콘 이미지의 크기는 이미지 한 가운데에 위치하는 것을 기준으로 49×49 픽셀 정도로 잡는 것이 적당한 듯하다. 이러한 기준에서 약간은 돌출된 이미지를 만들 수도 있지만 5픽셀 이상이 되어서는 곤란하다. 이러한 기준을 만족시키는 제일 쉬운 방법은 포토샵에서 49×49 픽셀 크기의 아이콘을 만든 다음 이 아이콘을 68×68 픽셀 크기로 캔버스를 늘려서 가운데로 아이콘을 오게 하고, 이 이미지를 투명 배경을 지원하는 PNG 파일로 저장하는 방법이다.

로딩 화면은 다른 시스템과 비슷하다. 감사하게도, 검정 배경 위에 오버레이 되는 방식이기 때문에 제대로 된 투명 배경색 효과를 낼 수 있다. 일반적인 규칙은 200×200 픽셀 크기의 전체 투명 PNG 파일을 사용하는 것이다.

아이콘과 로딩 화면 이미지는 모두 여러분의 프로젝트의 www/resources 디렉터리 아래에 저장하면 된다. PhoneGap에서는 기본으로 사용하는 아이콘과 로딩 화면 파일을 이미 제공하고 있는데, icon.png 파일과 icon_hover.png 그리고 loading_foreground.png 파일을 찾게 되면 이 파일들을 여러분이 디자인 한 파일들로 바꾸면 된다.

앱의 이름을 수정하려면, www 디렉터리 아래의 config.xml 파일을 열어서 name 키에 해당되는 값을 바꾸고 저장하면 된다.

WebOS

WebOS에서는 두 가지 아이콘을 사용하는데, 하나는 홈 스크린에서 사용하고 또 하나는 앱 로더의 스플래시 스크린에서 사용하는 아이콘이다. 홈 스크린의 아이콘은 64×64 픽셀의 크기이지만, 블랙베리의 경우처럼 투명 테두리를 필요로 하므로, 실제 유효한 아이콘의 크기는 56×56 픽셀 크기 정도이다. 여분의 4픽셀은 화면 크기마다 다른 경우를 위한 일종의 보정용 여분이다. 기본적으로 아이콘 파일은 www/img 디렉터리 안에 위치하며, 앞의 경우와 마찬가지로 투명 PNG 파일이어야 한다.

WebOS에 맞추어 PhoneGap으로 만든 앱은 크기가 큰 스플래시 아이콘이나 커스터마이징 된 스플래시 이미지를 직접 제공하지 않지만, 약간의 수정을 통하여 이것을 WebOS에서도 가능하게 할 수 있다. 우선 제일 먼저, 여러분이 넣을 아이콘의 256×256 픽셀 크기의 버전을 만들고, 이 이미지 파일을 www/img 디렉터리에 icon-256×256.png 파일로 저장한다. 그 다음으로 별도의 배경 이미지를 320×480 픽셀 크기로 만들어서, 역시 www/img 디렉터리에 splashscreen-background.png 파일로 저장한다.

마지막으로, www 디렉터리의 appinfo.json 파일을 열어서 아래의 키 값들을 추가한다.

```
"splashicon": "img/icon-256x256.png",
"slashBackground": "img/splashscreen-background.png"
```

앱의 이름은 지금 편집하는 파일에서 키 이름이 "title"로 지정된 부분의 값을 바꾸어서 변경할 수 있다.

이제 가다듬을 시간

이제 앱이 완성된 것일까? 거의 그렇다고 볼 수 있다. 그렇지만 마켓플레이스에서 원활하게 앱이 심사를 통과할 수 있도록 하기 위한 약간의 첨삭 절차가 좀 더 필요하다. 우리가 만드는 앱이 웹 페이지가 아닌 것처럼 가능한 만큼, 그리고 최대한 위장하기를 원하며, 다른 어떤 것보다도 우리 스스로 보기에도 믿음직스럽도록 보이게 하기 위하여 몇 가지를 바꾸어야 한다.

PhoneGap 자바스크립트 도우미

지난 장에서 살펴본 것과 같이 PhoneGap은 브리지 역할을 수행하며, 장치의 하드웨어를 자바스크립트에서도 사용할 수 있도록 API를 노출한다고 하였다. 이렇게 노출되는 자바스크립트 메소드들은 phonegap.js 혹은 phonegap-version.js 파일의 형태로 사용할 수 있으며 www 디렉터리 안에 들어있다. 여러분의 앱에서 이 API들을 사용하려면 HTML 페이지 상의 <SCRIPT> 태그를 다음과 같이 추가해야 한다.

```
<script src="phonegap.0.9.5.min.js"></script>
```

준비되었는지 확인하기

앱이 처음 시작될 때에는 완전히 구동되기까지 다소 시간이 필요할 수 있기 때문에, 가끔 하드웨어가 미처 준비되기 전에 자바스크립트가 이를 사용하려고 기능을 호출하는 일이 있을 수 있는데 이 때문에 문제가 어려워지는 경향이 있다. 우리가 보통 웹 브라우저에서 문서가 완전히 로드 되고 난 이후에만 작업을 시작하기 위한 목적으로 window.onload 이벤트를 기다리는 것과 같은 맥락에서, PhoneGap은 deviceready라는 이벤트를 제공하며, 앱이 일련의 초기화 과정들을 모두 끝낸 후에 호출되는 이벤트이다.

이 이벤트 자체는 다른 자바스크립트 이벤트들과 같은 방법으로 다룰 수 있다. 우리 앱의 초기화 관련 코드를 deviceready 이벤트 처리기로 바꾸어보자.

```
function onDeviceReady() {
  loadPage("spots.html", "spots");
  $("#tab-bar a").click("click", function(e){
    e.preventDefault();
    var url = e.currentTarget;
    loadPage(url, $(this).attr("data-load"));
  });
  ⋮
}

document.addEventListener("deviceready", onDeviceReady, false);
```

PhoneGap이 제공하는 자체적인 자바스크립트 함수들을 호출하기 전에 이 이벤트를 기다리도록 해야 한다. 엄밀히 말하자면, 이 이벤트가 호출되기 전까지는 여러분의 앱이 제대로 로딩된 상태가 아니라고 보는 것이 좋다.

경고 창

보통 자바스크립트 경고 창은 사용자에게 메시지를 띄우거나 간단하게 입력 값을 받아오는 경우 가장 단순하게 쓸 수 있는 방법이다. 우리 장치에서 띄우는 메시지 박스 역시 네이티브 앱과 크게 다르지는 않지만 몇 가지 중요한 차이점이 존재한다. iPhone의 경우 현재 보고 있는 웹 페이지의 파일 이름이 메시지 박스의 제목으로 항상 선택되는데, 예를 들어 우리의 경우 index.html이라는 제목이 항상 등장한다. 안드로이드의 경우 제목이 단순히 'Alert'이라고 나타날 것이다. 그리고 메시지 박스에서 누를 수 있는 버튼은 언제나 OK 버튼뿐이다. 감사하게도, PhoneGap은 메시지 박스에 새로운 제목과 버튼의 종류를 다양하게 지정할 수 있도록 커스터마이징 가능한 API를 제공하고 있다. 이 메소드는 navigator.notification.alert() 메소드며 네 가지 매개 변수를 받는다.

```
navigator.notification.alert(message, alertCallback, [title], [button])
```

첫 번째 매개 변수인 message는 우리가 사용자에게 보여주기 원하는 메시지를 지정하면 된다. 두 번째 매개변수는 사용자가 메시지 박스에 대해서 무언가 응답을 했을 때 실행될 콜백 메소드다. 이것이 표준 자바스크립트에서 사용하는 alert() 메소드와 다른 점으로, alert() 메소드는 사용자가 메시지 박스에 대한 의사 표시를 하기 전까지 코드를 멈추지만 여기서는 그렇지 않은 것이다. 이런 차이점이 자바스크립트에서 alert() 메소드의 동기적 특성을 이용했던 개발자들에게는 일종의 덫이 될 수 있다는 점을 기억하는 것이 좋다.

세 번째 매개 변수는 메시지 박스에 나타낼 제목을 설정하는 부분이며, 마지막 매개 변수는 사용자가 클릭할 수 있는 버튼의 종류를 설정할 수 있는 부분이다.

```
$("#tab-bar li").bind(touchEndEvent, function(){
  navigator.notification.alert("Coming soon!", function() {}, "Not ready yet…",
➥ "No problem");
});
```

PhoneGap은 또한 `navigator.notification` 객체를 통하여 다른 메소드들도 제공하는데 `confirm()`, `beep()`, 그리고 `vibrate()`와 같은 메소드들을 제공하며 자바스크립트와 비슷한 동작을 제공하며 '예'와 '아니오'를 선택할 수 있는 대화 상자를 제공한다. 나머지 두 개 메소드 `beep()`과 `vibrate()` 메소드는 장치에서 시스템 사운드를 재생하거나 진동 효과를 줄 때 사용할 수 있는데, 예를 들어 새로 들어온 메시지가 있음을 알리기 위한 목적으로 이러한 기능을 이용할 수 있다. 이들 메소드의 자세한 사용법과 상세한 설명을 보려면 PhoneGap 문서의 Notification 섹션을[1] 참고하기 바란다.

네트워크 상태 확인

우리 앱이 Ajax를 통하여 웹 서버와 데이터를 주고 받기 때문에, 실제로 네트워크가 연결된 상태인지 확인하는 작업은 꼭 필요하다. 매번 요청을 할 때마다 연결 가능한 상태인가 아닌가를 판정하는 방법을 이용할 수도 있겠지만, 만약 사용자가 무선 네트워크 가능 영역으로부터 멀리 벗어났다거나 장치의 네트워크 기능을 끈 경우를 알아낼 수는 없을 것이다. 요즈음 나오는 스마트폰들은 모두들 와이파이와 이동통신망 네트워크를 사용할 수 있지만, 이것이 꼭 사용자들이 항상 인터넷에 연결된 상태를 의미하는 것은 아니다. 어떤 사용자들은 와이파이를 배터리 절약을 위하여 끄는 경우도 있고, 혹은 이동통신망 네트워크 사용량에 따른 과금 부담을 줄이기 위하여 이동통신망 네트워크를 필요하지 않을 때 끄는 일도 자주 있으며, iPod 터치와 같이 이동통신망 네트워크가 지원되지 않아서 실제로 와이파이 가능 영역이 아니면 인터넷을 아예 사용하지 못하는 일도 있을 수 있다.

어떤 네트워크에 현재 사용자가 접속되어있는 상태인지 알아보는 것도 우리에게는 중요한 정보가 될 수 있는데, 어떤 앱들은 많은 양의 데이터를 다운로드 하더라도 요금상의 문제가 없는 와이파이 네트워크만을 사용하도록 강제하기도 하지만 대개는 이동통신망 네트워크 연결을 필요로 하므로, 어떤 종류의 네트워크 연결을 사용 중인지 확인할 필요가 있다. 만약 이런 확인 기능을 이용할 수 없다면, 사용자에게 네트워크를 사용해야 한다는 사실을 정확하게 통지하지 않으면 안 된다.

이를 위하여, `navigator.network.isReachable()` 함수를 사용할 것이다. 이 함수는 세 가지 유형의 매개 변수를 제공하는데 응답 여부를 확인할 URL, 콜백 함수, 그리고 옵션

---

[1] http://docs.phonegap.com/phonegap_notification_notification.md.html

해시를 매개 변수로 받는다. 다음은 실제 사용 예시이다.

```
function checkNetwork(reachability) {

}
navigator.network.isReachable('http://www.sitepoint.com', checkNetwork);
```

응답 여부를 확인할 URL을 지정하는 것은 문자 그대로 여러분이 실제로 데이터를 가져 오려고 하는 URL을 여기에 넣기만 하면 되는 부분이다. 이 URL이 가리킬 수 있는 호스트 이름은 IP 주소가 될 수 있고 정식 호스트 이름 혹은 DNS 이름을 넣을 수도 있지만, 당연히 호스트 이름이나 DNS를 사용하는 것이 바람직하다. 만약 IP 주소를 직접 넣을 필요가 있다면, 이 메소드의 세 번째 매개 변수로 지정하는 옵션 해시에서 isIpAddress 옵션을 true로 설정해야 IP 주소로서 이해하고 응답 확인을 할 수 있다.

```
navigator.network.isReachable('http://184.73.225.31', checkNetwork,
➥ { isIpAddress: true });
```

콜백으로는 단일 객체가 전달되는데, 안타깝게도 객체가 실제로 어떤 형태인지 예측하는 것이 어렵다. 엄밀하게 말하면, 콜백을 가지고 뭔가 시도하기 전에 code 속성의 값을 조사해야 함을 뜻한다. 객체 그 자체 혹은 객체의 code 속성은 다음의 세 가지 상수 중 하나의 값을 포함한다.

- NetworkStatus.NOT_REACHABLE
- NetworkStatus.REACHABLE_VIA_CARRIER_DATA_NETWORK
- NetworkStatus.REACHABLE_VIA_WIFI_NETWORK

다음은 위의 세 가지 상수 값을 이용하여 실제로 네트워크 상태 점검 기능을 수행하는 코드를 만든 예시이다.

```
function checkNetwork(reachability) {
  var networkState = reachability.code || reachability;

  if networkState == NetworkStatus.NOT_REACHABLE {
    // 네트워크 사용 불가
  }
```

```
    else if networkState == NetworkStatus.REACHABLE_VIA_CARRIER_DATA_NETWORK
{
    // 이동통신망 네트워크
}
    else if networkState == NetworkStatus.REACHABLE_VIA_WIFI_NETWORK {
    // 와이파이 네트워크
    }
}

navigator.network.isReachable('phonegap.com', checkNetwork);
```

이 코드는 장치를 이용할 수 있다는 이벤트를 받고 난 직후 앱이 제일 처음 검사해야 할 부분 중의 하나인데, 우리가 만든 앱은 네트워크가 가능할 때에 비로소 제 역할을 할 수 있는, 네트워크에 절대적으로 의존하는 앱이기 때문이다. 만약 네트워크가 사용 불가능한 상태이면, 그저 사용자에게 지금 사용 가능한 네트워크가 아무것도 없으므로 연예인들에 대한 정보를 제공할 수 없다는 메시지를 띄워주는 것이 고작이다.

지리 위치, 저장소, 그리고 장치의 방향

이미 앞에서 브라우저의 자체적인 지리 위치 API를 사용하는 방법을 살펴보았으며 또한 Web SQL을 이용하여 데이터베이스를 만들고 그 안에 값을 저장하거나 꺼내오는 방법도 살펴보았다. 지원되는 브라우저들에 한하여, 스마트폰의 가속도 센서를 활용하여 흔들기 제스처와 같은 똑똑한 기능도 구현할 수 있었다. 하지만, 모든 스마트폰과 모바일 장치에 탑재되는 모든 브라우저들이 PhoneGap이 지원하는 것과 같은 기능들을 제공하는 것이 아니다. 좋은 소식은, PhoneGap이 이에 대해서 영리하게 대처하고 있다는 점인데, 만약 브라우저가 PhoneGap이 원하는 기능을 완벽하게 이미 지원하고 있다면 브라우저의 기능을 직접 이용할 수 있게 해주며, 그렇지 않은 경우에는 장치의 네이티브 인터페이스를 대신 중계해준다.

가장 좋은 경우는 PhoneGap의 API가 W3C와 같은 문법을 사용하는 것으로, 여러분의 앱을 브라우저가 제공하는 API들을 사용하여 PhoneGap에서도 동일하게 사용할 수 있도록 만드는 것이다.

하드웨어 버튼

터치 스크린이 스마트폰 업계에서 필수 요소로 자리 잡은 지는 오래되었지만, 몇몇 제조 업체들은 메뉴 버튼이나 뒤로 가기 버튼과 같은 하드웨어 버튼들을 장치에 추가하기도 한다. 정말로 네이티브와 같은 경험을 주기 위해서는, 이러한 하드웨어 버튼들에 의하여 발생하는 이벤트까지도 가져와야 하며, 하드웨어 버튼이 의도하는 바를 정확하게 우리 앱에서 보여줄 수 있어야 한다.

iPhone과 Palm Pre의 경우 우리가 제어할 수 있는 하드웨어 버튼이 아무것도 없으므로, 만약 iOS 또는 webOS에만 관심이 있을 경우 무시하더라도 무방하다. 안드로이드 계열 폰들의 경우 이와는 달리 하드웨어 버튼의 종류가 다양한데, 홈, 메뉴, 뒤로 가기, 검색 버튼들이 있으며, 실제로는 장치 제조사들마다 고유한 하드웨어 버튼을 덧붙이는 경우도 있다. 그러나 이 네 가지 버튼은 모든 장치들을 포함하여 기본적으로 제공되는 버튼들이다.

이러한 하드웨어 버튼들은 꽤 자기 설명적이다. 홈 버튼을 누르면 여러분에게 스마트폰 첫 화면을 보여주는 기능을 하므로 이 부분에 대해서는 오해할 것이 없다. 그 외 나머지 세 가지 버튼들은 사용자들이 우리 앱에서 편안함을 느낄 수 있도록 우리 스스로 조절할 수 있는 부분이다.

뒤로 가기 버튼

뒤로 가기 버튼은 여러분의 앱을 화면 뒤로 숨기는 역할을 한다. 만약 브라우저 안에서 우리 앱을 실행하면, 브라우저의 뒤로 가기 버튼과 같은 역할을 수행하므로, 우리는 이미 History API를 사용하여 이러한 부분이 좀 더 자연스럽게 동작하도록 구현했던 적이 있다. 하지만, 네이티브 안드로이드 앱에서의 뒤로 가기 버튼은 이전 'Activity'로 이동하는 것을 의미하므로, 우리의 경우, 전체 앱이 하나의 단일 페이지를 보여주는 웹 뷰 컴포넌트로 구성된 모습이기 때문에, 곧바로 앱을 빠져 나가게 되는 것을 의미하며, 사용자들이 기대하는 사용자 경험과는 큰 차이를 만들어내게 된다.

PhoneGap은 우리가 이러한 상황에 대응할 수 있도록 `backbutton` 이벤트를 제공한다. 이 이벤트를 브라우저의 히스토리 API에서 제공하는 `back()` 메소드를 호출하기 위한 용도로 다루고자 하며, `popstate` 이벤트를 호출하도록 유도할 것이다. 다행스럽게도, 우리 앱은 이미 이러한 부분에 대한 처리를 우아하게 하고 있다.

```
document.addEventListener('backbutton', function(e) {
  window.history.back();
});
```

5장에서 살펴본 것처럼, 우리는 이미 히스토리 API를 이용하여 우리 앱의 기능을 확장하도록 만든 바 있기 때문에, 여기서는 단지 장치의 뒤로 가기 버튼의 기본 동작 대신 이를 사용하도록 연결하기만 하면 된다.

BlackBerry용 PhoneGap은 아직 하드웨어 뒤로 가기 버튼에 대한 추상화 계층을 제공하고 있지 않지만, 다행스럽게도 WebWorks SDK가 뒤로 가기 버튼이 눌린 경우에 대한 콜백 호출을 지원하고 있다. 이를 사용하려면 config.xml 파일을 열어 다음과 같이 키 값을 새로 추가하면 된다.

```
<feature id="blackberry.system.event" version="1.0.0" />
```

여러분의 앱 상의 코드에서는 다음과 같이 코드를 작성하면 된다.

```
blackberry.system.event.onHardwareKey(blackberry.system.event.KEY_BACK,
➥ function() {
  window.history.back();
});
```

메뉴

메뉴 버튼은 여러분이 데스크톱에서 사용하던 마우스의 오른쪽 버튼 누르기와 비슷한 기능을 하는데, 여러분이 화면에서 가리킨 항목에 대한 상황 메뉴를 띄워주는 역할을 하기 때문이다. 사용자에게 불편함을 주지 않으면서도 손쉽게 추가적인 옵션을 제공할 수 있는 좋은 방법 중의 하나이다. 메뉴 버튼에 대한 이벤트를 받는 것도 뒤로 가기 버튼을 다루는 것만큼 간단한데, 아래와 같이 코드를 넣어주기만 하면 된다.

```
document.addEventListener('menuKeyDown', function(e) {
  showMenu();
});
```

상황 별 메뉴를 각기 다른 화면에서 보여줄 수 있는 가장 쉬운 방법은 메뉴에 해당하는 요소를 <DIV> 요소로 구성하고 이 요소를 각 화면마다 숨겨놓는 방법으로, 예를 들어 menuKeyDown 이벤트를 받았을 때 menu와 같은 CSS 클래스 이름을 부여하여 쉽게 찾아 화면상에 표시하도록 할 수 있다. 안드로이드 장치에서는 메뉴가 보통 뒤로 가기 버튼 옆에 붙어있으므로 메뉴를 표시하는 행위 자체를 히스토리 상에 새로운 스택으로 추가하여 사용자가 메뉴를 보고 있는 도중에 뒤로 버튼을 누르더라도 그 의도를 정확하게 맞출 수 있도록 해주는 것이 좋다.

검색

검색 버튼은 여러분의 앱 내부를 검색할 수 있도록 한다는 취지의 성격이 강하며, 다른 버튼들처럼 상황에 따라 의미가 달라질 수 있는 하드웨어 버튼 중 하나이다. 만약 예를 들어서 연락처 목록을 관리하는 앱이 있다고 하면, 이 앱에서 검색 버튼을 눌렀을 때 연락처를 검색할 수 있는 기능을 제공할 수 있을 것이다. 검색 버튼에 대한 이벤트 처리 또한 메뉴 버튼과 동일하며, 그저 수신하려는 이벤트 이름만 바꾸면 된다.

```
document.addEventListener('searchKeyDown', function(e) {
  showSearch();
});
```

만약 여러분의 앱이 안드로이드 버전으로 런칭 할 것을 계획 중이고, 검색 페이지나 검색 화면을 가지고 있다면, 검색 버튼을 통한 기능 제공을 할 필요성을 매우 크게 느낄 것이다. 이 기능을 구현하는 일은 매우 쉽고, 사용자들이 검색 기능을 사용할 수 있다는 사실을 **알게 하여** 뒤로 가기 버튼을 앱 안에서 누르는 것을 두려워하지 않도록 하는 효과가 있다. 여러분이 어떤 종류의 앱을 만드는가에 따라서 여러분 앱 전체에 대한 검색 기능을 제공하거나, 각 화면의 특정 기능에 맞춘 검색 기능을 제공하는지를 달리 선택할 수 있다.

카메라 기능 사용하기

지금까지, 우리가 만들었던 웹 앱으로부터 시작하여 장치의 유용한 기능들을 어떻게 접근할 수 있는지에 대하여 두루 살펴보았고, 그 결과 지금은 PhoneGap을 사용한 앱을 만들게 되었다. 우리가 이전에 본 것처럼, PhoneGap은 HTML5 API를 다루는 데 매우 영리한 방법을 사용하므로, 브라우저가 특정 기능을 지원하면 그 자체의 기능을, 그렇지 않으면 장치의 네이티브 API를 대신 사용하여 그 기능을 맞출 수 있도록 하고 있다. 그러나 이 마법은 여기서 멈추지 않는데, PhoneGap은 다른 네이티브 앱과 같이 시스템 전체에 대한 액세스가 가능하고, 여러분의 앱에 자바스크립트 API의 형태로 이러한 기능을 제공할 수 있다.

PhoneGap을 이용하여 다룰 수 있는 하드웨어의 종류는 플랫폼마다 차이가 있으며, 모든 앱들에 대해서 이러한 사양이 적절한 것은 아니다. 여기서는 한 가지 유용한 예제를 살펴보려고 하는데, 여기서 살펴볼 콘셉트는 다른 API들에 대해서도 동일하게 적용할 수 있는 것이다. 사용 가능한 전체 API를 모두 확인하고, 이들 API들을 어떻게 사용할 수 있는지 예제를 살펴보고자 한다면, PhoneGap의 문서 웹 사이트를[2] 방문하여 자세한 내용을 살펴볼 것을 권한다.

우리가 만드는 StarTrackr 앱에 있어서 가장 적절한 하드웨어 관련 기능으로는 GPS 다음으로 카메라 기능이 될 것이다. 카메라는 거의 모든 스마트폰들에 걸쳐서 기본으로 제공되는 기능이다. 만약 사용자들이 연예인들이 거리를 멋지게 활보하는 모습을 찍어서 올릴 수 있게 한다면 이 또한 멋진 기능이 되지 않을까 한다. 사진을 올릴 때에는 GPS 좌표와 도로 이름까지 포함시켜서 올릴 수 있게 한다면 더할 나위 없이 좋을 것이다. PhoneGap은 여러분의 앱이 카메라로 촬영할 수 있는 기능을 제공하는 아주 단순한 API를 우리를 위하여 제공해준다.

 파일 입력

> 아마 여러분은 왜 <INPUT> 태그의 FILE 입력 컨트롤을 사용하지 않는지 궁금해할 것이다. 대부분의 스마트폰들은 포토 갤러리를 제공하며, 당연히 사용자들이 사진을 선택하여 업로드 할 수 있는 기능을 제공하지 않겠는가 하는 생각을 하기 쉽다. 그러나 실은 그렇지 않은데, 적어도 iPhone만을 보더라도 iOS 자체적으로 이러한 입력 컨트롤에 대한 지원을 하고 있지 않다. 안드로이드 2.2 버전 이상의 경우, 좀 더 나은 기능을 제공하는데 갤러리 대화 상자를 통하여 사용자들이 폰에 저장된 사진을 선택할 수 있게 하는 방법을 제공한다. 그러나 이런 저런 경우의 수를 모두 따져보아도, 데스크톱 브라우저에서 보던 것과는 거리가 멀다. 그래서 네이티브 API를 대신 사용하는 것이 최선이다.

---

[2] http://docs.phonegap.com/

이 마법과 같은 일을 해줄 우리가 원하는 함수는 다음과 같다.

```
navigator.camera.getPicture(cameraSuccess, cameraError, { cameraOptions })
```

정말 사용하기 쉽다. 첫 번째 매개 변수는 콜백 함수로 만약 카메라로부터 이미지를 받아오는 데 성공하였을 경우 불리게 될 것이며, 혹은 사용자가 갤러리로부터 이미지를 선택한 경우에도 호출될 것이다. 두 번째 매개 변수는 사용자가 카메라 촬영을 취소하거나 기타 장치 오류 등의 이유로 카메라 촬영이 실패한 경우 호출될 것이다. 그리고 세 번째 매개 변수는 옵션 해시이다.

옵션 매개 변수는 자바스크립트 객체로, `quality`, `destinationType`, `sourceType` 그리고 `allowEdit` 프로퍼티로 구성된 객체를 지정할 수 있다.

사진을 촬영하기로 하였기 때문에, 기본 이미지는 JPEG 형식이다. JPEG 이미지를 만들 때에는 이미지의 화질을 선택할 수 있는데, 큰 값을 지정하면 이미지가 선명해지지만 파일의 크기 또한 같이 증가하게 된다. 이미지 파일의 크기라는 요소는 모바일 장치에서 굉장히 중요한 부분인데 네트워크의 대역폭과 사용 가능한 메모리의 제약이 있기 때문이므로, 화질에 대한 선택을 조절할 필요성이 있다. 화질 선택은 0부터 100 사이의 값으로 정할 수 있다. PhoneGap 팀에서는 iPhone에서 사진 촬영을 할 때 50 이하의 값을 사용할 것을 권장하는데, 메모리 관련 오류를 피하기 위하여 이러한 값 범위를 추천하고 있다. 만약 webOS나 블랙베리에서 이 기능을 이용하는 경우 `quality` 매개 변수의 값은 반영되지 않으며 이 경우에는 이 옵션을 사용하지 않을 수 있다.

그리고 촬영되는 이미지를 저장하는 장소는 크게 두 가지로 나눌 수 있는데, `destinationType` 속성에 의하여 이를 결정할 수 있으며, 파일 시스템 혹은 BASE64 방식으로 인코딩된 문자열 중 하나로 정할 수 있다. 이미지를 로컬 위치에 저장할지의 여부에 따라 이 옵션을 적절하게 선택하면 되는데, 만약 곧바로 이미지를 표시하려고 한다면 `destinationType`의 값을 `Camera.DestinationType.DATA_URL`로 지정하여 BASE64 방식으로 인코딩된 문자열을 얻어오면 된다. 만약 장치의 파일 시스템에 직접 저장하려고 한다면 `Camera.DestinationType.FILE_URL`을 대신 지정하면 된다.

BASE64에 대하여

BASE64 인코딩은 이진 파일의 각 바이트들을 64가지의 서로 다른 ASCII 문자의 형태로 바꾸어 일반적인 문자열로 변환하는 인코딩 기법으로, 보통의 문자열들과 같이 취급할 수 있도록 해준다.

보통은 PhoneGap 안에서 파일의 내용을 다루고자 할 때, BASE64 인코딩을 사용하는 것을 기본으로 한다. 왜 그럴까? HTML 안에서는 이미지 파일과 같은 리소스들을 가져와야 할 때 URL이나 BASE64 형태로 인코딩된 문자열 데이터를 가져올 수 있다. 보통은 아래와 같이 사용할 것이다.

```
<img src="myimage.jpg" alt="an image from a URL" />
```

그렇지만 이 외에도 data:로 시작하는 URL에 BASE64로 인코딩된 문자열을 지정함으로써 이미지 파일의 내용 자체를 포함하게 할 수도 있다.

```
<img src="data:image/jpeg;base64,AAABAYA=\n" alt="This is valid" />
```

그리고 마지막으로 중요한 옵션은 sourceType으로, 장치의 어느 위치로부터 이미지 파일을 가져오게 할 것인지를 결정할 수 있는 옵션이다. 세 가지의 옵션이 있는데, 포토 라이브러리, 카메라, 그리고 저장된 포토 앨범 중 하나가 될 수 있다. 카메라 이외의 옵션은 폰 안에 저장된 사진들을 선택하기 위한 옵션이며, 아이폰에서는 첫 번째와 세 번째에서 가져올 수 있는 이미지의 종류에 차이가 있고, 안드로이드 계열 폰들은 그저 로컬에 저장된 사진을 가져온다는 의미로 받아들이며, webOS와 블랙베리의 경우 이 옵션을 무시한다.

sourceType 속성에 지정할 수 있는 상수 값들의 종류는 다음과 같다.

- Camera.PictureSourceType.PHOTOLIBRARY
- Camera.PictureSourceType.CAMERA
- Camera.PictureSourceType.SAVEDPHOTOALBUM

이제 좀 더 단순한 내용을 가지고 있는 앞의 두 가지 콜백 함수에 대해서 살펴보도록 하자.

cameraError 콜백은 오류 메시지를 매개 변수로 제공하며, 대화 상자에 내보내기에 알맞은 형태의 오류 메시지를 제공한다. cameraSuccess 콜백은 BASE64 방식으로 인코딩된 데이터 혹은 파일의 URL 중 하나를 반환하며 앞에서 설정한 destinationType에 따라 데이터의 종류가 달라지게 된다.

이제 이 API를 충분히 살펴보았으므로, 실제로 앱에 어떻게 반영할 수 있는지 코드를 한번 살펴보도록 하자.

Ch8/www/javascripts/app.js (인용)

```javascript
document.addEventListener("deviceready", function() {
  $('#photo a').click(function() {
    navigator.camera.getPicture(function(data) {
      console.log('Image saved');
      $('#photo-viewer').html('<img src="data:image/jpeg;base64,' + data
➡ + '" alt="">');
    }, function(str) {
      navigator.notifications.alert(str, 'Error');
    }, {
      destinationType: Camera.DestinationType.DATA_URL,
      allowEdit: false,
      quality: 50
    });
  });
}, false);
```

BASE64로 인코딩된 이미지 파일의 내용을 직접 받도록 매개 변수들을 지정하였고, 화질 수준을 50으로 정의하였다. getPicture() 메소드는 우리 인터페이스 안의 링크에 붙어있으며, 만약 이미지를 정상적으로 가져올 수 있으면, BASE64 문자열을 <IMG> 태그에 지정하여 화면상에 이미지를 보이게 할 것이다.

실제로 구동하기

지금부터 마지막 직선 코스에 접어들게 되었다. 우리 앱이 이제 목표로 하는 플랫폼에 출시될 준비가 되었으며, 클라이언트들은 결과에 매우 만족하고 있다. 이번 장의 마지막에서, 어떻게 하면 다양한 마켓플레이스에 우리 앱을 내보낼 수 있는지 그 방법들을 살펴볼 것이다. 그러나 그 전에 우리 앱이 실제 장치에서 사용 가능할 뿐만 아니라 편리한 느낌을 주는지 확인해봐야 한다. 시뮬레이터들은 보통 앱의 기능과 인터페이스를 확인하는 데 아주 유용하지만, 실제 하드웨어에서 테스트 해보는 것만큼 정확하지는 않다. 예를 들어, iPhone의 시뮬레이터는 실제 iPhone들보다 훨씬 빨리 실행되는 경향이 있는 반면, 안드로이드 시뮬레이터는 실제 안드로이드 스마트폰보다 느리게 동작하는 경향이 있다.

거의 모든 부분들에 있어서, 실제 장치에서 테스트를 하는 것은 시뮬레이터 상에서 테스트 해보는 것보다는 복잡하지 않다. 각 플랫폼 별로 필요한 단계들을 살펴보도록 하겠다.

iOS

iOS에서는 실제 장치에서 여러분의 앱을 실행하기에 앞서 넘어야 할 단계들이 몇 가지 있다. iPhone에서 실행되는 모든 코드들은 인증서로 서명된 것이어야 하며, 애플 개발자로 등록하여 개발자 인증서를 구매해야만 한다. 등록하기 위해서는, https://developer.apple.com/programs/ios/에 방문하여 절차를 따른다.

등록하고 나면, 애플 개발자 센터에서 로그인한 다음 iOS Provisioning Portal을 클릭한다. 그 다음, 단계별로 절차를 따라 진행한다. 가장 먼저, 개발자 인증서를 만들고 앱에 서명해야 한다. Certificates를 클릭 하고 그 다음 How To 탭을 클릭 한다. 인증서를 만들고 업로드 하면, 안전한 곳에 이 인증서를 보관해야 하는데, 만약 인증서를 잃어버리면 이 단계를 반복해야 하며, 여러분의 앱을 테스트 하기 위하여 새로운 인증서로 다시 서명을 하는 번거로움이 있다.

개발자들이 앱 스토어를 여기저기 돌아다니는 것을 막기 위하여, 애플에서는 연간 100여 개 이내의 장치들만을 등록할 수 있도록 제한을 하고 있으며, 대부분의 개발 목적에서 이 수치는 충분한 범위 안이 된다. 엄밀히 말하면, 테스트를 위해서 사용하는 장치들은 모두 등록해야 함을 의미한다. Devices 링크를 클릭 하고 How To를 클릭 하여 자세한 설명을 읽기 바란다.

장치 업데이트

iPhone이나 iPad에 iTunes를 이용하여 새로운 업데이트를 설치할 때마다, Apple 개발자 사이트에서 정확한 버전의 SDK를 설치하는 것을 잊지 않도록 한다. 감사하게도, 새로운 SDK는 새 버전의 iOS가 출시되기에 앞서 항상 먼저 대중에 공개되므로, 여러분의 소프트웨어를 새로운 버전의 iOS가 출시되기에 앞서 문제 진단을 먼저 할 수 있다.

다음으로, App ID를 만들어야 한다. App ID는 Apple이 여러분의 앱을 식별하기 위하여 사용하는 고유 ID 값이다. 한번 만들어지면, 이 값을 변경할 수 없고 또한 삭제할 수 없으므로, 이 ID가 여러분의 앱을 잘 설명할 수 있는 의미를 지닐 수 있도록 신중하게 정의해야 한다. App ID는 두 가지 파트로 구성되는데 번들 시드(seed)와 번들 식별자(identifier)로 구성된다. 보통은 여러분이 앱 스위트를 만들어 앱 사이에 키 체인 정보를 공유하려고 하지 않는 한, 여러분이 만드는 앱마다 새로운 번들 시드를 만들고자 할 것이다. 번들 식별자를 만들 때 권장하는 방법은 도메인 이름의 역순을 이름으로 사용하는 것으로, 여러분의 앱 이름이 가장 마지막 요소로 오도록 하는 방법인데, 우리의 경우 com.sitepoint.startrackr와 같이 지정할 수 있다.

App ID를 제출하고 나면, Apple은 프로비져닝 프로필을 생성하는데, Xcode로 하여금 여러분이 만든 앱을 장치에 설치할 수 있도록 허용할 것을 요청하는 내용을 포함하고 있다. 프로비져닝 링크를 클릭하고, 'New Profile'을 클릭한다. 프로필 이름(우리의 경우 startracker가 될 것이다)을 지정하고, 이전에 여러분이 업로드한 인증서(이 단계에서 요청하는 모든 인증서가 지금 사용하는 인증서와 같은 것이어야 한다)를 선택하고, 테스트 하려는 등록된 모든 장치들을 선택한다. 양식을 제출하고 프로비져닝 프로필을 저장하고 나면, 이 파일을 다운로드 할 수 있다. 다운로드 한 파일을 더블클릭 하면, Xcode Organizer가 나타날 것이다. 이 프로그램에는 여러분이 만든 프로비져닝 프로필 목록이 포함되어있을 것이다.

이제 거의 다 되어간다. Xcode에서 startrackr 앱을 열고, **startrackr-Info.plist** 파일을 앞에서 했던 것처럼 다시 연다. 여기서 **Bundle Identifier** 키 항목을 찾아, 앞에서 만든 번들 식별자를 여기에 지정하는데, 우리의 경우 com.sitepoint.startrackr가 될 것이다. 그러나 여기에는 번들 시드 값을 지정하지는 않는다. 이제 여러분의 맥 컴퓨터에 장치를 연결하고, Xcode 좌측 상단에 있는 'Device' 드롭 다운 상자에서 여러분의 장치를 선택하고, 'Build and Run'을 클릭한다. 여러분의 앱이 폰에서 실행되는 모습을 볼 수 있을 것이다.

안드로이드

안드로이드 폰에서 여러분의 앱을 실행하는 것은 아이폰보다 훨씬 더 쉽다. 우선, 여러분의 폰과 연결하기 위하여 USB 디버깅을 활성화 해야 한다. 이 설정은 'Settings 〉 Applications 〉 Development' 아래에서 찾을 수 있다. USB 디버깅을 활성화 하고 나면, 폰을 컴퓨터에 연결하고, 여러분의 프로젝트를 이클립스에서 연다. Project Explorer 에서 여러분의 프로젝트 이름을 오른쪽 버튼으로 클릭하고, 'Properties'를 클릭 한다. 그 다음, 'Run/Debug Settings' 섹션을 찾아, 여러분의 프로젝트를 선택하고 'Edit' 버튼을 클릭한다. 'Target' 탭을 클릭하고 'Manual'을 선택한다. 이렇게 하여 이클립스가 여러분의 프로젝트를 실행할 때마다 어떤 장치를 사용할 것인지 묻도록 강제할 수 있다.

이제 앱을 실행하면, 어떤 장치에 대해서 또는 어떤 AVD 에뮬레이터 위에서 앱을 실행할 것인지를 묻는 대화 상자가 그림 8.4와 같이 나타날 것이다. 안드로이드 폰이 연결되어 있다면, 상단 패널에서 찾을 수 있을 것이다. 장치를 선택하고 OK 버튼을 누른다. 잠시 기다리면, 폰 안에서 실행되는 앱의 모습을 볼 수 있을 것이다.

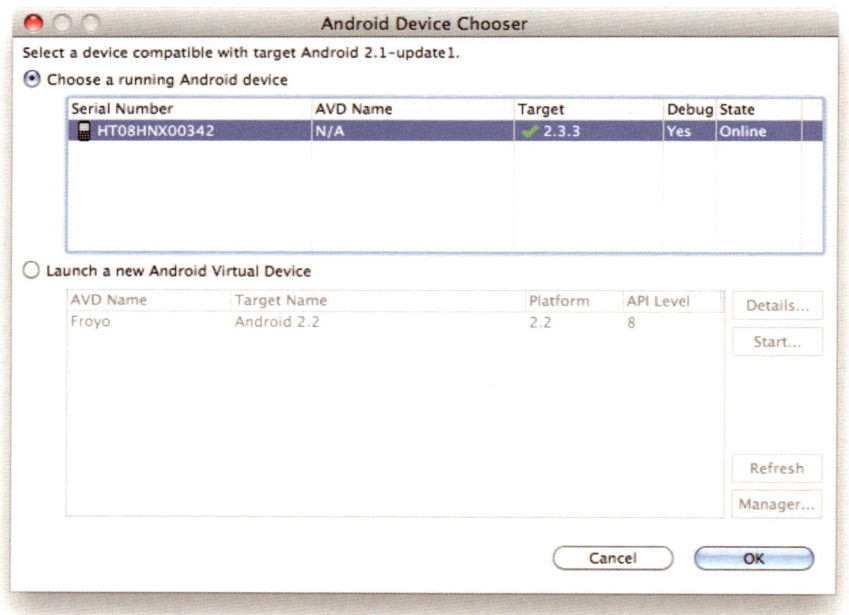

그림 8.4. 안드로이드 장치와 에뮬레이터 중에 선택할 수 있다.

블랙베리

블랙베리 장치는 여러분이 실제 하드웨어에 소프트웨어를 올리기에 앞서 코드 서명을 필요로 한다. 이 절차는 수일이 소요되므로, 프로젝트 마감에 임박해서 요청하지 않도록 주의한다. Apple과는 달리, 등록 절차는 무료이지만, 신용카드 정보를 제공하여 여러분 스스로를 증명해야 한다. 그리고 카드 정보를 제공하더라도 금액은 차감되지 않는다.

https://www.blackberry.com/SignedKeys/ 페이지로 이동하여 양식을 채워 넣는다. 정상적으로 승인되면 여러분의 키 값이 양식에 지정한 E-MAIL 주소 앞으로 배달되며, 자세한 설치 방법도 같이 따라오므로 이 책에서는 설명을 생략하겠다.

폰에서 앱을 실행하는 것도 시뮬레이터에서 실행하는 것과 비슷한 방법으로 실행할 수 있지만 명령어가 약간 다르다.

```
ant load-device
```

이 명령을 실행하고 나서, 여러분의 폰에 있는 블랙베리 버튼을 누르고, 다운로드 폴더로 이동한다. 여러분의 앱이 그 위치에 들어있는 것을 볼 수 있으며, 실행할 수 있도록 준비된 상태일 것이다. 실행하고 나서, 키 인증 비밀번호를 입력하고 나면 실행될 것이다. 만약 키 인증 비밀번호를 반복 입력하는 횟수가 많다고 생각이 되면 이 키 값을 project.properties 파일 상에 아래와 같이 추가해둘 수 있다.

```
sigtool.password=shhdonttellanyone
```

WebOS

WebOS는 여러분의 앱을 테스트 하는 방법이 다른 어떤 장치들보다도 쉽고 간결하다. 장치를 연결하고 make 명령을 수행한다. 만약 장치 연결을 감지하게 되면, 자동으로 장치 위에서 동작을 시작하게 되며 그 외에는 에뮬레이터로 자동 구동되도록 디자인 되어 있다.

앱 판매하기

우리의 PhoneGap 탐험 여정에 있어서 마지막 단계에 이르렀다. 웹 앱을 개발하였고, PhoneGap과 다양한 SDK들과 결합하여 네이티브 앱을 만들었으며, 하드웨어 관련 API들을 사용하여 네이티브 앱과 가까운 형태로 향상시켰으며, 에뮬레이터와 실제 장치들에서 충분히 테스트도 해보았다. 이제 세상에 우리 앱을 알릴 차례이며, 각각의 앱 마켓 플레이스에 업로드 하는 것으로 마무리할 수 있다.

Apple 앱 스토어

여러분의 폰에서 앱을 테스트 하기 위하여 만들어야 했던 개발자 인증서와 같이, 앱 스토어에 앱을 업로드 하기 위한 배포 인증서도 가지고 있어야 한다. http://developer.apple.com/으로 이동하여 개발자 계정으로 로그인 한다. iOS Provisioning Portal로 이동하여 Distribution 섹션을 찾고, Obtaining Your iOS Distribution Certificate에 있는 가이드를 따른다.

다음으로, 프로비져닝 프로필을 만들어야 하는데, 1장에서 만들었던 개발자 프로필을 만드는 과정과 비슷하다. 왼쪽 메뉴에서 Provisioning 링크를 클릭하고, Distribution 탭을 클릭한다. 그 다음 App Store를 Distribution Method로 선택하고, 프로필 이름을 지정한다. 여기에 지정할 이름을 앱의 이름과 동일하게 맞추는 것을 권하는데, 이렇게 지정하여 나중에 이 정보를 다시 찾을 때 알아보기 쉽게 하고자 하기 위함이다. 마지막으로, 여러분이 배포하기 원하는 앱을 드롭 다운 메뉴에서 선택하고, 'Submit' 버튼을 클릭 한다. 잠시 기다리고 나면, 새로운 모바일 프로필을 다운로드할 수 있게 된다. 프로필을 다운로드 하고 설치하고 나면 다시 Xcode로 이동하여, 코드를 배포용으로 특별한 방법을 사용하여 컴파일 해야 한다.

이미 알아차린 독자들도 있겠지만, Xcode에서 앱을 빌드 하는 유형은 크게 두 가지 유형으로 구분되는데 바로 Debug와 Release이다. Debug 빌드는 원격 디버거가 작동할 수 있도록 충분한 정보와 힌트를 프로그램 코드 안에 남겨놓는 방식으로 빌드를 하는 것을 의미한다. 당연히 실제 배포 버전에서 이는 필요하지 않으므로, 이러한 설정들을 제거하여 최종적으로 만들어지는 앱 파일의 크기를 좀 더 작게 유지할 수 있다. 우리 앱을 앱 스토어에 올리기 위하여, Release 빌드 타깃을 복사해서 구성해야 한다.

'Project' 메뉴를 클릭하고, 'Edit Project Settings' 메뉴를 클릭하면, 프로젝트 정보 화면이 나타날 것이다. 여기서 'Configurations' 탭을 클릭하고, 'Release'를 선택한다. 'Duplicate' 버튼을 클릭하고, 새로운 이름을 입력하라는 메시지 박스가 나타나면 여기에 'Distribution'이라고 지정한다. 이제 이 창을 닫으면 된다.

그 다음, 메인 프로젝트 창에서 왼편의 패널에서 'Targets' 그룹을 찾는다. 이것을 열고, 'startrackr' 앱을 클릭 한다. 'Build' 탭을 선택하고, 'Configuration' 드롭 다운 메뉴에서 'Distribution'을 선택한다. 'Code Signing' 섹션을 찾아, 이 앱에 알맞은 정확한 배포 프로필을 'Any OS Device' 메뉴에서 선택한다. 만약 모든 것이 정확하게 설정되어 있다면, 오른편의 옵션이 굵게 표시될 것이다. 마지막으로, 'Properties' 탭을 선택하여, 'Identifier' 필드가 정확한 이름으로 설정되어 있는지 확인한다. 우리의 경우, com.sitepoint.startrackr로 되어있어야 하며, 버전 번호도 설정되어 있는지 확인한다. 버전 번호는 지금 우리의 경우 1.0이 알맞겠지만 원한다면 다른 번호를 지정해도 된다.

이제 프로젝트를 컴파일 하고 패키지를 만들면 된다. 메인 프로젝트 창에서, 드롭 다운 메뉴에서 Distribution으로 대상을 정하고, 'Build' 메뉴의 'Build'를 클릭 한다. 모든 것이 정상적이라면, 이제 여러분의 앱이 앱 스토어에 업로드 가능한 형태로 준비될 것이다.

이제 이 시점에서 여러분의 마케팅 관련 장식을 덧붙일 때이며, iTunes에서 보여질 이미지와 광고 문구를 준비해야 한다. Developer Portal로 되돌아가서, 'iTunes Connect' 링크를 선택하고, 'Manage Your Applications'를 클릭한다. 화면 상단의 'Add New App' 버튼을 클릭하여 앱에 대한 자세한 정보를 기록한다.

가장 먼저, 앱의 정식 이름을 입력해야 한다. 이 이름은 여러분의 홈 스크린에 나타나는 이름과는 다른 이름이며, 실제 사용자들에게 제일 먼저 보여질 이름이 되므로 가능한 구체적으로 서술해야 한다. 그 다음, SKU 번호를 입력해야 하는데 이는 여러분의 앱을 식별할 수 있는 고유 ID값이 된다. 예를 들어 앱 이름을 짧게 줄인 버전 이름을 넣는 방법을 통하여 가장 확실하게 구분을 지을 수 있다. 그리고 여러분이 제출하려는 앱과 일치하는 번들 ID를 선택한다.

다음으로, 앱이 마켓플레이스 상에 게시되었을 때 판매될 가격을 정의하는 단계를 거친다. Apple은 여러분이 아무렇게나 가격을 정할 수 없도록 하고 있으며, 가격 표에서 제안하는 가격 중 하나를 정해야 한다. 가격을 정하는 것에 대해서는 너무 걱정하지 않아도 되는데, 나중에 가격을 쉽게 바꿀 수 있고, 심지어 앱이 입소문을 타서 한창 잘 팔리는 도중이라도 얼마든지 자유롭게 책정할 수 있다. 기억할 것은 Apple이 매출에서 30%

를 가져간다는 것인데, 만약 여러분이 앱 하나에 99센트로 판다고 하면, 실제로는 70센트의 수익을 얻을 수 있다.

 출시 일자

출시 일자는 여러분이 요청하거나 앱이 승인되는 날짜보다는 이후가 되기 때문에, 출시 일자를 당장 내일로 설정했다고 해도 앱의 승인이 빨리 이루어지는 것이 아니다.

이제 여러분이 알고 있는 광고 기획자와 연락하여 여러분의 앱을 위한 설명문을 쓸 차례이다. 고객들에게 여러분의 앱이 왜 대단하고 멋진지 4,000자 이내에서 설명문을 쓸 수 있고, 왜 구입할 수 밖에 없는지를 피력해야 한다. 처음 한 절 혹은 두 절 정도의 문장이 아이튠즈 화면상에 실제로 노출되는 영향력 있는 문구이며, 사용자는 더 자세한 내용을 보기 위하여 more 링크를 클릭 할 것이다. 당연히 이것도 나중에 변경할 수 있지만, 출시와 동시에 큰 인기를 얻고 싶다면 처음부터 제대로 된 설명을 쓰는 것이 좋다.

그 다음, 앱이 정확히 속하는 카테고리를 두 가지 선택할 수 있는데, 키워드들을 선정하는 것도 효과적인 검색 노출을 위하여 신경 써야 할 부분이다. 카테고리 섹션은 대우 중요한 부분으로, 여러분의 앱을 다시 제출하고 또 다시 승인 절차를 거쳐서 새로운 앱을 등록해야만 카테고리 이동이 가능하기 때문에 신중하게 결정해야 한다.

그 이후의 나머지 항목들은 직관적인 항목들로, 리뷰어 노트 필드에 있는 항목은 특별히 신경 쓰는 것이 좋다. 리뷰어를 위한 구체적인 설명을 남길 수 있는데, 예를 들면 데모 시연을 위한 비밀 번호나 어떻게 앱을 사용할 수 있는가에 대한 간단한 도움말을 기술할 수 있다. 보통 일반적으로 이 부분에서는 리뷰어들이 앱을 제 때에 출시할 수 있게끔 승인을 도울 수 있는 방향으로 자세한 설명을 남기는 것이 좋다.

iTunes에서의 각각의 앱은 콘텐츠 심의를 받게 되며, 4세 이하 등급으로 어린이들이나 자극적인 내용에 취약한 계층을 배려하는 등급에서부터 흔히 성인용 콘텐츠에 많이 부과되는 17세 이상 등급에 이르기까지 다양한 평가를 받을 수 있다. 여러분이 등급 산정 매트릭스에서 선택한 옵션을 기준으로 등급이 우선 산출되며, 나중에 Apple이 심의 결과를 거쳐 여러분의 선택이 적절하지 않다고 판단하면 다시 등급을 조정할 수도 있다.

마지막으로 마케팅 퍼즐을 풀기 위한 과제로 여러분의 앱의 아이콘과 스크린 샷을 올리는 일이 남았다. iTunes에서 보여질 아이콘은 512×512 픽셀 크기로 만들어야 하는데, 홈 스크린에 맞추어 만들었던 아이콘 이미지보다 훨씬 넓고 큰 아이콘을 만들 수 있으므로 시선을 사로잡을 수 있는 독특한 아이콘을 만드는 것이 유리하다. 그리고 여러분의 앱이 실제로 동작하는 모습을 촬영한 여섯 장의 스크린 샷을 올려야 하는데, 가장 쉬운 방법은 여러분의 폰에서 앱을 불러와서 전원 버튼과 Home 버튼을 동시에 눌러 스크린 샷을 촬영하는 방법이다. 이렇게 하여 여러분의 포토 갤러리 상에 스크린 샷이 저장되도록 할 수 있다.

필요한 모든 상세 정보들을 입력하였다면, 이제 'View Details' 버튼을 클릭하고, 'Ready to Upload Binary' 버튼을 눌러 업로드 절차를 시작할 수 있다. Xcode는 Application Loader라고 불리고 있는 도우미 프로그램을 제공하게 되는데, /Developer/Applications/Utilites/Application Loader.app에 위치하고 있으며, Spotlight을 사용하여 쉽게 찾을 수 있을 것이다. 이 프로그램을 실행하고, 여러분의 Apple 개발자 계정의 ID와 비밀번호를 넣으면, 앱 목록이 드롭 다운 리스트 상에 나타날 것이다. Xcode로 이동하여, Products 폴더를 왼쪽 편의 패널에서 선택한다. 만들어진 .app 파일을 Control 키를 누른 상태에서 클릭하고, 그리고 'Reveal in Finder'를 클릭한다. 그 다음 다시 Control 키를 누른 상태에서 .app 파일을 클릭하고, 'Compress'를 누른다. 만들어진 .zip 압축 파일을 Application Loader 아이콘 위로 끌어다 놓는다. 'Send' 버튼을 클릭 하면 모든 작업이 완료된 것이다. 이제 남은 일은 Apple의 리뷰어들이 우리 앱을 마켓플레이스에서 팔아도 되는지의 여부를 승인하는 것만을 기다리기만 하면 된다.

안드로이드 마켓

안드로이드 마켓에서도 앱을 실제로 판매하기 전에 서명하는 것을 요구하지만, 자체 서명된 인증서도 받아준다. 자세한 내용은 안드로이드 웹 사이트에서[3] 확인할 수 있다.

인증서를 설정하고 나면, 여러분의 앱을 출시용으로 다시 컴파일 해야 한다. 이를 위하여, Project Explorer에서 여러분의 앱 이름을 오른쪽 버튼으로 클릭하고, 'Export'를 선택한다. 그 다음 'Android 〉 Export Android Application'을 선택한다. 만약 아직 키 스토어를 만들지 않았다면, 새로운 키 스토어를 하나 만들어야 한다. 인증서는 간단한 별칭 혹은 짧은 이름을 필요로 하는데, 여러분의 회사 이름을 여기에 사용하면 된다. 안드

---

[3] http://developer.android.com/guide/publishing/app-signing.html#cert

로이드 마켓에서는 여러분이 제출하는 인증서가 긴 시간 동안 유효할 것을 요구하는데, 100년을 선택한다. 자세한 정보를 입력하고, .apk 파일을 기억하기 쉬운 곳에 저장한다. 나중에 .apk 파일을 마켓플레이스에 제출할 것이다.

http://market.android.com/publish로 이동하여 Google 계정으로 로그인 한다. 그 다음, 안드로이드 개발자 계정을 등록해야 하는데, 자세한 정보를 입력하고, 등록 비용을 지불한다. 계정을 만들고 승인 받기까지 얼마 걸리지 않으며 그 이후에는 여러분의 앱을 업로드 할 수 있게 된다.

앞에서 만든 .apk 파일과 함께, 여러분의 앱이 실행 중인 모습을 담은 스크린 샷을 두 장 만든다. 안드로이드에서 스크린 샷을 촬영하기 위해서는, 안드로이드에서 스크린 샷 촬영을 도와주는 앱을 찾아 설치하여 이용할 수 있다. 혹은 USB 케이블로 장치와 연결한 상태에서, 이클립스를 실행하고 'Window 〉 Show View 〉 Other'를 선택한 다음 'Android 〉 Devices'를 선택한다. 그러면 현재 사용 가능한 장치의 목록과 실행 중인 AVD 에뮬레이터 목록이 열거되는데 여기서 스크린 샷을 촬영하려는 대상을 선택하고 작은 카메라 아이콘을 클릭 하면 촬영할 수 있다.

이제 고해상도 앱 아이콘이 필요한데, iOS와 같이 512×512 픽셀 크기의 이미지가 필요하다. 역시 이 이미지도 마켓플레이스에서 보일 것이다. 또한 두 가지 부수적인 그래픽과 비디오를 올릴 수 있는데, 가능한 모든 마케팅 재화를 사용하여 이러한 옵션을 모두 활용할 수 있도록 할 것을 권장하며, 이를 통하여 경쟁에서 우위를 선점할 수 있다.

다음으로, iOS의 설명문을 만들 때와 마찬가지로 4,000자의 설명문을 넣어야 하는데, iOS에서 활용했던 문구가 있다면 여기에 그대로 복사해서 붙여 넣어도 된다. 그리고 여기에 80자의 광고 문구를 더 넣을 수 있는데, 만약 더 재미나고 멋진 광고 카피가 있다면 그것을 여기에 넣도록 한다. 여러분의 앱이 게임인지 혹은 일반 앱인지에 대한 구분을 지정하고, 카테고리를 선택한다.

앱을 판매하기 위해서는, 'Set up a Merchant Account at Google Checkout' 링크를 클릭 하여 절차를 진행해야 한다. 여기서 콘텐츠 등급 평가를 선택하고, 가격을 정의한다. Apple 스토어와는 달리, 여기서는 99센트에서 200달러 사이에서 원하는 가격을 임의로 정할 수 있지만 한 번 정하고 나면 가격을 바꿀 수 없다. 가격을 바꾸기 원한다면 새로 만든 .apk 파일을 다시 제출해야 한다.

양식의 나머지 부분은 직관적인 내용들로 되어있다. 내용을 다 채우고 'Publish' 버튼을 클릭 하면 다 된 것이다.

블랙베리 앱 월드

블랙베리 스토어에 앱을 제출하기 위해서는, 블랙베리 벤더로 등록을 해야 한다. 이는 앞에서 여러분이 개발자 라이선스를 발급받았던 것과는 구분되는 것이다. 그리고 이 과정 역시 수일이 소요되며, 여러분의 신상 정보를 제공해야 하는데 사업자 등록증이나 개인 신분증 사본을 제출해야 한다. 승인되면 https://appworld.blackberry.com/isvportal/ 에서 로그인 할 수 있다.

등록을 시작하기 위해서는, 'Manage Products' 링크를 클릭하고, 'Add Product'를 선택한다. 앱의 이름을 입력하고, 앱의 SKU를 설정해야 하는데, 우리의 경우 앱의 이름을 'Startrackr'라고 입력할 것이며, SKU는 'startrackr'로 지정할 것이다. 카테고리와 라이선스 유형을 지정해야 하는데, Free(무료), Paid(유료) 그리고 Try & Buy(체험판 제공 및 구입) 라이선스 중 하나를 택할 수 있다. 다른 마켓플레이스들과는 달리 블랙베리는 앱을 트라이얼 버전으로 제공할 수 있도록 하여 나중에 사용자들이 원할 때 업그레이드를 유도할 수 있도록 할 수 있다. 만약 이 옵션이 알맞다고 생각한다면, Try & Buy로 선택한다.

다음으로, 앱에 대한 설명을 입력할 수 있다. Apple과 Google의 경우에서처럼 블랙베리 앱 월드도 4,000자의 설명문을 넣을 수 있으므로 동일한 문구를 여기에 복사하여 붙여 넣어도 된다. 이 정도면 앱 마켓플레이스들끼리 뭔가 같이하고 있는 것이 아닌가 하는 생각이 들 정도이다. 그렇지만 너무 심드렁하게 보지는 말자. 블랙베리 앱 월드에서 사용할 수 있는 큰 아이콘의 이미지 크기는 480×480 픽셀 크기이며, 스크린 샷의 크기는 640×640 픽셀 크기이다.

다른 모든 마켓플레이스들과 같이, 몇몇 국가에서만 앱을 배포할 수 있다는 제약이 따르게 된다. 블랙베리의 경우 이 부분이 조금 독특한데, 어떤 국가에서 앱을 실제로 판매할 것인지를 직접 결정할 수 있다.

모든 정보들을 입력하고 나면, 이제 앱을 실제 배포를 위하여 업로드 할 수 있게 된다. Releases 열의 더하기 기호 버튼을 눌러 새로운 바이너리를 추가할 수 있다. 그리고 등록 과정에서 앱이 사용자 제작 콘텐츠를 올릴 수 있도록 하고 있는지의 여부를 알려주어, 사용자들이 나쁜 목적을 가진 다른 사용자들이 올리는 유해한 콘텐츠에 대한 경고를 사전에 할 수 있도록 알려주어야 한다.

다음으로, 명령줄로 이동하여 앱 프로젝트 디렉터리로 이동한 다음, 아래와 같이 실행한다.

ant build

이렇게 하면 여러분의 앱 이름을 파일명으로 사용하는 ZIP 파일을 포함하는 build 디렉터리가 만들어지고 그 안에 OTAInstall, StandardInstall 그리고 widget 디렉터리-가 만들어진다. 실제로 마켓플레이스에 내보낼 파일은 StandardInstall 디렉터리 안에 있고, .cod 파일이 된다.

다시 웹 브라우저로 돌아와서, 앱의 버전 번호를 확인한다. 릴리즈 노트를 작성하고, 'Add filebundle'을 클릭 한다. 새로운 행이 나타나는데, 여기서 번들에 대한 이름을 정할 수 있다. 앱이 서로 다른 장치들을 위한 각기 다른 번들의 형태로 릴리즈 할 수 있기 때문에, 각각의 번들 이름을 다르게 주어 나중에 알아보기 쉽도록 하는 것이 좋다. 여러분의 플랫폼을 선택하는데, 여기서는 Smartphone을 선택할 것이다. 그리고 우리가 대상으로 하는 OS의 버전을 지정해야 하는데, PhoneGap은 적어도 5 버전 이상이 필요하므로 5 버전 이상의 버전을 선택하도록 한다. 다음으로, 여러분이 대상으로 할 장치를 선택하는데, 이는 앱을 테스트 했던 장치에 맞추어 지정해야 하며, 어떤 화면 크기에서 작동했는지를 지정해야 한다. 마지막으로, 'Add File' 링크를 클릭 하고, 'StandardInstall' 디렉터리 안에 있었던 .cod 파일을 선택한다. 파일이 업로드 되고 나면 파일 업로드 확인 절차를 거치게 되는데, 'Next' 버튼을 누르고 'Save' 버튼을 클릭 한다.

이제 마지막 순간이 왔다. 마지막 화면에서, 'Submit Release for Approval' 버튼을 클릭하면 앱이 RIM의 승인을 위하여 제출될 것이다.

팜 앱 카탈로그

webOS 앱 카탈로그에 여러분의 앱을 제출하려면, webOS 개발자 계정을 만들어야 하는데 이는 무료이다. https://developer.palm.com/으로 이동하여 'Sign Up' 버튼을 클릭한다. HP가 Palm사를 2010년에 인수한 이후부터 개발자 수수료를 PayPal을 사용하여 결제하도록 되어있으므로 PayPal 계정도 없다면 새로 등록해야 한다.

우리 앱을 패키징하여 .ipk 파일을 만들어야 하는데, 이를 HP에 제출할 것이다. 첫 번째로 할 작업은 앱 디렉터리 루트에 있는 appinfo.json 파일을 열어서 여러분의 앱과 상세 정보가 일치하도록 수정해야 한다. 앱에 고유한 ID를 지정해야 하는데, HP에서는 iOS에서 번들 식별자를 지정할 때 사용했던 방법과 마찬가지로 도메인 이름의 역순 이름을 사용할 것을 권한다. 여기서는 com.sitepoint.startrackr와 같이 지정할 수 있다. 처음으로 앱을 마켓플레이스 위에 올리는 것이기 때문에, 버전 번호는 1.0.0으로 그대로 둘 수 있다. Vendor 속성에는 여러분의 회사 이름을 지정하고, 앱 이름은 title 속성에 지정한다. 우리가 만드는 Startrackr 앱의 경우에는 아래와 같은 모습이 될 것이다.

```
{
  "id": "com.sitepoint.startrackr",
  "version": "1.0.01",
  "vendor": "Sitepoint",
  "type": "web",
  "main": "root.html",
  "title": "StarTrackr",
  "icon": "img/icon.png"
}
```

다음으로, 여러분의 앱 프로젝트의 루트 디렉터리로 이동하여 다음과 같이 명령줄에서 명령을 실행한다.

```
palm-package ./
```

이렇게 하여 com.sitepoint.startrackr_1.0.0_all.ipk와 같은 형태로 패키지 파일이 만들어 질 것이다. 파일의 이름은 여러분이 앞서 편집한 appinfo.json 파일에 설정한 내용을 기준으로 제각기 다를 것이다.

모든 것이 준비되면, My Apps 링크를 페이지 상단에서 클릭하고, 'Upload' 버튼을 클릭 한다. 여러분이 방금 만든 .ipk 파일을 지정하고 Next를 클릭한다. 그 다음 작은 크기(48×48 픽셀)와 큰 크기(64×64 픽셀)의 앱 로고 이미지와 회사 로고 이미지를 마케팅 목적으로 올리면 된다.

앱을 실행하기 위한 최소 OS 버전을 선택하는데, 보통 대부분의 앱의 경우 1.0.0으로 지정해도 무방하다. 그 다음, 배포 방식을 정의하는데, Palm에서는 베타 모드를 제공하여, 여러분의 사용자들이 실제로 마켓에 출시하기 이전에 앱을 평가하고 문제점에 대한 의견을 들을 수 있도록 하는 방식을 제공한다. 만약 여러분의 앱의 상태에 만족하고 있고 출시에 문제가 없다고 생각하면, 'App Catalog'를 선택하도록 한다.

다음으로, 여러분의 앱이 무료 혹은 유료로 판매될 것인지를 결정한다. HP 역시 여러분의 앱의 가격을 임의로 정할 수 있게 하며, 화폐 단위는 USD로 지정하며 이를 입력하면 여러분이 원하는 통화로 자동으로 금액을 변환해서 알려준다. 여러분이 원하는 가격을 Set the Price 섹션에 입력하고, Generate Prices를 클릭 한다.

이제 마케팅 관련 정보를 입력할 수 있다. 여기서는 2,000자 이내의 설명문을 입력해야 하므로, 앞에서 입력했던 안드로이드나 iOS 마켓플레이스용 설명 문구와는 달리 좀 더 문장을 편집해야만 한다. 그리고 광고 문구로 50자와 25자 길이로 입력할 수 있으며, 좀 더 사용자들에게 인상적인 광고를 할 수 있다. HP는 세 장의 앱 스크린 샷을 요구하며, 여러분이 YouTube에 업로드한 비디오를 광고용으로 지정하는 것을 허용한다. webOS 장치에서 스크린 샷을 촬영하려면, Orange, Sym 그리고 P 키를 동시에 누르면 된다. 이렇게 하면 스크린 샷에 Photos 앱의 'screencaptures' 아래에 저장된다.

자세한 기술 지원 정보를 입력한다. 만약 사용자들이 문제를 겪게 된다면, 여기서 구체적으로 연락할 수 있는 방법을 적을 수 있다.

이후의 마법사의 세 단계는 직관적인 항목들이다. 세금 카테고리, 법적 정보 그리고 지금까지 입력한 앱에 대한 상세 정보 검토와 함께, 리뷰어들에게 제공할 상세 정보, 즉 앞에서 본 것과 같이 데모 시연을 위한 로그인 계정 정보 등을 입력하는 절차를 거쳐 완료할 수 있다. 모든 입력이 끝나면 'Submit' 버튼을 클릭하고 승인을 기다리면 된다.

축제의 시간

볼품없고 작은 웹 앱을 멋들어진 네이티브 앱으로 만드는 데 성공하였다. 지금까지 본 것처럼, PhoneGap은 하나의 코드 베이스를 통하여 주류 모바일 플랫폼들을 가로지르는 단순한 방법을 제공하고, 여러분에게 마켓플레이스에 앱을 내다 팔 수 있는 기회를 제공하며, 더 많은 수익을 낼 수 있도록 돕는 역할을 하고 있다. PhoneGap이 반드시 모든 프로젝트에 있어서 적절한 도구가 될 수는 없으며, 가끔은 모바일 웹 사이트 그 자체가 필요할 수도 있고, 또 어떤 때에는 웹 앱 그 자체를 제공하여 목적을 달성할 수도 있지만, 이 모든 사항들이 고려 대상에 포함된다.

이 책을 통하여, 우리는 모바일 장치들을 위하여 디자인 하는 콘셉트를 배웠으며, 기존의 웹 사이트를 더 나은 모습으로, 그리고 네이티브 앱과 같은 기능을 하도록 개선하는 기법을 채택하는 방법도 살펴보았으며, 마지막으로 실제 네이티브 앱으로 내보낼 수 있는 방법도 살펴보았다. 여러분이 진행하는 프로젝트에 맞는 정확한 선택을 하고자 할 때, 우리가 여러분에게 새로운 웹 디자인의 시대에서 경쟁력을 가질 수 있는 도구를 여러분에게 알려주어 도움이 되었기를 희망한다. 이제 무언가 더 신선하고 재미있는 것을 여러분 손으로 만들어보기 바란다!

부록 A

테스트를 위한 서버 구축하기

보통의 데스크톱 브라우저에서 서버 없이 file:// 프로토콜을 이용하여 HTML 페이지를 로딩 하는 방법으로 여러분의 모바일 사이트를 테스트 하기 위한 방법을 그 동안 이야기해왔다. 그러나 가끔 Ajax와 같은 기능을 필요로 할 때, 그리고 기본적으로 실제 장치에서 테스트를 수행하도록 하기 위해서는 너무나 당연히 서버가 필요하다.

만약 웹 개발을 이전에 해본 적이 있다면, 이미 개발 목적의 서버에 접근할 수 있는 권한이 있을 것이며, 여기에 여러분이 필요한 파일을 임의의 웹 사이트에 추가하기만 하면 되는 것을 알고 있을 것이다. 그러나 개발 목적의 서버가 없더라도 걱정할 필요가 없는데, 여러분의 로컬 컴퓨터가 모바일 장치와 같은 와이파이 네트워크를 사용하고 있다는 전제 아래에서, 모바일 장치를 위하여 파일을 제공하는 서버 역할을 할 수 있도록 하는 단순한 방법들이 이미 여러 가지가 있다.

그러나 시작하기 전에, 여러분의 IP 주소를 우선 확인해야 한다. 리눅스와 OS X에서는 터미널을 열고 다음과 같이 명령어를 입력해야 한다.

```
ifconfig
```

리눅스에서는 `eth0`라는 이름으로, 그리고 OS X에서는 `iw0`라는 이름으로 네트워크 장치에 대한 정보가 표시될 것이며, 여기서 할당된 IP 주소에 대한 정보를 얻을 수 있을 것이다. Windows에서는 **CMD.EXE**를 실행하여 다음과 같이 명령어를 입력한다.

```
ipconfing
```

열거되는 네트워크 카드 정보들 중에서 여러분의 실제 네트워크 카드 정보에 대한 IP 주소를 기록하면 된다. 다음에 나오는 예제들에서는 여러분이 사용하는 컴퓨터의 IF 주소가 192.168.0.1이라고 가정할 것이며, 이 주소는 여러분이 실제로 사용하는 IP 주소로 바꾸어 넣으면 된다.

파이썬을 이용하여 구축하기

OS X과 우분투 모두 파이썬이 기본적으로 설치되어 있으며, SimpleHTTPServer라고 불리는 서버 정말 간단하게 쓸 수 있는 웹 서버 모듈을 내장하고 있으며, 명령줄에서 쉽게 호출할 수 있다. 실행하기 위해서는 디렉터리 경로를 여러분의 웹 사이트의 **index.html** 파일이 있는 위치로 이동하여 아래와 같이 명령어를 실행하면 된다.

```
python -m SimpleHTTPServer
```

이렇게 하면 8000번 포트를 사용하여 서버가 시작되며, 모바일 장치에서는 **http://192.168.0.1:8000**과 같이 접속할 수 있다. 모바일 장치에서 실제로 접속을 시도하면 사이트가 나타나는 모습을 볼 수 있을 것이다.

루비를 이용하여 구축하기

만약 루비가 설치되어 있다면, ADSF Gem을[역주1] 설치할 수 있으며, 아래와 같이 설치를 수행할 수 있다.

[역주1] ADSF – A Dead Simple File Server / 죽여주게 간단한 파일 서버

```
gem install adsf
```

그 다음, 디렉터리 경로를 여러분의 웹 사이트의 index.html 파일이 있는 위치로 이동하여 아래와 같이 명령어를 실행하면 된다.

```
adsf
```

이렇게 하면 3000번 포트를 사용하여 서버가 시작되며, 모바일 장치에서는 http://192.168.0.1:3000과 같이 접속할 수 있다. 모바일 장치에서 실제로 접속을 시도하면 사이트가 나타나는 모습을 볼 수 있을 것이다.

내장된 서버 사용하기

파이썬과 루비가 여러분의 웹 사이트를 재빠르게 서버에서 실행할 수 있도록 바꾸어줄 수 있지만, 루비와 파이썬이 설치되어 있어야 한다는 전제가 있어서 만약 이러한 패키지가 없거나 여러분이 Windows 사용자인 경우 '진짜' 웹 서버가 필요할 수 있다.

Windows 환경에서 IIS로 서버 구축하기

Windows Vista와 Windows 7에서는 IIS 웹 서버를 실행할 수 있다.[역주2] IIS를 설치하려면, 제어판에서 '**프로그램 및 기능**'을 선택하고 '**Windows 기능 켜고 끄기**'를 왼쪽 편의 메뉴 목록에서 선택한다. 다음으로, **인터넷 정보 서비스**를 체크하고 **확인** 버튼을 클릭한다. 이렇게 하면 IIS가 설치되며, 그 이후에 사이트를 구성하면 된다.

다시 제어판에서 **관리 도구**를 선택하고, **인터넷 정보 서비스(IIS) 관리자**를 실행한다. 웹 사이트를 IIS에서 구축하는 가장 간단한 방법은 여러분의 프로젝트 디렉터리를 곧바로 C:₩inetpub₩wwwroot 디렉터리 위에 만드는 것으로 모바일 장치에서는 **http://192.168.**

[역주2] Windows 2000 Professional 이상, Windows XP Professional 이상에서 IIS를 지원하며, Windows XP Home Edition을 제외한 이전 버전의 Windows 운영체제에서는 Personal Web Server를 이 책의 실습을 위하여 사용할 수 있습니다.

0.1/startrackr와 같이 실행할 수 있다.

리눅스에서 아파치로 서버 구축하기

아파치는 리눅스 환경에서 절대적으로 보편적인 웹 서버이며 우리는 이를 사용하고자- 한다. 우분투에서는 다음과 같이 명령어를 실행하여 아파치 관련 패키지들을 설치할 수 있다.

```
sudo apt-get install apache
```

설치가 끝나면 아래와 같이 명령어를 입력하여 서버를 시작할 수 있다.

```
sudo apachectl start
```

설치가 끝나면 자동으로 서버가 시작될 것이므로, 단지 할 일은 여러분의 컴퓨터를 다시 시작하는 일이다.

그리고 최대한 단순하게 만들기 위하여, 프로젝트 디렉터리를 곧바로 /var/www 디렉터리 아래에 만들 것이다. 첫 번째로, 여러분을 www-data 그룹의 구성원으로 지정하여, /var/www 디렉터리를 편집할 수 있는 권한을 갖게 해야 한다.

```
sudo gpasswd -a username www-data
```

그 다음, 디렉터리를 만들고 권한을 지정한다.

```
sudo mkdir /var/www/startrackr
sudo chgrp www-data /var/www/startrackr
sudo chmod g+w /var/www/startrackr
```

프로젝트 파일들을 위의 경로로 복사하고, 모바일 장치에서 http://192.168.0.1/startrackr 와 같이 브라우저를 열어 주소를 입력하면 사이트가 나타날 것이다.

이제 여러분의 모바일 앱을 테스트 하기 위한 완벽한 환경이 갖추어졌다.

찾아보기

ㄱ

가상 CSS 클래스	21
가속기 센서	5
가젯	xiv
강조 효과	55
객체	19
객체 리터럴(literal)	257
객체 지향	257
검색 인터페이스	37
계층적인 탐색	27
고정된 스크롤	231
고해상도 레티나 디스플레이	300
광원 효과	49
권한	189
그래디언트 효과	49
그리드 레이아웃	11
기능 탐지	95
꺼내기	165

ㄴ

날씨 앱	24
내비게이션	32
내비게이션 모델	27
네이티브 SDK	54
네이티브 앱	xv, 3
네임스페이스	257
네트워크	18, 221
뉴욕타임즈	10
느낌	48

ㄷ

대비 색상	50
데스크톱	12
데스크톱 웹 사이트	60
데이터 캐시	177
데이터베이스	251
동적 형식 점검	244
드롭 다운 메뉴	21
드릴 다운 방식	46
디버그 브릿지	133
디버깅	272
디자인 철학	51
디지털 패드	19

ㄹ

라이브러리	275
레이아웃 뷰 포트	89
렌더링	155
로컬	173
로컬 스토리지	247
루비	336
룩앤필	17
리눅스	335
리소스	221
리스트 패턴	27

ㅁ

마스터 뷰	42
마스터/디테일 패턴 (master/detail pattern)	27
마우스 커서	22
마이크 녹음	4
마켓 분단화	5
마켓플레이스	4
마크업	67
매킨토시	33
메뉴 바	22
메커니즘	247
메타데이터	77
메타포	51
멤버 접근자	249
모노리딕(monolithic) 프레임워크	263
모노크롬 아이콘	51
모듈 방식	161
모바일	2
모바일 WebKit	105
모바일 보일러플레이트	230
모바일 사파리	45
모바일 웹 사이트	xv, 13
모바일 자바스크립트 디버깅	131
문맥	18
미디어 캡처 API	268
미디어 쿼리	200
밀어넣기	165

ㅂ

반응형 웹 디자인	11
발행/구독 모델 패턴	261

ㅂ

버전 관리 시스템 (revision control system)	278
버튼	21
베이스캠프	63
보안	189
북마크	45
브라우저	4
브라우저 스니핑(sniffing)	238
브리지(bridge)	269
블랙베리	144
비디오	5
비밀 키	193
뼈대잡기(Wireframing)	32

ㅅ

사용성	67
사용자 경험	227
사용자 인터페이스	15
삼항 연산자	138
상대 경로	299
상호 작용 모델	20
서드파티	37
서버	xvi
서브버전(Subversion, 이하 SVN)	278
서체 파일	54
선택하고 클릭하기(point and click)	23
세션	5
소규모 라우팅	263
소프트웨어	6
소프트웨어 개발 킷(Software Development Kit, 이하 SDK)	275
스니핑	239

스케일링	215	어도비 포토샵	17
스크롤	59	언캐니 밸리(uncanny valley)	15, 273
스크롤 탭	41	에뮬레이터	285
스크롤 휠	19	연락처	4
스크린캐스터 앱	57	연필과 종이	33
스타일	47, 71	오디오	5
스플래시 스크린	299	오버레이	50
스피너	245	오버헤드	54
슬라이드 효과	133	오프라인	225, 271
승인	271	오프라인 웹 앱	222
시각 모델	157	오프라인 웹 앱 API	218
시각적 뷰 포트	89	온라인	225
시각적 신호	21	와이파이	218
시뮬레이션	300	우분투(Ubuntu)	287
시뮬레이터	275	우아한 하향평준화	95
심비안	4	운영체제	4
37signals	6, 63	웹 브라우저	4
3D 그래픽	5	웹 스토리지 API	5
3G	10	웹 앱	3
3G 네트워크	218	웹GL	5
		위젯	240

ㅇ

아이콘	49	유틸리티 앱	27
아파치	338	음성 녹음	63
안드로이드 가상 장치(Android Virtual Device, 이하 AVD)	285	이미지 스프라이트	83
		이벤트 처리기	165
애니메이션	133	이벤트 프레임워크	263
애플 앱스토어	4	이클립스	284
앱 아이콘	62	인덱서	249
앱 카탈로그	330	인덱스 페이지	42, 60
앱스토어 효과	9	인지	22
앱처럼 꾸미기	129	인터넷	173
		인터페이스	41

인터프리터	4	캐러셀 패턴	25
입력 필드	145	캐시 매니페스트	218
		캐시 매니페스트 파일	218

ㅈ

		캠프파이어	63
자바	274	캡슐화	257
자바 개발 킷(Java Development Kit, 이하 JDK)	279	커스텀 이벤트	261
		컨테이너	146
자바스크립트	i, 67	컴파일러	275
자바스크립트 콘솔	222	코딩	67
자바스크립트 프레임워크	14	콘텐츠	21
자이로스코프	5	콘텐츠 분배 네트워크	237
자이로센서	xiv	콘텐츠 효과	21
전체 버전	60	콜백	191, 271, 272
전체 화면 모드	45	쿠키	247
전화번호	141	쿼리 문자열	177
전환 효과	133	클라이언트	15
절대 경로	299	클라이언트 ID	292
점진적인 발전	15	클라이언트 비밀 키	292
점진적인 향상	95		
접근 기법	161		
접근성	67		

ㅌ

제스처	205	타이포그래피	53
제자리 비교	48	탐색 모델	46
주식 앱	63	탭 바	26, 54
		탭 바(tab bar) 패턴	26
		터치	5

ㅊ

		터치 가능한 인터페이스	48
추상 요소	84	터치 스크린	22
출시 일자	326	터치 스크린 장치	20
		텍스트	53
		텍스트 필드	59

ㅋ

		템플릿 엔진	132
카메라	4	통합 개발 환경(Integrated	
캐러셀	24		

Development Environment, IDE)	280	해상도	72, 199
트랙볼	19	해시 값	263
트리 구조	27	해킹 기법	95, 229
트위터	182	호스트 이름	311
		홈 스크린	45, 303
ㅍ		흔들기	205
		히스토리	162
파이썬	336		
팔레트	50	**A**	
페이드 전환 효과	157		
페이드 효과	133	Access-Control-Allow-Origin	173
페이스북(Facebook)	4	address=no	141
포스퀘어	189	Adobe Air	33
표준 웹 사이트	13	ADSF Gem	336
푸시 알림	4	Android	2
푸시 전환 효과	157	Apache Ant	281
프라이버시	189	API	5, 7
프로그래밍	5	Appcelerator	275
프로비져닝 프로필	321	Apple Human Interface Guidelines for iOS	19
프로토타이핑	32	apple-touch-icon	117
프레임워크	i	apple-touch-icon-precomposed	117
플랫폼	5	Aptana	275
플리커(Flickr)	4	Aptana Studio	275
피츠의 법칙	22	apt-get	280
픽셀	19, 53	ASCII	318
픽셀의 농도	72	autocapitalize	143
		autocorrect	143
ㅎ		AVD	283
		<AUDIO>	111
하드웨어 버튼	167		
하드코딩	154	**B**	
하이라이트	55		
하이퍼링크	21	Backbone Project	264
함수의 일반화	154		

Balsamiq	33	debug.log	272
BASE64	318	Dev Centers	277
BASE64 인코딩	318	Devices	320
Basecamp	6, 63	device-fixed	231
bind 메소드	135	DNS	311
BlackBerry	4	Doctype	68
		DOM	15
		DOMTimeStamp	191

C

C++	274	Duck-type Checking	244
Callback URL	192	D-PAD	19
Cameron Adams	57	.DMG	277
Campfire	63	<DIV>	146, 233
CDN	237		
Certificates	320		

E

Chrome	10	em	72
Clearfix	74	eth0	335
click 이벤트	135	E-MAIL	140
clip 속성	88		
CMD.EXE	336		

F

console	132, 133	Facebook	63
Content Distribution Network	237	fade-in	151
CSS	i, 67	FALLBACK 섹션	226
CSS 미디어 쿼리	11	favicon.ico	119
CSS 선택 표현식	234	file://	335
CSS 선택자	115	Firebug	272
CSS 트랜스폼	157	Firefox	13
Cufón	98	format-detection	141
CYGWIN	288	<FORM>	144
<CANVAS>	93	@font-face	54, 97

D

G

data:	318	Geolocation 객체	189

GIF	93		
Git	278	**J**	
GitHub	182, 278	Java	4, 281
Glyphish	52	Java SE Development Kit	279
Gmail	117	Jeffrey Zeldman	17
Google	117	John Resig	182
Google Chrome	222	JOIN 질의	252
Google Maps	37	JPEG	93
GPS	30, 35	jQuery	169, 182, 237
		jQuery Mobile	14
		jquery.tmpl.min.js	182
H		JSON	173, 178
Helveticons	52	JSONP	183
Highrise	6		
How To	320	**L**	
HTML	I, 67	linear-gradient	101
HTML5	xiii, 67	Linux	33
:hover	84	LiveView	57
		\<LI\>	71
I		\<LINK\>	117
IDE	275		
Image Magick	269	**M**	
Infinity Blade	22	Mac	33
INSERT	252	Mac OS X	22
Internet Explorer 7	4, 69	MacPorts(OS X)	277
iOS Provisioning Portal	320	mailto:	140
IP 주소	311	MAKE	288
iPad	i	margin	86
iPhone	i	MIME	221
iScroll	273	Minified	182
iScroll 4	231	Mobile Bookmark Bubble	117
iScroll Lite	235	Mockingbird	33
iw0	335	Modernizr	95

mousedown 이벤트 135
mouseup 이벤트 135
Mustache 182
MVC 프레임워크 263
<META> 태그 90

N

navigator 객체 189
Netflix 6
NETWORK 섹션 226
no-js 69
<NAV> 72

O

Objective-C 4, 274
Omnigraffle 33

P

padding 86
Path 51
Paul Irish 69
PayPal 330
Peter-Paul Koch 69
PhoneGap 272, 278
PHP 269
Pictos 52
PlayStation 3 6
PNG 93
Pop 165
Preparing Your Web Content for iPad 20
Prototype 237
Push 165

R

radial-gradient 101
RGBA 표기법 104
Ryan Fioravanti 236
Ryan Grove 94

S

Sammy.js 263
SELECT 구문 252
Sencha Touch 14
SitePoint xvi
sms: 141
SQL 251, 252
SQL Injection 255
StarTrackr 16
Style versus design 17
SVG 107
SVG 서체 54

T

tel: 141
telephone=no 141
thumbnail 40
TIFF 93
Titanium 274
Titanium Mobile 275
Transforms Module 157
twitter 15

U

undefined 116

USB 디버깅 133
UX 218
<UL> 71

V

VirtualBox 4.0 287
VM 173
VML 98
:visited 84
<VIDEO> 110
@viewport 92

W

Web Inspector 10
WebKit 4
WebOS 2, 24
Windows 33
Windows Phone 7 4
Wi-Fi 57
WML 68
Wrapper 233
-webkit-animation-duration 151
-webkit-animation-name 151
-webkit-animation-timing-function 151
@-webkit-keyframes 151

X

Xcode and iOS SDK 277
Xcode(OS X) 277
XHTML 77
XML 178

Z

Zepto 131

스마트폰을 위한 BUILD MOBILE
모바일 웹&앱 개발하기

초판 1쇄 발행 2012년 1월 31일

지은이	Earle Castledine, Myles Eftos, Max Wheeler
옮긴이	남정현
발행인	최규학

편집인	고광노
본문디자인	초심디자인
표지디자인	Lean Park

발행처	도서출판 ITC
등록번호	제8-399호
등록일자	2003년 4월 15일

주소	경기도 파주시 교하읍 문발동 파주출판단지 535-7 세종출판벤처타운 307호
전화	031-955-4353(대표)
팩스	031-955-4355
이메일	chaeon365@itcpub.co.kr

인쇄	해외정판
용지	신승지류유통
제본	동호문화

ISBN-10 : 89-6351-034-4
ISBN-13 : 978-89-6351-034-7   13560

값 26,000원

* 이 책은 도서출판 ITC가 저작권자와의 계약에 따라 발행한 것이므로, 본사의 허락 없이는 어떠한 형태나 수단으로도 이 책의 내용을 이용하지 못합니다.
* 잘못된 책은 구입하신 서점에서 바꾸어 드립니다.

www.itcpub.co.kr